문제 회피

Be the Solver
FMEA

문제 회피

Be the Solver

FMEA

송인식 지음

이담
Books

'문제 해결 방법론(PSM)'[1])의 재발견!

오랜 기간 기업의 경영 혁신을 지배해온 「6시그마」의 핵심은 무엇일까? 필자의 과제 수행 경험과 강의, 멘토링, 바이블 시리즈 집필 등 20년 넘게 연구를 지속해오면서 6시그마를 지배하는 가장 중요한 요소가 무엇인지 깨닫게 되었다. 그것은 바로 **'문제 처리(Problem Handling)', '문제 해결(Problem Solving)', '문제 회피(Problem Avoiding)'**이다. 이에 그동안 유지해온 타이틀 『6시그마 바이블』 시리즈와 『Quality Bible』 Series를 이들 세 영역에 초점을 맞춘 『**Be the Solver**』 시리즈로 통합하고, 관련 내용들의 체계를 재정립한 뒤 개정판을 내놓게 되었다.

기업에서 도입한 경영 혁신의 핵심은 대부분 '문제 처리/문제 해결/문제 회피(이하 '3대 문제 유형')'를 위해 사전 활동으로 '과제 선정'이 요구되고, '3대 문제 유형'을 통해 사후 활동인 '성과 평가'가 이루어진다. 또 '3대 문제 유형'을 책임지고 담당할 '리더'가 정해지고, 그들의 '3대 문제 유형' 능력을 키우기 위해 체계적인 '전문 학습'이 기업으로부터 제공된다. 이들을 하나로 엮으면 다음의 개요도가 완성된다.[2])

---

1) Problem Solving Methodology.
2) 송인식(2016), 『The Solver』, 이담북스, p.38 편집.

상기 개요도에서 화살표로 연결된 내용들은 '용어 정의'를, 아래 밑줄 친 내용들은 '활동(Activity)'을 각각 나타낸다. 기업에는 모든 형태의 문제(공식화될 경우 '과제')들이 존재하고 이들을 해결하기 위해 세계적인 석학들이 다양한 방법론들을 제시했는데, 이같이 문제들을 해결하기 위한 접근법을 통틀어 **'문제 해결 방법론(PSM, Problem Solving Methodology)'**이라고 한다.

필자의 연구에 따르면 앞서 피력한 대로 문제들 유형은 '문제 처리 영역', '문제 해결 영역', 그리고 '문제 회피 영역'으로 나뉜다. '문제 처리 영역'은 '사소한 다수(Trivial Many)'의 문제들이, '문제 해결 영역'은 고질적이고 만성적인 문제들이, 또 '문제 회피 영역'은 연구 개발처럼 '콘셉트 설계(Concept Design)'가 필요한 문제 유형들이 포함된다. '문제 회피(Problem Avoiding)'의 의미는 설계 제품이 아직 고객에게 전달되지 않은 상태에서 "향후 예상되는 문제들을 미리 회피시키기 위해 설계 노력을 강구함"이 담긴 엔지니어 용어이다. 이들 '3대 문제 유형'과 시리즈에 포함돼 있는 '문제 해결 방법론'을 연결시켜 정리하면 다음과 같다.

[총서]: 문제 해결 역량을 높이기 위한 이론과 전체 시리즈 활용법 소개.
- The Solver → 시리즈 전체를 아우르며 문제 해결 전문가가 되기 위한 가이드라인 제시.

[문제 처리 영역]: '사소한 다수(Trivial Many)'의 문제들이 속함.

- 빠른 해결 방법론 → 전문가 간 협의를 통해 해결할 수 있는 문제에 적합. '실험 계획(DOE, Design of Experiment)'을 위주로 진행되는 과제도 본 방법론에 포함됨(로드맵: 21 - 세부 로드맵).
- 원가 절감 방법론 → 원가 절감형 개발 과제에 적합. 'VE(Value Engineering: 가치공학)'를 로드맵화한 방법론(로드맵: 12 - 세부 로드맵).
- 단순 분석 방법론 → 분석량이 한두 건으로 적고 과제 전체를 5장 정도로 마무리할 수 있는 문제 해결에 적합.
- 즉 실천(개선) 방법론 → 분석 없이 바로 처리되며, 1장으로 완료가 가능한 문제 해결에 적합.
- 실험 계획(DOE) → '요인 설계'와 '강건 설계(다구치 방법)'로 구성됨 (로드맵: '빠른 해결 방법론'의 W Phase에서 'P - D - C - A Cycle'로 전개).

[문제 해결 영역]: 고질적이고 만성적인 문제들이 속함.

- 프로세스 개선 방법론 → 분석적 심도가 깊은 문제 해결에 적합(로드맵: 40 - 세부 로드맵).
- 통계적 품질 관리(SQC) → 생산 중 문제 해결 방법론. '통계적 품질 관리'의 핵심 도구인 '관리도'와 '프로세스 능력'을 중심으로 전개.
- 영업 수주 방법론 → 영업 수주 활동에 적합. 영업·마케팅 부문(로드맵: 12 - 세부 로드맵).
- 시리즈에 포함되지 않은 동일 영역의 기존 방법론들 → TPM, TQC, SQC, CEDAC, RCA(Root Cause Analysis) 등.[3]

---

3) TPM(Total Productive Maintenance), TQC(Total Quality Control), SQC(Statistical Quality Control), CEDAC(Cause and Effect Diagram with Additional Cards).

[문제 회피 영역]: '콘셉트 설계(Concept Design)'가 포함된 문제들이 속함.

- 제품 설계 방법론 → 제품의 설계·개발에 적합. 연구 개발(R&D) 부문 (로드맵: 50 − 세부 로드맵).
- 프로세스 설계 방법론 → 프로세스 설계·개발에 적합. 금융/서비스 부문 (로드맵: 50 − 세부 로드맵).
- FMEA → 설계의 잠재 문제를 적출해 해결하는 데 쓰임. Design FMEA와 Process FMEA로 구성됨. 'DFQ(Design for Quality) Process' 로 전개.
- 신뢰성(Reliability) 분석 → 제품의 미래 품질을 확보하기 위해 수명을 확률적으로 분석·해석하는 데 적합.
- 시리즈에 포함되지 않은 동일 영역의 기존 방법론들 → TRIZ, NPI 등.[4]

다음은 『**Be the Solver**』시리즈 전체와 개별 주제들의 서명을 나타낸다.

분류	『Be the Solver』 시리즈
총서	The Solver
문제 해결 방법론 (PSM)	[문제 처리 영역] 빠른 해결 방법론, 원가 절감 방법론, 단순 분석 방법론, 즉 실천(개선) 방법론 [문제 해결 영역] 프로세스 개선 방법론, 영업 수주 방법론 [문제 회피 영역] 제품 설계 방법론, 프로세스 설계 방법론
데이터 분석 방법론	확증적 자료 분석(CDA), 탐색적 자료 분석(EDA), R분석(빅 데이터 분석), 정성적 자료 분석(QDA)
혁신 방법론	혁신 운영법, 과제 선정법, 과제 성과 평가법, 문제 해결 역량 향상법
품질 향상 방법론	[문제 처리 영역] 실험 계획(DOE) [문제 해결 영역] 통계적 품질 관리(SQC)− 관리도/프로세스 능력 중심 [문제 회피 영역] FMEA, 신뢰성 분석

---

4) TRIZ(Teoriya Resheniya Izobretatelskikh Zadach), DFQ Process(Design for Quality Process), NPI(New Product Introduction).

"저 문의할 게 좀 있는데요?"

품질 교육을 위해 강의장에 막 들어서 노트북을 켜고 있던 필자에게 맨 앞에 앉아 있던 교육생 한 명이 스치듯 말문을 연다. 화면 패스워드를 입력하고 있어 질문자를 쳐다보지도 못한 상태에서 다시 질문이 이어진다. "FMEA는 시중 서점에도 책이 없는 것 같고, 학습하려면 어떻게 해야 하나요?" 사실 당일 교육 과정이 '품질(Quality)'에 대한 것이라 'FMEA'란 용어는 중간 어디쯤에 한두 번 언급하기로 돼 있었으나 용법 등에 대한 내용은 애당초 들어 있진 않았다. 강의를 시작해야 할 상황이라 빠르게 답변은 마쳤지만 'FMEA'를 배우고자 하는 엔지니어나 공정 담당자에겐 도움이 될 만한 문헌 또는 자료가 매우 제한적이고 욕구를 충족시킬 만한 내용도 주변에서 찾기 어려울 것이란 생각이 이후부터 줄곧 머릿속에 맴돌았다.

필자가 'FMEA'를 처음 접한 계기는 1998년 초쯤 삼성 SDI 중앙연구소 '신뢰성 연구 그룹'의 일원이 된 후 전사 엔지니어 대상 강의를 하라는 명(?)에 따르면서부터다. 당시 손욱 대표님5)의 제품 신뢰성에 대한 중요성 부각에 힘입어 신뢰성 연구부서가 탄생했으며 그 최초 멤버로 필자가 지목된 상태였다. 아울러 신뢰성 전공자도 영입하는 등 조직이 갖춰지는 중이긴 했으나 내부 교

---

5) 2010년 이후 서울대학교 융합과학기술대학원 초빙교수 역임.

육 수행은 좀 시기상조란 느낌도 드는 시기였다. 하지만 원래 명(?)이란 따르는 데 의미가 있던 터라 관련된 주변 자료를 하나씩 모으는 데 주력하였다. 다행히 당시 시중에 출판된 서적 중 『100PPM 품질경영(Ⅱ)』6)과 원서 『Failure Mode and Effect Analysis, FMEA from Theory to Execution』7)을 구할 수 있었고, 이들을 정독한 후 내용 요약 과정을 거쳐 사내 300여 명을 대상으로 FMEA 강의를 무사히 마칠 수 있었다. 그러나 국내 관련 도서는 현재 절판된 것으로 보여 안타깝기 그지없다. 아마 수익성 측면에서 큰 매력이 없었던 것이 사라진 배경이 아닌가 싶다.

2000년 말부터는 삼성 SDI에서의 FMEA와 신뢰성 연구 경험이 컨설팅 분야에 몸담은 이후부터 큰 도움이 되었는데, 특히 FMEA 경우 중공업이나 전자업계의 러브콜을 한동안 받게 돼 과거 학습 체험을 여러 엔지니어들과 공유하는 데 긍정적 영향을 미쳤다. 예를 들어 대형 건설 설비를 제작하는 기업 경우 '설계 FMEA(Design FMEA)'가, 평판 디스플레이 제작 업체는 잦은 설계 변경을 효율적으로 대응하기 위해 '공정 FMEA(Process FMEA)' 교육을 각각 주관하였다. 그중에는 효성중공업과 삼성전자 등은 물론 동부제철처럼 장치 산업도 포함돼 있다. 또 아는 사람은 다 알고 있듯이 자동차 제조사 및 관련 업계에서의 'FMEA'는 필수 도구들 중 하나다. 업무에 있어 '선택'이 아닌 '필수' 항목이란 얘기다.

2000년대 초중반 들어서부터는 FMEA의 응용 분야도 훨씬 더 다양하게 펼쳐지고 있다. 기존의 설계나 공정의 영역을 벗어나 설비, 서비스, 환경, 소프트웨어 분야를 넘나들고 있기 때문이다. 이들은 각각 '설비 FMEA(Machinery FMEA)', '서비스 FMEA(Service FMEA)', '환경 FMEA(Environment FMEA)', '소프트웨어 FMEA(Software FMEA)' 등으로 불린다. 또 필자의 경험으로 영

---

6) 노형진·정경훈 저, 도서출판 컴퓨러.
7) D. H. Stamatis, ASQC Quality Press, Milwaukee, Wisconsin.

업이나 기획, 관리 업무 등과 같이 주로 프로세스 활동이 대부분을 차지하는 분야에서 FMEA의 위력은 더욱 그 진가를 발휘한다. 수치로 규정하기 어려운 업무일수록 활동 차제의 규정과 검토가 중요하며, FMEA는 이들을 그대로 녹여내는 역할을 하고 있기 때문이다.

최근 들어 기업 업무의 비효율성을 평가할 잣대인 'COPQ(Cost of Poor Quality)'를 산정해 줄여나가는 활동에 FMEA가 이용되거나 '비재무과제(또는 체질 개선 과제)'의 선정용 도구[8])로도 그 용법을 넓혀가고 있다. 일단 특정 부서의 업무 하나하나가 전부 기록되는 양상을 띠므로 그를 이용한 활용성은 무한대에 가깝다. 따라서 적어도 FMEA의 용법에 한해서는 자동차 분야, 또는 제조업의 설계 분야에만 한정하기보다 반드시 필요하고 유용하다는 확신을 먼저 가진 뒤 각각의 업무 파악과 문제점 적출 및 개선 활동, 업무 노하우 축적을 위한 데이터베이스 목적까지 다방면의 적극적 활용 자세가 요구된다. 알면 알수록 그 유용성과 확장성에 크게 매료될 것이 확실하기 때문이다. 우리가 FMEA를 학습할 충분한 이유가 분명히 존재한다.

2018년 들어 FMEA는 큰 변혁을 경험한다. 자동차 분야의 표준을 관장하던 미국 AIAG와 독일의 VDA가 그동안 존재하던 FMEA 평가의 차이를 일치시키는 활동을 마무리한 것이다. 공식적으론 2014년부터 시작된 일이다. 두 기관의 표준에 대한 영향력은 막강하기 때문에 FMEA 용법과 양식(Form)의 큰 변화는 우리 입장에서 그대로 수용해야 한다. 이번 개정판에 관련 내용도 본문에서 다루고 있다.

저자 송인식

---

8) 「Be the Solver_과제 선정」편 참조.

본문의 구성

　본문의 구성을 어떻게 마련해야 할지 상당 기간 고민의 고민을 거듭했다. 왜냐하면 FMEA는 이미 오래전부터 기업에서 사용돼 왔고 용법도 많이 알려져 있기 때문이다. 또 6시그마가 국내 대부분의 기업 저변에 자리하면서 Measure Phase나 Control Phase에서 항상 용법과 사례 등이 소개돼 왔기 때문에 특별날 게 없다는 인식도 고민을 거듭한 배경이 되었다. 출판의 의미가 있을까?

　사실 1998년도부터 FMEA를 접해왔고 또 사내 강사와 컨설턴트로서 기업 강의를 해오면서 한 가지 의문점이 들었는데 그것은 바로 FMEA의 탄생 배경과 발전 과정을 정확히 파악하기 어렵다는 것이었다. 뭐 여기저기 드러난 조각들을 모아 나름대로 강의 자료로 구성은 해놨으나 연도별 간극이 너무 넓고 내용과 내용 사이가 숭숭 비어 있다는 느낌에서 벗어날 수 없었다. 그냥 밋밋한 느낌을 안고 그럭저럭 지내왔다고나 할까? 안타까운 일은 FMEA 관련 탄생 배경이나 발전 과정이 시중에 있는 그 어떤 서적에서도 명료하게 설명돼 있지 않고, 더 답답한 일은 FMEA 자체를 논한 서적조차 찾아보기 어렵다는 것이었다. 너무 쉬워서 그런가? 아니면 다 알고 있어서 그런 걸까? 혹시 그럴지도 모른다는 생각이 들었다. 「ISO/TS 16949」는 이미 자동차 관련 분야에 기본 표준으로 자리하고 있고, FMEA 역시 할까 말까가 아니고 'Must' 사항으로 해당 업계에서 운영되고 있기 때문이다. 그러나 다 알고 있어서 서적이 필요 없고, 또 반드시 운영돼야 하는 도구이므로 탄생 배경과 발전 과정을 알 필요가 없다는 것은 설득력이 떨어진다. 사실 FMEA를 반드시 이행해야 하는 기업에 들어가 FMEA 교재 등을 접해보면 역시 시원한 답을 얻기가 매우 어렵다. 다 그만그만한 수준과 정보에서 FMEA를 다루고 있다는 것을 쉽게 알 수 있다. 그럼 왜 탄생 배경과 발전 과정이 중요할까? 하나의 도구나 체계를 이해하려면 그것이 어떻게 현재의 상태로 될 수밖에 없었는지 형성 과정을 이해함으로써 우리에게 쓸모 있는 정보들을 찾아내고 내재화하는, 즉 우리 것으로 체질화시킬 수가 있다. 그렇지 않으면 만날 남이 해놓은 결과 모습만 따라 하는 시늉에서 벗어나기 힘들다. 응용력이 떨어지고 우리에게 맞도록 발전시킬 수 있는 기회 찾기가 어렵다는 얘기다. **본 책의 구성 중 첫 장에서 'FMEA의 탄생'을 다룬 이유**가 여기에 있다.

FMEA의 탄생 배경과 발전 과정을 조사하고 하나씩 기록해나가는 과정은 정말 고통에 가까웠다. 애초 FMEA의 출간을 계획한 시점이 2013년 10월 말쯤으로 정해놨기 때문에 역사를 조사만 하는 데 출간 기일인 10월을 훌쩍 뛰어넘은 현실은 마음을 매우 조급하게 만들었다. 그만큼 역사를 파악할 출처 찾기가 어려웠다는 방증이며, 역설적이긴 하지만 본문의 출간을 위해 보람을 찾아야 할 부분이 바로 이것이란 점에도 이견이 전혀 없게 되었다.

FMEA 탄생 배경과 발전 과정에 덧붙여 또 한 가지 고민한 내용이 있었다. 바로 어느 FMEA 용법을 모델로 삼을 것인가였다. 『Be the Solver』 시리즈의 여러 분야를 책으로 정리하면서 '과제 선정 편'과 '과제 성과 평가 편' 등에서 FMEA를 이용해 여러 해법을 이끌어내는 응용력을 선보였지만 FMEA 자체를 설명해야 할 본 책의 출간에 있어 필자 마음대로 용법을 만들어낼 수는 없다. 또 수십 년 동안 발전을 거듭하고 현재에 이른 FMEA를 필자에게 좋아 보인다고 여기저기 근거 없는 용법들로 채워나간다면 출신 성분이 불분명한 책으로 전락할 게 불 보듯 뻔한 상황임에 틀림없다. 이에 대한 해답은 다행히도 앞서 깊이 고민했던 탄생 배경과 발전 과정을 조사하면서 명료하게 드러났다. 바로 미국의 'Big 3'인 Ford사, GM, 크라이슬러의 모델, 그중에서도 Ford사의 모델이 가장 현실성 있음을 역사 학습을 통해 그리 어렵지 않게 확인할 수 있었다.

옛말에 "하나를 보면 열을 안다"란 속담이 있다. Ford사의 FMEA 하나만 보면 Ford사가 어떤 능력을 보유한 회사인지 금방 알아챌 수 있다. 1903년 헨리 포드가 포드 자동차를 설립하고 현재까지 승승장구한 것도 그의 저력에 감탄할 수 있지만 무엇보다 최근인 2008년 금융 위기가 전 세계를 강타했을 때 파산설이 나돌았던 점을 떠올리면 여러 가지를 생각하게 만든다. 2008년 국내 모 증권사 보고서에 따르면 Ford사의 당시 신용 등급은 'B-'로 하향하면서 독자 생존이 어려울 것이란 전망을 내놓았다. 주가는 1950년대 수준인 주당 2.2달러에 불과했고, 채권 부도 위험을 지수화한 '신용 부도 스와프(CDS, Credit Default Swap) 프리미엄'이 4,000선을 넘어섰다. 미국 의회가 2008년 10월 전 미(美) 자동차 업체에 250억 달러의 저리 대출 프로그램 지원책을 통과시켰음에도 스스로 회생하는 것은 어렵다는 진단이 속출한 상황이었다. 뭐 중간 과정이야 어찌 되었든 2013년 5월에 디트로이트 무역관의 한 보고 자료에 의하면 "철저한 구조 조정과 정부 관리 및 지원으로 미국의 자동차 산업은 회생에 성공한 상태이며 2017년까지 미 자동차 산업은 총 551억 달러 규모로 성장할 것"이란 전망을 내놓았다. 표현대로라면 미국 자동차 산업은 살아난 것이다. 그 핵심에 Ford사, GM, 크라이슬러가 자리한다. 과연 국내 기업도 그 같은 지진 해일을 맞닥뜨리면서 바닥까지 갔다가 다시 제자리로 튀어 올라올 수 있을까?

Ford사의 FMEA를 들여다보면 어떻게 이리도 용법이 문제 해결을 위해 치밀하게 짜여 있을까 하고 감탄하지 않을 수 없다. 이 같은 내용은 Ford사의 FMEA 매뉴얼 내 「'고장 모드' 회피를 위한 정보 흐름과 FMEA 역할(Robustness

Linkages)」의 개요도에 잘 나타나 있다. 단순히 FMEA라고 하는 한 도구(Tools)의 설명이 아니라 그 과정과 결과를 철저히 규제하고 문제 해결을 위해 여타 도구들과 어떻게 연동시켜야 하는지를 하나하나 섬세하게 규정하고 있다. 마치 시키는 대로 룰을 따라가기만 하면 문제를 드러내는 일부터 그 문제들을 해결하는 데까지 막힘없이 누구든 일정 수준에 이를 수 있음을 느끼게 하기에 충분하다. FMEA 도구에 대한 설명이 아니라 바로 「운영의 시스템화」가 갖춰져 있다. 아무리 주변 환경이 회사를 밟고 밟아도 조금의 기회만 엿보이면 용수철처럼 튀어 올라 언제 그랬냐는 듯이 경쟁에 합류하는 모습을 이 작은 FMEA 체계 하나만 봐도 알 수 있다는 뜻이다. 국내 대기업 연구소에서 오랜 기간 연구원 생활을 했던 필자로서는 여러 가지를 느끼게 하는 대목이다. 제품을 개발하는 팀도 중요하지만 더불어 문제 해결을 위한 이 같은 체계를 연구하는 팀도 함께 존재해야 함을 깨닫게 된 것이다. 아무렴 이와 같은 내용을 연구소에서 연구하도록 배려하는 정책이 나오기까지는 아직 좀 더 시간을 두고 지켜봐야 할 사안이긴 하다. 본 책의 구성 중 Ford사의 매뉴얼을 중점적으로 다룬 이유가 여기에 있다.

더불어 'Big 3'가 함께 만든 매뉴얼 역시 학습의 의미가 있는데, 왜냐히면 여기서 공통으로 합의된 내용이 Ford사의 그것보다 우선하고 있을뿐더러 일부 내용에 있어서는 Ford사 매뉴얼의 몇몇 부족한 부분을 메워주고 있기 때문이다. 예를 들어, 쉬운 사례의 소개 등이 그것이다. 또 FMEA의 원본은 뭐니 뭐니 해도 「MIL-STD-1629A」를 빼놓고는 얘기하기가 곤란할 지경이다. Design FMEA에 한정하곤 있지만 용어나 평가에 대한 여러 체계가 Ford사 매뉴얼의 참고 자료가 됐음을 부인하기 어렵기 때문에 이를 학습에 포함시킬 당위성은 충분히 있다. 따라서 **본 책의 구성은 기본적으로 'Big 3', 'Ford사', 'MIL-STD-1629A'를 함께 파악하고 학습하는 내용에 초점**을 맞추고 있다.

FMEA 유형에 대해서는 Design FMEA와 Process FMEA만을 포함시켰다.

그 외에 Concept FMEA, Machinery FMEA, Service FMEA 등이 있으나 모두 Design FMEA와 Process FMEA를 근간으로 하므로 이해를 넓혀가는 입장에선 두 FMEA의 학습만 충실히 하면 전혀 장애될 것이 없다고 판단했다.

또 하나 2018년 들어 FMEA에 생긴 큰 변화가 「**AIAG-VDA Failure Mode and Effects Analysis (FMEA) Handbook, First Edition**」으로 탄생하였다. 전개뿐만 아니라 양식, 또 'FMEA-MSR'로 불리는 안전관련 용법도 추가되었다. 전 세계 자동차 품질 영역을 다루는 미국 AIAG와 독일 VDA의 협업으로 약 3년 이상의 공을 들여 탄생한 만큼 앞으로의 활용에 귀추가 주목된다. 본 개정판은 웹상에 공지된 변화된 모습을 현재의 FMEA와 연결시켜 그 내용과 새롭게 추가된 항목들에 대해 비교하고 공유하는 공간을 마련하였다. 그러나 FMEA의 기존 개념과 본질적인 기능, 용법 등에서는 역시 큰 차이가 없음을 확인할 수 있다. 따라서 변화된 모습보다 관련 업무에서의 문제 해결에 성과가 드러날 수 있도록 그 활용성에 집중하는 모습을 강조하는 바이다. 새 FMEA에 대한 설명은 본문 중 '**V. AIAG－VDA FMEA(새 FMEA)**'에서 다룬다.

아무쪼록 본 서적이 FMEA를 학습하는 독자들의 기본 탐색 자료가 되기를 희망하며 최근에 이슈가 되고 있는 DRBFM(Design Review Based on Failure Mode) 등으로의 확산 기점이 될 수 있기를 기대하는 바이다.

FMEA 개요

업무에 사용하는 각종 도구(Tools)들은 그들이 생겨날 수밖에 없었던 필연적 탄생 배경이 존재한다. 왜 생겨났는지를 정확히 알아야 현재 우리가 쓰고 있는 용법과의 차이를 이해할 수 있으며, 그를 통해 좀 더 유용한 방법과 방향으로의 응용력 발휘가 가능하다. 이에 본 단원은 도구에 얽매이기보다 그를 자유자재로 활용할 수 있는 능동적 역량을 독자 스스로 키워나갈 수 있도록 FMEA 탄생 시점의 여러 상황들에 대해 알아보고 그의 필요성에 대해서도 간접적으로 체험해볼 것이다.

1. FMEA의 탄생

1998년 1월 초 필자는 삼성 SDI 중앙연구소 신뢰성 연구그룹의 일원으로 당시 브라운관 제조 라인에 6개월간 "신뢰성 보증 체계를 구축하라!"는 연구 소장의 특명(?)을 받고 동료 한 명과 함께 파견 업무를 수행하였다. 또 이 기간 동안 해야 할 주요 업무들 중 하나로 수백 명의 공정 엔지니어들을 대상으로 한 FMEA와 FTA 교육까지 포함돼 실로 엉겁결에 사내 강사 자격까지 얻어야 하는 그야말로 부담 백배의 회사 생활이 시작되었다. 준비에 여러 날을 소비해야 했지만 다행히 주변에서 몇몇 관련 서적과 자료를 모을 수 있어 수원, 부산 공장과 천안의 LCD용 컬러 필터 공장 엔지니어까지 총 300여 명을 대상으로 초특급(?) 전국 투어 강의가 시작되었다. 물론 교육은 무사히 마쳤고 다시 연구 업무로 복귀했지만 그때 경험은 FMEA가 무엇이고 왜 필요한지 머릿속에 확실히 각인시키는 계기가 되었다. 배우는 것보다 가르치는 역할이 내용 이해도가 5배에 이른다는 말도 있지 않은가?

그러나 당시 내용 구성에 포함되지 않은 몇몇 주요 사항들이 있었는데 바로 'FMEA 탄생 배경'이나 FMEA의 원조 격인 '자동차 산업에서의 활용 현황' 등이었다. 후자는 마음만 먹으면 자료 수집이 가능했지만 전자의 탄생 배경은 서적이나 주변 자료에서 얻기가 매우 어려웠다. 그렇다면 요즘같이 인터넷 검색이 잘 발달한 시기는 어떨까? 다음은 WIKIPEDIA 영문판에 실린 그나마 손쉽게 얻을 수 있는 FMEA 탄생 배경이며, 다행스러운 일은 "~카더라"로 결론짓기보다 각 사건과 연계된 문헌을 명확히 제시하고 있는 점이다. 이해를 돕기 위해 어설픈 영어 실력으로 직접 번역해 옮겨보았다. 원문을 보고 싶은 독자는 개별적으로 해당 웹 사이트를 방문해보기 바란다.

· **FMEA History** (WIKIPEDIA) 최초의 FMECA 수행 절차서는 '49년 11월 9일 제정된 「MIL-P-1629」이며, 이는 '80년 11월 24일 「MIL-STD-1629A」로 개정되었다. '60년대 초 미국 NASA의 협력 업체들은 명칭은 다르지만 FMEA나 FMECA와 유사한 도구들을 사용해왔다. '66년에 이르러 NASA는 Apollo Program에 사용할 FMECA Procedure를 발간하였고, 이후 바이킹, 보이저, 마젤란, 갈릴레오, 스카이랩 같은 프로그램에 적용하였다. '74년 「MIL-P-1629」가 「MIL-STD-1629 (Ship)」로 대체되면서 이따금 FMECA가 NASA의 것과 다른 형태로 발전돼 갔다. 민간 부문에서의 초기 FMEA 사용은 항공 산업이며, '67년 SAE(Society for Automotive Engineers)에서 발표한 「ARP-926」으로부터 비롯된다. 이는 두 번 개정을 거쳐 「ARP-4761」로 대체되었으며, 현재까지 민간 항공 분야에 폭넓게 적용되고 있다. 아직까지 FMECA는 몇몇 헬리콥터 제조사들이 민간 '회전 날개 항공기(Rotorcraft)' 개발에 계속 사용하곤 있지만 전체 민간 항공 산업은 「SAE ARP-4761」의 절차에 따라 FMEA와 FTA를 결합해 사용하는 추세다.

'70년대엔 FMEA의 관련 기술이 여러 산업으로 확산되었는데 특히 '71년 NASA는 미국지질조사소(USGS)를 위한 보고 자료 준비에서 연안 석유 탐사 평가 시 FMEA 사용을 권고하였고, '73년 미국 환경 보호국은 폐수 처리장에 FMEA의 응용 사례를 보고하였다. 이후 Apollo Space Program의 일환인 HACCP(위생 관리 시스템)에 FMEA를 적용함으로써 식품 산업으로 옮겨가는 계기가 되었다. 자동차 산업은 '70년대 중반부터이며, 특히 Ford는 Pinto 소송사건 후 안전과 정부 규제 고찰을 위해 FMEA를 자동차 산업에 적극 도입하였고, 이 과정에서 제품 출시 전 공정 내 잠재 고장을 파악할 목적으로 PFMEA를 탄생시켰다. 이를 바탕으로 '93년엔 자동차 산업에서의 FMEA 최초 표준이 AIAG (Automotive Industry Action Group)에서 발간되었고, 이 표준은 현재 4판이 나온 상태다. SAE도 관련 표준 「J-1739」를 '94년 발간했으며, 이 역시 현재 4판이 나와 있다.

FMEA의 기원이 국방부에서 비롯되었지만 현재는 반도체, 식품, 소프트웨어, 건강 등 모든 산업으로 확산되었으며, 특히 Toyota는 한 단계 더 나아가 DRBFM (Design Review Based on Failure Mode)을 정립하였다. 이 방법은 ASQ(American Society for Quality)에서 그 활용법에 대해 자세히 안내하고 있다.

앞서 **WIKIPEDIA** 내용 중 지면상 관련된 원문 출처를 모두 뺐는데 다음은 이들 문헌 모두와, 추가 조사를 통해 얻은 자료를 포함함으로써 **FMEA**[9] 발전 상을 한눈에 파악할 수 있도록 시간대 순으로 재정립한 목록이다(「FMEA 시간대별 발전 목록」으로 지칭). 참고로 시간대별 모든 FMEA 표준들은 '부록－A'를 참고하기 바란다.

1) 1949. 11. 9., **Military Procedure** 최초 문헌 → Department of Defense(US), MIL－P－1629, Procedures for performing a failure mode effect and critical analysis.

2) 1955, Kepner/Tregoe에 의해 "Analysis of Potential Problems (APP)"가 폭넓게 사용됨.

3) 1962, NASA 협력 업체의 유사 기법 사용 → Neal, R. A. Modes of Failure Analysis Summary for the Nerva B－2 Reactor. Westinghouse Electric Corporation Astronuclear Laboratory. WANL－TNR－042.

4) 1963, NASA 협력 업체의 유사 기법 사용 → Dill, Robert; et al. State of the Art Reliability Estimate of Saturn V Propulsion Systems. General Electric Company. RM 63TMP－22.

5) 1966. 8., NASA 아폴로 프로그램에 적용 → Procedure for Failure Mode, Effects and Criticality Analysis (FMECA). National Aeronautics and Space Administration. 1966. RA－006－013－1A.

6) 1967, 민간 항공 분야에 도입 → SAE ARP 926(The Society of Automobile

---

9) 초창기는 명칭 'FMEA' 대신 'FMECA'가 대세다. 편의상 'FMEA'를 사용하고 있다.

Engineers' Aerospace Recommended Practice), 논문 "Fault/Failure Analysis Procedure" 발표. 이후 두 번 개정을 거쳐 현 'SAE ARP−4761'로 대체. 전체 민간 항공 산업은 'SAE−ARP−4761' 절차에 따라 FMEA와 FTA를 결합해 사용하는 추세.

7) 1969. 3. 28., Military Standard에서 신뢰성의 일부 도구로 포함 → MIL−STD−785A, Reliability Program for Systems and Equipment Development and Production, Task 204, Failure Mode, Effects and Criticality Analysis.

8) 70년대, NASA에 의해 바이킹, 보이저, 마젤란, 갈릴레오 프로그램에 적용 → Failure Modes, Effects, and Criticality Analysis (FMECA). National Aeronautics and Space Administration JPL. PD−AP−1307.

9) 1972, NASA가 '미국 지질 조사소(USGS)'를 위한 보고 자료 준비에서 연안 석유 탐사 평가 시 FMEA 사용을 권고 → Dyer, Morris K.; Dewey G. Little, Earl G. Hoard, Alfred C. Taylor, Rayford Campbell(1972). Applicability of NASA Contract Quality Management and Failure Mode Effect Analysis Procedures to the USFS Outer Continental Shelf Oil and Gas Lease Management Program. National Aeronautics and Space Administration George C. Marshall Space Flight Center. TM X−2567.

10) 1973, '미국 환경 보호국'이 폐수 처리장에 FMEA의 응용 사례 보고 → Mallory, Charles W.; Robert Waller(1973). Application of Selected Industrial Engineering Techniques to Wastewater Treatment Plants. United States Environmental Protection Agency. pp.107-110. EPA R2−73-176.

11) 1974, NASA의 스카이랩(Skylab) 프로그램에 적용 → Experimenters'

Reference Based Upon Skylab Experiment Management. National Aeronautics and Space Administration George C. Marshall Space Flight Center. 1974. M-GA-75-1.

12) 1974. 11. 1., 해군(Navy)이 FMEA 사용법에 관한 절차를 개발. 「MIL-STD-1629(SHIPS)」가 「MIL-P-1629」를 대체 → Procedures For Performing a Failure Mode, Effects and Criticality Analysis.

13) 1975, SAE에 의한 자동차 산업에의 응용 시작 → Matsumoto, K.; T. Matsumoto, Y. Goto(1975). "Reliability Analysis of Catalytic Converter as an Automotive Emission Control System." SAE Technical Paper 750178. doi:10.4271/750178./이 시점에 원자력 공학에도 적용됨.

14) 1977, Ford사가 모델명 'Pinto' 차의 충돌 후 연료 탱크가 터지면서 불꽃과 함께 화염에 휩싸이는 문제점 경험 후 잠재 설계 문제를 줄이기 위해 도입(사고는 '70년 9월 이후 수십 차례 있었으며, 크고 작은 소송에 휩싸임).

15) 1980. 11. 24., MIL-STD-1629A가 MIL-STD-1629(SHIPS)와 Aeronautical FMECA standard MIL-STD-2070(AS) 둘 다를 대체함 → Procedures for Performing a Failure Mode, Effects and Criticality Analysis. A. U.S. Department of Defense. 1980. MIL-STD-1629A. /독일 VDA(Verband der Automobiiindiistrie, 독일 자동차 산업 협회)에 의해 표준 'DIN 25448' 제정됨.

16) 1985, 유럽에서 FMEA와 FMECA 둘 다를 산업에 일반화시킬 목적으로 도입 → Analysis techniques for system reliability - Procedure for failure mode and effects analysis (FMEA). International Electrotechnical Commission. IEC 812 (now IEC 60812).

17) 1988, Ford사는 제품의 설계뿐만 아니라 제조 과정에까지 적용 →

"Potential Failure Mode and Effects Analysis in Design (D-FMEA)" 와 "For Manufacturing and Assembly Processes (P-FMEA) Instruction Manual"을 발행.

18) 1991, 영국에서 동일 목적으로 FMEA 표준 제정 → Reliability of Systems, Equipment and Components Part 5: Guide to Failure Modes, Effects and Criticality Analysis (FMEA and FMECA). British Standards Institute. 1991. BS 5760-5.

19) 1993, QS-9000 관련 자동차 산업에서의 AIAG FMEA Reference Manual 최초 표준 발간(Big3 참여한 ASQC 분과) → Potential Failure Mode and Effect Analysis. Automotive Industry Action Group (2008 년 4th Edition).

20) 1994년 6월, 미 국방부 장관 William Perry는 국방부가 상업적 제품과 그 실무에 대한 의존도를 높이기 위해 "Specification and Standards"로 명명된 제안서를 공표. 이를 계기로 「MIL-STD-1629A」외 국방부 관할 일부 표준들이 폐기되면서 새로운 FMEA Procedure가 정립되는 전기를 마련.

21) 1994. 7. 1., Ford, DaimlerChrysler, GM 공동으로 SAE International에 서 관련 표준 발간. Machinery FMEA가 포함됨 → SAE International J1739. Potential Failure Mode and Effects Analysis in Design (Design FMEA), Potential Failure Mode and Effects Analysis in Manufacturing and Assembly Processes (Process FMEA), and Potential Failure Mode and Effects Analysis for Machinery (Machinery FMEA). (2009/01/15 Latest).

22) 1997(?) 이후, 도요타의 DRBFM(Design Review Based on Failure Mode)으로 발전 → SAE J2886 DRBFM Task Force to document the

method and intent of the DRBFM //B. Haughey, T. Yoshimura, "Design Review Based on Failure Modes − DRBFM", International Applied Reliability Symposium, San Diego, (Jun.) 2007.

23) 1998. 8. 4., 「MIL−STD−1629A」가 폐기(Canceled)됨.

24) 1998, 이후 FMEA 사용은 국방부와 우주 응용 연구를 위해 전자 부품의 신뢰성 설계 분야 등 현재까지 폭넓게 지속되고 있음 → "7.8 Failure Mode and Effects Analysis (FMEA)." Electronic Reliability Design Handbook. B. U.S. Department of Defense. 1998. MIL−HDBK−338B.

25) 2001. 7. 1., SAE(미국 자동차 기술자 협회)는 G−11에서 「MIL−STD−1629」를 업데이트할 새로운 FMEA 개발 분과 위원회 설립을 인가하고, 이로부터 다양한 형태의 FMEA 도구들이 개발되었으며, SAE−ARP−5580(2001) 문서로 탄생함 → SAE ARP 5580:2001, Recommended Failure Modes And Effects Analysis(FMEA) Practices For Non-automobile Applications./ International Standardization (IEC 60812) 발간.

26) 2018, AIAG-VDA 공동으로 2015년부터 개정판 작업. 「AIAG-VDA Failure Mode and Effects Analysis(FMEA) Handbook, First Edition」.

FMEA의 최초 개발자는 누구이며, 또 최초 문헌은 무엇일까? 우선 최초 개발자에 대해 알아보자. 한 서적[10]에 따르면 '2006년도 미 육군성 매뉴얼(2006 Department of the Army Manual)'에 FMECA 원 개발자는 'NASA(National Aeronautics and Space Administration)'이며 "우주 프로그램용 하드웨어의 신뢰성을 높이고 검증할 목적으로 개발되었다"고 서술하고 있다. NASA는 그의

---

10) Carl S. Carlson, "Effective FMEAs: Achieving Safe, Reliable, and Economical Products and Process Using Failure Mode and Effects Analysis", p.286, WILEY.

전신인 NACA(National Advisory Committee for Aeronautics: 미국 항공 자문 위원회)가 1915년에 설립됐고, 1958년 이를 개편하여 창설된 조직이다. NACA가 항공학 연구의 착수, 촉진, 제도화를 위한 미 연방 정부의 기관이었다면, NASA는 항공학뿐만 하니라 항공 우주 산업과 민간 우주 계획까지 포괄하는 우주로까지 그 범위를 확장한 거대 조직이다. 사실 NASA가 1958년 창설되기 이전에 이미 수많은 사건들이 있어 왔으며, 그 과정을 간략히 소개하면 다음과 같다.[11]

제2차 세계대전이 막바지를 향해가던 1944년 9월 8일. 영국 런던은 거대한 미사일 공격을 받았다. 당시만 해도 공중 폭격은 폭격기들이 날아와 폭탄을 투하하는 방식이 전부였다. 폭발이 일어났으나 런던 상공에는 단 한 대의 폭격기도 보이지 않았다. 런던 시민들과 영국 방공 당국은 경악했다. 영국인들이 '악마의 사자'라고 부른 독일군의 로켓 V2였다. V2는 인류가 만든 최초의 탄도 미사일이자, 미국의 우주 개척 시대를 연 주역이기도 하다.

'V'라는 명칭은 '보복 무기(Vergeltungswaffe)'라는 독일어 머리글자에서 따왔다. 독일이 제1차 세계대전의 패배를 보복하기 위해 만든 무기라는 의미다. 길이 14m, 무게 13t에 최대 속도가 음속의 4배 가까운 시속 5,760㎞, 항속 거리는 330㎞에 달했다. 탄두에 1t 가까운 폭탄을 실을 수 있었다. V2는 에탄올과 물의 혼합 연료와 액체 산소로 추진되는 1단 로켓이다. 이 액체 연료 로켓의 개념은 미국의 물리학자 로버트 고다드가 1926년 처음 개발했다. 그러나 고다드의 연구는 당시 인정받지 못했고, 미 국방부는 실용화를 외면했다. 공교롭게도 그의 기술에 가장 큰 흥미를 가진 것은 독일의 나치였다.

[그림 Ⅰ-1]은 1926년 3월 16일 고다드(Robert Hutchings Goddard)가 매사추세츠 오번(Auburn)에서 인류 최초의 우주 로켓을 발사하기 직전의 모습이며, 그의 다음날 일기에 따르면 '넬(Nell)'이라고 명명된 로켓은 2.5초의 비행기간 동안 41피트(10.25m)를 날아오른 후 눈 덮인 에피 아주머니네 농장의 양배추밭에 떨어졌다고 전해진다. 최

---

11) 2011-09-07일자 경향신문, 김준기 기자.

[그림 Ⅰ-1] 고다드와 최초 로켓 발사

대 고도는 12m이었다. 이날 실험은 액체 추진체를 이용한 로켓이 가능하다는 것을 증명하며 우주 비행의 첫발을 내딛은 인류 최초의 실험이었다.[12)]

독일에서 로켓 개발을 주도한 인물은 베르너 폰 브라운(Wernher Magnus Maximilian Freiherr von Braun)이다. 독일 육군 병기국에서 근무하던 폰 브라운은 히틀러의 전폭적인 지원으로 1932년 독일 북부 발트해 연안의 작은 섬 피네뮨데에 독자적인 로켓 연구소를 세웠다. 폰 브라운은 V2에 앞서 항공 폭탄인 V1 등을 개발했다. 드디어 1942년 6월 13일 V2의 첫 시험 발사가 성공했다. V2는 그해 8월 16일 음속을 돌파했고, 1943년부터 본격적인 생산에 들어갔다. 독일은 대형 트럭을 이용한 이동 발사 방식도 개발해 V2를 실전에 사용할 수 있었다.

V2는 1945년 3월까지 총 3,200여 발이 발사됐다. 벨기에의 안트베르펜을 향해 1,610발, 런던을 목표로 1,358발이 집중 발사됐다. 그러나 유도 장치가 정밀하지 못해 목표 지점의 수km 밖에 떨어지기도 했다. 그럼에도 수백km 떨어진 보이지 않는 곳에서 발사돼, 요격이 불가능한 빠른 속도로 날아오는 V2는 영국을 비롯한 연합군에는 공포의 대상이었다.

V2의 맹폭에도 불구하고 독일은 전쟁에서 졌고, 승전국인 미국과 소련은 V2 기술 확보 경쟁을 벌였다. 폰 브라운은 소련군에 잡히지 않기 위해 미군에 자수했다(1945. 5. 3. 새벽). 미군은 그를 비롯한 126명의 연구원과 수백 발의 V2를 미국으로 가져갔다. 폰 브라운은 미군을 위한 유도 미사일을 개발하다 1958년부터 미 항공 우주국(NASA) 책임자로 임명돼 우주 로켓 개발에 결정적 역할을 했다. V2에서 시작된 미국의 로켓 기술은 1969년 인간을 아폴로 11호에 실어 최초로 달에 보내는 성과로 이어졌다.

---

12) 2010.3.11일자 ZDNet Korea, "우주 로켓의 아버지 고다드", 이재구 국제 과학 전문 기자.

무게 약 14톤에 길이 14m 물체를 300km 이상의 거리까지 날리려면 수많은 시행착오와 부품들 간 상호작용 연구가 뒷받침돼야 한다. 그러나 우주를 향한 로켓 연구의 본격적인 서막은 1958년 NASA가 창설되고 같은 해 V2 로켓의 핵심 개발자인 폰 브라운을 개발 책임자로 앉히고부터다. NASA가 굳이 '58년에 조직된 배경은 그 전년도인 '57년 10월 4일 러시아(구소련)에서 독일의 v2 로켓 연구를 답습해 성공한 인류 최초의 인공위성 '스푸트니크 1(Sputnik 1)'과 무관하지 않다. '스푸트니크 1'은 러시아어로 '동반자'라는 뜻이다. 라디오 송신 장치는 단지름 58cm, 무게 83.6kg의 공 모양으로 금속구(金屬球)에 4개의 안테나가 달린 모양이었으며, 내부에는 측정기와 2대의 송신기 등이 있었다. '스푸트니크 1'은 R−7로켓에 실려 지구 위에 자리 잡고 최초의 메시지를 지구로 보내왔다. 우주 시대의 서막을 알리는 첫 신호였으며 미국에게는 하늘에서 내려다볼 위협적 존재로 여겨지기에 충분한 사건이었다. 그리고 또 한 번 미국을 크게 경악시킨 일이 벌어지는데 1961년 4월 12일 구소련의 우주 비행사인 '유리 가가린(Yurii Alekseevich Gagarin)'이 '보스토크 1(Vostok 1)'을 타고 1시간 28분 동안 지구 밖 비행에 성공하면서 "지구는 푸른빛이다. 멋지고, 경이롭다"란 명언을 남긴 사건이다. 이를 계기로 미국은 불과 한 달 뒤인 1961년 5월 25일 케네디 대통령에 의해 '국가의 급무와 현상에 관한 특별 교서'를 의회에 제출하면서 "1960년대가 끝날 때까지 인간을 달 세계에 착륙시키고 다시 지구로 귀환시키겠다"는 목표를 공표한다. 이후 인간을 지구 밖으로 보내는 '머큐리 계획(Project Mercury)', 장기간의 우주 비행 경험을 쌓고 랑데부와 도킹 기술을 습득하기 위한 '제미니 계획(Project Gemini)', 우주 비행사를 달에 착륙시켰다가 지구로 안전하게 귀환시키는 '아폴로 계획(Apollo program)' 등이 단계적으로 추진된다. 현 21세기에도 어려운 달 탐사를 부품 성능도 녹록지 않았던 60년대에 이루려면 가장 큰 관심사가 '고장(Failure) 없는 기기를 설계하는 일'에 쏠렸을 것이란 예상쯤은 쉽게 할 수 있는 일이다(「FMEA 시간대별 발전 목록」 '2)', '3)', '4)' 참조).

FMEA 강의 중에 "최초의 달착륙선은 아폴로 몇 호일까요?" 하고 항상 질문하곤 한다. 그러면 여지없이 "13호요!" 하고 답변한다. 정답은 '69년 7월 16일에 발사된 '아폴로 11호'다. 잘 알고 있다시피 선장 닐 암스트롱(Neil Armstrong), 에드윈 올드린(Edwin Eugene Aldrin), 마이클 콜린즈(Michael Collins)가 탑승했다. 이어 "아폴로 13호 선장은 누구일까요?" 하고 또 질문하면 답변이 없다. 혹자는 '톰 행크스'라고 빡빡(?) 우기기도 하는데 '아폴로 13호'는 아폴로 계획 중 세 번째 달 착륙을 목적으로 '70년 4월 11일에 발사됐으나 고장으로 달을 선회만 한 뒤, 4월 17일 무사히 지구로 귀환한 실패했지만 극적 신화를 낳은 미션이었다. 여담이지만 서양인들은 '13'을 불길한 숫자로 여긴다. 위키백과(한국어판)에 따르면 우연한 여러 정황들을 찾아 끄집어낸 얘기기도 하지만 '아폴로 13호'의 '13'도 그렇고 당시 미국 중앙 표준시로 '아폴로 13호'가 발사된 시각이 '13시 13분'이었다. 또 발사대 'LC-39'가 '13의 3배'이며, 사고 발생일이 '4월 13일', 폭발 시점이 '19시 13분'인 점 등을 들고 있다. 이 미션은 제임스 로벨(James Lovell), 캔 매팅리(Ken Mattingly), 프레드 헤이스(Fred Haise) 중 '톰 행크스'가 '제임스 로벨' 역으로 영화화돼 우리에게 친숙하다. 영화 제작 당시 '제임스 로벨'은 NASA가 이 사고 이후 우주선에 '13'의 번호를 붙이지 않게 됐다고 전했지만 NASA가 계획 중인 유인 달 비행 계획이 '오리온 13'이라 명명된 것으로 알려져 있다. [표 Ⅰ-1]은 '아폴로 계획'의 전체 이력이다.

[표 Ⅰ-1] '아폴로 계획'의 시간대별 이력

우주선명	일시	미션
아폴로 1호	67.1.27.	- 우주인(3) 화재 사망
아폴로 4호	67.11.9.	- 무인 테스트
아폴로 5호	68.1.22.	
아폴로 6호	68.4.4.	
아폴로 7호	68.10.11.~22.	- 유인 지구 궤도 비행 - 최초 TV 생방
아폴로 8호	68.12.21.~27.	- 달 궤도 10회 선회
아폴로 9호	69.3.3.~13.	- 유인 착륙선 지구 선회
아폴로 10호	69.5.18.~26.	- 착륙선 분리/도킹 - 최초 컬러 TV 생방
아폴로 11호	69.7.16.~24.	- 최초 달 착륙
아폴로 12호	69.11.14.~24.	- 달 31hrs
아폴로 13호	70.4.11.~17.	- 사령선 고장, 귀환
아폴로 14호	71.1.31.~2.9.	- 월석 채취 최초 카트
아폴로 15호	71.7.26.~8.7.	- 최초 월면차 사용
아폴로 16호	72.4.16.~27.	- 달 71hrs
아폴로 17호	72.12.7.~19.	- 달 72hrs, 월면차 30.5km 이동

참고로 '아폴로 계획(Apollo Program)'과 '바이킹, 보이저, 마젤란, 갈릴레오 프로그램'에 적용된 FMECA NASA 표준은 앞서 「FMEA 시간대별 발전 목록」 중 각각 '4)'와 '7)'이며, 겉표지는 [그림 Ⅰ-2]와 같다.

[그림 Ⅰ-2] '아폴로', '바이킹/보이저/마젤란/갈릴레오'용 NASA FMECA 표준

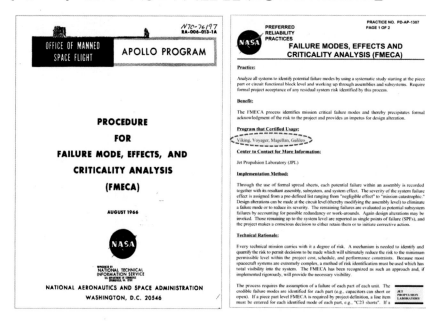

[그림 Ⅰ-2]의 왼쪽 그림 상단에 "APOLLO PROGRAM"이 명시돼 있으며, 표준 번호는 그 위 오른쪽에 "RA-006-013-1A"로 기입돼 있다. 또 표지 중간쯤 제정일이 '1966년 8월'로 적혀 있다. '아폴로 계획'의 서막을 여는 최초 무인 로켓 테스트인 'AS-201' 미션 활동이 '1966년 2월 26일'임을 감안할 때, '아폴로 계획' 시작과 거의 동시에 표준이 만들어졌음을 알 수 있다. [그림 Ⅰ-2]의 오른쪽 그림은 제목에 'FMECA'가 기술돼 있고, 잘 보이진 않으나 "사용이 승인된 프로그램(Program that Certified Usage:)"에 "Viking, Voyager, Magellan, Galileo"임을 명시하고 있다.13) "APOLLO PROGRAM"

---

13) http://www.klabs.org/DEI/References/design_guidelines/nasa_reliability_preferred_practices.htm#1307

표준 본문 중 '목적(Purpose)'을 번역해 옮기면 다음과 같다.

> "이 문서는 아폴로 계획의 '고장 모드, 영향 그리고 치명도 분석(FMECA)'의
> 완수를 위한 지침을 제공한다. 본 지침은 시스템 비신뢰도와 승무원 안전 문제
> 에 직결된 아이템들을 조사할 목적으로 수행되는 하드웨어 분석 절차이다."

주제를 바꿔 **FMEA 관련 최초의 문헌**은 무엇일까? 이미 「FMEA 시간대별 발전 목록」의 '1)'에 기술된 Military Procedure 중 「MIL−P−1629」로 밝힌 바 있다. 사실 앞서 설명한 최초 개발자가 'NASA'라면 최초 문헌인 「MIL−P−1629」와는 시차가 발생한다. 「MIL−P−1629」가 NASA의 창설('58년) 훨씬 전인 1949년에 이미 초기 표준 문서로 자리하고 있기 때문이다. 가능성 높은 시나리오는 1915년에 조직된 NACA에서 안전과 복잡한 부품들 간 고장 관계를 따져야 하는 업무 특성상 FMEA 유사 도구가 탄생했다는 주장과, 이 개념이 1949년 미 육군에 의한 절차서 「MIL−P−1629」로 문서화된 후 1958년 창설된 NASA에서 본격 활용됐을 거란 가설이다. 이 경우 정확히는 'NASA'가 아닌 'NACA'가 최초 개발자로 등재돼야 한다.

문서 관점에서 「MIL−P−1629」는 1949년 미 국방부(U.S. Department of Defense)가 "미션 성공과 군인 및 장비 안전에 미치는 영향 정도에 따른 고장을 분류"하기 위해 제정한 것으로 여러 출처에서 공통으로 언급하고 있다. 다만 몇 가지 석연찮은 점은 있다. 위키백과(한국어판)에 따르면 제정일이 1949년 9월 9일로 언급돼 있고 영문판에는 1949년 11월 9일로 돼 있으나 미 국방부 공식 자료[14])에 따르면 폐기(Canceled) 시점이 1949년 11월 9일로 기록돼 있어 단 두 달만 유지됐다거나 아니면 폐기 시점과 제정 시점을 동일시해야 하는 모순에 빠진다. [그림 Ⅰ−3]은 미 국방부가 제공하는 관리 문서의 이력

---

14) http://www.assistdocs.com/search/search_basic.cfm

사항을 보여준다.

[그림 Ⅰ-3] 미 국방부의 「MIL-P-1629」에 대한 공식 이력

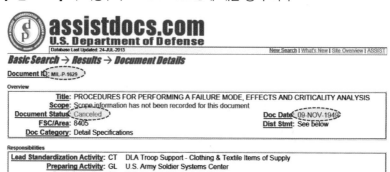

[그림 Ⅰ-3]에 "Document ID: MIL-P-1629", "Document Status: Canceled", "Doc Date: 09-NOV-1949"를 각각 타원 점선으로 표시해놓았다. 'Doc Date'는 "표준 문서 첫 장에 기록된 사용 목적의 공식화 날짜"이나 '폐기(Canceled)' 시점과도 혼용돼 있어 현재로선 둘 중 어느 쪽인지 확인이 어렵다. 분명한 것은 신뢰성이 태동한 제2차 세계대전 동안 다양한 환경에서 군수 장비들이 혹독하게 시험당했고 그로 말미암아 사람의 안전과 장비의 잠재 고장들에 관심이 고조된 시점임을 감안할 수 있다. 이에 미국의 전쟁 참여 계기가 된 1941년 12월 7일 일본의 진주만 공습 이후로 그 태동 시기를 점쳐보는 게 적절할 것 같다. 즉, 이 문서의 탄생은 1941~1949년 사이가 맞을 것 같다. 그러나 언급한 바와 같이 여러 출처('주 14' 등)에서 표준의 탄생 시점을 '1949년 11월 9일'로 일관되게 지적하고 있어 필자 역시 이해를 FMEA의 표준 문서가 공식화된 시점으로 볼 것이다. 현재 「MIL-P-1629」의 원본을 보

긴 어렵다. 다만 가장 닮은꼴을 주변에서 찾아볼 순 있는데, 바로 「MIL−STD−1629A」가 그것이다. 다음 [그림 Ⅰ−4]는 「MIL−STD−1629A」의 표지이다.

[그림 Ⅰ−4] 「MIL−STD−1629A」 표지

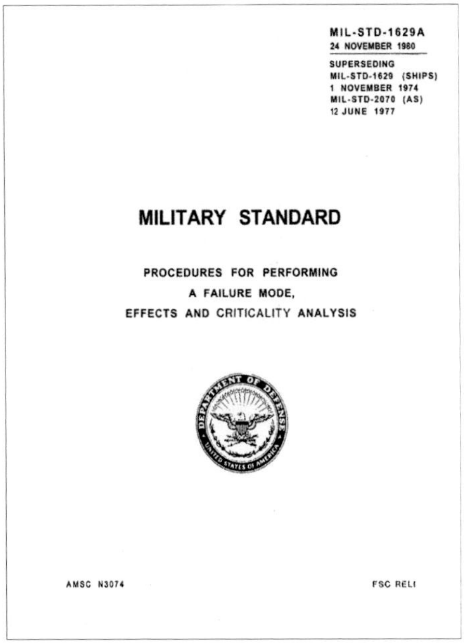
MIL-STD-1629A
24 NOVEMBER 1980

SUPERSEDING
MIL-STD-1629 (SHIPS)
1 NOVEMBER 1974
MIL-STD-2070 (AS)
12 JUNE 1977

MILITARY STANDARD

PROCEDURES FOR PERFORMING
A FAILURE MODE,
EFFECTS AND CRITICALITY ANALYSIS

AMSC N3074　　FSC RELI

이 표준은 인터넷 검색을 통해 'pdf' 문서로 쉽게 다운받을 수 있다. 표준의 영향은 대단한데 개정 4회째인 1998년 8월 4일 폐기될 때까지 미국 내외의 다양한 표준, 그리고 최근의 FMEA 바이블이라 할 수 있는 Ford社 매뉴얼에 이르기까지 용어나 수행 방법 등에 근간을 이룬다. 음식 하나를 먹어도 '원조'를 찾는 세태를 반영해 FMEA를 알고 싶은 독자는 반드시 인터넷에서 「MIL−STD−1629A」를 찾아 정독해보는 것도 학습에 큰 도움이 될 듯싶다. 다음

[그림 Ⅰ-5]는 미 국방부가 제공하는 관리 문서의 이력 사항이다.

[그림 Ⅰ-5] 미 국방부의 「MIL-STD-1629A」에 대한 공식 이력

[그림 Ⅰ-5]의 아래를 보면 총 4회에 걸쳐 개정(Revision History)이 있었으며, 4회째인 1998년 8월 4일 최종 '폐기(Cancellation)'되었음을 알 수 있다. 표준이 폐기된 계기는 1994년 6월, 미 국방부 장관 페리(William Perry)의 군대 운영 체계 간소화 정책에 따른 결과이며, 「SAE-ARP-5580:2001」의 서문에는 이 과정으로 FMEA 절차가 기존 「MIL-STD-1629A」에서 새로운 FMEA 절차로의 역사적 변천이 있었음을 기록하고 있다(「FMEA 시간대별 발전 목록」 '19)', '21)', '24)' 참조). 다음은 그 서문을 번역한 것이다.

1994년 6월 국방장관 윌리엄 페리는 표제 "Specification and Standards - A New Way of Doing Business"를 공표했는데 이것은 국방부가 상업적 제품과 그 실무에 대한 의존도를 직접 높인다는 내용을 담고 있다. 페리의 제안 결과 「MIL-STD-1629」를 포함한 많은 미국 군사 표준 문서들이 폐기되었다. 같은 시기 국방부 표준화 개정 절차를 감독하도록 인가받은 DSIC(Defense Standards Improvement Council)는 SAE와 「MIL-STD-1629」에 대한 그의 입장을 조정했는데, 당시 SAE의 RMSL 분과 (Reliability, Maintainability, Supportability and Logistics Division)는 이미 소위원회로 하여금 「MIL-STD-1629」를 갱신해 새로운 FMEA 절차를 만들도록 승인한 상태였다. 소위원회는 산업계와 정부 기관 및 학계로부터 대표부를 구성하였으며, 승인서에 따라 이 모범 기준(SAE-ARP-5580)이 개발되었다.

자동차 산업의 대명사인 Ford社가 항공기나 우주 개발에 쓰이던 FMEA를 자사에 도입한 배경도 주목할 만한 대목이다(「FMEA 시간대별 발전 목록」'13)' 참조). 위키피디아(영문판)의 'FMEA History'에 "…(중략) The automotive industry began to use FMEA by the mid 1970s. **The Ford** Motor Company introduced FMEA to the automotive industry for safety and regulatory consideration after the **Pinto affair** (중략)…", 즉 Ford社가 1970년대 중반 이후 'Pinto 사건'을 계기로 자동차 안전과 규약을 고찰할 목적으로 FMEA를 자동차 산업에 도입했다는 설명이다. 다음은 한 기사[15]에 실린 'Pinto 사건'을 옮겨놓은 것이다(내용 이해를 돕기 위해 일부 내용 추가 후 편집함).

…(중략) 대표적인 사례가 1970년대 미국 포드의 핀토(Pinto) 연료 탱크 사건이다. 핀토는 석유 파동 결과 소형차로 관심이 옮겨가던 당시 보기 드물게 매끈한 스타일과 적당한 가격으로 선풍을 일으킨 차다. 그러나 연료 탱크를 고정시키는 장치가 없어서

---

15) 매일경제, 2012.11.09일자, "자동차 '연비논란'으로 떠오른 리콜제도", 이창훈.

시속 20마일 이상의 속도로 들이받는 추돌 사고가 발생하면 연료 탱크가 밀려들어가 쉽게 폭발하는 치명적 결함을 안고 있었다. 이 사고로 수백 명의 화상, 사상자가 발생했다.

더 놀라운 일은 포드가 개발 과정에서 이미 연료 탱크 결함을 알고 있었다는 사실이다. 포드는 핀토의 연료 탱크 결함을 알고 나서 연료 탱크를 보호해 폭발을 막는 장치를 부착하는 것이 가치가 있는지 알아보는 비용 편익 분석을 실시했다. 그 결과 안전을 보장할 부품 장착 비용은 한 대당 11달러였고 승용차와 트럭 1,250만 대 모두에 11달러짜리 부품을 달면 안전성을 높이는 데 총 1억 3,700만 달러가 들어가는 것으로 나타났다.

하지만 부품 장착을 포기하고 사고 시 손해 배상을 해줄 경우 비용 부담은 이보다 적었다. 최대 180명이 사망 혹은 부상할 수 있다고 예상하고 그들이 소송을 제기했을 때 지불할 비용을 산정한 결과 사망에는 20만 달러, 부상자는 6만 7,000달러, 안전장치가 없어서 파손될 자동차 2,000대의 수리비용을 대당 700달러로 산정하자 총 4,950만 달러가 드는 것으로 나타났다. 결국 포드는 핀토에 연료 탱크 안전장치를 달지 않고 판매했다.

1978년 8월 10일 17:30~18:30경 인디애나주 Goshen 근처의 33번 고속 국도에서 1973년형 Ford사 Pinto에 타고 있던 Urlich 자매 3명이 밴과의 후방 추돌 후 야기된 화재로 사망한 사건을 두고 Elkhart County 지방 법원은 1979년, Ford사를 살인죄로 형사 재판에 기소하였고 Ford사는 배상금 지급과 관련된 민사 재판에도 기소당했다. Ford사의 위험 사전 인지에 격분한 배심원단이 사망 사고로 손해 배상 소송을 제기한 원고에게 손해 배상금 외에 징벌적 손해 배상금으로 1억 2,500만 달러를 지급하라고 평결했다. 포드는 추가로 150만 대의 핀토 연료 탱크를 수리하는 비용 부담까지 안게 됐다. 여기서 그치지 않고 '바비큐 시트'라는 오명과 함께 엄청난 이미지 손상을 입어 일본 소형차에 시장을 내주게 된다. 재판 결과 살인죄에 대하여는 무죄, 배상금 지불에 대하여는 배심원이 선언한 1억 2,500백만 달러보다 적은 700백만 달러를 지급하라는 평결이 내려졌다. 2008년 안전성, 기술성, 신뢰성 부문에서 타임지가 선정한 사상 최악의 50대 자동차 중의 한 대로 선정되었다.

다음으로 「FMEA 시간대별 발전 목록」에서 언급된 FMEA 관련 여러 표준들에 대해 알아보자.

1.2. FMEA와 관련된 '표준' 고찰

앞서 「FMEA 시간대별 발전 목록」에서 드러난 FMEA 관련 대표적인 표준과 제정 기관을 표로 정리하면 다음과 같다(기관별 알파벳순).

[표 I −2] 설명된 FMEA 관련 표준

기관	표준명	비고
AIAG	AIAG 4th Edition	QS-9000
BS	BS 5760-5	영국
IEC	IEC-812 (now IEC 60812)	※발간 순서별 FMEA 모든 표준들은 '부록-A' 참조.
NASA	RA-006-013-1A(Apollo), M-GA-75-1(Skylab), PD-AP-1307(Viking, Voyager, Magellan, Galileo Program)	
SAE	SAE-ARP-926, SAE-ARP-4761, SAE-ARP-5580(2001), SAE-J1739	
U.S. D/Defense	MIL-P-1629, MIL-STD-1629(SHIPS), MIL-STD-2070(AS), MIL-STD-1629A, MIL-HDBK-338B, MIL-STD-785A	

사실 기업에서 FMEA 강의를 할 때 각 표준과 제정 기관들을 정리해 내용 전달을 하긴 하지만 그들 간 관계를 종합적으로 이해시키거나 어떤 배경을 통해 FMEA가 형성된 것인지 과정까지 설명할 여력은 없었다. 예를 들어, FMEA가 나올 때마다 자주 거론되는 'QS-9000', 'AIAG', 'SAE'뿐만 아니라 'ISO-9000', 'TS-16949' 등도 마찬가지다. 또 기관은 아니지만 용어 APQP, PPAP 등도 그림자처럼 따라다닌다. 그렇다고 이들의 관계가 어딘가 일목요연하게 나와 있는 사안들도 아니기 때문에 조사에 많은 노력이 필요하고 내용

접근성도 떨어지는 정보이다 보니 우선순위에서 더더욱 멀어지기 일쑤다. 변명이지만 강의 목적이 일단 **FMEA** 용법에만 맞춰져 있는 점도 한몫한다. 그러나 책을 발간하는 이 시점만큼은 **FMEA**를 둘러싼 여러 배경과 형성 과정을 배제한 채 달랑 용법만 나열하기엔 어딘지 부족함을 느낀다. 따라서 독자는 이 기회에 그동안 주섬주섬 들어왔던 **FMEA** 관련 표준들과 기관, 용어들에 충분한 학습이 이루어지는 계기가 되길 바란다.

'표준'이란 그를 제정하는 '기관'의 속성에 따라 분류되고 '명칭' 또한 그들의 활동 결과로 나타난 결과물이므로 둘을 따로 떼어내 설명하는 것은 별 의미가 없다. 또 FMEA가 유독 자동차 분야에서 다년간 많은 관심과 체계화 과정을 겪어온 점도 고려하지 않을 수 없다. 다음 내용은 한 출처16)에서 얻은 정보를 토대로 일부 추가, 편집한 결과이다.

QS-9000의 QS는 Quality System Requirements의 약어로, 1994년 9월 개최된 당시 **ASQC**(American Society for Quality Control; 미국 품질 관리 학회, 현 **ASQ**; 미국 품질 학회) 자동차 부문 회의에서 일반에게 공식적으로 발표되었다. QS-9000 인증 제도의 역사를 보면, 즉 자동차 업계의 요구들은 메이커별로 접근 방법이나 필요 사항들이 상이한 부분이 많아 이를 통일하여 규격화할 욕구가 어느 분야보다 강하였고, 이는 단지 미국의 자동차 메이커인 **BIG 3**(Ford사, GM, Chrysler)뿐만 아니라 같은 회사 내 사업부 간에도 다른 사안이 있어 공급자들도 동일한 요구 사항이 마련되기를 BIG 3에게 끊임없이 요청해왔다.17) 이에 대한 논의가 1988년 6월 ASQC에서 다루어졌으며, 그해 BIG 3는 공급자 요구 사항 전담 위원회(Task Force)를 **AIAG**(Automotive Industry Action Group)와 협조하여 구성하게 되었고, 그 결과 1990년에는 <u>측정 시스템 분석(MSA)</u>, 1991년에는 <u>통계적 공정 관리(SPC)</u>, 1993년에는 <u>양산 부품 승인 절차</u>

---

16) 한국 산업기술 표준원, 품질심사팀 김정섭, "QS-9000 인증제도와 전망", 2007/3/5, http://www.exportcenter.go.kr/standard/info/info_standard_read.jsp?num=1873
17) 구체적으론 1988년 6월 'Big 3' 구매 담당 부사장들도 참가한 ASQ 자동차 부문 컨퍼런스에서 'Big 3'에 납품하는 부품 공급업체들이 규격의 필요성을 공식 제안하였다.

(PPAP)와 잠재적 고장 형태 및 영향 분석**(FMEA)**, 그리고 1994년에는 <u>사전 제품 품질 계획 및 관리 계획서</u>**(APQP)** 등 5개 부속서(Core Tools)가 발간되었으며, 곧이어 동년 8월 주축이 되는 <u>QS-9000 품질 시스템 요구 사항</u>**(QSR)**과 <u>품질 시스템 심사</u>**(QSA)** 매뉴얼이 발간됨으로써 전체적인 하나의 **QS-9000** 인증 규격이 완성되었다.

QS-9000 품질 시스템 요구 사항**(QSR)**은 총 2부로 구성되어 있다. 제1부는 ISO 9001을 기본으로 한 품질 시스템 규격으로 ISO 요건과 BIG 3의 추가 요구 사항에 의하여 더욱 전문화된 요구 사항으로 편성되어 있고,[18] 제2부는 QS-9000 인증 제도를 적용하고 있는 BIG 3 및 트럭 제조 회사별 특성을 살린 각 회사의 요구 사항으로 편성되어 있다. 그동안 QS-9000 규격은 몇 차례 개정을 거듭하여 현재까지의 최신 개정 현황은 다음과 같다.[19] 이미 QS-9000 인증을 획득한 기업들은 최신 규격에 따라 품질 시스템을 보완, 유지해야 할 의무가 있다.

[표 I-3] QS-9000 규격 개정 현황(2007년 기준)

항목	연도/판
1. QS-9000 품질 시스템 요구 사항(QSR)	1994년 초판, 1998년 /3판
2. 품질 시스템 심사(QSA)	1994년 초판, 1998년 /2판
3. 양산 부품 승인 절차(PPAP)	1993년 초판, 1999년 /3판
4. 사전 제품 품질 계획 및 관리 계획서(APQP)	1994년 /초판
5. 통계적 공정 관리(SPC)	1991년 /초판
6. 잠재적 고장 형태 및 영향 분석(FMEA)	1993년 초판, 2001년 /3판
7. 측정 시스템 분석(MSA)	1990년 초판, 2002년 /3판

통상적으로 제품을 개발할 때 그에 필요한 '절차(Procedure)'가 먼저 만들어지고 중간중간 쓰일 '도구(Tools)'들을 고민하는 게 순서인데 [표 I-3]을 보

---

18) 'Big 3'가 ISO-9001 규격을 QS-9000의 기반으로 사용할 것을 결정한 주된 이유는 당시 회사들이 유럽에서 영업 활동을 하려면 1990년대 중반까지 ISO-9000 인증을 받아야 할 것이라는 소문이 널리 퍼져 있었기 때문이었다. ISO-9000 내에는 'Big 3'에게 거부할 만한 것이 아무것도 없었지만 사업 계획, 고객 만족, 지속적 개선, 제조 능력 및 많은 양의 선진 품질 기획 내용 등과 같은 최신 자동차 업계 문서의 몇 가지 요소가 그 규격에는 빠져 있었다(출처: http://cafe.naver.com/kmar/400).

19) 2007년 자료이므로 현재 개정판과 차이가 있을 수 있음.

면 시간적으로 'MSA', 'SPC', 'FMEA'가 먼저 'QS-9000'에 편입됐고 이후인 1994년에 자동차 산업에서의 제품 개발 절차 체계 'APQP(Advanced Product Quality Planning)'가 발행된 점은 특이할 만하다. 이어 다른 출처[20]에 QS-9000과 ISO/TS-16949의 관계 및 탄생 배경이 잘 정리돼 있어 옮겨 보았다. 강의 중 여기저기 난무하는(?) 표준들의 이해를 촉구하는 선량한 피교육자들의 원성에 답하기 위한 수순이니 내용이 많더라도 꾹 참고 정독해주기 바란다.

(글로벌 표준화의 출범)[21]

1995년 5월 유럽에서 열린 부품 공급 업체와 인증기관을 위한 QS-9000 롤 아웃 회의에서 유럽 자동차 OEM 업체 대표들은 이미 유럽 내에서 유사한 일치화 노력이 수행되고 있음을 알리는 태스크 포스에 접근하였다. 사실 유럽에서는 이미 세 개의 국가 자동차 공급 업체 품질 요구 사항 매뉴얼이 있었는데, 독일의 VDA 6.1, 이태리의 AVSQ, 그리고 프랑스의 EAQF가 그것이다. 이제 QS-9000은 네 번째 것이었다. 이 회의 결과 공급 기반의 이익을 위하여 추가적인 일치화가 필요하다는 데 합의하였다 (중략)…. 이들 매뉴얼과 QS-9000을 비교하였을 때 이들이 두드러지게 유사하다는 것을 발견하게 되었다. 차이는 강조되는 분야와 요구 사항에 포함되는 지침의 분량에 있었는데, 가장 두드러진 차이점은 요구 사항에 대한 적합성을 결정하는 방법에 있었다. 유럽의 접근 방법은 각자의 심사를 상호 인정하는 일반 협정이 있는 제2자(고객/공급 업체) 심사에 근거한 것이었다. QS-9000에 따른 제3자 인증을 도입하는 것은 최근 몇십 년 동안의 요구 사항이나 기존 프로세스에 대한 가장 혁명적인 변화였다. 미국과 유럽 OEM 업체들의 후속 회의가 계획되었고 이 그룹은 후에 IATF(International Automotive Task Force)로 알려지게 되었다.

---

20) http://cafe.naver.com/kmar/400, (원문 출처) "TS 16949의 유래", R. Dan Reid.
21) (필자) 이 예는 미국 중심의 QS-90000이 유럽 내 자동차 회사 표준들과의 차이에 대해 합의점을 찾아가는 과정을 설명한다.

(ISO 9000으로의 이동)[22)

QS-9000의 국제적인 출범은 ISO 회원 기관과 TC 176의 주목을 받았다. 1995년 11월, ISO TC 176의 의장인 Reg Shaughnessy가 남아공화국 더반에서 열린 ISO TC 176 총회에서 의결된 TC 176 결의안에 대한 후속 조치로써 이 태스크 포스(IATF)를 접촉하였다. 이 연례 회의에서 TC 176은 자동차 그룹과의 공동 협력 노력의 결과를 조사함으로써 QS-9000과 같은 부문 특수 규격의 확산을 회피하기 위한 노력을 감당하도록 의결하였다. 그 목적은 자동차 그룹이 ISO-9001의 사용을 채택하는 것을 확신하기 위함이었다. 이것은 당시 부문별 요구 사항을 염려하는 ISO 지침과 일치하는 것이었다.

공동 협력 노력의 가능성을 찾기 위하여 다음번 ISO TC 176 총회가 이스라엘의 텔아비브에서 1996년 11월에 열리기 전 수차례의 추가 회의와 수많은 통신의 왕래가 있었다. 이 결과 ISO-9001:1994 본문 단독으로는 자동차 업계에 사용하기에 불충분하다는 것이 곧 모두에게 명백해졌고, 따라서 모든 노력은 어떻게 그들을 가장 훌륭히 조정하는가에 모아졌다. 1996년 11월 TC 176 총회에서 자동차 업계의 일반적인 품질 경영 니즈를 보장하기 위하여 채택된 결의안은 ISO-9000 패밀리의 향후 개정 내용에서 언급될 것이었다. 이것의 활용 방안에 대한 대안이 토의되었으나 지배적인 생각은 추가 요구 사항을 수용하기 위해서는 ISO 포트폴리오 내에서 다른 형태의 문서인 기술 보고서를 사용하는 것이었다.[23) IATF와 TC 176 지도자 간의 계속된 추가 회의로 IATF가 새로운 범주에서 ISO TC 176의 연계 회원으로 인식되게 되었다.

당시 TC 176의 계획은 이미 진행 중인 ISO-9000:2000에 자동차 산업이 참가함으로써 ISO-9001의 다음 버전을 별다른 추가 사항 없이 자동차 산업에 맞도록 내용 조정이 가능한지 알아보려는 것이었다. 8개 IATF 회원들은 TC 176과 그 하위 위원회들의 여러 활동에 참여하게 되었다. 그러나 이러한 참가는 너무 늦게 실현되었다. 그 당시에 이미 2000년도 개정을 위한 설계 명세가 완료되어 자동차 그룹이 제출한 중요 내용의 많은 부분이 설계 명세에서 제외되거나 다른 제품 분야에 적용할 수 없어 기각되었다.

---

22) (필자) 이 예는 QS-90000이 ISO-9001을 참고하였으나 국제 표준의 틀인 ISO-9000으로의 추종 필요성을 검토하는 과정을 설명한다. 이 결과로 'ISO/TS-16949'의 탄생이 예고된다.

23) "다른 형태의 기술 보고서"란 TS 16949의 'TS', 즉 'Technical Specification'을 지칭.

의료 기기, 우주 항공 및 통신과 같은 TC 176에 포함된 다른 부문과의 협의에서 두 가지 사실이 명백해졌다. ISO TC 176은 자동차 부문의 특성을 ISO-9000 이외의 ISO 포트폴리오 문서에 적응시키는 방법을 찾아야 했거나, 자동차 그룹이 독자적인 공급 업체 요구 사항의 발행을 계속하는 것이었다. 각각의 부문에서 독자적인 부문 특유의 요구 사항을 발행하는 한편 다른 부문에서는 ISO-9001에 품질 보증을 위한 최소한의 요구 사항만을 포함시키는 것을 선호했다(중략…).

(ISO/TS-16949가 발표됨)

1998년 3/4분기에 TC 176에서 초안에 대한 투표가 있었고 발표가 승인되었다. 투표 하는 동안 ISO의 중앙 사무국은 만일 IATF가 기존의 기술 보고서 범주보다 다른 범 주를 사용하기 원한다면 ISO 포트폴리오 중에서 새로운 문서 형태인 TS의 가용성에 주목하였다. 이것은 지지를 받았고 1998년 11월 최초의 ISO/TS인 ISO/TS-16949가 발표되었다. ISO/TS-16949는 기존의 고객 인증 요구 사항을 충족하기 위하여 자동차 공급 업체들이 사용할 선택적 문서가 될 것이라고 IATF는 말하였다(중략)….

요약하면 "자동차 부품 회사들의 표준화 요구에 따라 1988년 'Big 3' 중심 의 AIAG에서 협의가 비롯돼 1994년 9월 QS-9000이 탄생하였고, 이듬해인 1995년경부터 유럽 자동차사와의 표준 차이를 줄이기 위한 노력으로 1998년 11월 최종 ISO/TS-16949가 생겨났다. FMEA는 QS-9000 제정 초기인 1993년도에 이미 도입되었으므로 ISO/TS-16949까지 그 영향력을 그대로 유 지한다"이다. [그림 Ⅰ-6]은 연도별 표준들 간 발전 개요도[24]를 보여준다.

---

24) www.pdffactory.com, "ISO/TS 16949:2002", pdf 자료, p.9.

[그림 Ⅰ-6] 자동차 분야 표준들 간 연도별 발전 단계

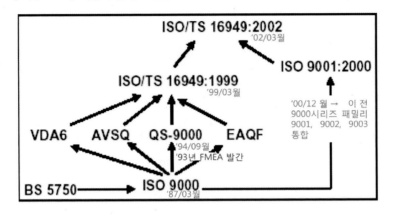

[그림 Ⅰ-6]에서 'BS'는 영국, 'VDA6'은 독일, 'AVSQ'는 이태리, 'EAQF'는 프랑스, 'QS-9000'은 미국 'Big 3' 규격이다. 'BS'를 제외한 나머지 4개 규격은 모두 'ISO 9000'을 기본(Base)으로 하고 있으며, 이들이 'ISO/TS 16949:1999'로 통합돼 가고 있음을 알 수 있다. 2002년도 3월에 이르러 새로운 'ISO 9001:2000'에 맞춰진 'ISO/TS 16949:2002'가 개발되었으며, 'ISO/TS 16949:1999'를 대체하고 있음도 알 수 있다. 'FMEA'는 1993년 발간돼 QS-9000의 '5개 부속서(Core Tools)' 중 하나가 되었다.

FMEA 관련 표준을 언급할 때 자주 거론되는 또 하나의 집단이 'SAE(Society of Automotive Engineers)'이다. 「FMEA 시간대별 발전 목록」에서 초창기인 1967년도에 「SAE-ARP-926」으로 FMEA를 민간 항공 분야에 도입했을 정도로 그 필요성을 빠르게 인식한 집단이다. 산업 자체가 NASA와 중첩이 많아 어쩌면 당연한 결과인지 모른다. 다음은 'SAE'에 대한 설명이다.

- SAE (네이버 지식백과) SAE는 1902년 당시의 National Association of Automobile Manufacturers로 시작되어, 1917년 American Society of Aeronautics Engineers 및 Society of Tractor Engineers와 합병하고, 다시 National Association of Engine and Boat Manufacturers 및 National Gas Engine Association의 기술과 표준화 부문의 합병으로 Society of Automobile Engineers에서 Society of Automotive Engineers로 개칭했다. SAE의 "A"는 Automotive인데 실제는 Aerospace 분야까지 확대되어 미국 정부 기관에서도 채용하고 있다. SAE 규격은 크게 3종류로 분류된다. 육상 수송 관계 "J" 규격, 항공 재료 관계 "AMS" 규격(일부 "MAM"), 항공 관계 "AS", "ARP", "AIR"이 있다(중략)⋯. AS(Aerospace Standards), ARP(Aerospace Recommended Practices), AIR(Aerospace Information Reports), ARD(Aerospace Resource Document) 규격은 미사일, 항공기, 지상 설비에 관한 규격과 데이터인데 약칭 다음에 일련번호로 표시한다(중략)⋯.

'SAE'에서 제정된 FMEA 규격을 모두 모으면, 「SAE−ARP−4761」, 「SAE−J1739」, 「SAE−ARP−5580:2001」 등이며 앞서 'SAE' 설명에 따라 'ARP'는 '항공 분야'에, 'J'는 '육상 수송 분야'에 적용된다. Ford사의 2004년 판 'FMEA Handbook Ver4.1'은 「SAE−J1739(2002)」를 참고하고 있다. [그림 Ⅰ−7]은 FMEA 관련 대표적인 Ford사 'FMEA Handbook'이다.[25]

---

25) (출처) https://www.google.co.kr/url?sa=t&rct=j&q=&esrc=s&source=web&cd=1&ved=0CDcQFjAA&url=http%3A%2F%2Ffile205.uf.daum.net%2Fattach%2F170321414F3C726E2EFA29&ei=8oJfUomTN46SiQeLt4D4Bw&usg=AFQjCNE4-pBxfFW-mLGKZpeMp-XyaiaQNw&bvm=bv.54176721,d.dGl&cad=rjt

[그림 Ⅰ-7] Ford사 FMEA Handbook과 본문 SAE 관련 내용

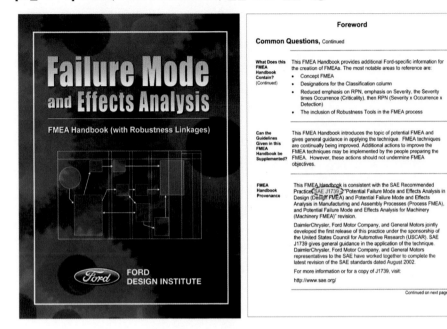

[그림 Ⅰ-7]의 오른쪽 그림은 Ford사 핸드북의 초기 서문이며, 본문이 「SAE-J1739(2002)」와 대부분 일치함을 밝히고 있다.

그 외에 '국제 전기 기술 위원회(IEC, International Electro-technical Commission)'의 「IEC-60812」와, 영국의 「BS 5760-5」 등이 있으나 별도 설명은 생략하니 관심 있는 독자는 해당 자료를 참고하기 바란다.

1.3. FMEA와 APQP

'APQP(Advanced Product Quality Planning)' 탄생에 대해서는 이미 [표 I −3]에서 자세히 언급한 바 있다. 우리말로는 "사전 제품 품질 계획"이다. FMEA의 용법 완성과 전 산업으로의 전파는 자동차 산업, 그중에서도 미국 자동차 'Big 3'의 역할을 빼놓곤 얘기하기 곤란한 지경이다. 특히 그들이 완성한 'APQP'에서의 FMEA 역할이 명확하게 정의돼 있는 점 또한 이 글을 접하고 있는 독자들이 용법 학습 전 「APQP 안에서의 FMEA 역할」을 탄생 배경과 함께 이해해야 할 주요한 이유 중 하나이다. 다음은 'APQP'의 사전적 정의이다.

> · APQP (WIKIPEDIA) 전 산업, 특히 자동차 산업에서 제품 개발에 쓰이는 절차와 도구들을 규정한 체계. DFSS 개념과 유사함. GM, Ford, Chrysler의 제품 개발 프로세스이며, AIAG(Automotive Industry Action Group)에 따르면 "고객 만족을 위해 제품과 서비스 개발을 지원하는 제품 품질 계획 마련"을 목적으로 함. 프로세스는 'AIAG Manual'에 담겨 있음.

APQP의 탄생 배경에는 미국 및 유럽 자동차 제조사와 일본 자동차 제조사 간 비교 보고 자료가 중심에 위치한다. [그림 I −8]은 신제품 개발 기간 중 설계 변경하는 횟수를 조사한 그래프이다.26)

---

26) "Lecture Quality Management" p.4, Prof. DR.-Ing. Robert Schmitt, WZL/Fraunhofer IPT. <원 출처: Sullivan, L. P. in QZ 36(1991) 23>.

[그림 Ⅰ-8] '미국 및 유럽 vs. 일본' 자동차 제조사 간 설계 변경 횟수 비교

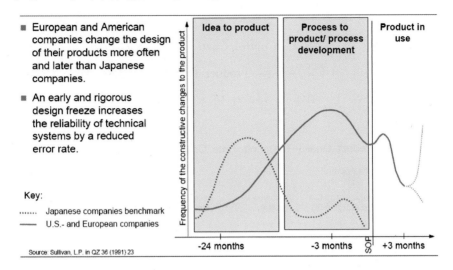

■ European and American companies change the design of their products more often and later than Japanese companies.

■ An early and rigorous design freeze increases the reliability of technical systems by a reduced error rate.

Key:
...... Japanese companies benchmark
——— U.S.- and European companies

Source: Sullivan, L.P. in QZ 36 (1991) 23

Frequency of the constructive changes to the product

Idea to product | Process to product/ process development | Product in use

-24 months   -3 months   SOP   +3 months

[그림 Ⅰ-8]에서 미국 및 유럽 자동차 제조사 경우 양산 시점에 설계 변경이 집중된 반면, 일본 제조사 경우 개발 초기 단계에 변경의 대부분이 이루어지고 있음을 알 수 있다. 사전 품질 관리 필요성이 부각되는 차트 자료다.

앞서 'QS-9000' 개발 당시 'Core Tools'로써 다음의 5가지 도구들이 포함되었고, 이후 'ISO/TS 16949:2002'까지 그대로 이어져왔음을 언급한 바 있다.

• PPAP(Production Part Approval Process)

• APQP(Advanced Product Quality Planning)

• MSA(Measurement Systems Analysis)

• SPC(Statistical Process Control)

• FMEA(Potential Failure Mode and Effects Analysis)

이들은 각각의 용도에 맞게 독립적으로도 활용될 수 있는 반면 'APQP' 경우 신제품의 예방 품질 또는 사전 품질 확보 차원의 절차를 규정하고 있어 그 속에 FMEA뿐만 아니라 SPC, Control Chart 등이 시점에 맞춰 잘 배치돼 있다. APQP 절차의 전체적 흐름은 'Product Quality Planning Time Chart'로 불리는 다음 [그림 Ⅰ-9]에 잘 나타나 있다.

[그림 Ⅰ-9] Product Quality Planning Time Chart

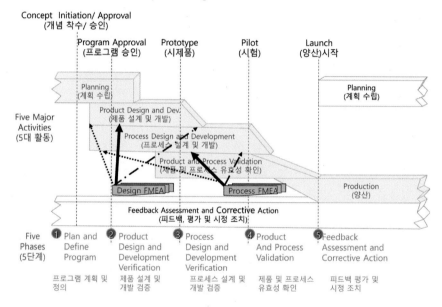

다소 복잡하지만 [그림 Ⅰ-9]는 'Big 3'가 발간한 "Advanced Product Quality Planning(APQP) and Control Plan"[27]에 포함된 내용 중 필자가 번역

---

27) "Advanced Product Quality Planning(APQP) and Control Plan" Reference Manual, p.5, Issued June 1994, Second Printing Feb. 1995, by Chrysler, Ford, GM.

해 일부 편집한 그림이다.[28] 'Design FMEA'와 'Process FMEA'가 어느 단계에서 쓰이는지 잘 명시돼 있다. 'Time Chart'를 간단히 살펴보자. 개요도 상단의 "개념 착수/승인 - 프로그램 승인 - 시제품 - 시험 - (양산) 시작"은 통상기업에서 수행되는 연구 활동의 일반적 구분이다. 단어 "프로그램(Program)"은 완성 차 경우 약 3년여 뒤에 양산이 이루어지는 것을 목표로 미리 설계나부품 등 제반 사항들을 결정하는데 이들을 통틀어 부르는 명칭이다. 'Time Chart'에서 이 구분에 대응하는 영역이 "5단계(Five Phases)"이며, 개요도 맨아래 표기돼 있다. 또 "5단계"를 이행하는 활동에 "5대 활동(Five Major Activities)"[29]이 중간 영역에 명시돼 있다. 'Design FMEA'는 "제품 설계 및개발" 활동에, 'Process FMEA'는 "프로세스[30] 설계 및 개발" 활동에 중추적으로 적용된다.

실제 개발부터 양산까지의 "5단계(Five Phases)"는 다시 23개의 세부 업무로 나뉘며[23 Main Topics(또는 Task)], 양산이 시작되기 전 모든 업무가 완료되도록 규정한다. 이들엔 '설계 강건성(Design Robustness)', '설계 시험과규격 준수(Design Testing and Specification Compliance)', '양산 프로세스 설계(Production Process Design)', '품질 검사 표준(Quality Inspection Standards)', '프로세스 능력(Process Capability)', '양산 능력(Production Capacity)', '제품 포장(Product Packaging)', '제품 시험과 작업자 교육 계획(Product Testing and Operator Training Plan)' 등이 포함된다. 이 작업들은 자동차 생산과 연계된

---

28) "부품개발 프로세스의 이해(APQP)", (주)한국자동차산업교육원.
29) "5대 활동"이란 표현은 필자가 번역한 용어이다.
30) 'Process'의 우리말을 '프로세스'로 해놓았다. 기업에서는 '공정'으로 쓰고 있으나 본문에선 제조 분야를 넘어선 광의의 표현을 염두에 두었다.

모든 협력 업체들이 준수하도록 제도화하고 있어 매우 광범위하면서도 치밀한 특징을 보여준다.

그러나 한 분석 자료[31])에 따르면 "2000년도에 실시된 J.D. Power의 전 차종 품질 조사에서 상위 25개 차종 중 미국 브랜드는 단 1차종뿐으로 나타나 QS-9000에 심혈을 기울이는 것만으론 실제적 품질 개선 단계까지 진전시키지 못하는 것으로 나타났다. 이는 APQP를 문서화 작업으로 인식하거나 품질 도구가 APQP 시스템 내에서 상호 연계를 갖지 못한 데 기인한 것으로 파악되었다. '인증'으로서가 아닌 선행 품질 관리로서 관심을 높여나가야 할 대목이다"로 설명하고 있다. 제도가 아무리 좋아도 그를 실현시켜 나가는 '진정성'이 빠졌다면 목적을 달성하기 어렵다는 해석이다.

'APQP'에 대해서는 FMEA 관련성 정도만 언급하는 선에서 마무리할 것이다. 이 분야에 좀 더 관심 있는 독자는 '구글 크롬(Google Chrome)' 등을 검색해 연관된 자료를 찾아 학습하기 바란다.

---

31) 주석 27).

2. FMEA의 활용

　　　　　　　　본격적인 FMEA의 용법 학습으로 들어가기에 앞서 미리 알아둬야 할 내용들이 있다. 우선 크게는 FMEA와 연동되는 주요 항목들엔 어떤 것들이 있는지, 또 작게는 개발 시스템(또는 개발 프로세스)에서 차지하는 FMEA 위치와 종류는 어떠한지에 대해서이다. FMEA의 실질적 활용과 응용 범위는 대단히 방대하므로 그 모두를 고주알미주알 나열할 필요는 없다. 그러나 연구 개발이나 품질 관리 분야에 종사하는 독자라면 향후 응용력을 키우기 위해서라도 기본적으로 FMEA와 자주 연동되는 도구들에 대해 섭렵해놓을 필요는 충분히 있다. 그다음 이어지는 본문에서 FMEA에 한 발짝 다가선 개발 시스템(또는 개발 프로세스) 안에서의 역할과 유형에 대해 논할 것이다. 이들에 대해 알아보자.

2.1. FMEA와 연동되는 도구(Tools)들

　"연동되는 도구"란 FMEA가 하나의 도구로 소속돼 일정 역할을 해주는 경우, 또는 FMEA를 이용해 새로운 활동이 전개되는 경우 모두를 포함한다. 통상 FMEA 교육 커리큘럼은 설계나 공정 관리 분야에서 어떻게 쓰이는지 그 작성법에 치중돼 있는 경우가 많다. 그러나 연구원이나 엔지니어에게 FMEA 교육이 깊이뿐만 아니라 시야를 넓힐 수 있는 계기가 되어준다면 그 효과는 배가될 수 있다. 이와 같은 취지에서 FMEA와 연동되는 여러 주요 도구들을 한 번쯤 훑어보는 일은 매우 의미가 있다. [그림 I-10]은 FMEA와 연동되는 도구들의 개요도이다.

[그림 Ⅰ-10] FMEA와 연동되는 주요 도구들

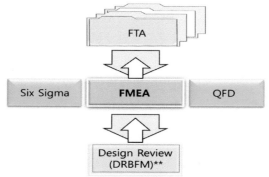

**DRBFM(Design Review Based on Failure Modes)

[그림 Ⅰ-10]은 FMEA와 매우 관련성이 높은 항목들이며, 이에는 'FTA', 'QFD', 'DR(Design Review)', 'Six Sigma' 등이 속한다. 'FTA와 QFD'는 '도구(Tools)'이며, 'DR'은 '관리', 'Six Sigma'는 '방법론(Methodology)'이다. 물론 이 외에도 엮어내면 훨씬 더 많은 유형들이 접목될 수 있지만 본문에서는 이 정도 수준에서 간략히 그들 간의 관련성을 짚어볼 것이다.

2.1.1. FTA(Fault Tree Analysis)와의 연계

FTA는 FMEA와 자매관계다. FMEA 가는 곳이면 늘 어디든 따라다닌다. 그렇다고 외견상 공통점이 많은 것도 아니다. 오히려 둘 사이에 반대의 성격이 짙다. 그래서 상호 보완의 필요성이 크게 대두되는지도 모르겠다. [표 Ⅰ-4]는 둘의 차이점을 비교한 예이다.

구분	FMEA	FTA
적용	구성품의 잠재적인 '고장 모드' 식별. '고장 모드'가 시스템에 미치는 영향 해석	시스템의 바람직하지 못한 결함 사상을 식별, 정상 사상의 원인 계 해석
해석의 성질	정성적, 귀납적 방식	정량적, 논리적, 연역적 방식. 정성적 도구로 활용되기도 함(Fault Tree)
해석 방향	원인에서 결과로, 즉 'Bottom-up'	결과에서 원인으로, 즉 'Top-down'
작성 방법	FMEA 양식(Form)을 이용	'사상/논리기호'로 'Fault Tree' 작성
해석	Table 형식	Tree 형식
성과	설계상 문제점을 추출하여 대책 안을 권고	정상 사상의 발생 경로, 치명적인 사상을 구하고 대책 안을 권고
한계(공통)	기능 중시형 정적 해석법으로 시간적인 요소, 외적 환경 인자를 고려한 동적인 해석에는 불충분	

    FMEA와 FTA의 가장 큰 차이는 [표 Ⅰ-4]의 '해석 방향'과 '작성 방법'이 될 듯싶다. 요즘 하루가 다르게 새 제품이 쏟아져 나오는 스마트폰을 예로 들어보자. 우선 '해석 방향'에 대해, 스마트폰의 디스플레이, 카메라 모듈, 스피커가 관심 대상이라면 FMEA는 이들 구성품들을 입력하면서부터 시작된다. 즉 그들이 제 기능을 발휘 못했을 때 시스템인 스마트폰에 어떤 이상 현상이 발생하는가를 해석하며 이런 이유로 'Bottom-up'이란 표현을 쓴다. 반면에 FTA는 '사진이 찍히지 않는 시스템적 문제'를 두고 그의 하위 구성품인 CMOS(Complementary Metal-oxide Semiconductor)와 CCD(Charge-coupled Device), VCM, Lens, Sensor, IR Filter, LED 등으로 하향 전개해가며 "사진이 잘 찍히지 않는" 원인 계를 찾아간다. 'Top-down'이란 "시스템에서 발견된 문제점을 하위 구성품들로 찾아들어간다"의 의미를 담고 있다. 또, '작성 방법'에 대해서는 FMEA가 'FMEA 양식(Form)'을 이용한 '정성적 도구'인 반면, FTA는 'Fault Tree'를 이용한 '정량적 도구'의 차이가 있다. [그림 Ⅰ-11]은 'FMEA 양식'과 'FT(Fault Tree)'를 각각 나타낸다.

[그림 Ⅰ-11] 'FMEA 양식'과 'Fault Tree' 예

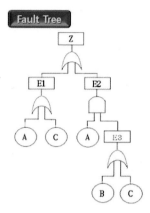

FTA의 탄생 배경은 다음과 같다.

> · FTA(Fault Tree Analysis) (WIKIPEDIA) 1962년 미 공군 탄도 시스템부가 '대
> 륙 간 탄도 미사일(ICBM)' 론치 제어 시스템을 평가하도록 계약한 벨연구소에서
> H. A. Watson에 의해 최초로 개발되었다(중략)…. FTA의 전방위적 확산은
> 1965년 시애틀에서 보잉과 워싱턴 주립대가 후원한 System Safety
> Symposium을 통해서이며, 1966년 보잉은 민간 여객기 설계에 FTA를 사용하
> 기 시작했다(중략)….

FTA는 '정량적 도구'로 알려져 있으며, 그 이면엔 '논리 기호'와 '부울 대
수(Boolean Algebra)'가 자리한다. [그림 Ⅰ-12]는 '부울 대수'와 '논리 기호'
로 이루어진 'Fault Tree'를 단순화한 예이다.

[그림 Ⅰ-12] '부울 대수'와 'Fault Tree 단순화' 예

	논리합의관계	논리적의 관계
자명율	A∪A=A	A∩A=A
교환율	A∪B=B∪A	A∩B=B∩A
결합율	A∪(B∪C)=(A∪B)∪C	A∩(B∩C)=(A∩B)∩C
흡수율	A∪(A∩B)=A	A∩(A∪B)=A
분배율	A∪(B∩C)=(A∪B)∩(A∪C)	A∩(B∪C)=(A∩B)∪(A∩C)
0의 관계	A∪0=A	A∩0=0
1와 관계	A∪1=1	A∩1=A
상보성	A∪Ā=1	A∩Ā=0
드모르간 정리	$\overline{A∪B}=\overline{A}∩\overline{B}$	$\overline{A∩B}=\overline{A}∪\overline{B}$

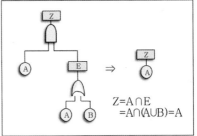

$Z=A∩E$
$=A∩(A∪B)=A$

[그림 Ⅰ-12]의 왼쪽은 중학교(?)에서 배웠던 논리 연산자(AND, OR, NOT)로 구성된 '부울 대수'를, 오른쪽은 그를 이용해 작성된 'Fault Tree'를 단순화한 예이다. 만약 프로세스에서 'Z'라는 문제가 'A'와 'E'가 동시에 발생해야 드러나며, 다시 사건 'E'는 'A' 또는 'B' 둘 중 하나만 발생해도 일어나는 구조라면 '부울 대수'를 통해 사건 'Z'는 사건 'A'에만 유일하게 관련돼 있음을 쉽게 알 수 있다. 물론 현장에서의 FTA가 늘 이와 같이 쉽게 해석되진 않지만 적어도 문제의 핵심을 찾아가는 데 좋은 길잡이가 된다는 것은 확실하다. 그러나 FTA가 정성적 해석 도구가 아닌 정량적이라는 데 더 큰 매력이 있으며, [그림 Ⅰ-13]은 그 예를 보여준다.[32]

[그림 Ⅰ-13]을 보면 원형(기본 사상) 바로 밑에 숫자가 적혀 있는데 이 현상들의 각 발생 확률이며, '논리 기호'와 확률을 이용해 가장 상위 사상(정상 사상, Top Event)의 발생원을 순위화할 수 있다. 각 사상의 확률을 어떻게 계산 처리하느냐는 '논리곱(AND)'은 '두 확률의 곱'을, '논리합(OR)'은 '두 확률의 합'을 통해 가능하다. 특히 '논리합' 경우 두 확률이 각각 '0.1' 이하인 경우 근사적으로 확률을 합할 수 있다는 데 근거한다.

---

32) 「Be the Sover_제품 설계 방법론」편, 482쪽 참조.

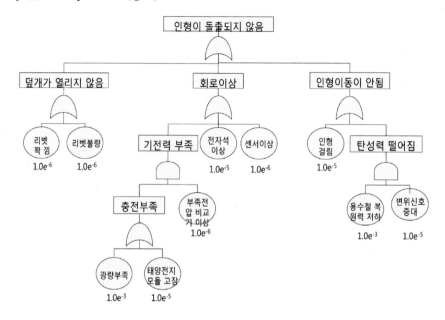

간단히 FTA에 대해 알아보았다. 설명한 바와 같이 FTA는 시스템을 놓고 고객에 불리한 문제가 발생했다고 가정하고 그 하위 구성품으로 원인 계를 파악해나가므로 시작점이라 할 수 있는 '정상 사상(Top Event)'이 어떤 것인가가 중요하다. 아직 FMEA 용법에 대해 자세히 설명하진 않았으나 'FMEA 양식'을 가만히 보면 '잠재적 고장 영향'이라고 하는 열이 있으며, 이 영역에 기술되는 고장 현상들은 모두 시스템 관점에서 고객에 악영향을 주는 결과들이다. 따라서 FMEA를 작성함과 동시에 FTA를 통해 해결해야 할 '정상 사상(Top Event)'의 윤곽을 얻어낼 수 있다. [그림 Ⅰ-14]는 그 예이다.

[그림 Ⅰ-14] 'FMEA'가 'FTA'의 '정상 사상'과 연계되는 개요도

정상 사상(Top Event)

부품명	기능	잠재적 고장 모드	잠재적 고장 영향	SEV	잠재적 고장 원인	OCC	현 설계관리	DET	RPN	권고 조치 사항
개발 제품의 부품명	시스템에서의 역할	원인에 의해 나타나는 현상. 이것은 제품에 이상현상을 일으킴	제품관점에서 나타나는 현상(고객이 원하지 않는 결과)		고장모드를 일으키는 근본적인 원인		관련 Tools를 이용한 개선방안			RPN을 떨어뜨리기 위한 방안 등
점화플러그	코일단선	시동이 걸리지 않는다	8					5	0	
0	0	0	8					2	0	
피스톤	윤활유 부족	엔진 탐	8					10	0	
		시동이 걸리지 않는다								
	베어링 고착	큰 소음								
		시동이 걸리지 않는다								

[그림 Ⅰ-14]는 FMEA 내 '잠재적 고장 영향'들 중 해결이 필요한 주요 항목이 FTA의 '정상 사상'으로 갈 수 있음을 표현한다. FTA의 자세한 용법 학습이 필요한 독자는 관련 서적 등을 참고하기 바란다.

2.1.2. QFD(Quality Function Deployment)와의 연계

QFD는 연구 개발 부문에 종사하는 사람이면 한 번쯤 들어보았거나, 또는 과제 수행 중 한두 번쯤 사용했을 법한 유용한 도구들 중 하나이다. 일반적으로 제품의 기능 향상을 목적으로 추진되는 과제 경우 고객 요구 사항을 잘 파악해서 제품에 반영하는 것이 중요한데 '고객 요구(Customer Requirement)'란

워낙 다양하고 표현도 제각각이며 함축된 내용도 상당한지라 이들을 잘 다듬어 엔지니어 언어로 탈바꿈시키는 작업 역시 개발만큼 중요할 수밖에 없다. 제품은 고객의 언어를 개발자인 연구원들이 잘 이해하고 제품에 직접 표현해내야 상품 가치가 생기며, 결국 고객이 구입해서 잘 사용해줄 때 비로소 개발에 의미가 생긴다. QFD의 탄생 배경은 다음과 같다.[33]

> · QFD(Quality Function Deployment) (WIKIPEDIA) 사용자 요구를 설계 품질로 전환하는 방법이다. 이를 위해 품질을 형성하는 기능들을 배치하며, 설계 품질을 성공적으로 반영하기 위해 하위 시스템과 부분품, 궁극적으로 제조 공정의 특정 요소와 연계시키는 방법들로 구성된다. 이 도구는 1966년 일본 아카오 요지 박사(Dr. Yoji Akao)가 가치 공학(Value Engineering)에서 사용된 기능 전개를 그의 담당 업무인 품질 보증 및 품질 관리와 결합해 개발하였다. 1972년 미쓰비시 중공업의 고베 조선소와 1975년 도요타 자동차에서 개발 과정에 적용하면서 널리 알려졌다. 미국은 1983년 품질 관리 학회지와 시카고 세미나 및 Fuji-Xerox 에서의 성공을 계기로 전파되었지만 본격적으로는 1988년 5월 R. Hauser와 Don Clausing이 "The House of Quality"라는 주제로 하버드 비즈니스 리뷰에 기고한 시점부터다.

필자가 느끼는 QFD란 제품을 개발하는 데 있어 의례 통과해야 할 요새의 '성문'쯤으로 여겨진다. QFD가 성문이면 그 앞에는 '시장 분할 → 고객 선정 → VOC 수집 → KANO 모델 → KJ 방법(친화도 분석) → 요구 품질과 품질 특성 계통도' 등이 전개돼 QFD로 들어가고, 이를 통과하면 마치 완성된 궁궐이 보이듯 제품의 윤곽이 잡히기 때문이다. [그림 I-15]는 'VOC 수집 방법'부터 '생산 특성 발굴'까지 전체를 단계별로 요약한 개요도이다.[34]

---

33) 미국으로의 전파는 "품질 기능 전개의 확장에 관련 연구, 박영택, 『품질 경영 학회지』 제25권 제4호, 1997년 12월" 등을 참고해 편집해 넣음.

[그림 Ⅰ-15] QFD 단계별 전개 개요도

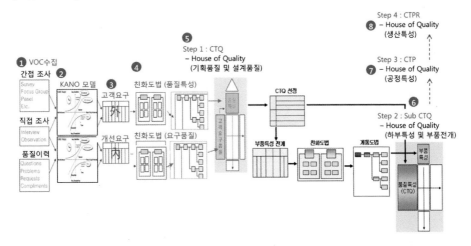

FMEA와의 관련성을 따지기 전에 QFD 전개에 대해 간단히 알아보자. 아래 원 번호는 [그림 Ⅰ-15] 내 원 번호에 각각 대응한다.

① VOC 수집

신제품을 개발한다고 가정할 때 목표 고객의 관심 사항을 사전에 파악하는 일은 매우 중요하다. 개요도에서 '간접 조사'는 '설문(Survey)'이, '직접 조사'는 '인터뷰'가, '품질 이력'은 그동안 수집된 '불만이나 품질 문제 기록' 등이 해당된다.

② KANO 모델

일본의 Noriaki Kano 교수가 고객 만족을 위한 요구 사항이 모두 같지 않다는 데 착안하여 1984년 정립한 고객 요구 사항 분석 모델이다. 앞서 수집된 고객 요구 사항들을 이 모델에 적용하면 연구 개발에 중요한 VOC를 선별할

---

34) CUPID, http://www.cupid4u.net/cupid1.html "소개자료" 내 그림을 편집하였음.

수 있다. 다음 [그림 Ⅰ-16]은 'KANO Diagram'이다.

[그림 Ⅰ-16] KANO Diagram

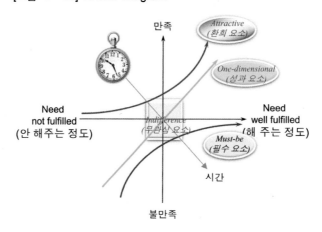

'X-축'은 "해줄수록"이고, 'Y-축'은 '만족도'를 나타낸다. 'Must-be(필수 요소)'는 아무리 제품에 반영해줘도 만족도는 어느 이상을 넘지 않지만 안 해 주면(음의 X-축 방향) 급격히 만족도가 떨어지는 요구 사항이, 'One-dimensional(성과 요소)'은 제품에 반영해줄수록 비례해서 만족도가 높아지는 요구 사항이, 끝으로 'Attractive(환희 요소)'는 반영 안 해주었을 때는 만족도 반응이 없다가 해주면 예상을 뒤엎고 급격히 만족도가 높아지는 요구 사항이 각각 대응한다. 연구 개발에서는 당연히 'Attractive'를 찾아야 한다.

③ 고객 요구

수집된 고객 요구들을 정해진 표현 방식에 의거 일목요연하게 정리한 양식 이다. 이에는 '요구 품질'과 '품질 특성'이 있다. 전자는 VOC를 "긍정적, 명사 +서술어, 특성적 표현이 들어가지 않도록" 등의 정해진 규칙에 따라 기술한다. 후자는 '요구 품질'을 만족시키기 위한 모든 '특성'들을 발굴해서 양식의 해당란에 기입한다.

④ 친화도 법(Affinity Diagram)

1960년대(정확히 64년이란 기록도 있음) 일본의 인류학자인 Jiro Kawakita
가 정립한 방법이라 해서 'KJ Method'로도 잘 알려져 있다. 유사한 고객 요
구 사항끼리 그룹을 지어나가되 3단계 '수준(Level)'으로 나뉘어 있어 최종
'계통도' 형식으로 전환이 가능하다. 고객 요구 사항을 계통도로 정리한 결과
물은 '요구 품질 계통도'가 되고, 요구 사항을 이행해줄 '특성'들을 계통도로
정리한 결과물은 '품질 특성 계통도'가 된다. '요구 품질 계통도'는 첫 번째
'HOQ(House of Quality)'의 왼편 입력 자료로, '품질 특성 계통도'는 상단 쪽
입력 자료로 이용된다.

⑤ 1st HOQ(House of Quality) → 'CTQ' 도출

첫 번째 HOQ를 지칭한다. 앞서 입력된 '요구 품질'과 '품질 특성' 간 매트
릭스 평가('품질 표' 평가)를 통해 고객 요구를 가장 잘 반영할 '핵심 품질 특
성'을 선별해내는데, 이를 'CTQ(Critical to Quality)'라고 한다. 즉 "고객에 가
장 중요한 품질 특성"이며, 연구 개발 시 이들 핵심 특성들을 고객의 요구 수
준만큼 달성시키기 위한 활동이 전개된다. 물론 이 단계에서 '요구 품질'을 분
석하기 위한 '중요도 평가', '품질 기획 평가', 'Sales Point 평가' 등이 이루어
지며, 이들을 종합해 '요구 가중치(Weight)'가 얻어지고, 다시 이 값은 매트릭
스 평가 시 반영돼 'CTQ 선정'에 가중치로 작용한다.

⑥ 2nd HOQ(House of Quality) → 'Sub CTQ' 도출

첫 번째 HOQ 산출물인 'CTQs'는 다시 두 번째 HOQ의 왼쪽 편으로 입력
되고, 미리 발굴돼 상단에 입력된 '부품 특성'과의 매트릭스 재평가를 통해
'CTQs'를 가장 잘 대변해줄 '핵심 부품 특성(Sub CTQ)'을 선별해낸다.

⑦ 3rd HOQ(House of Quality) → 'CTP' 도출

두 번째 HOQ의 산출물인 'Sub CTQs'는 세 번째 HOQ의 왼쪽 편 입력으로 활용되며, 이들은 다시 '공정 특성'들과의 매트릭스 평가를 통해 프로세스의 핵심 특성인 'CTP(Critical to Process)'를 선별해낸다.

⑧ 4th HOQ(House of Quality) → 'CTPR' 도출

세 번째 HOQ의 산출물인 'CTP'는 최종 HOQ에 입력된 뒤 생산 품질 특성과의 매트릭스 평가를 통해 최종 특성인 'CTPR(Critical to Production)'을 얻는다.

결국 QFD는 개발 초창기에 겪게 될 모호한 개념들을 어느 정도 구체화시킴으로써 미래 제품에 대한 정보 공유는 물론, 점진적으로 완성도를 높여나가기 위한 토대 마련에 기여한다. QFD 작성법을 검토하면 어느 단계에 FMEA가 유용하게 쓰일지 가늠할 수 있다. 다음 [그림 Ⅰ-17]을 보자.

[그림 Ⅰ-17] 'QFD'와 'FMEA'와의 연계

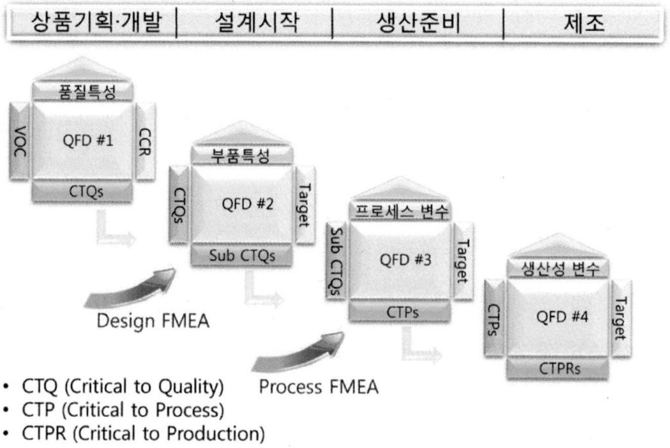

두 번째 HOQ는 '핵심 부품 특성(Sub CTQ)'을 알려준다. '부품 특성'은 제품을 구성할 부품들의 '기능(역할)'을 가늠하게 해준다. 즉 FMEA가 개발 활동을 수행하기 전 잠재된 문제점들을 미리 적출하는 용도이므로 아직 제품이 개발되지 않은 상태에서 부품의 특성(또는 기능)이 알려져 있다면 정확히 FMEA를 수행할 시점에 해당한다. 따라서 [그림 Ⅰ-17]의 'QFD #2'에서 'Design FMEA'가 실시된다. 또 'QFD #3'은 '공정 특성'이 나타나는 시점이며, 미리 제품을 생산할 공정의 문제점을 찾아보고 해결한다는 취지에서 'Process FMEA'의 수행과 직결된다. 'QFD'와 'FMEA'는 서로 다른 목적으로 각기 탄생했지만 이제는 서로 떼어내기 어려운 상호 보완의 관계에 있음을 알 수 있다.

2.1.3. DR(Design Review)과의 연계

'Design Review'는 제품을 생산하는 기업의 독자라면 몇 번씩은 경험했을 것으로 생각된다. 우리말로는 영어 발음 그대로 '디자인 리뷰'가 대세이며, 그밖에 '설계 심사', '설계 검토' 등으로도 불린다. DR은 미국에서 태동되었으며 협력 업체를 대상으로 한 설계 심사 목적으로 시작되었다. 이 개념이 일본으로 들어오면서 활용 범위가 넓어진 것으로 알려져 있다. 필자도 신제품 개발 당시 DR에 참여한 경험이 있다. 전사의 이목이 집중된 개발 제품의 경우 지적된 문제점들의 현황과 해결을 논할 때 매우 격한 이견이 오가는 경우도 있어 항상 긴장의 끈을 놓지 않았던 기억이 난다. 준비도 바쁘지만 리뷰가 끝난 다음에 처리해야 할 일이 산적해지는 것도 특징이라면 특징이다. 다음은 'ISO 9000 패밀리' 중 'ISO 8402[품질 경영과 품질 보증(용어)35)]'에 실린 '디자인 리뷰'의 정의이다

> ・DR(Design Review) (ISO 8402) (설명) 개념 설계, 설계 보고 또는 기본 설계를 포괄하는 상세 검증이다. '디자인 리뷰'의 목적은 모든 설계 요구 사항들에 부합했는지 여부를 평가하는 데 있다. (ISO 8402 3.11) 설사 해결책이 제시돼 있다손 치더라도 품질에 대한 요구 사항을 이행하고, 문제를 식별할 수 있는지를 평가하기 위해 문서화, 종합화 그리고 조직화된 설계(Design)의 검토를 지칭한다.

DR이 정확히 어떤 배경으로 어떤 사람에 의해 창조되었는지 확인하긴 어렵다. 다만 한 서적에 다음과 같은 이력을 적고 있어 옮겨놓았다.36)

> ・DR(Design Review) 탄생배경 (100PPM 품질 경영 Ⅱ, p.24) 1960년대 보잉사에서 복잡한 대형 항공기에 처음으로 적용되었던 DR이 국방성에 도입되어 국방 규격(MIL-STD)으로서 병기 관계의 강제 규격이 되었다. 또 NASA에서도 납품 기업에 대한 강제 규격으로서 사용되었지만 미국의 일반 산업으로의 보급은 늦었다. NASA의 DR은 NASDA(우주 개발 사업단)에 의해 일본에 도입되어 방위, 우주 개발 사업 등에 그 원형이 계승됨과 동시에 민수용에는 TQC의 개념과 결합해서 널리 보급되었다. 그것에 의해서 현재 일본에 있어서의 DR은 본래의 DR과는 달리…(중략). 개발 단계의 전반에 걸쳐 폭넓게 적용되고 있다.

FMEA와의 관련성을 좀 더 확인해보기 위해 동일 출처(주 36)에 기술된 DR의 변천을 [표 Ⅰ-5]에 옮겨놓았다.

---

35) Quality Management and Quality Assurance—Vocabulary.
36) 노형진·정경훈(1997), "100PPM 품질경영 Ⅱ - 디자인리뷰, FMEA, FTA의 활용", 도서출판 컴퓨러.

구분	종래의 DR (미국)	새로운 DR (일본)
명칭	Design Review	DR(Design Review)
목적	제품 신뢰성의 확보	신제품 개발 프로그램 전체의 효과적인 관리
대상	설계 내용(요구대로의 설계를 하고 있느냐)	설계 내용을 포함하여 제품 개발 전반에 대한 내용
운용	고장을 방지하기 위한 기술적, 시스템적 배려	개발 트러블을 방지하고 예정대로 진행하기 위한 기술적, 시스템적 배려
특색	▪ 계약에 의거한 DR - 발주자/수주자 관계 - 주로 계약 내용의 상세화와 의사소통 ▪ 문제점의 검출과 대책 ▪ 대규모 시스템의 개발 관리	▪ 횡적 DR - 사내 지적 정보의 수평전개 - 각 부문을 횡적으로 연결하는 제휴활동 ▪ 문제점의 발생을 미연에 방지하기 위한 활동 ▪ 규모와 업종을 초월해서 산업 전반, 특히 소프트웨어 산업까지 확산

[표 Ⅰ-5]에서 키워드를 찾으라면 파란색으로 표시한 내용들이 해당한다. DR의 태동이 "제품 신뢰성", 즉 '개발 제품'에 초점이 맞춰진 반면, 확산은 "제품 개발 전반", 즉 '개발 프로세스 관리'에 맞춰져 있는 점이다. 물론 이 같은 기조는 현재까지 그대로 이어진다. FMEA 역시 '신뢰성'의 역사와 맥을 같이하므로 요구 수명을 보증하기 위한 다양한 평가와 검증 자료로서 DR의 매 단계에 포함돼 있다. [그림 Ⅰ-18]은 일반적인 개발 프로세스이며, 그 안에 DR의 위치가 표시돼 있다.

참고로 [그림 Ⅰ-18]의 매 DR마다 번호로 정리된 항목(빨간색 글자)들은 '체크 시트' 제목들로 그 하위에 약 10여 개씩의 점검 사항들이 있으며 매 DR마다 그들 모두가 만족되는지를 평가한다. 공통적으로 "규격/신뢰성 보증"이 포함돼 있고 이 체크 시트 제목하에서 FMEA가 활용된다. 물론 기업이 처한 개발 환경에 따라 운영상 약간의 차이가 있음은 인정해야 하다.

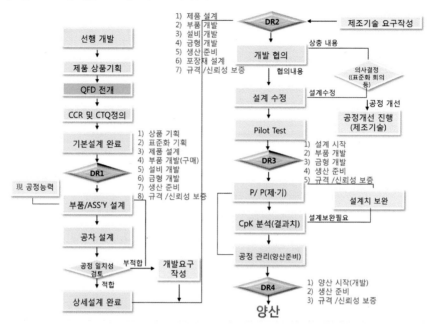

DR과 FMEA의 관계를 가장 선명하게 보여주는 산출물은 아마 'DRBFM'이 아닐까 싶다. 'DRBFM'은 "Design Review Based on Failure Modes"의 첫 영문자를 딴 표현으로 32년간 도요타에서 근무한 제품 품질 및 신뢰성 분야 전문가이자 일본 규슈 대학(Kyushu University) 교수인 Tatsuhiko Yoshimura에 의해 개발되었다. 그는 설계 변경 시 적절한 보조 문서가 뒷받침되지 않으면 설계문제가 발생한다는 것을 간파하고 예방 대책의 철학을 응용해 'DRBFM' 개념을 완성하였다. 풀어쓰면 문제가 발생하기 전 미리 피할 수 있는 방안을 고려하되(FMEA 고유 용법), 관심을 '설계 변경'에 맞췄으므로(DR) 둘의 용어 결합 'DRBFM'이 탄생한 것이다. 접근법은 '설계 변경' 때마다 고장 발생 가능성이 가장 높으므로 기존 **FMEA**의 테이블을 채우는데서 벗어나 제품을 중심에 두고 그의 변경에 따른 발생 가능한 고장들에 대해 적극적인 논의를 거쳐, 근본 원인과 시정 조치를 얻어낸다. 다음 같은 철학적 접근을 강조한다 (GD³).

1) 좋은 설계(Good Design) - 강건 설계[Robust Design]
2) 좋은 논의(Good Discussion) - 위험 제거[Eliminate Risk (Apply DRBFM)]
3) 좋은 조사(Good Dissection) - 효과적인 검증[Effective Validation (Apply DRBTR(Design Review Based on Test Results))]

‘DRBFM 워크시트’의 구조는 전형적인 **FMEA**의 그것과 다소 차이를 보인다. 다만 **DRBFM**을 활용하는 데 있어 대부분의 참여자들은 우선 ‘FMEA 워크시트’를 기반으로 시작하되, 최초 설계 본안에서 설계 변경 후 발생할지 모를 위험들을 파악하고 평가하는 데에는 ‘DRBFM 워크시트’를 이용한다. 좀 더 자세한 내용들에 대해서는 관련 자료를 참고하기 바란다.

2.1.4. 6시그마(Six Sigma)와의 연계

‘6시그마’는 국내 많은 기업들이 도입한 가장 일반화된 혁신 프로그램 중 하나이다. 그래서 그런지 어디를 가든 ‘6시그마’가 무엇인지 별도로 설명할 필요성은 크게 느끼지 못한다. 그만큼 저변에 확산돼 있다는 방증이다. 탄생 배경에서 창시자가 ‘마이클 해리(Mikel J. Harry)’로 알려져 있지만 공식적으로는 ‘빌 스미스(Bill Smith)’가 대세다. 다음은 ‘6시그마’의 탄생 배경이다.

· Six Sigma (위키백과) 1986년 모토로라의 엔지니어인 빌 스미스가 정립하였다. 이전에 많이 쓰이던 불량률 제로 운동, 총체적 품질 경영 등의 다양한 품질 관리 기법에서 많은 영향을 받아 만들어졌다. 6시그마는 1995년 잭 웰치가 제너럴 일 렉트릭에 도입하면서 한층 더 알려지고 발전하였다.

'6시그마'는 '일하는 방법'을 알려주며, 구체적으론 '로드맵'의 이해가 필수 이다. 대부분의 기업에서 '문제 해결 전문가' 교육 과정 중 통계에 너무 치우 친 나머지 '로드맵'에 대한 이해와 학습은 거의 이루어지지 않는 현실이 안타 깝기만 하다. 또 "기업의 운명=6시그마 혁신 활동"으로 간주돼 6시그마 경영 혁신을 했지만 기업의 어려운 상황을 두고 "6시그마를 했는데 왜 기업이 그 모양이지?" 하는 식의 잘못된 사고가 만연돼 저변 확산에 걸림돌이 되기도 한 다. '6시그마'는 문제를 해결하기 위한 방법론이지 기업의 운명을 논할 이론적 토대를 제공하진 않는다. 기업의 흥망은 경영 전략을 구사할 의사 결정권자 (CEO 등)가 M&A, 신규 사업 투자 등 중대한 전략적 결정을 했을 때 그 결 과가 시장 변화에 부응했느냐 그렇지 못했느냐에 따라 영향을 받는다. 항상 대상의 본질을 정확히 파악하고 우리 현실에 맞도록 내재화하는 노력이 선행 됐을 때에야 비로소 혁신 프로그램이 완성된다. 그 전에 얄팍한 경험과 선입 견으로 깊이를 판단하는 일은 더 큰 것을 놓칠 수 있으니 경계해야 한다. 아 울러 6시그마를 학습할 때에는 "일하는 방법(로드맵)과 도구(Tools)를 완전히 분리한 해석과 이해"의 필요성을 다시 한번 강조하는 바이다. 좀 더 자세한 내용은 관련 서적을 참조하고 여기서는 우리에게 익숙한 'D-M-A-I-C 로드맵'과 연구 개발 방법론의 'D-M-A-D-V 로드맵'을 두고 그 속에서 FMEA가 어디에 속해 있고, 또 어떤 기능을 담당하는지에 대해 간단히 알아 보자. [그림 I-19]는 '프로세스 개선 방법론'의 '40-세부 로드맵'이다.

[그림 Ⅰ-19] '프로세스 개선 방법론의 40-세부 로드맵'과 'FMEA'와의 연계

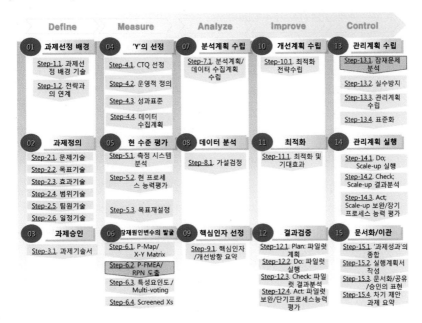

'D-M-A-I-C 로드맵' 경우 FMEA는 크게 두 곳에서 유용하게 쓰인다. 하나는 Measure Phase의 'Step-6. 잠재 원인 변수의 발굴'이고, 다른 하나는 Control Phase의 'Step-13. 관리 계획 수립'이다([그림 Ⅰ-19]의 주황색 위치 참조). Measure Phase는 '현 수준을 측정'하는 활동이므로 대상 프로세스를 대변할 지표 'Y'를 선정해 '현 수준'과 '목표 수준'을 정립한다. 이때 '현 수준과 목표 수준의 차이'가 'Xs'에 기인하는 것으로 단정 짓고 '후보 Xs'를 목록화하는데 이들이 '잠재 원인 변수'이다. '잠재 원인 변수'에는 프로세스 운영에 꼭 필요한 실체가 있는 '5M-1I-1E'[37]로 구성된 '프로세스 변수(Process Variables)', 눈

---

37) 5M(Man, Machine, Material, Method, Measurement), 1I(Information), 1E(Environment).

에 보이진 않지만 대형 사고의 주범인 '잠재 인자(Potential Causes)', 그 외에 설계에 중요한 '설계 요소(Design Elements)'들이 있다. [그림 Ⅰ-19]의 'Step-6. 잠재 원인 변수의 발굴'의 '세부 로드맵'을 보면 'Step-6.1. P-Map/X-Y Matrix'는 '프로세스 변수'를, 'Step-6.2. P-FMEA/RPN'은 '잠재 인자' 도출을 각각 나타낸다. FMEA의 원 용법 중 극히 일부만을 활용한 협의의 운용이라 할 수 있다. 참고로 'X-Y Matrix'와 'RPN'은 도출된 변수들을 우선순위화하는 도구들이다.

[그림 Ⅰ-19]에서 'Control Phase' 내 'Step-13.1. 잠재 문제 분석'이 있다. 일반적으로 Improve Phase는 좋은 환경에서 '최적 대안(또는 최적 조건)'들의 단기적 성과를 확인한 활동이고, Control Phase는 실제 프로세스에서 최적화가 잘 운영되는지 검증하는 활동이다. 따라서 '잠재 문제 분석'은 '좋은 환경'과 '험악한(?) 환경' 간 차이를 줄일 필요성, 또 혹 있을지도 모를 변경점에 따른 대형 사고를 미연에 방지할 사전 점검 차원의 활동으로 정의된다. 프로세스를 좋게 할 '최적화' 역시 하나의 '변경점'이며 경험적으로 프로세스에 변화가 가해질 때 긍정적 모습보다 부정적 모습으로 나타날 가능성이 높기 때문에 실 (양산) 프로세스에 적용 전 예상 문제를 파악하는 일에 신중할 수밖에 없다. 이와 같은 활동은 FMEA가 문제가 일어나기 전 예상되는 영향과 원인을 미리 감지해내는 고유한 용법과 그대로 일치하는 대목이다. 따라서 과제를 수행하는 리더는 이 '세부 로드맵'을 철저히 이행하는 데 소홀함이 없어야 한다. 그러나 과제들을 검토할 때면 대다수가 너무 형식적으로 흘러가는 경향이 짙어 안타까울 때가 많다.

DFSS는 'Design for Six Sigma'의 첫 자로 구성된 연구 개발에서의 6시그마적 접근이다. '일하는 방법'의 구체화는 로드맵 'D-M-A-D-V'로 통한다. [그림 Ⅰ-20]은 '제품 개발 방법론'의 '50-세부 로드맵'을 보여준다.

[그림 Ⅰ-20] '제품 개발 방법론의 50-세부 로드맵'과 'FMEA'와의 연계

제품을 개발하는 활동은 프로세스 개선처럼 기존 운영되는 프로세스가 있는
상황에서의 '최적화'와 구별된다. 그 이유는 프로세스는 "존재"하지만, 개발
제품은 "존재하지 않기" 때문이다. 따라서 실체를 먼저 만들어주는 'Step-8.
콘셉트 개발'이 선행된 뒤 'Xs'를 찾는 활동으로 연결된다. 이 시점은 '프로세
스 개선 방법론'의 'Step-6. 잠재 원인 변수의 발굴' 활동과 별반 차이가 없
다. 따라서 'Step-9.1. 설계 요소 발굴'에서 FMEA가 쓰이는데 '프로세스 개
선 방법론'과 차이점이 있다면 'Process FMEA'가 아닌 'Design FMEA'가 주
로 이용된다는 점이다. 그 외에 'Verify Phase'의 'Step-13.1. 잠재 문제 분
석'은 이전에 설명했던 '프로세스 개선 방법론'의 그것과 유사하므로 별도 설
명은 생략한다.

참고로 6시그마 로드맵 'D-M-A-I-C'와 'FMEA 구조'가 매우 밀접한 관계를 갖는데, 다음 [그림 Ⅰ-21]의 일반적인 'FMEA 양식'을 보자.

[그림 Ⅰ-21] 로드맵 'D-M-A-I-C'와 'FMEA'와의 연계

			'Measure Phase'에 대응				'Analyze Phase'에 대응							'Improve Phase'에 대응				
#	Process Function (Step)	Potential Failure Modes (process defects)	Potential Failure Effects (Y's)	S E V	C l a s s	Potential Causes of Failure (X's)	O C C	Current Process Controls	D E T	R P N	Recommend Actions	Responsible Person & Target Date	Taken Actions	S E V	O C C	D E T	R P N
1																	
2													'Control Phase'에 대응				
3																	
4																	
5																	
6																	
7																	

양식 내에 'Y'가 기록되는 'Potential Failure Effects(잠재 고장의 영향)'가 있고, Analyze Phase의 기능인 'Potential Causes of Failure(고장의 원인), RPN(우선순위 수), Recommended Actions(권고 조치)', 또 Improve 역할을 할 'Taken Actions(취해진 조치)'와, 끝으로 Control Phase 역할을 할 'Current Process Controls(현재의 프로세스 관리)' 공간이 마련돼 있다. 또 관리에 필수인 중요 사건을 해결할 '담당자(리더)'와 언제까지 완료할 것인지 '일정'을 기입하는 'Responsible Person & Target Date(담당자와 완료일)'가 있어 양식 자체만으로도 과제 수행에 대한 충분한 모니터링이 가능하다. 'FMEA 양식' 구조 자체가 문제 해결 체계를 갖추고 있다는 뜻이다.

개발 단계에서의 FMEA는 적용 시점과 활용, 개발 프로세스에서의 앞뒤 간 연계성 등 훨씬 다양하고 정교한 쓰임새로 그 역할이 정의돼 있다. 이 부분에

관심 있는 독자는 앞서 설명한 'APQP' 등의 상세 체계를 별도로 찾아 학습해 주기 바란다.

지금까지 FMEA와 연계성이 매우 높은 항목들에 대해 알아보았다. 이제 시야를 조금 좁혀 FMEA 자체에 좀 더 다가가 보자.

2.2. '개발 프로세스'에서의 FMEA 위치와 유형

개발 프로세스는 어떤 제품을 만드느냐에 따라 기업 상황에 맞게 체계화돼 있다. 자동차 제조사나 관련 부품 회사들은 사전 품질 관리 차원의 'APQP(Advanced Product Quality Planning)'가 활성화돼 있고, 전자 회사를 포함한 여러 기업들의 'NPD(New Product Development) 프로세스', GE의 'NPI(New Product Introduction)' 등도 제품 개발 프로세스의 한 유형이다. 시스템적으로는 개발 과정을 관장할 'EPI(Engineering Process Innovation)'와 그의 보조적 수단으로 변경점 관리를 위한 'ECM(Engineering Change Management)', 노하우 관리를 위한 'PDM(Product Data Management)', 경영 성과를 높이기 위한 'BSC(Balanced Score Card)'와 결부돼 개발 과정과 성과를 통합 관리하는 수준에까지 이르고 있다. 물론 FMEA는 이들 전체 중 극히 일부에 불과하나 차지하는 비중은 꽤 높다. [그림 Ⅰ-22]는 'NPD', 'DFSS', 'APQP'를 모아놨을 때 유사한 흐름이란 점과 그 안에서의 공통된 FMEA 위치를 표시한 예이다.

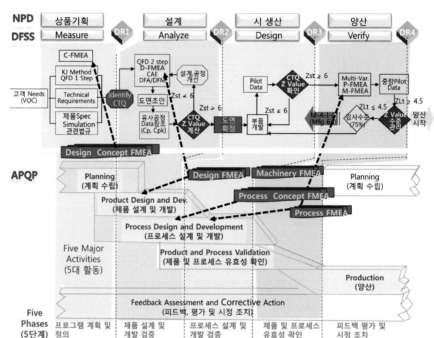

[그림 Ⅰ-22]에 본문에서 용법을 설명할 'Design FMEA'와 'Process FMEA' 외에 'Concept FMEA'와 'Machinery FMEA'도 보인다.

FMEA와 관련해 Ford사를 떼어놓고는 "서울 가서 남대문만 보고 서울을 논하는 모양새"가 되기 십상이다. Ford사에서의 FMEA 활용은 신제품 개발 프로세스인 '포드 제품 개발 시스템(FPDS, Ford Product Development System)'의 각 단계에 따라 FMEA 유형별로 선택되도록 구성돼 있다('Ford사 매뉴얼' 2-22 참조). [그림 Ⅰ-23]은 FPDS 개요도이며, 각 단계별로 해당 FMEA 유형을 '시작 시점'과 '종료 시점'에 맞춰 연결시켜 놓았다.

[그림 Ⅰ-23] 'FPDS' 안에서의 FMEA 유형별 위치

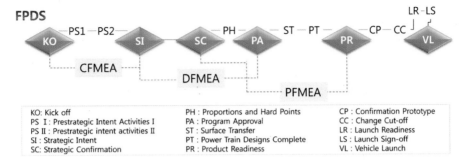

[그림 Ⅰ-23]의 'FPDS'는 FMEA와 직접 관련된 단계만 마름모로 강조하고 나머진 글자로 표시하였다(예, PS1, PH 등). 또 단축 용어는 아래쪽에 전체 이름을 기술하였다. 글이 작아 보기 불편하겠으나 번역하면 괴상한 표현이 될까봐 영문 그대로 적어놨으니 독자의 이해를 구한다.

2005년 12월 Ford사의 Jon Hewett는 신제품 개발 기간 단축을 통해 비용 절감을 꾀할 목적으로 'FPDS'를 새로운 포드 신제품 개발 프로세스인 GPDS(Global Product Development System)로 변모시켰다. GPDS는 AIAG 표준인 PPAP(Production Part Approval Process)와 APQP(Advanced Product Quality Planning)를 바탕으로 개발되었으며 품질 프로세스, 변화 관리 프로세스 및 개정 관리에 필요한 모든 활동을 31개 요소(Elements)로 이행토록 구성돼 있다. 이 새로운 체계는 FPDS를 따랐을 경우 42개월 걸리던 개발 기간을 30~32개월로 대폭 줄이는 효과를 가져왔으며 비용 측면에선 약 100개 프로토타입을 감축해 대략 30%를, 모델 'Expedition'과 'Navigator'의 차량 플랫폼당 500달러, 모델 'F-150'의 차량 플랫폼당 300~350달러의 절감 효과를 얻었다. [그림 Ⅰ-24]는 FPDS와 GPDS의 차이를 설명하는 개요도이다.[38]

[그림 Ⅰ-24] 'FPDS'와 'GPDS' 차이점 비교

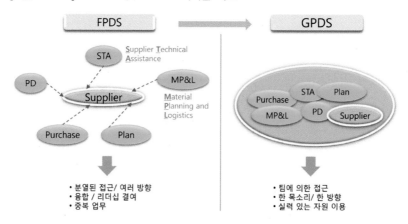

[그림 Ⅰ-24]와 같이 'FPDS'와 'GPDS' 간 차이는 '공급사(Supplier)'가 PD(제품 개발), STA(공급사 기술 지원), MP&L(자재 계획과 물류) 등 책임을 공유할 핵심 팀의 일원으로 참여하느냐 여부에 달려 있다. Ford사의 '복합 기능 팀(Cross-functional Team)'은 신제품 개발 초기부터 가장 영향력 있는 공급사에 최소 4번 방문해 PPAP를 성공적으로 완수할 때까지 공급사와 미리 대책을 강구함으로써 개발 기간의 단축 효과를 얻는다. 'GPDS'를 구성하는 31개 요소 속에 FMEA는 [그림 Ⅰ-25]의 '4'와 '15' 단계에서 행해진다(주 38).

38) Yulia SURINOVA, 2009, "Ford's System for Cost Reduction due to Development Time", Institute of Quality Engineering Faculty of Materials Science and Technology, Slovak Univ. of Technology.

[그림 Ⅰ-25] 'GPDS' 공급사 참여 프로세스 내 FMEA 위치

	APQP/PPAP Element	Lead*		APQP/PPAP Element	Lead*
1	Sourcing decision	Buyer	16	Measurement systems evaluation/ Measurement System Analysis studies	STA
2	Customer input requirements	PD			
3	Craftsmanship/ appearance approval report	PD	17	Qualified laboratory documentation	STA
4	DFMEA	PD	18	Checking aids	STA
5	Design/manufacturing reviews	PD/STA	19	Pre-launch control plan	STA
6	DVP&R material, performance test results	PD	20	Operator process instructions	STA
			21	Packaging specifications	MP&L
7	Subcontractor APQP status	STA	22	Production trial run	STA
8	Facilities, tools, & gauges	STA	23	Production control plan/ control plan	STA
9	Prototype build control plan	PD			
10	Prototype builds	PD	24	Dimensional results	STA
11	Drawing & specification design records	PD	25	Initial process capability study	STA
			26	Production validation testing	PD
12	Engineering change document	PD	27	Part submission warrant	STA/PD
13	Team feasibility commitment/ customer engineering approval	PD/STA	28	Bulk material requirements	STA
			29	Sample product	STA
14	Manufacturing process flowchart/ process flow diagram	STA	30	Master sample	STA
15	PFMEA	STA/PD	31	Record of compliance	STA

'제품 개발 프로세스' 관점 외에 FMEA는 '신뢰성(Reliability)' 영역에서 활용되는 주요 도구들 중 하나이므로 이의 관점에서도 그 위치를 가늠하는 일은 매우 중요하다. 참고로 현재 시점에서의 제품 관리를 '품질 관리'라 한다면, '신뢰성'은 '시간의 품질(Quality in Time)'을 다루는 분야야다. 즉 시간에 따라 제 기능을 유지하지 못하는 문제점들을 찾아내 제거하는 활동의 일환으로 여겨진다. [그림 Ⅰ-26]은 신뢰성 관련 제품의 '수명 주기(Life Cycle)', 즉 '구상 - 설계 - 생산 - 운용 - 폐기 단계'와 '도구(Tools)'들 간 관계도이다. 그림에서 'D-'FMEA'는 실제 시험용 표본이 만들어지기 직전에 위치한다(시험에 들어가면 표본이 만들어지므로 그 바로 직전 단계). 미리 설계상 문제점을 드러낼 목적으로 이용되기 때문이다. 'P-FMEA' 역시 'D-FMEA'와 마찬가지로 설계 단계에서 이루어지나 '공정의 문제점을 드러내는 역할'상 '생

산 단계'에 위치돼 있다.

[그림 Ⅰ-26] '신뢰성 체계' 내에서의 'FMEA' 위치

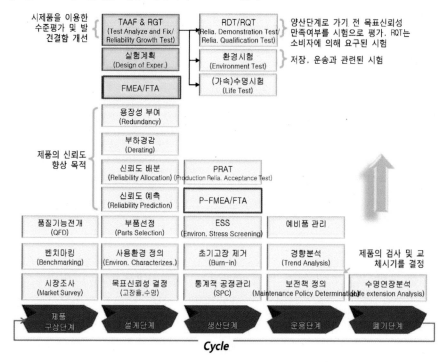

그 밖에 FMEA 관련 자료에서 'System FMEA', 'Subsystem FMEA', 'Component FMEA' 등도 쉽게 접하는 유형이다. 이들 간 관련성과 용도, 또 우리에게 좀 낯설지만 응용 범위를 넓힌 'Environment FMEA', 'Software FMEA'에 대해서도 알아보자. [그림 Ⅰ-27]은 FMEA 유형(Types of FMEAs)을 정리한 개요도이다.[39]

---

39) 1) "Potential Failure Mode and Effects Analysis", 4th Edition, 06/2008, by Chrysler, Ford, GM.

[그림 Ⅰ-27] FMEA 유형(Types of FMEAs)

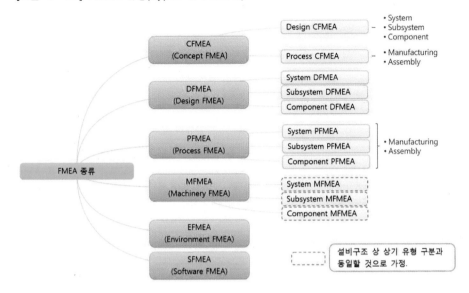

　　'Concept FMEA'는 Ford사에서 정식 도입된 도구이며, 'Machinery FMEA'와 'Software FMEA'는 'Design FMEA'의 한 응용 도구이다. 나머지 'Environment FMEA'는 응용 도구이되 최근 환경의 중요성을 고려한 용도 확장용에 해당한다. [그림 Ⅰ-28]은 'System - Subsystem - Module - Component' 간 관련성을 보여주는 개요도이다.40)

---

2) "Failure Mode and Effects Analysis", FMEA Handbook Ver. 4.1, 2004, by Ford Design Institute.의 내용을 참조로 작성.
40) 「1. FMEA의 탄생」 내 '주석 62' p.25 내용 참고해서 편집함.

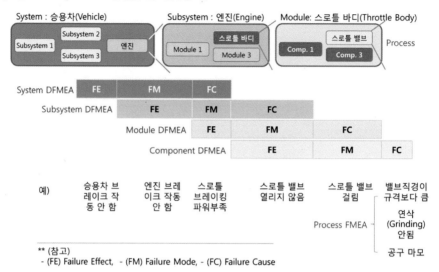

** (참고)
 - (FE) Failure Effect, - (FM) Failure Mode, - (FC) Failure Cause

개요도가 좀 복잡해졌다. [그림 Ⅰ-28]의 맨 상단은 '시스템(System) - 하위 시스템(Subsystem) - 모듈(Module) - 부품(Component)'의 실제 하드웨어 구성 에를, 중간 그림은 시례에 대해 'Design FMEA' 각 유형별 '영향(Effect)', '고장 모드(Failure Mode)', '원인(Cause)' 들 간에 어떻게 연결되는지를 보여준다. 'Module FMEA'는 [그림 Ⅰ-27]에 포함돼 있진 않으나 전개 편의상 삽입하였다. [그림 Ⅰ-28]의 맨 아래 '예)'는 "승용차 브레이크가 작동하지 않음"에 대한 인과관계를 나열한 것으로 이를 '시스템 - 하위 시스템 - 모듈 - 부품'별로 구분해 작성하면 하위 수준의 '영향(FE)'이 상위 수준의 '고장 모드(FM)'와 연계됨을 알 수 있다. 또 'Design FMEA'의 최하위 수준인 'Component FMEA'의 '고장 모드(FM)'나 '고장 원인(FC)'이 'Process FMEA'의 '영향' 등과 자연스럽게 연계되는 모습도 관찰된다. 그래도 아직

FMEA 유형들 간 연계가 눈에 쉽사리 들어오지 않으면 '주 39-1), p.132'에 실린 다음 '자전거' 예를 참고하기 바란다.

[그림 I −29] 「시스템 − 하위 시스템 − 부품 수준」 간 연계성 개요도

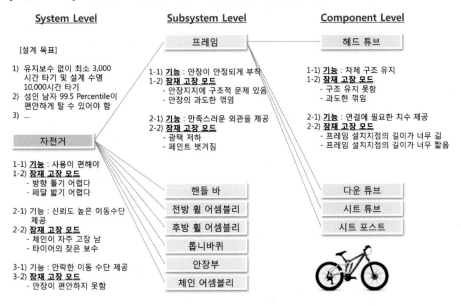

'FMEA 양식'에 준해 재표현하면 100%는 아니더라도 [그림 I −30]과 같은 연계성을 갖는다. 흐름을 관찰하고 그 연계성을 확인해보기 바란다.

[그림 Ⅰ-30] 'FMEA 양식'에 준한 연계성 개요도

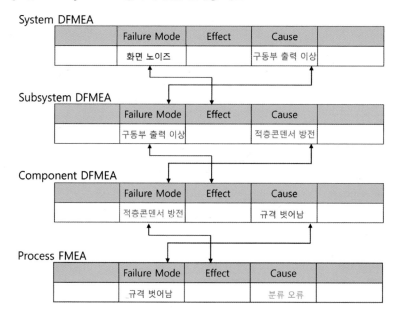

System DFMEA

	Failure Mode	Effect	Cause	
	화면 노이즈		구동부 출력 이상	

Subsystem DFMEA

	Failure Mode	Effect	Cause	
	구동부 출력 이상		적층콘덴서 방전	

Component DFMEA

	Failure Mode	Effect	Cause	
	적층콘덴서 방전		규격 벗어남	

Process FMEA

	Failure Mode	Effect	Cause	
	규격 벗어남		분류 오류	

'Process FMEA' 역시 'System', 'Subsystem', 'Component'별로 세분화할 수 있으나 상세 설명은 생략한다. 이어 FMEA 유형별 특징들에 대해 간략히 알아보자.

2.3. FMEA 유형별 특징 및 사례

이 소단원에서는 앞서 소개했던 FMEA 유형별 용도와 특징들에 대해 간단히 알아볼 것이다. [표 Ⅰ-6]은 대표 FMEA들의 예이다.[41]

---

41) http://www.brighthubpm.com/risk-management/72966-real-life-examples-of-fmea/번역.

[표 Ⅰ-6] FMEA 유형별 내용 및 사례

종류	내용	특징, 사례
Concept FMEA	□ 하드웨어 설계가 이루어지기 전 인지된 위험요소를 근거해서 작성. □ 초기 도면 작성 또는 기본정보가 수집된 상태에서 설계 영역(H/W, S/W)에 대해 전문가들의 충분한 브레인스토밍 형식으로 진행. □ (Ford) 주로 구성 요소들 간 상호작용에 초점.	새로운 개념의 유아용 동작 완구를 구상하는 팀이 완구 외형, 기능, 재료 종류를 고민 중이다. 떠올린 있음 직한 위험 요소는 아기가 이 제품을 먹거나 떨어뜨리거나 그 위에 눌러 앉는 유형들이었다. 과연 이 제품은 안전한 걸까? 또 생산 비용과 요구되는 안전 규격 및 환경법 등을 만족할 수 있을까?
Design FMEA	고안 중인 제품의 설계 단계에서 시제품 제작 전, 내제된 설계 결점을 찾을 목적으로 진행.	설계 단계 중 원형(Prototype)이 만들어지고 내부 혹은 산업 표준에 따라 엄격한 시험이 이루어진다. 이때 제품 안전성 여부가 드러난다. 예를 들어 제품에 큰 힘이 가해져 잘게 쪼개지고 아기가 부서진 조각을 삼킬 수 있는지 검토된다. 이 문제를 해결하려면 인체에 무해한 고무 성분을 적용해야 한다. 이후 프로젝트는 생산단계로 넘어간다.
Process FMEA	고객에게 안 좋은 품질이 인도될 수 있는 프로세스 내 오류 가능성을 찾는 데 주안점을 둠.	신제품에 대한 FMEA 작성 관심사는 양산 공정 중 페인트 과정에 맞춰졌다. 유아용품의 안전성을 감안할 때 페인팅 공정에서 재료가 잘게 부러지고 쪼개져 입자 잔유물이 남는 문제가 예상되며 이 문제를 해결하기 위해 새로운 코팅 공법이 도입되었다.

응용 범위를 넓힌 잘 알려진 FMEA에 'Machinery FMEA', 'Environment FMEA', 'Software FMEA' 등이 있다. [표 Ⅰ-7]은 이들의 요약 정보이다.

[표 I-7] 응용 범위를 넓힌 **FMEA** 유형별 내용과 특징

종류	내용	특징
Machinery FMEA	(FORD) 툴링[42] 및 설비에 대한 **MFMEA**는 주로 설계팀에 의해 사용되는 해석 도구이며, **FMEA** 작성 목적은 고심 중인 잠재 '고장 모드'와 그에 관련된 원인 및 메커니즘을 확인하기 위함이다. **FMEA**는 엄격히 정해진 양식에 설계 시 과거 경험 또는 우려에 근거한 잘못될 유형들을 팀의 생각으로 적출한다. 체계적인 과정이며, 설계팀의 설계/개발프로세스와 병행하고 공식화, 문서화를 이룬다.	(FORD) 고장에 대한 위험 요소를 줄이려는 설계 프로세스다. **FMEA**를 수행할 수 있는 전체 범위는 신규 설계뿐만 아니라 새로운 응용 영역이나 다른 환경하에서 운영될 설비의 수정 설계, 연결 설계까지를 아우른다. 설계 소스를 보유한 엔지니어가 **MFMEA** 과정을 시작한다.
Environment FMEA	(FORD) **EFMEA**는 설계나 공정, 설비들의 환경관련 설정 목표가 분석된 대로 달성되는지를 점검하는 데 이용된다. 입력 정보는 「환경을 위한 7대 설계 지침」, 요구 사항, 벤치마킹 등을 참고한다.	(FORD) **EFMEA**의 산출물 ▷ 재료 권고 ▷ 설계 권고 ▷ 프로세스 권고 (즉, 에너지 절감 가능성) ▷ 처분 경로 권고
Software FMEA	소프트웨어 설계 시 취약한 구조, 요구 사항의 누락, 잠복한 프로그램 등을 식별하는 데 이용된다.	'고장 모드'의 예로써 "기능의 실행 실패" 또는 "기능의 실행 오류" 등이 있다.

지금까지 **FMEA**의 탄생 배경과 타 도구들과의 연계성 및 유형과 유형별 특징까지 살펴보았다. 이제 본격적인 **FMEA** 용법 학습으로 들어가 보자.

---

42) 대량 생산에 필요한 보조 도구 및 기구를 총칭. 일반적으로 지그(Jig), 금형(Mold), 게이지(Gage)를 의미하며, 툴링 비용 대부분을 금형이 차지함에 따라 '툴링' 하면 금형으로 인식되는 경우가 많음.

FMEA 기본의 이해

본격적으로 FMEA 작성에 들어가기에 앞서 전반적으로 알아야 할 사항, 예를 들어 본 책의 주요 참고문헌, FMEA 정의나 목적, FMEA에 입력 정보를 제공하는 다양한 도구들(Tools), FMEA 작성 절차 및 FMEA 사용에 따른 혜택과 각 종류별 산출물 등 Design FMEA나 Process FMEA별로 각각 깊이 들어가기 전에 꼭 필요한 내용들을 알기 쉽게 설명한다. 따라서 FMEA를 처음 접하거나 낯설어할 독자는 이 단원부터 섭렵하고, 실무에 바로 적용이 필요한 독자는 「Ⅲ. Design FMEA」나 「Ⅳ. Process FMEA」부터 바로 들어가기 바란다.

1. 공통 사항

　　　　　　FMEA를 한마디로 딱 잘라 말하면 어떤 표현
이 가장 적절할까? 강의 중에 이같이 질문하면 모두 필자 얼굴만 쳐다본다.
조금만 기다리면 곧 답이 나오리란 생각에 모두가 익숙한 듯하다. 다음 [그림
Ⅱ-1]을 보자.

[그림 Ⅱ-1] FMEA를 대변하는 표현 예

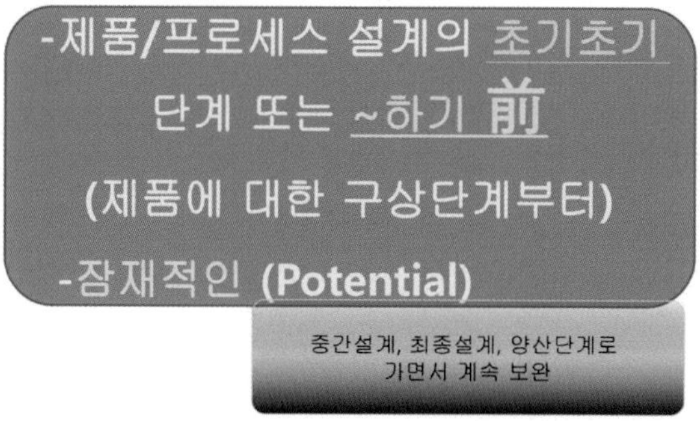

-제품/프로세스 설계의 초기초기
단계 또는 ~하기 前
(제품에 대한 구상단계부터)
-잠재적인 (Potential)

중간설계, 최종설계, 양산단계로
가면서 계속 보완

　　[그림 Ⅱ-1]에서 "초기, 초기"는 FMEA가 어떤 일을 전개할 때 매우 초입
에 이루어지는 작업임을 강조한 것이다. 그러나 복잡한 설명과 과정 모두 빼
고 딱 한 글자로 표현하라면 바로 "~전(前)"이 아닌가 싶다. 즉, 일이 벌어지
기 전에 FMEA 작업이 들어간다는 뜻이다. 이를 '적시성(Timeliness)'이라고
한다. 즉, '사안 발생 후'가 아닌 '사안 발생 전'을 의미하는데, 이를 통해 제
품 생산 중 설계 변경이나 고객에게 인도된 후 예상되는 심각한 품질 문제 위
험성을 최소화시킬 수 있다. 통상 Design FMEA는 설계 초기 단계에, Process
FMEA는 툴링(Tooling)이나 제조 설비가 개발 또는 구매되기 전에 시작된다.

특히 초기에 시작된 FMEA는 설계와 제조·개발 프로세스 전 과정에 걸쳐 점진적으로 발전해가는 살아 있는 문서 양상을 띤다.

그럼 FMEA는 왜 수행해야 하는 걸까? FMEA를 수행하는 가장 큰 목적은 '위험 평가'에 있다. '복합 기능 팀(Cross-functional Team)'이 구성돼 제품 또는 프로세스 설계나 설계 변경의 검토, 잠재 고장으로 인한 영향 등을 미리 파악하고, 제품이나 프로세스에 치명타를 안기거나 안전에 위협이 될 수 있는 제품/조립 내 모든 부품에 집중함으로써 그를 경감시킬 시정 조치를 이끌어낸다.

간혹 기업에 들어가 FMEA 작성 실태를 점검하면 현재 운영 중인 프로세스를 대상으로 하는 경우가 자주 목격된다. 현재 상태를 점검하는 용도로도 쓰임새가 크지만 앞서 강조한 대로 본래의 목적은 "드러나 있지 않은 문제를 사전에 적출한다"에 있다. 따라서 [그림 Ⅱ-1]에 표기된 "잠재적인(Potential)"이란 용어가 FMEA 양식 전체에 반복해 등장하는 이유다. FMEA의 수행 시기는 다음 중 하나 이상이 발생된 시점으로 정의한다(SAE-J1739).[43]

경우 1: 신규 설계, 신기술, 또는 새로운 프로세스 개발 시. 이때 FMEA의 범위는 완벽한 설계, 완벽한 기술, 또는 완벽한 프로세스가 되는 것까지이다.

경우 2: 현존하는 설계나 프로세스의 수정 시(설계나 프로세스 FMEA가 존재한다고 가정). FMEA 범위는 설계나 프로세스의 수정 영역, 수정으로 인해 예상되는 상호작용, 시장의 사용 이력에 초점을 맞춘다 (규제 사항 변경도 포함).

경우 3: 현존하는 설계/프로세스를 새로운 환경, 지역, 응용 분야, 또는 사용 환경(사용률, 규제 사항 등)에서 사용 시(설계나 프로세스 FMEA가

---

43) 「2. FMEA의 활용」 내, 주 39-1), p.3.

존재한다고 가정). FMEA 범위는 새로운 환경, 장소, 응용 분야가 현재의 설계 또는 프로세스에 미치는 영향(충격)에 초점을 맞춘다.

Ford사는 앞서 언급된 '경우 2'와 '경우 3'에 대해 이미 완벽하고 종합적인 FMEA가 존재한다고 가정한다. 이때 제품이나 프로세스가 수정이나 새로운 환경에 맞닥트려졌을 때, 보유한 완성도 높은 FMEA를 검토해서 변경점 발생으로 인한 영향을 파악한다. 만일 이 접근만으로 문제 해결이 어려울 시 그 범위를 '경우 1'과 비슷한 완벽한 설계나 완벽한 프로세스가 되는 것까지 잡아야 한다.

FMEA 결과는 제품이나 프로세스에 상당한 파급력을 미칠 수 있기 때문에 실행에 있어 완벽한 효과를 보려면 처음부터 철저한 계획을 수립해야 한다. 단, 이 과정에 상당한 시간이 소요될뿐더러 필요 자원의 헌신적인 노력도 중요하다. 실행 원리는 어느 조건에서나 동일하지만 기업 규모나 조직 구조에 따라 적합한 방법을 찾는 것이 선행돼야 한다. 다음은 실행 시 고려해야 할 일반적인 사항들을 정리한 예이다.[44]

- 범위는 사내뿐만 아니라 여러 협력 업체들이 작성한 FMEA까지도 포괄.
- 설계와 프로세스 FMEA 둘 다를 다룸.
- FMEA 수행 절차는 APQP 프로세스의 구성 요소가 돼야 함(자동차 분야).
- 설계에 대한 '기술 검토(Technical Reviews)'의 일부로 인식.
- 제품이나 프로세스 설계에 대해 정기적인 승인과 허가의 일부로 인식.

FMEA는 '복합 기능 팀(Cross-functional Team)'에 의해 전개되며, 팀 규모

---

44) 주 39-1), p.4.

는 설계 복잡성과 회사 조직 규모 등에 따라 결정된다. 팀 구성원은 관련 분야의 전문성, 가용 시간, 지휘 권한 등이 주어져야 한다. 또 FMEA가 완료된 후 위험 평가에 부합하는 후속 조치와 효과적인 예방/시정 조치가 뒤따라야 한다. 이행할 조치들은 그에 영향 받을 다른 활동들에 대해 철저한 검토가 이루어져야 하고, 관련 담당자 간 협의 역시 빠트려선 안 되는 주요 활동이다.

덧붙여 FMEA는 비제조(사무 간접) 부문에도 응용될 수 있다. 예를 들어, 행정 프로세스나 안전 시스템 평가 시 그 위험 분석에 이용될 수 있다. 몇 년 전 보험 업계 모 기업의 주요 과제를 지도할 때 FMEA를 적극 활용한 적이 있다. 업무 자체가 사람들의 활동으로 점철됨에 따라 제품이나 조립 프로세스와 달리 눈에 보이지 않는 무형의 활동들을 대상으로 문제점을 적출하는 일이 중요한데, 상세 프로세스 맵을 그린 후 각 활동별로 FMEA를 작성한 결과 그 동안 잘 관찰되지 않았던 다양한 잠재 '고장 모드'와 위험들이 드러났다. 보험 업계는 계약자와 회사 간 법적 논쟁이 끊이지 않고 일어나므로 이와 같은 접근은 FMEA의 고유한 용법과도 정확히 일치한다. 일반 기업 경우 영업 활동에도 암묵적 지식이 기저에 깔려 있어 영업 사원들의 활동을 규정하기 매우 어려우나 FMEA를 통해 형식화가 이루어지면서 다양한 개선 활동으로 연결시킬 수 있다. 이 같은 응용 범위의 확대는 정성적 도구인 FMEA만이 갖는 가장 큰 특징들 중 하나이다.

내용으로 들어가기에 앞서 본 책에서 참고할 주요 문헌들을 소개할 필요가 있다. 이에 대해 알아보자.

FMEA 참고문헌

제목을 써놓고도 좀 어색하단 느낌이 든다. 그러나 뾰족한 어휘가 떠오르지 않아 직설적으로 표현해보았다. 사실 FMEA 용법을 기술함에 있어 어느 문헌을 모델로 삼을까가 큰 관심사다. FMEA가 오랜 세월 동안 너무도 잘 알려진 도구이기도 하거니와 필자 생각대로 토를 달아 해설을 늘어놓다간 당장 퇴짜받을 게 불 보듯 뻔하기 때문이다. 즉, FMEA 활용법에 소위 '대세'라는 것이 있고 그를 따르지 않으면 오히려 역효과가 날 수 있어 조심스럽다. 그럼 '대세'에는 어떤 것들이 있을까?

앞서 「1.1. FMEA 탄생의 시간대별 고찰」 내 "FMEA 시간대별 발전 목록"에 따르면 FMEA 원조 격인 「MIL-STD-1629A」는 'FMEA(Failure Mode and Effects Analysis)'와 'CA(Criticality Analysis)'의 구분과 용어 등에 있어 정의가 매우 잘돼 있으나 이미 1998년 8월 4일 폐기(Canceled)되었으므로 참고는 하되 핵심 내용으로 삼기엔 설득력이 떨어진다. 따라서 그 이후의 버전들 중 FMEA의 현장 활용도와 응용 범위, 구체성 또는 범용성까지 고려했을 때 뭐니 뭐니 해도 미국의 자동차 제조 회사 'Big 3'가 관여해 장기간 완성도를 높여 놓은 '미국 자동차 공학회(SAE International)'의 규격을 빼놓고는 달리 대안이 없다. 이에는 'SAE-J1739'나 'SAE-ARP-5580' 등이 있으나 'J'는 '육상 수송'을, 'ARP'는 '항공'과 관계하므로 FMEA를 사용할 기업들의 제조 현실을 감안할 때 전자인 'SAE-J1739'를 모델로 삼는 것이 합당할 것이다. 또 실용적 측면에선 이 표준에 기반을 둔 'Big 3사' 공동 또는 개별 기업 자체 매뉴얼이 피부에 와 닿는 해석과 절차(Procedure)를 담고 있어, 이 모두를 모델 대상에 포함시키는 노력도 요구된다. 그들 중 Ford사에서 발간한 "Failure Mode and Effects Analysis, FMEA Handbook (with Robustness Linkages)"가 단연 대세라면 대세다([그림 Ⅰ-7] 참조). 따라서 본 책은 'SAE-J1739'에 기반을 둔 'Big 3' 및 Ford사 자동차 제조사 매뉴얼과, 필요시 Military 규격 등을 덧붙여 내용의 질을 높이는 데 주력하였다. 또 출처 불

명의 모호성을 배제시키기 위해 작은 참고라도 출처를 명확히 남겨 독자가 스스로 학습하는 데 불편이 없도록 배려하였다.

[그림 Ⅱ-2] FMEA 참고문헌 우선순위

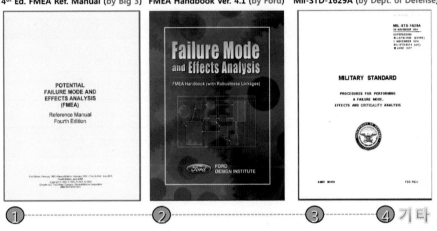

[그림 Ⅱ-2]는 FMEA 학습을 위해 참고할 문헌의 우선순위를 나타낸 것이다. 「① 4th Edition FMEA Reference Manual」은 미국 자동차 제조 'Big 3사(Chrysler LLC, Ford Motor Company, General Motors Corporation)'가 공동 제작한 참고 매뉴얼이며, 「② Ford FMEA Handbook Ver4.1」은 Ford사가, 「③ MIL-STD-1629A」는 미 국방성이, 끝으로 「④ 기타」는 여러 출처의 것들을 나타낸다. 특히 '①'과 '②'는 모두 「SAE-J1739」를 기반으로 하고 있어 활용 가치가 높다. 물론 이들이 대부분 자동차 산업 분야에 속한 한계는 있지만 타 산업에서도 그대로 인용하거나 약간만 변형하면 적용엔 큰 무리가 없다. FMEA가 '정성적 도구'이기 때문에 가능한 일이다. 특정 문헌 참고 시 문장

맨 앞에 괄호를 두어 출처를 명기하는 방식을 따랐다. 좀 번잡하더라도 명확히 한다는 취지이므로 넓은 아량으로 이해해주기 바란다. 다음 [표 Ⅱ-1]은 앞으로 본문에서 출처 표기 방식을 정의한 예이다.

[표 Ⅱ-1] 분문의 출처 표기 방식

출처	표기 방식 예
① 4th Edition FMEA Reference Manual, 또는 SAE-J1739	(Big 3) 본문 설명, or (SAE) 본문 설명
② Ford사 FMEA Handbook Ver4.1	(Ford) 본문 설명
③ MIL-STD-1629A	(MIL) 본문 설명
④ 기타 (각종 사전, 문헌 등)	(두산백과) 본문 설명

2. 기본 정보

이제부터 FMEA를 작성하기 전 알아야 할 내용과 준비엔 어떤 것들이 있는지 알아보자. 이 과정이 마무리되면 'Design FMEA'와 'Process FMEA' 순으로 영역을 좁혀 깊이를 더해 나갈 것이다.

2.1. FMEA 정의

'FMEA'가 무엇인지에 대해 설명한다. 출처에 따라 표현에 약간씩 차이가 존재하지만 받아들이는 의미는 동일하다. 다음은 출처에 따른 'FMEA 정의 (FMEA Definition)'들이다. 영문을 필자가 번역해 옮겨놓았다.

(SAE)
"FMEA는 다음과 같이 의도된 일련의 체계적 활동으로 정의된다.
(a) 제품/프로세스의 잠재 고장과 그 영향을 확인하고 평가
(b) 잠재돼 있는 고장의 실제 발생 가능성을 줄이거나 없애는 활동의 식별
(c) 수행 과정의 상세한 기록(문서화). 즉 어떤 방식의 설계나 프로세스가 고객 만족을 이끌 것인지 밝히는 과정을 정례화"

(Ford)
"FMEA는 잠재 문제를 식별한다. 그리고 설계 변경이나 프로세스 변경에 의해, 또 프로세스 '관리 계획(Process Control Plans)'에 반영됨으로써 관심 있게 다루어져야 할 'CC(Critical Characteristics)'와 'SC(Significant Characteristics)'를 규명한다. FMEA는 제시된 관리 방안들의 적합성, 그리고 '설계 검증 계획(DVP, Design Verification Plan)'이나 '제조 관리 계획(MCP, Manufacturing Control Plan)'을 변경해 위험을 경감

시킬 필요가 있는지 등을 평가한다. 평가와 권고 조치의 목적은 고객 만족을 증진시키고 고객에 이르는 고장을 미연에 방지하기 위함이다."

Ford사 경우 쓰는 용어에 특이성을 보이는데 'CC'나 'SC', 'DVP', 'MCP' 등이 그것이다. 'CC(Critical Characteristics)'와 'SC(Significant Characteristics)' 는 '특별 특성(Special Characteristics)'으로 통칭되는데 Design FMEA와 Process FMEA별로 FMEA 작성 중 선별하는 기준을 따로 마련하고 해결 접근도 차별화한다. 이들은 「MIL‒STD‒1629A」에서 「MIL‒STD‒882」 내용을 따라 정의한 '심각도 범주(Severity Classification)'를 참조한 것으로 보인다(MIL의 '특성 분류'는 Design FMEA에서의 「2.5. FMEA 작성 절차」 를, Ford사의 '특별 특성' 경우는 Design FMEA에서의 [그림 Ⅲ‒17]과 [표 Ⅲ‒10]을 참조). Ford사의 분류 체계는 FMEA에 대해 오랜 기간 적용성을 고민한 흔적의 결과로 보인다. 용어에 대한 자체 정의 등은 그만큼 용법의 체계화와 세분화가 진행되었다는 방증이며, 우리가 기술 부문에 있어 Ford사의 FMEA를 학습할 충분한 이유이기도 하다. 다음은 그 외의 출처에 대한 정의들이다.

(MIL)
"시스템에 잠재된 각 '고장 모드'가 시스템 전체에 미치는 영향 및 결과를 확인하고, 심각 정도에 따라 각 잠재 '고장 모드'를 분류하기 위해 분석되는 일련의 절차"

기술된 바와 같이 FMEA 원조 격인 「MIL‒STD‒1629A」의 정의는 한 층 간결하다. 참고로 MIL 문서 초반부에 용법과 관계된 다양한 용어(Terms) 들의 사전적 정의가 포함돼 있으니 좀 더 관심 있는 독자는 해당 자료를 참고하기 바란다. 다음은 '기타'에 속하는 FMEA 정의를 옮긴 것이다.

"고장 형태 영향 분석이라고도 한다. 기계 부품(시스템 요소)의 고장이 기계(시스템) 전체에 미치는 영향을 예측(결과 예지)하는 해석 방법으로, 기계 부품 등의 기계 요소가 고장을 일으킨 경우에 기계 전체가 받는 영향을 규명해나가는 것이다. FMEA는 예상되는 고장 빈도, 고장의 영향도, 피해도 등에 관하여 평가 기준을 설정해두고, 개개의 구성 요소에 대하여 고장 평가를 하고 이것을 종합하여 치명도를 구한다. 치명도가 높을수록 중점적인 관리가 필요하다."

2.2. FMEA 목적

FMEA의 목적을 한마디로 요약하면 '위험 식별과 그 영향 평가'이다. 여러 출처별로 다음의 정의들이 쓰인다.

(Ford)
"Ford사에 한정돼 쓰이는 FMEA 목적은 다음과 같다.

- 특별 특성(Special Characteristics, 'CC'와 'SC')[45]을 식별
- SDS(System Design Specifications), DVP(Design Verification Plans), 관리 계획 (Control Plan), 설계 가이드, 그리고 타 문서나 절차 등에 경험적 입력 정보로 활용
- 내재된 설계 문제 해결에 유용한 '강건 설계 도구(Robustness Tools)'들을 연계"

'SDS(System Design Specifications)'나 'DVP(Design Verification Plans)', 'Control Plan', 기타 강건 설계용 도구들과의 관련성은 「'고장 모드' 회피를 위한 정보 흐름과 FMEA의 역할(FMEA Flow and its Role in Failure Mode Avoidance)」을 통해 잘 나타나 있다('[그림 Ⅱ - 3]' 참조). 이를 'Robustness

---

45) 'CC' → <u>C</u>ritical <u>C</u>haracteristics, 'SC' → <u>S</u>ignificant <u>C</u>haracteristics.

Linkages'로도 호칭하고 흐름도와 병행해서 표기하고 있으며, [그림 Ⅱ-2]의 'Ford사 Manual' 표지 제목에도 포함돼 있다.

다음은 「MIL-STD-1629A」에 기술된 FMEA 활용 목적이다.

　(MIL)
　"FMEA의 목적은 시스템 운영 중 아이템 고장의 영향 또는 결과를 연구하고, 심각 정도에 따라 각 잠재 고장을 분류하는 데 있다."

앞서 기술된 'FMEA 정의'와 거의 흡사하다. 다음은 Ford사 매뉴얼에 포함된 '목적' 중 일부이다. 범용적인 내용이라 따로 분류해 정리하였다.

　(Ford)
　"일반적으로 알려진 FMEA 작성 목적(General Purposes)은 다음과 같다.

- 평가 중인 제품 또는 프로세스에 대한 품질, 신뢰성 및 안전성의 증대
- 제품의 재개발 시간과 비용의 축소
- 위험 감소를 위해 취해진 조치들에 대한 기록과 추적
- 관리 계획 수립이 견실하게 되도록 지원
- '설계 검증 계획(DVP)'이 견실하게 되도록 지원
- 엔지니어가 제품/프로세스 문제점을 순위화해서 그를 제거하거나 줄이는 데 일조하고, 발생 가능한 문제를 미리 예방하도록 지원
- 고객/소비자 만족도를 높임"

2.3. FMEA 활용의 혜택

FMEA 수행을 통해 얻을 수 있는 가장 큰 수혜는 무엇일까? 이에 대한 해답은 FMEA 양식(Form)을 보면 쉽게 알 수 있다. 양식엔 예상되는 모든 문제들을 '원인(Cause) → 고장 모드(Failure Mode) → 영향(Effect)' 순으로 기록하게 돼 있으며, 따라서 설계나 프로세스에 내재된 문제들의 인과관계뿐 아니라 그들로부터 향후 어떤 불이익이 생길지 바로 밝혀낼 수 있다. 문제의 내용이 규칙적으로 정돈돼 있기 때문에 가능한 일이다. 또 '원인(Cause) → 고장모드(Failure Mode) → 영향(Effect)'별 한 줄씩 모여 목록이 만들어지고, 목록은 다시 제품 또는 프로세스에 생겨날 잘못될 가능성들의 데이터베이스를 형성한다. 결국 잠재된 문제들이 빠짐없이 적출될 경우 그 하나하나를 개선에 이르게 할 시작점 역할을 한다. 이런 이유로 'Ford사 매뉴얼'은 다음과 같이 FMEA의 혜택을 기술한다.

(Ford)
"제품 또는 프로세스를 **끊임없이** 개선하는 일이 자사의 책무이며, 이에 FMEA의 지속적 활용을 통해 **잠재 문제들을 식별**하고 그들을 **제거** 또는 **축소**시킬 수 있다."

중요한 단어를 굵게 표시했는데 "끊임없이"란 "제품 또는 프로세스가 존재하는 한 지속적으로"를, "잠재 문제"란 "문제가 발생하기 전"의 의미를, 끝으로 "식별, 제거 및 축소"는 "문제의 사전 제거, 즉 예방"을 각각 의미하므로 FMEA 수행을 통해 얻을 수 있는 가장 큰 혜택은 다음과 같이 요약된다.

(필자)
"끊임없이 잠재 문제들을 제거할 수 있는 기회를 제공받는다."

사실 "끊임없이" 문제 해결 실마리를 제공받기 위해서는 그만큼 제대로 된 FMEA 수행이 요구된다. 이를 위해 'Ford사 매뉴얼'은 다음과 같은 내용들에 유념할 것을 권고한다.

(Ford)
"• 적기에 FMEA 수행하기
• 모든 시스템(또는 하위 시스템)의 '인터페이스 영역'과 '잡음 요인'을 고려하기(이들은 'P-Diagram' 및 'Interface Matrix' 작성을 통해 얻어진다)
• 수집 정보와 요구를 시스템 수준에서 부품, 더 나아가 프로세스까지 하향 전개하면서 분해
• 위험 경감에 쓰이는 '권고 조치(Recommended Actions)'의 적절한 사용
• 모든 '권고 조치'들을 정해진 시점까지 완료하기"

2.4. '고장 모드' 회피를 위한 정보 흐름과 FMEA 역할(Robustness Linkages)

'Ford사 매뉴얼'에 포함된 개요도이다. 비유가 맞는지 모르겠으나 우리나라 지형을 알려면 세계지도를 통해 전체 속에서의 한반도를 보는 일이 우선이고, 또 지구의 위상을 이해하려면 태양계에서의 지구를, 태양계 구조를 위해선 은하계 속에서의 태양계를 조망하는 것이 백 마디 말보다 나을 듯하다. 본 개요도는 '상세 설계' 중 예상되는 '고장 모드'를 피하기 위해 FMEA를 중심에 두고 그의 입력을 담당할 도구(Tools)들과 FMEA 완료 후 수행될 활동들을 흐름(Flow) 형식으로 보여준다. 내용이 "설계 강건성(Robustness)과 도구들 간 연계(Linkage)"이기도 해 "Robustness Linkages"란 부제가 붙었다. 한 기업에서 'FMEA' 하나를 써도 이렇게까지 철저하고 상세하게 그 쓰임새를 정해놓

는 노력은 우리 기업에서 따라 하기 쉽지 않은 연구 문화이다. 일부 국내 기업 경우 FMEA를 꼭 써야 한다고 일러주면 적용은커녕 오히려 귀찮아하거나, 수행 프로세스는 있더라도 형식적 칸 메우기로 일관하는 현실을 접할 때면 씁쓸하기 그지없다. 아마 Ford사에서도 대충 뚝딱거려 매뉴얼을 창조해내지는 않았을 것이다. 이 정도 체계를 갖추려면 적어도 TFT(Task Force Team)나 전담 부서에서 오랜 기간 연구와 시행착오를 거쳤을 것으로 추정된다. 잘 만들어놓은 체계를 가져다 쓰는 것도 어려운데, 이 같은 결과물을 만들기 위해 조직을 구성하고 연구 기간을 설정하는 등의 투자는 더더욱 기대하기 어렵다. 한 신문 기사에서 국내 기업을 "Fast Follower"와 "First Mover"로 빗댄 현실은 Ford사의 기업 문화와도 관계하는 것은 아닌지 생각해볼 대목이다.

흐름도를 보면 평소에 잘 접하기 어려운 낯선 도구나 용어들이 등장한다. 설계 업무에 주요한 도구들이기도 하나 Ford사에서 정립한 체계에 영어 첫 자를 따 부여한 명칭도 있다. 사실 이들을 꼭 학습하거나 적용할 이유는 없지만 오랜 경험과 시행착오의 산물임을 감안할 때 그 효용성과 신뢰성에 의심을 가질 필요는 없을 것 같다. 따라서 어떤 내용인지 본문에 간략히 소개하고 넘어갈 것이다. 좀 더 자세한 용법 등은 관련 문헌을 참고하기 바란다. [그림 Ⅱ-3]은 흐름 개요도이며 정확한 내용 전달을 위해 번역과 원문을 함께 실었다.

[그림 Ⅱ-3] '고장 모드' 회피를 위한 정보 흐름과 FMEA 역할(Robustness Linkages)

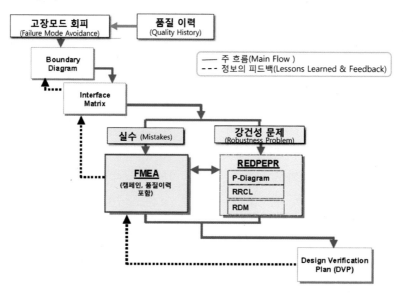

'실수 방지 목적의 FMEA' 영역(그림의 왼쪽)과 '제품의 강건성을 높이는 REDPEPR(<u>R</u>obustness <u>E</u>ngineering <u>D</u>esign and <u>P</u>roduct <u>E</u>nhancement <u>P</u>rocess)' 영역(그림의 오른쪽)은 사실 별개지만 '고장 모드 회피(Failure Mode Avoidance)' 를 위해 협력 관계에 놓인다. 물론 각각은 독립적으로도 쓰임새가 있다. 'Robustness(강건성)'는 "초기의 안정적인 구성을 흐트러트리려는 변화에 시스템이 저항하는 능력"이며, '다구치 방법(Taguchi Method)'에서는 외부 잡음(Noise) 효과에 큰 영향을 받지 않는 설계 상태를 이르기도 한다. 화살표의 실선은 "고장 모드 회피를 위한 일의 순차 및 도구들로부터 나온 정보의 흐름"을, 위쪽 점선은 "과정 중 얻게 되는 추가 정보의 설계 재반영"을 각각 표시한다. 다음은 사각형 내 굵게 표시된 각 항목들의 간단한 소개이다.

1) **품질 이력(Quality History)** → 과거 품질 관련 이슈들이며, 재발 방지를 위한 입력 자료로서 매우 유용하다. 주로 고객의 C&C(Claims&Complains) 정보가 포함된다.

2) **Boundary Diagram** → 시스템의 경계와 범위를 설정하고, FMEA 실시를 위한 대상 시스템 및 그의 인터페이스 시스템 간 관계를 명확히 하는 데 이용된다. FMEA는 제품 전체를 대상으로 수행될 수 있지만 그중 '하위 시스템(Subsystem)'이나 특정 조립(Assembly)에 대해 수행될 수도 있다. 따라서 전체 중 특정 부위에 대한 FMEA 관심 영역 설정은 관계자들 간 논의를 집중하는 데 도움을 준다. [그림 Ⅱ-4]는 가상의 'L-System'이 주변의 시스템(System), 하위 시스템(Subsystem), 환경(Environment), 센서 등과 인터페이스 되어 있는 기본도이며, FMEA를 수행할 '영역(Boundary)'이 점선으로 표시돼 있다. 구조는 'System-Subsystem-Assembly-Subassembly-Component' 순으로 세분화해 FMEA Boundary를 설정할 수 있다. 개체들 간 인터페이스 상태를 "인터페이스 범례"에 표기했다.

[그림 Ⅱ-4] 'Boundary Diagram' 기본도 예

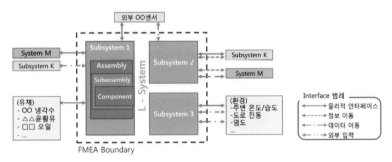

다음 [그림 Ⅱ-5]는 '운전석 시스템'에 대한 'Boundary Diagram' 예이다.[46]

[그림 Ⅱ-5] '운전석 시스템'의 'Boundary Diagram' 예

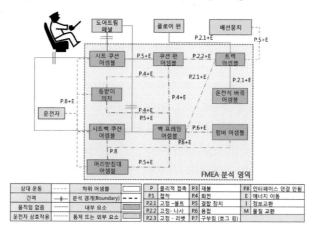

'FMEA 분석 영역'이 외부 요소인 '운전자'와 상호작용(점선)하고 있고, 내부 어셈블들은 '회전(P4)'과 '결합 장치(P5)'가 대부분이며, '에너지 이동(E)'과 '상대 운동(일점쇄선)'을 경험하고 있음도 알 수 있다.

3) **Interface Matrix** → FMEA 분석 영역 주변에 어떤 인터페이스가 있는지, 또 인터페이스가 FMEA 분석 시스템, 또는 이웃 인터페이스 시스템들에 미치는 영향 등을 확인한다. 'System Interface Matrix'는 인터페이스 유형, 인터페이스 중요성, 인터페이스의 잠재적 영향 등을 알려주며 Design FMEA의 입력 자료로서 강건성 설계에 매우 중요하다. 'Boundary Diagram'이 'System-Subsystem(Assembly-Subassembly)-Component'들간 '관계(Relationship)'를 '그림(Graphic)'으로 보여준다면 'Interface Matrix'는 '관계 자체'에 초점을 둔다. 따라서 'Interface Matrix'의 입력 정보로 'Boundary Diagram'이 유용하다. 구조를 먼저 알아야 그들 간 '관계' 설명이 가능하기 때문이다. 또 'Interface Matrix'는 입/출력, '잡음 인자'를 구분하는 'P-Diagram'의 입력 정보로도 쓰인다.

---

46) Ford사, 2006. "Design for Quality", p.21, by Sam Abihana, Ion Furtuna, Adithya Rajagopal의 사례를 상황에 맞게 편집함.

Design FMEA의 입력정보 사용은 다음의 이점이 있다.

- FMEA 분석 대상 시스템의 기능에 '주 기능(Primary Function)'으로 작용하는지, 또는 '인터페이스 기능(Interface Function)'으로 작용하는지 구분
- 잠재 고장 원인/메커니즘 규명 시 이웃 시스템, 환경, 사람으로부터의 영향 파악

[그림 Ⅱ-6]은 이해를 돕기 위해 '주 46)'에 포함된 [그림 Ⅱ-5]의 "운전석 시스템의 Boundary Diagram"을 '입력(Input)'으로 해서 얻은 'Interface Matrix' 예이다.
[그림 Ⅱ-6]의 원으로 강조된 부분은 '운전자'와 '시트 쿠션 어셈블' 간 '물리적 접촉(P=2)'과 '에너지 이동(E=2)'이 있고, '도어 트림 패널'과 '시트백 쿠션 어셈블' 간 '물리적 접촉의 차단(P=-2)'이 필요함을 바로 알 수 있다. 결국 [그림 Ⅱ-6]의 셀 수치들 중 '-1'이나 '-2'는 인터페이스 간 잠재 문제를 고려해야 할 대상이며 Design FMEA 내용 전개 시 반영해야 할 대목이다.

[그림 Ⅱ-6] '운전석 시스템'의 'Interface Matrix' 예

	운전자	도어트림패널	플로어팬	배선뭉치	시트쿠션어셈블	등받이의자	시트백쿠션어셈블	머리받침대어셈블	쿠션팬어셈블	백프레임어셈블	트랙어셈블	운전석버클어셈블	럼버어셈블
운전자	■	0 0	0 0	0 0	2 2	0 2	2 2	2 2	0 0	0 0	0 0	-1 2	0 0
	■	0 0	0 0	0 0	0 0	0 0	0 0	0 0	0 0	0 0	0 0	0 0	0 0
도어트림패널	0 0	■	0 0	0 0	-2 0	0 0	-2 0	0 0	0 0	0 0	0 0	0 0	0 0
	0 0	■	0 0	0 0	0 0	0 0	0 0	0 0	0 0	0 0	0 0	0 0	0 0
플로어팬	0 0	0 0	■	0 0	0 0	0 0	0 0	0 0	0 0	0 0	2 2	0 0	0 0
	0 0	0 0	■	0 0	0 0	0 0	0 0	0 0	0 0	0 0	0 0	0 0	0 0
배선뭉치	0 0	0 0	0 0	■	0 0	0 0	0 0	0 0	0 0	0 0	2 2	0 0	0 0
	0 0	0 0	0 0	■	0 0	0 0	0 0	0 0	0 0	0 0	0 0	0 0	0 0
시트쿠션어셈블	2 2	-2 0	0 0	0 0	■	0 0	0 0	0 0	2 2	0 0	0 0	0 0	0 0
	0 0	0 0	0 0	0 0	■	0 0	0 0	0 0	0 0	0 0	0 0	0 0	0 0
등받이의자	0 2	0 0	0 0	0 0	0 0	■	0 0	0 0	0 0	0 0	2 0	0 0	0 0
	0 0	0 0	0 0	0 0	0 0	■	0 0	0 0	0 0	0 0	0 0	0 0	0 0
시트백쿠션어셈블	2 2	-2 0	0 0	0 0	0 0	0 0	■	0 0	2 2	0 0	0 0	0 0	-1 2
	0 0	0 0	0 0	0 0	0 0	0 0	■	0 0	0 0	0 0	0 0	0 0	0 0
머리받침대어셈블	2 2	0 0	0 0	0 0	0 0	0 0	0 0	■	2 2	0 0	0 0	0 0	0 0
	0 0	0 0	0 0	0 0	0 0	0 0	0 0	■	0 0	0 0	0 0	0 0	0 0
쿠션팬어셈블	0 0	0 0	0 0	0 0	2 2	0 0	2 2	2 2	■	2 2	2 2	0 0	0 0
	0 0	0 0	0 0	0 0	0 0	0 0	0 0	0 0	■	0 0	0 0	0 0	0 0
백프레임어셈블	0 0	0 0	0 0	0 0	0 0	0 0	0 0	0 0	2 2	■	2 2	0 0	2 2
	0 0	0 0	0 0	0 0	0 0	0 0	0 0	0 0	0 0	■	0 0	0 0	0 0
트랙어셈블	0 0	0 0	2 2	2 2	0 0	2 0	0 0	0 0	2 2	2 2	■	2 2	0 0
	0 0	0 0	0 0	0 0	0 0	0 0	0 0	0 0	0 0	0 0	■	0 0	0 0
운전석버클어셈블	-1 2	0 0	0 0	0 0	0 0	0 0	0 0	0 0	0 0	0 0	2 2	■	0 0
	0 0	0 0	0 0	0 0	0 0	0 0	0 0	0 0	0 0	0 0	0 0	■	0 0
럼버어셈블	0 0	0 0	0 0	0 0	0 0	0 0	-1 2	0 0	0 0	2 2	0 0	0 0	■
	0 0	0 0	0 0	0 0	0 0	0 0	0 0	0 0	0 0	0 0	0 0	0 0	■

P	E
I	M

P: 물리적 접촉(Physically Touching)   +2: 기능을 위해 필요
E: 에너지 이동(Energy Transfer)   +1: 이롭지만 기능을 위해 절대적으로 필요한 것은 아님
I : 정보 교환(Information Exchange)   0: 기능성에 영향을 주지 않음
M: 물질 교환(Material Exchange)   -1: 부 효과를 내나 기능성에 영향을 주진 않음
    -2: 기능 성취를 위해 차단돼야 함

여러 도구들을 섭렵했지만 익히 알고 있는 'AHP(Analytic Hierarchy Process)'나 쉽게는 'X-Y Matrix'를 조합한 듯한 도구들이 참 다양하게 쓰일 수 있겠다는 생각이 든다. 어찌 이런 도구들을 만들어냈는지 아이디어 발상과 노력에 찬사를 보낸다! '범례'를 이해하기 위해 별도로 떼어내 다음 [그림 Ⅱ-7]에 옮겨놓았다.

[그림 Ⅱ-7] 'Interface Matrix'의 '범례'

P	E
I	M

+2	-1

P: 물리적 접촉(Physically Touching)
E: 에너지 이동(Energy Transfer)
I: 정보 교환(Information Exchange)
M: 물질 교환(Material Exchange)

+2: 기능을 위해 필요
+1: 이롭지만 기능을 위해 절대적으로 필요한 것은 아님
0: 기능성에 영향을 주지 않음
-1: 부 효과를 내나 기능성에 영향을 주진 않음
-2: 기능 성취를 위해 차단돼야 함

'범례'에서 강의 중 자주 질문 받는 항목이 '물질 교환'이다. 예들 들면 엔진 계열의 피스톤 작용이나 윤활유의 역할에 쓰이는 '공압 유체(Pneumatic Fluids)', '유압 유체(Hydraulic Fluids)' 등이다. 크게는 가스(공기 포함)가 들어가 매연으로 나오는 상황을 연상해도 될 것 같다. 다음은 '정보 교환'으로 이에는 '컴퓨터 입·출력', '와이어 하니스(Wiring Harness)', '전기 신호' 등이 포함된다. '정보 교환'은 간혹 '데이터 교환(Data Exchange)'이란 용어와 혼용되기도 한다. 끝으로 '에너지 이동'은 '열전달(Heat Transfer)', '마찰(Friction)', 그리고 사슬 연결이나 기어를 이용한 '운동전달(Motion Transfer)' 등이 있다.

참고로 Ford사에서는 'Interface Matrix' 해석의 전문성을 높이고자 'SIA(System Interface Analyzer)'란 소프트웨어를 이용한다. 전문 설계 분야에 소속된 독자라면 한 번쯤 관심을 가져볼 만한 툴이다. 본문에선 이에 대한 설명은 생략한다.

4) REDPEPR(Robustness Engineering Design & Product Enhancement Process) →
굳이 우리말로 해석하면 "강건 설계와 제품 성능 향상 프로세스"쯤 되며, 세 개의 항목으로 구성돼 있고 제품의 강건성 문제 해결을 위해 독립적으로 활용이 가능하다. 여기서는 Design FMEA와 상호작용하며 시너지를 내는 도우미 역할을 한다. 각 항목을 소개하면 다음과 같다.

- **P-Diagram** → 입력 신호, 잡음 인자, 제어 인자 및 기능이 가장 올바르게 작동하는 상황에서 예측되는 '에러 상태(Error State)'를 파악해 기록해놓은 개요도이다. 원명은 'Parameter Diagram'이다. 개요도를 보면 쉽게 짐작할 수 있지만 원하는 이상적 기능 작동을 위해 원하는 '입력(신호)'과 그들을 관리하는 '제어 인자'만 잘 운영된다면 문제 될 것은 거의 없다. 그러나 설계자의 인지 범위에서 벗어난 예측 불가의 '잡음 인자(Noise Factor)'가 존재하는 한 설계대로의 동작은 기대하기 어렵다. 따라서 이들을 사전에 적출해 한눈에 요약한다면 FMEA 작성에 큰 참고 자료로 이용될 수 있다. [그림 Ⅱ-8]은 'P-Diagram'의 일반 양식 및 항목별 설명이다.

[그림 Ⅱ-8] 'P-Diagram' 기본 양식 및 항목별 설명

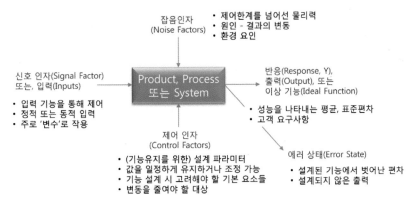

용어들 중 설계 의도에 맞춰야 할 항목들을 먼저 설명하면 다음과 같다.

- **신호 인자(Signal Factors)** 사용자가 스위치를 켜는 것과 같이 기능을 시작하게 하는 입력들.
- **제어 인자(Control Factors)** 기능이 설계대로 작동되게 하는 수단들.
- **반응(Response)** 이상적, 의도된 기능의 원하는 출력(헤드라이트의 하향 등의 가동 등).

설계 시 의도된 내용들은 아니지만 미리 고려해서 발생되지 않도록 차단하거나 감쇄시킬 목적의 항목에 다음의 것들이 있다.

· **잡음 인자**(Noise Factors) 기능의 고장을 유발하는 설계 외적 인터페이스, 조건, 상호작용(예, 부품 마모로 야기된 진동). '에러 상태'의 '원인'이며 Ford사 경우, 다음의 5가지 유형에서 비롯된다고 정의.
- 부품 대 부품 변동 → 공정 산포, 동일 부품 간 차이
- 시간(또는 마일리지)에 따른 변화 → 부품의 마모
- (고객의)사용상의 차이
- 외부 환경(도로 상태, 기후)
- 시스템 간 상호작용
· **에러 상태**(Error State) 다음의 두 유형이 있다.
1) 설계된 기능에서 벗어난 편차. 이 유형은 FMEA에서의 '고장 모드(Failure Mode)'와 의미상 동일하다. '고장 모드'에는 다음의 것들이 있다.
- 기능 안 함(No Function)
- 부분 기능(Partial Function) → 시간에 따른 기능 저하도 포함됨
- 간헐적 기능(Intermittent Function)
- 과 기능(Over Function)
2) 설계되지 않은 출력(엔진의 진동)

용어들 간 관계를 정리하면 대략 다음이 성립한다.

[그림 Ⅱ-9] 'P-Diagram' 용어와 FMEA와의 관계

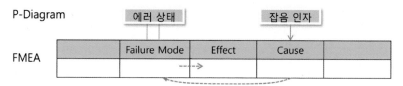

'잡음 인자'가 '잠재 원인(Potential Cause)'을 유발시키고, 다시 '잠재 원인'은 '고장 모

드(Failure Mode)'에 영향을 준다. 이때 '고장 모드'와 '에러 상태'는 동일한 의미로 해석된다. 또 '고장 모드'는 최종 '잠재적 영향(Potential Effects)'을 야기한다. 결국 '잡음 인자'와 '에러 상태' 역시 인과관계에 있음을 알 수 있다. 다음 [그림 Ⅱ-10]은 '운전석 시스템'에 대한 'P-Diagram' 작성 예47)이다.

[그림 Ⅱ-10] '운전석 시스템'에 대한 'P-Diagram' 예

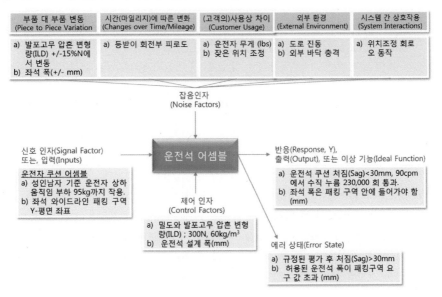

- **RRCL(Reliability and Robustness Checklist)** → '잡음 인자'가 '이상 기능(Ideal Function)'과 '에러 상태(Error State)'에 미치는 영향을 심층 분석한다. '잡음 인자'를 어떻게 처리할 것인지에 대한 관리 전략 수립에 중요하다. [그림 Ⅱ-3]을 보면 통상의 'RCL' 대신에 'RRCL'로 돼 있다. 이 용어는 "Reliability"가 추가된 것으로 'P-Diagram' 결과를 입력으로 해서 '신뢰성'을 높이는 활동과 연계된다. [그림 Ⅱ-11]은 'P-Diagram'과 'RRCL' 중 'Reliability Checklist'와의 연계를 도시한 예이다('주 46' 참조).

---

47) '주 46'을 참조해서 상황에 맞게 편집함.

[그림 Ⅱ-11] 'P-Diagram'과 'RCL(Reliability Checklist)' 연계 예

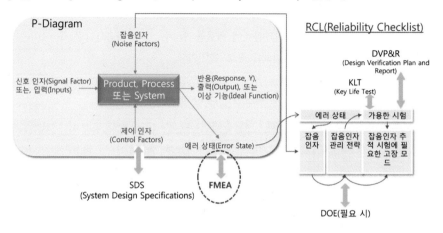

[그림 Ⅱ-11]에서 'P-Diagram'의 '잡음 인자'와 '에러 상태'가 'RCL'로 들어가 '수명 시험(Key Life Test)'과 같은 신뢰성 테스트와 연결된다. 또 '제어 인자'는 'SDS(System Design Specification)'와, '에러 상태'는 학습하고 있는 'FMEA'와 관계한다. 참으로 Ford사의 문제 해결 처리 체계가 매우 섬세하단 생각을 지울 수 없다. 우리는 어떨까? 각자 속해 있는 조직을 떠올리며 비교해보자!

'RRCL'에서 'Reliability'를 뺀 나머지 'Robustness Check List'는 좀 더 복잡하다. 처리해가는 과정이 복잡하다기보다 양식이 단순치 않다는 뜻이다. 사실 FMEA를 설명하면서 이 같은 연결 도구들을 모두 논해야 하나 고민도 했지만 어쨌든 FMEA가 독립된 도구이기보다 문제 해결을 위한 전초전에 가깝기 때문에 다른 도구들에 어떻게 소스로 작용하는지 아는 것 역시 매우 중요하다. [그림 Ⅱ-12]는 [그림 Ⅱ-10]의 'P-Diagram'과 연계된 'RCL(Robustness Check List)' 예이다('주 46' 참조).

[그림 Ⅱ-12] 'RCL(Robustness Checklist)' 작성 예

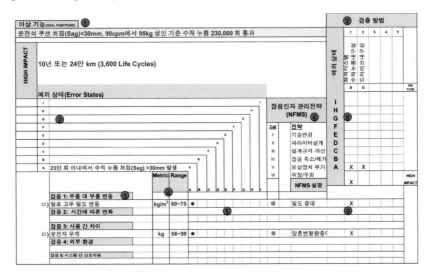

'RCL'은 'P-Diagram'과 연계해 독립적으로도 운영된다는 점을 잊지 말자. 그러나 '잡음 인자', '에러 상태' 등의 해석에 FMEA가 가세할 경우 큰 시너지가 나리란 점 또한 잊지 말자. [그림 Ⅱ-12] 내 원 번호를 설명하면 '① 이상 기능(Ideal Functions)', '② 에러 상태(Error States)', '③ 잡음 인자(Noise Factors)', '④ 잡음 인자의 단위와 범위', '⑤ 잡음 인자와 에러 상태 간 상관성 평가', '⑥ 잡음 인자 관리 전략 정의', '⑦ 가능한 설계 검증법 목록', '⑧ 설계 검증법으로 확인된 에러 상태에 X 표시', '⑨ 설계 검증법에 포함된 잡음 인자에 X 표시'이다.

'⑤'의 상관성 평가에서는 'Strong=●', 'Weak=○', 'None=I'를 기입한다. 또 '⑧'의 'VM Type'에 "B", "D"가 표시돼 있다. 이것은 'Verification Method Type(검증 방법 유형)'의 약자로 'B=Bogey(주어진 수명만큼의 기간 동안 수행하는 시험)'를, 'D=Degradation(열화 시험)', 'F=Failure(고장 시험)'를 각각 나타낸다.

• **RDM(Robustness Demonstration Matrix)** → 'RCL' 결과 얻어진 '에러 상태', '잡음 인자', '검증 방법(VM)' 등의 정보를 시험을 통해 입증이 용이토록 목록화한다. 측정

은 강건성을 입증하기 위해 정량적으로 평가된다. 'RDM'은 'DVP(Design Verification Plan)'의 일부이다.

[그림 Ⅱ-13] 'RDM(Robustness Demonstration Matrix)' 작성 예

VM #	검증방법 설명 (VM Description)	검증방법 목표 (VM Target)	에러 상태 (High Impact Error Description)	잡음 인자 (High Impact Noise factors)	측도 (Metric)	범위 (Range)	검증결과 (Demonstrated Result)	위험 (R/YG)	이슈
1	설계검증방법 (DVM): 운전석 수직누름 내구성	처짐(Sag) <30mm	처짐(Sag) >30mm	1 발포고무 밀도 변동	kg/m³	60-75			
...	...	...	...	...	...	...	...	...	...

본 예는 제품 설계 중 발생된 결과이며, 따라서 'RCL'에서 우려된 사안들을 시험으로 확인하는 절차는 당연한 수순이다. 확실히 이해하려면 [그림 Ⅱ-13]을 [그림 Ⅱ-10] 및 [그림 Ⅱ-12]와 연계해 상세히 재검토해보기 바란다.

5) **DVP(Design Verification Plan)** → [그림 Ⅱ-3]의 "'고장 모드' 회피를 위한 정보 흐름과 FMEA 역할"에서 보듯 'DVP'는 'DFMEA'와 'REDPEPR'의 정보를 종합해 행해지는 '설계 검증 계획'이다. 시험 진행 중 또는 후에 '이상 기능(Ideal Function)'과 잠재/기대된 '고장 모드'의 평가를 위해 시험에 '잡음 인자'가 포함되며, 측정도 주의 깊게 이루어진다. 다음 [그림 Ⅱ-14]는 'DVP' 예이다.

[그림 Ⅱ-14] 'DVP(Design Verification Plan)' 작성 예

설계 검증 계획(Design Verification Plan)										개정 일:20xx. xx. xx
프로그램; TX 01R		공급자; (주)우리기업		제품개발 엔지니어; 홍길동 과장				기술지원 엔지니어; 전천후 부장			
부품 명; Foam Seat RX		부품번호; FS-R01		제품개발 책임자; 박찬오 부장				담당임원; 이기자 이사			

순서 (Item #)	시험 명/출처 (Test Name/Source)	허용 기준 (Acceptance Criteria)	시험결과 (Test Results) ※ 합격/불합격 표기 ※ 참고 보고서 No	시험된 설계 단계 (Design Level Tested)	표본 크기 (Sample Size) 필요 수	표본 크기 시험 수	시작시점 계획	시작시점 실적	완료시점 계획	완료시점 실적	비고
1	운전석 쿠션: 분당 90회 ±10%에서 50퍼센타일 성인이 앉는 구조로 약 95kg(900N)의 부하를 수직으로 반복해 누름 (표준; DVM-0036-ST v9). 쿠션 표본용 RDM당 60~75 kg/m² 밀도에서 시험되어짐.	4개 표본을 연속적으로 23만 회 반복 누름 완료 후 "처짐(Sag) <30mm" 유지	Pass (Report ;M23-01)	DV	4	4	20xx- 01-01	20xx- 01-20	20xx- 03-01	20xx- 03-18	OO XX
...	...	...	...	...	...	...	...	...	...	...	

지금까지 [그림 Ⅱ-3]의 "고장 모드 회피를 위한 정보 흐름과 FMEA 역할"에 대해 설명하였다. 앞서 'REDPEPR'은 'P-Diagram ▷ RRCL ▷ RDM ▷ DVP'로 이어지는 독립적 과정을 통해 FMEA와 '상호 보완 관계'를 갖지만 'Boundary Diagram'과 'Interface Matrix', 그리고 'P-Diagram'까지는 Design FMEA와 '직접적 관계'를 갖는다. 다음 [그림 Ⅱ-15]는 도구들 간 관계도이다.

[그림 Ⅱ-15] 'Design FMEA'와 타 도구들 간 관계(입력 정보로 쓰임) 예

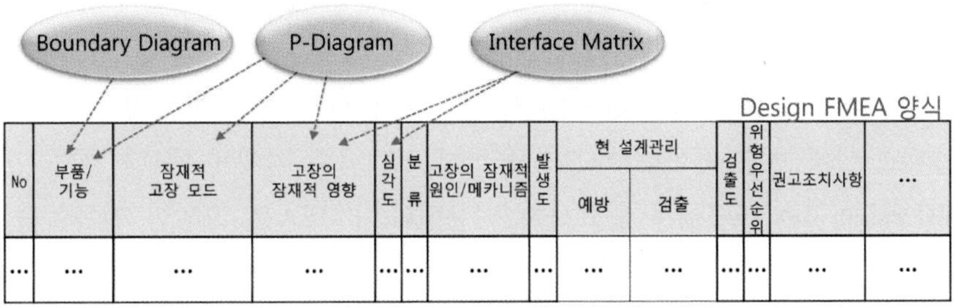

아마 독자들 중에는 이제까지 설명된 내용보다 훨씬 더 자세한 사례를 들어 용법을 확실히 이해했으면 하는 욕구가 생겼을지도 모른다. 그러나 FMEA 주제에서 너무 벗어날 가능성이 있으므로 이 정도에서 마무리하고, 자세한 활용법 등에 대해서는 관련 문헌을 참고하기 바란다.

2.5. FMEA 작성 절차

FMEA 작성 절차는 'Big 3' 매뉴얼에 다음과 같이 설명하고 있다.

(Big 3)

"FMEA 전개에 유일하게 정해진 절차는 없다. 다만 공통적인 요소들에 대해서는 다음과 같다(중략)…."

모델로 삼은 문헌들 모두가 유사하므로 원조 격인 「MIL‐STD‐1629A」의 "FMEA Process"를 먼저 참조하고, 'Big 3 매뉴얼'의 "Approach"를 이어 설명하겠다. 「MIL‐STD‐1629A」는 FMEA와 관련된 모든 용어 및 작성 흐름의 시작점이라는 데 의의가 있고, 'Big 3 매뉴얼'은 최신 용어나 상황을 학습하는 데 중요하기 때문에 둘을 연속해서 옮겨놓는 일은 독자에게 큰 도움이 될 것이다. Design FMEA나 Process FMEA별 상세 절차는 각 본문에서 개별적으로 다루도록 하겠다. FMEA는 시스템 초기 설계 시 없어선 안 될 중요한 작업이고 설계 변경 때마다 갱신돼야 한다. 또 최종 설계에 이르기까지 '설계 검토(Design Review)'에서 중요하게 이용된다. FMEA는 고위험 항목들을 평가하고 시정 조치 활동으로 연결돼야 하며, 고장 위험을 최소화하는 데 필요한 정보와 활동, 특별한 시험 고찰, 품질 검사 활동, 예방 보전 활동들을 정의하는 데 이용될 수 있다. FMEA 결과로부터 권고된 모든 활동들은 공식적으로 재평가돼야 하며 조치가 이루어지지 않는 부분에 대해서는 합당한 사유를 문서로 남겨둬야 한다. 다음은 FMEA를 실행하는 「MIL‐STD‐1629A」의 "FMEA Process"이다.

(MIL)

단계 1. 분석될 시스템을 정의한다. 시스템 정의는 내부 기능과 인터페이스 기능, 모든 계층 구조에서의 기대 성능, 시스템 제약, 고장의 정의 모두를 포함한다.

단계 2. '블록 다이어그램(Block Diagram)'을 작성한다. 시스템 사용과 관련된 각 구성 항목들의 동작, 상호 관계, 그리고 기능 독립체들 간 상호 의존성을 '기능 블록 다이어그램(Functional Block Diagram)'과 '신뢰성 블록 다이어그램(Reliability

Block Diagram)'으로 표현한다. 모든 시스템 인터페이스들 역시 이에 포함되도록 구성한다. '기능 블록다이어그램 또는 기능 흐름도(FFBD, Functional Flow Block Diagram)'는 1921년 Frank Gilbreth의 「Process Charts—First Steps in Finding the One Best Way」 자료에서 처음 소개되었다. 'Functional Flow Diagrams', 'Functional Block Diagrams', 'Functional Flows'로도 불리는데, 주로 구성체들의 역할(기능)이 서로 어떻게 연결되는지를 도시한다. 참고로, 'Big 3 매뉴얼'이나 'Ford사 매뉴얼'에서는 'Boundary Diagram' 사용을 제안하며, 이는 '블록 다이어그램'의 최근 호칭이자 용법상 동격이다([그림 Ⅱ-4], [그림 Ⅱ-5] 참조). 자세한 사용법과 유래가 'WIKIPEDIA'에 나와 있으니 필요한 독자는 해당 사이트를 참고하기 바란다.

'신뢰성 블록 다이어그램'은 '고장 나지 않을 확률', 즉 수명 관점에서 각 구성체들 간 관계를 표현한 그림이다. '부울 대수(Boolean Algebra)' 등을 통해 정량화 작업이 이루어지기도 하며 필요에 따라 직/병렬 간 복잡한 고장 확률 등을 추정해야 하므로 전용 소프트웨어 등의 도움이 필요할 수 있다. 「MIL—STD—756B」의 용어 정의에 따르면, 사용 목적은 "아이템이 정상 작동하는 데 있어 여러 갈래의 직/병렬 조합(경로)을 간결하게 시각적으로 보여주는 데 있다"이다. 따라서 "주어진 수명을 유지하기 위해 하위 시스템, 장비 또는 기능상 묶인 구성체들 간 상호 의존성을 눈으로 볼 수 있도록 준비해야 한다." 이 역시 좀 더 관심 있는 독자는 관련 문헌이나 구글 검색 등을 찾아 학습하기 바란다. 본문에서의 자세한 도구 설명은 생략한다.

단계 3. 모든 구성 항목과 인터페이스의 '잠재적 고장 모드(Potential Failure Mode)'를 식별하고, 기능이나 구성 항목, 또는 시스템에 직접적으로 미치는 '영향(Effects)'들을 명확하게 밝혀낸다.

단계 4. 각 '고장 모드'에 기인한 최악의 '잠재적 영향'들을 평가하고, 각각에 '심각도 범주(Severity Classification)'를 부여한다. '심각도 범주(Severity Classification)'는 설계 오류나 구성 항목의 고장으로 야기되는 최악의 잠재적 영향들을 정량적으로 구분해주며, 「MIL-STD-882」에 포함된 체계이다. 참고로 이들은 'Ford사 매뉴얼'에서 정의되고 이용되는 '특별 특성(Special Characteristics)'의 분류 체계에 영향을 준 것으로 보인다. 다음과 같다.

① Category Ⅰ - 파국적(Catastrophic) - 인명 살상이나 무기 시스템(비행기, 탱크, 미사일, 선박 등) 손실을 야기하는 고장
② Category Ⅱ - 치명적(Critical) - 임무(Mission)⁴⁸⁾ 수행이 어려운 심각한 부상, 주요 시설이나 시스템 손상을 야기하는 고장
③ Category Ⅲ - 경미한(Marginal) - 미미한 부상이나 시설물/시스템 손상 때문에 임무 축소나 지연을 야기하는 고장
④ Category Ⅳ - 사소한(Minor) - 부상, 시설물이나 시스템 손상으로 이어지진 않더라도 유지 보수를 예정대로 하지 못하는 정도의 고장

단계 5. 고장 검출 방법과 각 '고장 모드'를 보상할 대비책을 마련한다.
단계 6. 위험 제거나 관리하는 데 필요한 올바른 설계, 또는 합당한 조치를 마련한다.
단계 7. 시정 조치나 물류 지원 요구 같은 타 시스템 속성들의 영향을 고려한다.
단계 8. 분석을 문서화하고 설계로 보정될 수 없는 문제들을 요약한다. 또 고장 위험을 줄이는 데 필요한 특별 관리에 어떤 것들이 있는지 파악한다.

이어 '**Big 3 매뉴얼**'의 "**Approach**"를 항목별로 옮기면 다음과 같다.

(Big 3)
(**팀 구성**) FMEA 전개는 대상 제품이나 프로세스에 일가견이 있는 전문가들이 참여해야 하며, 기능상 상호 관계에 놓인 영역들로부터 FMEA 작성에 필요한 도움과 입력 정보를 획득한다. FMEA 리더는 설계 및 프로세스 엔지니어뿐만 아니라 경력 많고 결정 권한이 있는 일원들로 팀원을 구성할 책임이 있다. [표 Ⅱ-2]는 FMEA 전개를 함께할 구성원들의 예이다.

---

48) 신뢰성 용어로 "제품이 다해야 할 의무"를 지칭.

[표 Ⅱ-2] FMEA 팀 구성원 예

FMEA 전개 시 주요 항목	팀 구성원
'범위(Scope)' 설정	제품 개발 관리 담당, 고객, 통합 책임자(들)
기능, 필요 요건과 기대 사항	제품 개발 관리 담당, 고객, 통합 책임자(들), 서비스 관리, 안전, 가공 및 조립, 포장, 물류, 자재
잠재 '고장 모드' - 제품 또는 프로세스를 고장 나게 하는 상황	제품 개발 관리 담당, 고객, 통합 책임자(들), 서비스 관리, 안전, 가공 및 조립, 포장, 물류, 자재, 품질
고장의 영향(결과) - 조직 내 프로세스, 고객에 미치는 영향 둘 다 포함	제품 개발 관리 담당, 고객, 통합 책임자(들), 서비스 관리, 안전, 가공 및 조립, 포장, 물류, 자재, 품질
잠재 고장의 원인	고객, 가공 및 조립, 포장, 물류, 자재, 품질, 신뢰성, 공학적 분석, 설비 제조사, 유지 관리
잠재 고장의 발생 빈도	고객, 가공 및 조립, 포장, 물류, 자재, 품질, 신뢰성, 공학적 분석, 통계적 분석, 설비 제조사, 유지 관리
현재 관리의 적용 - '예방'	가공 및 조립, 포장, 물류, 자재, 품질, 설비 제조사, 유지 관리
현재 관리의 적용 - '검출'	고객, 가공/조립, 포장, 물류, 자재, 품질, 유지 관리
필요한 권고 조치	고객, 제품 개발 관리 담당, 통합 책임자(들), 가공 및 조립, 포장, 물류, 자재, 품질, 신뢰성, 공학적 분석, 통계적 분석, 설비 제조사, 유지 관리

(**범위(Scope) 설정**) '범위'는 'FMEA 분석 영역'을 뜻한다. System FMEA, Subsystem FMEA, Component FMEA 중 어느 유형을 선택할지에 따라 포함시킬 영역과 제외시킬 영역을 판단한다. '범위' 설정은 FMEA 전개 방향을 유지하고 집중도를 높이기 위해 FMEA 시작 시점에 시행하는 것이 바람직하며, 만일 설정 범위 내 하위 시스템이 변경 될 경우 팀 조직이나 구성원도 그에 따라 조정될 수 있다. 다음은 FMEA '범위' 설정에 도움 되는 도구들이며, 참고로 '블록 다이어그램'과 'Boundary Diagrams'는 동일한 도구 이다.

블록 다이어그램(또는 Boundary Diagram)/Parameter Diagrams/Interface Diagram/ Process Flow Diagram/Interrelationship Matrices/BOM(Bill of Materials)

다음은 FMEA 유형별 '범위' 설정 시 예와 고려해야 할 내용들이다. 참고하기 바란다.

- System FMEA → 여러 하위 시스템으로 구성된다. 자동차 경우 '섀시(Chassis)

시스템', '파워 트레인 시스템', '인테리어 시스템' 등이 포함된다. '시스템 FMEA'는 시스템 간, 하위 시스템 간, 환경 그리고 고객 사이의 모든 인터페이스와의 상호작용을 다룬다.

- Subsystem FMEA → 'System FMEA'의 부분을 이룬다. 자동차 경우 '섀시 시스템'의 일부인 '앞 현가 장치(Front Suspension) 하위 시스템'이 해당한다. 'Subsystem FMEA'는 하위 시스템의 부품들 간 모든 인터페이스와 상호작용을, 그리고 다른 하위 시스템 또는 시스템과의 상호작용을 다룬다.
- Component FMEA → 'Subsystem FMEA'의 부분을 이룬다. 자동차 경우 '브레이크 패드'는 '섀시 시스템'의 하위 시스템인 '브레이크 어셈블'의 한 부품이다.

(고객 정의) FMEA 분석에서 챙겨야 할 고객은 모두 네 개 부류로 구성된다.

- 최종 소비자(End User) → 제품을 사용할 개인이나 조직. '내구성(Durability)'은 분석 시 '최종 소비자'를 위해 고려할 항목이다.
- OEM 조립, 생산 센터(공장) → 자동차 경우 가공 공정(예, 스템핑과 파워 트레인)과 조립이 이루어지는 OEM 장소. 제품과 그의 조립 공정 사이의 인터페이스들을 고려하는 일은 FMEA 분석에 매우 중요하다.
- 공급망 생산 라인 → 생산 자재 또는 부품의 제조, 가공, 조립이 이루어지는 협력 업체 장소. 이에는 열처리, 용접, 도금이나 마감 작업 같은 가공 생산과 조립 등이 포함된다. 그 외에 연결되는 하위 공정 또는 이후 제조 공정도 여기에 포함된다.
- 규제 기관 → 제품이나 프로세스에 영향을 미치는 안전 준수, 환경 규약을 모니터하고 필요 요건들을 규정짓는 정부 기관

고객관련 지식은 '고장 모드'의 영향을 결정하는 데 도움이 될 뿐만 아니라 기능, 필요 요건, 규격을 명확하게 정의하는 데도 중요한 역할을 한다. 설명한 'Big 3 매뉴얼'과 달리 'Concept FMEA', 'Design FMEA', 'Process FMEA' 별로 고객의 정의를 기술하기도 하는데 출처별로 정리하면 다음과 같다.

(Ford)

- Concept FMEA → 기본적으로 고객은 '최종 소비자(End User)'이다. 그 외에 제품을 조립하고 설비를 정비하는 가공 프로세스에서의 활동뿐만 아니라 콘셉트가 적용될 차량 시스템이나 어셈블의 설계 팀, 설계 활동 담당자들 역시 고객에 속한다.

(SAE)

- Design FMEA → 기본적으로 고객은 '최종 소비자(End User)'이다. 그 외에 제품 또는 상위 계층 조립체의 설계 담당 엔지니어나 설계 팀들이 해당되며, 가공, 조립, 정비 활동 같은 생산 프로세스 담당 엔지니어들 역시 고객에 포함된다.
- Process FMEA → 보통은 '최종 소비자(End User)'로 정의한다. 그러나 연결되는 하위 프로세스, 또는 이후 가공이나 조립 작업, 정비 작업 영역도 고객이 될 수 있다.

(기능, 필요 요건 및 규격 확인) 설정된 '범위(Scope)'에서의 관련 기능, 필요 요건 및 규격들을 확인하고 이해한다. 이 활동의 목적은 설계 의도 또는 전개 목적을 명확히 하는 데 있다. 부품이나 기능에 국한된 잠재 '고장 모드'의 결정에 유익하다.

(잠재 '고장 모드' 식별) '고장 모드'는 "제품이나 프로세스가 설계 요건이나 의도에서 벗어난 상황 또는 방식"으로서 정의된다. 기본적으로 고장이 발생할 수 있다는 것이지 반드시 일어난다는 의미는 아니며, 분석에 집중하려면 고장의 정의는 간결하고 이해가 쉬울수록 유리하다. 잠재 '고장 모드'는 고객이 느끼는 증상이 아니라 기술 용어로 묘사되어야 하며, 한 요건에 다수의 '고장 모드' 출현은 미리 정의된 요건이 간결하지 않다는 의미일 수 있다.

(잠재 영향의 식별) 고장의 '잠재 영향'은 "고객의 시각에서 확인된 '고장 모드'의 영향"으로서 정의된다. 고장의 영향이나 충격은 고객이 알아챘거나 경험했을 때의 언어로 묘사되며, 이때 고객은 '최종 소비자'뿐만 아니라 '내부 고객'도 포함된다. '잠재 영향'의 확정을 위해 고장으로 나타나는 결과와 그 결과의 심각성까지 분석에 포함시켜야 한다.

(잠재 원인의 식별) 고장의 '잠재 원인'은 "고장이 어떻게 발생하는지의 증거"로서, 시정되고 관리될 수 있는 용어로 묘사된다. 고장의 '잠재 원인'은 설계가 취약하단 증거이며, 이것의 결과가 '고장 모드'이다. '원인'과 그의 결과인 '고장 모드' 사이에는 직접적 관련성이 존재한다. '고장 모드'의 근본 원인 규명으로 그에 대한 적합한 관리와 조치 계획을 수립할 수 있다. 만일 다중 원인의 경우 각 원인별로 잠재 원인 분석이 수행돼야 한다.

(관리(Controls) 방식 확인) '관리'란 "고장의 원인 또는 고장 모드를 예방하거나 검출하는 활동"들로 정의된다. '관리' 전개를 위해서는 무엇이 잘못돼 가고, 왜, 그리고 어떻게 그를 예방하거나 검출할 수 있는지를 알아내는 일이 중요하다. '관리'는 제품 설계나 제조 프로세스에 적용할 수 있으며 '예방'에 집중할수록 그 보상 효과는 훨씬 더 커진다.

(위험 평가) FMEA 전개에서 중요한 단계들 중 하나가 바로 '위험 평가'이다. 이를 위해 '심각도(Severity)', '발생도(Occurrence)', '검출도(Detection)'가 쓰인다.

- 심각도 → 고객에 미치는 고장의 영향을 점수로 평가
- 발생도 → 고장의 원인이 발생하는 빈도를 점수로 평가
- 검출도 → 제품 또는 프로세스 관리가 고장 원인 또는 고장 모드를 얼마나 잘 검출할 수 있는지를 점수로 평가

(권고 조치와 결론) '권고 조치'의 의도는 '고장 모드'가 발생할 가능성과 위험을 줄이는 것이며, 심각도, 발생도, 검출도가 작아져야 한다. 다음은 적합한 시정 조치가 이루어졌는지 확인하는 용도로 쓰일 수 있다.

- 신뢰성을 포함하는 설계 요건의 만족
- 설계도와 규격의 재검토 여부
- 가공/조립 공정에 조치 내용이 잘 융화되었는지
- 연계된 FMEAs, 관리 계획, 작업 지시서의 검토 여부

권고 조치를 완수할 책임자와 시점을 기록한다. 조치가 완수되고 결과가 얻어졌으면 심각도, 발생도, 검출도의 점수를 갱신하고 기록한다.

작성 절차에 대한 이해가 섰으면 FMEA 작성을 위해 기본적으로 알아둬야 할 내용들을 모두 모아 학습해보도록 하자.

2.6. FMEA 작성 전 준비와 사전 지식

본 단원에선 FMEA 작성을 수행하기 전 기본적으로 알아둬야 할, 그러나 중요한 공통 사항들을 설명할 것이다. 이에는 FMEA 최초 수행자, 준비할 담당자, 갱신 담당자, FMEA 작성을 시작하고 갱신하는 방법, FMEA 작성 시작 시점과 갱신 시점, FMEA가 완료되는 시점, FMEA 결과를 문서화하는 방법, FMEA 문서가 폐기되는 시점들이 포함되며, 주로 'Ford사 매뉴얼'과 'SAE-J1739'의 내용을 옮겨놓았다. 다음 [그림 Ⅱ-16]은 그 개요도이다. 참고로 '시작 시점'에 참여할 '담당자' 경우 '시작 담당자'와 '준비 담당자'로 나눠져 있다.

[그림 Ⅱ-16] FMEA 작성 전 준비와 사전 지식

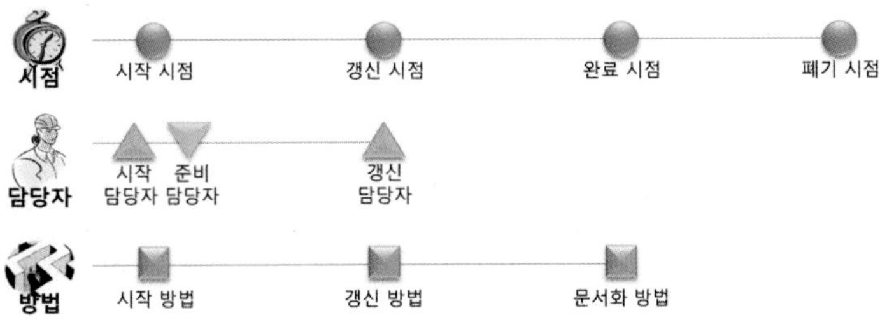

[그림 Ⅱ-16]은 '시점' 경우 '시작 시점', '갱신 시점', '완료 시점', '폐기 시

점'을, '담당자'는 '시작 담당자', '준비 담당자', '갱신 담당자', '방법'은 '시작 방법', '갱신 방법', 완료에 따른 '문서화 방법' 등 사전에 알아야 할 지식들을 시각적으로 표현한다. FMEA 유형별 '시작/갱신/완료/폐기'해야 할 각 '시점'은 언제인지, 또 FMEA 유형별 '시작/갱신/완료/폐기'할 각 '담당자'는 누가 와야 하고, FMEA 유형별 '시작/갱신/완료'의 각 '방법'은 무엇인지에 대해 자세히 알 아보자. 다음 [표 Ⅱ-3]은 먼저 '시작'에 대한 기본 사항들을 정리한 것이다.

[표 Ⅱ-3] '시작'과 관련된 기본 사항

구분	사전에 알아둬야 할 지식
시작 '시점' [그림 Ⅰ-23] 참조	(Ford사) Concept FMEA → 본 FMEA는 고객이 요구한 기능들을 검증하고, Design FMEA에 시스템 설계 규격(SDS, System Design Specifications)을 제공하는 용도, 또는 생산 프로세스 설계를 위해 제안된 내용을 시험하는 용도로 매우 유익. 따라서 신제품이 정의된 시점에 시작하는 것이 바람직함. (Ford사) Process FMEA → 신규 부품 적용이나 신규 프로세스 운영, 부품이나 프로세스의 변경, 그리고 새로운 환경 또는 응용을 위한 부품이나 프로세스의 재배치 시 시작. (SAE) Design FMEA → 설계 콘셉트가 마련되기 전이나 완료된 시점. (SAE) Process FMEA → 타당성 조사 시점이나 전, 또는 양산 툴링 전, 그리고 조립에 쓰일 각 부품들로 구성된 생산 시설 고려 시 시작.
시작 '담당자'	(Ford사) Concept FMEA → 주로 연구&첨단 공학팀, 제조 혁신팀, 신제품 개발팀이 담당. (Ford사) Design FMEA → 기능 향상 또는 개발관련 책임 엔지니어, 그 외에 관련 제품의 지적 소유권자가 시작. (SAE) Process FMEA → 개발 제품과 관련된 프로세스의 담당 기술부서 소속 엔지니어가 시작(4M공급 협력 업체도 될 수 있음).
준비 '담당자'	(Ford사) 운영 담당자 1명이 준비하지만 입력 자료 마련은 전문가로 이루어진 팀 구성이 필수(설계, 분석과 시험, 가공, 조립, 서비스, 구매, 재활용, 품질, 신뢰성 등 관련 전문가). 만일 지적 소유권자가 협력 업체일 경우 납품 받는 기업은 협력 업체가 마련한 FMEA의 정확도, 완성도를 검토 후 승인. (SAE) Design FMEA 시작 초기에는 타 분야 전문가(상기 Ford사 경우와 동일)들이 규합 되기 전까지 수행 책임 엔지니어가 적극 활동함과 동시에 FMEA를 통해 아이디어 상호 교류가 촉진되도록 기폭제 역할을 함. 만일 책임 엔지니어가 없다면 FMEA를 잘 알면서 팀 활동을 견인할 조력자를 통해 팀을 보좌토록 함.

시작 '방법'	(Ford사) FMEA 전개가 원활히 이루어지도록 FMEA 팀 리더는 최초 논의할 골자 마련을 위해 시작을 결정. 기존 기술의 기능 향상이 아닌 새로운 아이템을 대상으로 한 경우 이전에 작성된 FMEA를 초기 시작용으로 가져다 쓸 수 있으며, 이를 소위 '통 친 FMEA', 즉 "Generic FMEA"로 호칭. 이는 대부분의 '고장 모드'와 '이력'이 포함된 보고(寶庫)로 인식되며, FMEA 작성을 가속화시킬 수 있는 동기로 작용.

다음 [표 Ⅱ-4]와 [표 Ⅱ-5]는 '갱신'과 '완료'에 대한 기본 사항들이다.

[표 Ⅱ-4] '갱신'과 관련된 기본 사항

구분	사전에 알아둬야 할 지식
갱신 '시점'	(Ford사) Concept FMEA → 콘셉트에 변경이 발생하거나 신제품 개발 단계 전체 중 어딘가에서 추가 정보가 획득될 시 갱신이 이루어짐. (SAE) Design FMEA → 설계 변경이 발생하거나 제품 개발 전체 중 어딘가에서 추가 정보가 획득될 시 갱신이 이루어짐.
갱신 '담당자'	(Ford사) FMEA는 살아 있는 문서이고 양산 직후 발생되는 사안들을 포함, 항상 최근의 상황과 활동 내역을 담고 있어야 함. 따라서 담당 엔지니어는 모든 권고 조치들이 적절하게 시행되고 있는지 늘 확인할 책임이 있음(갱신 의무). 협력 업체는 자체적으로 갱신하되 납품할 기업 설계 책임자에 의해 검토되고 승인되어야 함.
갱신 '방법'	(Ford사) 현존하는 제품 또는 재배치 설계(Carryover Design)에 대한 갱신은 "Generic FMEA"로 시작하지 않고 그 이전 제품의 FMEA를 시작용으로 활용.

[표 Ⅱ-5] '완료'와 관련된 기본 사항

구분	사전에 알아둬야 할 지식
완료 '시점' [그림 Ⅰ-23] 참조	(Ford사) Concept FMEA → '시스템 설계 규격(SDS, System Design Specifications)'이 결정되고 설계 기능들이 마무리되는 시점에 완료. (Ford사) Design FMEA → 제품 설계가 생산을 위해 배포되거나 신제품 개발 프로젝트가 승인된 시점. (Ford사) Process FMEA → 프로세스의 모든 작업이 고려되었을 때, 또는 모든 '특별 특성(Special Characteristics)'이 검토되었을 때, '관리 계획'이 완료되었을 때 등이 Process FMEA 완료 시점으로 간주. (SAE) Design FMEA → 툴링(Tooling)을 위한 생산 도면이 배포되기 전에 기본적으로 완료됨.
문서화 '방법'	(Ford사) FMEA 보고서는 "산업 표준(SAE-J1739) 형식"의 규정에 따라 작성됨.

다음 [표 Ⅱ-6]은 '폐기'에 대한 기본 사항이다.

[표 Ⅱ-6] '폐기'와 관련된 기본 사항

구분	사전에 알아둬야 할 지식
폐기 '시점'	(Ford사) 엔지니어들에 의해 작성된 **FMEA** 기록 유지는 "국제 정보 표준 기록 유지 시 간표(**Global Info. Standards Record Retention Schedule**)"의 규정에 따라 판단함.

2.7. FMEA 유형별 혜택과 산출물

이전 「Ⅰ. FMEA 개요」의 「2.3. FMEA 유형별 특징 및 사례」에서 유형별로 차이점을 간단히 소개한 바 있다. 본 소단원에선 FMEA 활용에 있어 유형별로 어떤 혜택이 있고 그 산출물은 무엇인지 Design FMEA와 Process FMEA의 본론으로 들어가기에 앞서 'Ford사 매뉴얼'과 'SAE-J1739'의 내용을 참조해 자세히 알아본다.

2.7.1. Concept FMEA의 혜택과 산출물

Concept FMEA 활용을 통해 다음과 같은 혜택을 받을 수 있다.

1) 최적의 콘셉트 대안 선정이나 '시스템 설계 규격(SDS, System Design Specifications)'의 변경 결정에 유익.
2) 콘셉트 내 아이템들 간 상호작용에 기인된 잠재 '고장 모드'와 '원인' 식별에 도움.

3) (제안 콘셉트의) '고장 모드' 결과인 '영향'들의 확인에 도움.
4) '원인'의 '발생도' 수준을 바탕으로 (제안 콘셉트의) 특정 목표 값 추정이 가능.
5) 시스템과 하위 시스템에서 필요로 하는 시험들의 파악.
6) 기능들로 이루어진 콘셉트가 결정되면 그에 내재된 '고장 모드'에 집중토록 함.
7) 여러 시스템들 간, 그리고 한 시스템 내 요소들 간 상호작용 파악이 용이.

Concept FMEA 활용을 통해 다음과 같은 산출물들을 얻는다.

1) 콘셉트에 내재된 '고장 모드'와 '원인'들의 목록.
2) '고장 모드'의 '원인'들을 제거하거나 '발생률' 감소를 위해 필요한 설계 조치 목록.
3) '시스템 설계 규격(SDS, System Design Specifications)' 변경 내역.
4) 설계에서 핵심 규격으로 설정된 '제어 인자(Operating Parameter)' 목록.
5) 국제 생산 표준이나 절차의 변경 내역.
6) 새로운 시험법이나 신규 '포괄 시험(Generic Testing)'을 위한 추천 내역.
7) 추구하는 콘셉트의 결정 사항.

2.7.2. Design FMEA의 혜택과 산출물

Design FMEA는 의도되지 않은 결과나 고장 위험을 줄이기 위해 설계 과정을 견실하게 해주는 역할을 한다. 이의 활용을 통해 다음과 같은 혜택을 받을 수 있다.

(SAE)
1) 기능 요구 사항과 설계 대안 및 설계 자체에 대한 객관적인 평가가 가능.
2) 조립, 서비스 그리고 재활용 요구들을 만족시킬지에 대한 설계 초기 평가에 유익.
3) 시스템에 대한 잠재 '고장 모드'와 그의 '영향'이 설계/개발 과정에 고려되도록 함.

4) 완전하고 효율적인 설계, 개발, 유효성 검증 등의 계획 수립 시 추가 정보 제공.

5) 고객에 미치는 영향에 따라 다수의 잠재 '고장 모드'를 순위화함으로써, 설계 개선, 개발, 그 외에 유효성 시험/분석을 필요로 하는 시스템 간 순위를 결정.

6) 위험 권고와 추적을 위해 관계자들이 모두 공유할 수 있는 현안 서식을 제공함으로써 부가적인 활동을 줄임.

7) 시장의 관심사 분석, 설계 변경 평가, 그리고 향후 설계 구상에 도움이 될 참고 자료, 즉 교훈의 제공.

(Ford)

8) '특별 특성(Special Characteristics)'을 파악하는 데 도움.

9) '설계 검증 계획(DVP, Design Verification Plan)'과 '시스템 설계 규격(SDS, System Design Specifications)'의 유효성 검증에 도움.

10) 설계 결점 때문에 생긴 제품의 잠재 '고장 모드'에 집중토록 해줌.

'특별 특성(Special Characteristics)'은 Ford사에서 부여한 명칭으로 Design FMEA와 Process FMEA별로 각각의 '특별 특성'들을 규정짓고 있다. 이에 대해서는 Design FMEA와 Process FMEA의 본문 설명에서 자세히 논하게 될 것이다. 다음은 Design FMEA에서의 산출물들을 기술한 것이다.

(Ford)

1) 제품에 내재된 '고장 모드'와 '원인'들의 목록.

2) 'CC(Critical Characteristics)'와 'SC(Significant Characteristics)'의 목록. 이들은 Ford 사에서 정의한 '특별 특성(Special Characteristics)'의 하위 항목들임.

3) '심각도' 감소, 제품 '고장 모드'의 '원인' 제거, 또는 발생률 저감, '검출도' 향상을 위한 권고 조치 목록.

4) 시스템을 대상으로 한 Design FMEA의 '시스템 설계 규격(SDS)' 확정이나 갱신 내역.

5) '설계 검증 계획(DVP)'의 확정 내역.

6) 설계 위원회에 피드백 된 설계 변경 내역.

2.7.3. Process FMEA의 혜택과 산출물

Process FMEA 활용을 통해 다음과 같은 혜택을 받을 수 있다.

(SAE)
1) 프로세스의 기능과 요구 사항들을 알아냄.
2) 제품과 프로세스에 내재된 '고장 모드'의 확인.
3) 고객에게 전달될 수 있는 잠재 고장의 '영향' 평가.
4) 가공 및 조립 공정에 내재된 '원인'들을 규명하고, 그의 발생률 저감과 고장 상태의 검출에 중요한 '공정 변수'들을 확인.
5) 프로세스를 제어할 공정 변수들을 식별.
6) 잠재 '고장 모드'의 순위화된 목록과, 그를 통한 시스템의 예방/시정조치 순위화.
7) 가공 및 조립 공정의 문서화된 결과.

(Ford)
8) 엔지니어로 하여금 설계 의도에서 벗어난 제품의 생산 가능성을 줄이고, 문제점 검출에 집중할 수 있도록 프로세스 결점을 찾아줌.
9) 확인된 'CC(Critical Characteristics)'와 'SC(Significant Characteristics)'를 찾아줌.
10) 가공 및 조립 공정의 '관리 계획'을 철저하게 전개할 수 있도록 일조.
11) 조작자에 중요한 안전 규정 사항들을 알려줌.
12) 필요한 설계 변경 정보와 제조 실행 타당성을 설계 관계자들에게 피드백.
13) 가공 및 조립 공정의 결점 때문에 생긴 제품 내 '고장 모드'에 집중케 함.
14) 생산에서의 '특별 관리(Special Control)' 사항과, Design FMEA로부터 온 '특별 특성(Special Characteristics)'을 확인시켜 줌.
15) 정부 규제 또는 직원 안전에 역행하는 프로세스 내 '고장 모드'를 식별.
16) '특별 특성(Special Characteristics)', 즉 OS(Operator Safety)와 HI(High Impact)의 식별.

Process FMEA를 통해 얻어질 산출물들은 다음과 같다.

(Ford)
1) 프로세스에 내재된 '고장 모드' 목록.
2) 확인된 'CC(Critical Characteristics)'와 'SC(Significant Characteristics)'의 목록.
3) OS(Operator Safety)와 HI(High Impact)의 목록.
4) '관리 계획'에 포함시킬, 제품에 대한 '특별 특성(Special Characteristics)'의 '특별 관리(Special Controls)' 항목의 목록.
5) '공정 능력' 향상을 기대할 수 없는 경우 심각도 감소, 제품 내 '고장 모드'의 '원인' 제거, 또는 발생률 저감과 제품의 결점 검출도 향상을 위한 프로세스 조치 목록.
6) Process FMEA 양식과, 조립 지원을 위해 설계도를 변경하도록 권고한 내용.

나열된 내용들을 찬찬히 읽어보고 모두 이해가 되는지 스스로 평가해보자. 기본기가 충분히 갖춰졌으므로 이제부터 Design FMEA와 Process FMEA의 본론으로 들어간다.

Design FMEA

본 단원에서는 Design FMEA의 기본 사항을 다시 학습하는 것은 물론 양식을 채워나가는 방법, 해석에 이르기까지 실무에서 바로 쓸 수 있는 수준까지의 상세한 설명이 뒤따른다. 따라서 독자는 본 단원의 학습을 통해 Design FMEA의 실체에 확실히 다가서는 효과를 보게 될 것이다.

1. 기본 정보

Design FMEA에 대한 기본 설명은 'SAE-J1739'에 다음과 같이 잘 기술돼 있다.

(SAE)

"Design FMEA는 잠재 '고장 모드'와 그에 영향을 주는 '원인/메커니즘'을 최대한도로 떠올리고 처리하도록 뒷받침하는 수단으로써 설계 담당 엔지니어 또는 팀에 의해 제일 먼저 이용될 수 있는 분석 도구이다. 개발 제품과 관련된 모든 시스템, 하위 어셈블과 부품 등 최종 아이템까지 Design FMEA 대상에 포함되며, 매우 잘 규격화된 양식을 이용한다. Design FMEA는 팀원들이 내놓은 생각들을 요약하는 체계적이고 공식적이며 엔지니어의 정신 능력 개발 또는 훈련까지 아우르는 문서를 이용해 시스템, 하위 시스템, 부품이 설계될 때 경험에 근거해서 잘못될 수 있는 사안들을 분석한다. 이를 통해 설계 과정이 잘못되지 않고 올바로 갈 수 있는 전기가 마련된다.

설계 담당 엔지니어는 Design FMEA를 준비하는데 많은 문서를 처리해야 하며, 진행 시 설계 의도, 즉 설계하기로 돼 있는 사안과 설계에 포함되어선 안 될 사안들을 목록화하는 일부터 시작한다. 제품에 대한 요구 사항과 가공/조립/서비스/재활용 관련 요구 사항들을 다루는 'QFD(Quality Function Deployment)'나 '차량 요구 사항 내역서(Vehicle Requirements Documents)' 같은 도구들을 이용해 고객이 원하고 필요로 하는 것들을 제공받는다. 원하는 특성들의 정의가 제대로 갖춰질수록 예방과 시정 조치를 위한 잠재 '고장 모드'의 구분은 훨씬 더 용이해진다."

Ford사 경우 Design FMEA에 앞서 Concept FMEA를 수행하도록 제안한다. Design FMEA의 입력 요소 상당 부분이 Concept FMEA를 바탕으로 하고 있기 때문이다. 그러나 FMEA의 모체는 역시 Design FMEA를 중심으로 위쪽은 Concept FMEA, 아래쪽은 Process FMEA로 발전돼 가는 만큼 Design FMEA를 최우선적으로 알아보고 나머지를 섭렵하는 접근이 학습에 효과적이다. 본론으로 들어가기에 앞서 Design FMEA와 관련된 다른 여러 기본 정보들에 대해 복습해보자.

1.1. 목적

Design FMEA의 '목적'에 대해서는 이미 「Ⅱ. FMEA 기본의 이해」 내 「2.2. FMEA 목적」에서 다루었었다. 다만 FMEA의 일반론적 시각에서 기술하였으므로 여기서는 Design FMEA에 한정된 '목적'만을 기술한다.

> (MIL)
> "FMEA의 목적은 시스템 운영 중 아이템 고장의 영향 또는 결과를 연구하고, 심각 정도에 따라 각 잠재 고장을 분류하는 데 있다."

1.2. 고객 정의

설계에 포함된 '기능(Functions)'들이 어떤 방식으로 고객에게 영향을 미칠지, 또 그의 확인을 위해 Design FMEA를 어떻게 전개해나갈 것인지는 전적으로 '고객'이 누구이고 어떤 요구를 하는지 미리 파악하는데서 비롯된다. 고객에 대한 충분한 정보는 Design FMEA의 중요한 안내 역할을 하므로 고객을 올바로 인식하는 일은 매우 중요하다. Design FMEA의 '고객 정의'는 「Ⅱ. FMEA 기본의 이해」 내 「2.5. FMEA 작성 절차」에서 다루었었다. '고객 정의'들 중 Design FMEA와 관련된 내용만 다시 옮기면 아래와 같다.

(SAE)

　"기본적으로 고객은 '최종 소비자(End User)'이다. 그 외에 제품 또는 상위 수준 조립체의 설계 담당 엔지니어나 설계 팀들이 해당되며, 가공, 조립, 정비 활동 같은 생산 프로세스 담당 엔지니어들 역시 고객에 포함된다."

1.3. 팀 구성

　강의를 할 때면 '문제의 난이도'와 '팀 활동' 중 어느 것이 '문제 해결'에 중요한 역할을 하는지 묻곤 한다. 점유율을 비교하면 전자인 '문제의 난이도'가 압도적이다. 이유인즉 제조 공정의 지식이 조금이라도 있는 엔지니어나 연구원들은 '고질 불량'이란 단어를 떠올리기 때문에 그렇다. "해결이 안 되니까 늘 존재하고 원인 규명의 난도가 높아 문제 해결이 안 된다"는 주장을 편다. 정말 그럴까? 필자는 단호히 "아니다!"라고 잘라 말한다. 논리는 간단하다. 제조 공정도 '사람'이 만든 것이고 따라서 제품의 결점 역시 사람이 만들어낸 창조물(?)이다. 저절로 생겨난 것이 아니므로 그것을 창조한 사람이 '결자해지(結者解之)'하는 마음으로 해결하면 그만이다. 그런데 '팀 구성' 설명 중에 웬 '문제의 난이도'?

　만일 문제 해결이 '난이도' 때문이 아닌 '사람'에 달렸다면 누가 문제를 규명하고 아이디어를 내놓을지가 해결 실마리를 푸는 데 중요한 변수로 작용한다. 물론 그렇다고 만사가 생각대로 돌아가진 않는다. 왜냐하면 문제 해결에 적합한 인력이 참여했더라도 혼자 할 수 있는 일은 매우 제한적이며, 결국 여럿이 방향을 정하고 함께 일처리를 해나가야 하는데, 이때 참여한 인원수만큼이나 다양한 색깔의 의견이 난무하기 때문이다. 따라서 팀 구성은 개인의 전문성과 의지, 또는 리더의 역할이 매우 중요하다. 그러나 여기서 변화 관리 측면을 다루는 것은 범위를 너무 벗어나므로 일단 논점 제시와, 팀 구성원으로서의 역할 역시 중요 고려 사항이란 점만 강조한다. 일반적 '팀 구성'은 「Ⅱ. FMEA 기본의 이해」 내 「2.5. FMEA 작성 절차」 중 "팀 구성"과 「2.6. FMEA 작성 전 준비와 사전 지식」 중 "준비 담당자([표 Ⅱ-3])"에서 다루었고, 여기선 Design FMEA 관점에서만 출처별로 재기술한다.

(SAE)

Design FMEA 초기 과정 동안 담당 엔지니어는 현 설계 주변 시스템, 하위 시스템, 그리고 부품들의 관련 영역은 물론, 조립, 가공, 설계, 분석/시험, 신뢰성, 자재, 품질, 서비스, 그리고 공급처 같은 모든 영향력 있는 분야의 대표들을 적극적으로 모집한다. FMEA를 통해 주요 기능 부서 간 아이디어 교류가 활성화되고, 이것은 다시 팀 활동을 촉진시키는 촉매 역할을 한다.

(Ford)

Ford사에서 팀은 종종 두 개 그룹으로 구분된다. 하나는 '핵심 팀 구성원(Core Team Members)'이고 다른 하나는 '지원 팀 구성원(Support Team Members)'이다. '핵심 팀 구성원'들은 FMEA 전체 단계를 밟아가야 하고 조치 실행에 책임도 갖지만, '지원 팀 구성원'들은 필요할 때마다 주관적 의견이나 입력 정보를 제공한다.

- 초기 시점에서의 지원 활동은 팀의 업무 시작과 활동에 대한 동기부여, 추진 시 탄력을 받게 하는 데 매우 중요한 역할을 한다.
- 지원 활동은 가시적이고 적극적이어야 하는데, 예를 들어 주요 시스템이나 부품에 대해 작성된 FMEA를 제품 개발 담당 임원이 검토해주는 일 등이다.

1.4. 범위(Scope) 설정

FMEA '범위'는 'Boundary Diagram'에 의해 설정되며, 분석 '범위'를 결정하는 일은 팀이 어떤 활동을 해야 하는지에 대한 의견 일치를 보게 한다. 다음 두 가지 사항을 결정하는 것으로 요약된다. 즉,

- 포함시켜야 할 것
- 제외시켜야 할 것

Design FMEA로 들어가기 전 '범위'를 올바르게 설정함으로써 변경이 필요 없는 영역으로의 불필요한 확대를 방지하고 '고장 모드'와 그 '영향' 해석에 집중토록 한다. 이로써 분석이 지지부진해지거나 빠트려지지 않고, 팀 구성 역시 잘못되지 않게 한다. 그 외에 'Ford사 매뉴얼'에서는 '범위' 설정에 대해 다음의 내용을 추가한다.

(Ford)

FMEA의 수행 규모를 확정짓기 위해, 다음 내용의 확인이 팀 또는 담당 엔지니어의 활동을 통해 이루어져야 한다.

- 설계나 프로세스 개발이 견고한지를 밝힌다. 설계 또는 프로세스 개발이 착수 중에 있는가? 아니면 검사 점을 막 통과했는가?
- 많은 특성들이 여전히 논의 중에 있는가? 아니면 아직 결정이 필요한 상태인가?
- 설계 또는 프로세스 개발이 완성 시점에 얼마나 근접했는가? 아직 변경이 필요한가?

FMEA 시작 전에 가능한 많은 수의 논점들을 공개적으로 다룬다. 제품 또는 프로세스 설계는 견고해야 하며, 그렇지 않으면 변경이 있을 때마다 FMEA를 재분석해야 할지도 모른다. 설계 견고성은 그것이 최종 배포 단계에 이르렀다거나 FMEA 과정이 종료됐음을 의미하지는 않는다. 설계 변경은 FMEA 전개 과정 '중'에 있어야 하며 그래야 권고 조치가 필요한 곳에서 적절하게 이루어질 수 있다.

Design FMEA는 설계 결과의 가공/조립 중에 발생할 수 있는 잠재 '고장 모드'와 '원인'들을 미리 적출하는 도구이다. 이 같은 '고장 모드'들은 설계 변경, 예를 들어 잘못된 방향으로 부품이 조립되지 않도록 '실수 방지' 차원의 설계 변경을 통해 경감시킬 수 있다. 만일 '조치 계획'이 Design FMEA에 기입돼 있음에도 분석 동안 '고장 모드'가 경감되지 않으면 그들의 '영향'은 물론, '관리 방법'과 '검출 방법'들을 Process FMEA로 넘겨 규명토록 조치해야 한다. 그러나 Design FMEA는 내재된 설계 취약점을 극복하기 위해 '프로세스 관리'에 의존하진 않는다. 다만 아래 가공/조립의 기술적, 물리적 한계는 고려해야 한다. '범위' 설정의 내용은 아니지만 함께 고려하면 좋을 것 같아 옮겨놓았다.

(Big 3)
- 금형 초안의 불가피한 적용
- 표면 마감 능력의 한계
- 조립이 이루어지는 공간(예; 툴링을 위한 요구 공간)
- 철강 담금질의 한계
- 공차/공정 능력/성능

또한, Design FMEA는 제품이 소비자에게 인계되면서부터 제품의 서비스 및 재활용과 관련된 기술적, 물리적 한계도 고려해야 한다.

(Big 3)
- 수리 시 툴의 접근
- 진단 능력
- 재활용에 대한 재료별 분류 기호
- 생산 프로세스에 쓰인 재료/화학 물질

1.5. 분석 접근(Analysis Approach)

Design FMEA의 분석 접근은 출처별로 차이를 보이지 않으므로 정례화돼 있다고 해도 과언이 아니다. 그러나 「MIL-STD-1629A」가 군수 장비를 대상으로 하고 있고, 항공기나 위성 관련해 축적된 경험들이 토대가 되고 있는 만큼 그 체계에 대해서는 한 번쯤 익히고 가는 것이 응용력을 높이는 데 도움이 될 듯싶다. 「MIL-STD-1629A」의 Design FMEA는 본문 중 "Task 101"에서 다룬다. 분석 접근은 다음과 같다.

(MIL)

'가용할 수 있는 데이터'와 '설계 복잡도에 기인한 변동성'이 어떤 분석 접근을 정할지에 영향을 미친다. FMEA를 수행하기 위한 두 가지 접근이 있는데, 하나는 개개의 하드웨어 아이템들을 목록화한 뒤 있음 직한 '고장 모드'를 분석하는 "하드웨어 접근(Hardware Approach)"이고, 다른 하나는 제품 내 개별 아이템이 다수의 기능들을 수행하고 또 그들이 여럿 출력들을 내도록 설계됐을 때 해석하는 "기능적 접근(Functional Approach)"이다. 이 경우 '출력(Outputs)'들을 목록화한 뒤 그들의 '고장 모드'를 분석한다. Design FMEA는 '하드웨어 분석', '기능적 분석', 또는 둘을 조합한 '결합 분석(Combination Analysis)' 중 하나로 수행되고, 제품의 경우 가장 상위 계층에서 시작돼 아래쪽 계층으로 내려가면서 분석이 이루어지면 이를 "Top-down Approach"라 한다. 반대로 부품이나 어셈블 계층에서 시작돼 상위 계층으로 분석이 전개되면 "Bottom-up Approach"로 불린다. 각각에 대해 좀 더 부연하면 다음과 같다.

- 하드웨어 접근(Hardware Approach) → 하드웨어가 그림이나 도면, 또는 설계 데이터로부터 명확하게 구분될 수 있을 때 이용된다. 이 접근은 주로 "Bottom-up Approach"가 대세이나 어떤 경로를 선택할지는 상황에 따라 판단한다. 확인된 '고장 모드'엔 순위화에 필요한 '심각도 범주(Severity Classification)'[49]를 할당한 뒤 설계 취약점을 보완한다.

---

49) '심각도 범주'는 「Ⅱ. FMEA 기본의 이해」 내 「2.5. FMEA 작성 절차」 참조.

- 기능적 접근(Functional Approach) → 하드웨어가 명확하게 구분되지 않거나, 또는 시스템 복잡도 때문에 상위 계층부터 하위 계층으로 연이어 분석해 들어가야 할 경우 이용된다. 따라서 '기능적 접근'은 "Top-down Approach"가 대세이나 상황에 따라 판단한다. 확인된 '고장 모드'엔 '심각도 범주'를 할당하고 설계 시 정 조치가 이루어지도록 한다.
- '시정 조치' 순위 정하기(Priority) → 각 아이템별로 '고장 모드'가 정해지면 그에 상응할 '심각도 범주'가 할당되며, 이로써 '시정 조치' 우선순위를 결정하는 근거가 마련된다. '시정 조치' 제1순위는 'Category Ⅰ'인 '파국적(Catastrophic)'이, 다음 순위는 'Category Ⅱ'인 '치명적(Critical)'으로 분류된 '고장 모드'가 해당된다. 만일 하위 계층 레벨에서 입력 또는 출력 손실이 상위 계층 레벨의 작동 실패로 이어질 경우 해당 '고장 모드'를 제거하거나 통제를 위한 조치가 필요하다. 'Category Ⅰ'과 'Category Ⅱ'의 '고장 모드'가 조달 활동으로 만족 수준에 이르기까지 제거되거나 통제될 수 없을 때, 통제와 권고를 위한 대안 마련 조치를 조달 활동에 요구한다.

'Big 3' 등 최근의 Design FMEA 전개는 '하드웨어 접근'이 일반화돼 있으며, 따라서 'Bottom-up Approach'가 정례화되어 있다. 쉽게 표현하면 Design FMEA 양식 첫 열에 '부품 레벨'이 입력된다는 뜻이다. '심각도 범주'는 'Ford 사 매뉴얼'의 '특별 특성(Special Characteristics)' 분류 체계에 영향을 준 것으로 보이며 군수 장비가 아닌 상용 제품에 맞춰진 만큼 Ford사가 구성한 체계의 사용을 권장한다. 이에 대해 미리 알고 싶은 독자는 본문의 '[그림 Ⅲ-17]'과 '[표 Ⅲ-10]'을 참고하기 바란다.

1.6. Design FMEA 수행을 위한 '선행 작업(Prerequisites)'

일반적인 '선행 작업(Prerequisites)'은 「Ⅱ. FMEA 기본의 이해」 내 「2.4.

'고장 모드' 회피를 위한 정보 흐름과 FMEA 역할(Robustness Linkages)」에서 도구와 그 사례를 들어 자세히 소개한 바 있다. '선행 작업'이란 Design FMEA 양식(Form)을 채워나가기 직전 '입력 정보' 마련을 위해 필요한 사전 활동이다. 다음 [그림 Ⅲ-1]은 '선행 작업(Prerequisites)'과 'Design FMEA 양식(기입)'을 구분한 개요도이다. 둘을 합쳐 'Design FMEA Process(또는 Procedure)'라고 한다.

[그림 Ⅲ-1] Design FMEA Process(또는 Procedure) 개요도

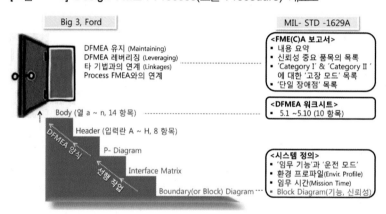

[그림 Ⅲ-1]에서 왼쪽은 'Big 3, 또는 Ford사'의 Design FMEA 수행 절차 이고, 오른쪽은 「MIL-STD-1629A」의 절차이다. 계단 그림을 보면 'Big 3, 또는 Ford사' 경우 '선행 작업' 순서가 "Boundary(또는 Block) Diagram → Interface Matrix → P-Diagram"인 반면, 「MIL-STD-1629A」는 "시스템 정의" 내 4개 항목으로 나뉜다. 특히 'Block Diagram'은 두 개 절차 모두에 공통으로 속해 있다. 'Block Diagram'은 다시 '기능 블록 다이어그램(Functional Block Diagram)'과 '신뢰성 블록 다이어그램(Reliability Block Diagram)'으로

구분된다. 계단 그림으로 돌아와 '<u>DFMEA 양식</u>'을 보면 'Big 3, 또는 Ford사' 경우 양식 상단에 마련된 제품이나 작업 정보를 기입할 'Header'부에 총 8개 항목을, 열(Column)로 이루어진 'Body'부에 총 14개 항목을 입력도록, 「MIL-STD-1629A」는 10개 항목을 기술하도록 요구한다. 물론 열(Column) 이름은 둘 다 매우 흡사하므로 활용에 혼선은 없다.

 '선행 작업'과 'Design FMEA 양식' 기입이 완료되면 'Big 3, 또는 Ford사' 경우 이후 작업이나 활용에 대한 언급을, 「MIL-STD-1629A」 경우 '보고서 (Report)' 작성에 포함될 사항들을 기술한다. 물론 [그림 Ⅲ-1] 내에 'DFMEA 레버리징'이나 '임무 기능과 운전 모드' 등 낯선 용어들이 등장하지만 우선 내용을 이해하는 데 영향을 주진 않으므로 여기서 별도의 토는 달지 않겠다. 다음은 Design FMEA에 대한 출처별 '선행 작업' 내용이다.

(Big 3)
 Design FMEA는 '최종 소비자(End User)'에게 전달될 제품의 설계에 관심을 둔다. 따라서 제품 설계에 대한 분석을 효율적으로 하기 위해 팀 구성, 범위 설정, 그 외에 제품 기능과 고객 요구 사항을 담아낼 '블록 다이어그램'이나 'P-Diagram' 마련이 필수이다. 이들을 통해 바라는 제품 특성들을 명확하고 완전하게 정의함으로써 잠재 '고장 모드'의 식별이 훨씬 더 용이해진다. 이어 사용되는 Design FMEA 양식(Form)은 권고 조치와 이행 책임자 결정을 포함, 분석 결과를 문서화하는 데 이용된다.

 Design FMEA는 분석 대상인 시스템, 하위 시스템 또는 부품 관련 정보를 알아야 하고, 기능 요구 사항과 주요 특성들까지 파악돼야 시작이 가능하다. Design FMEA 수행을 위해 팀은 다음 물음의 답을 구해 Design FMEA(부품, 하위 시스템, 시스템)에 적용한다.

- 제품은 어느 프로세스, 어느 접합 부품, 또는 어느 시스템과 인터페이스를 이루는가? → '블록 다이어그램(Block Diagram)' 또는 'Boundary Diagram' 활용, 둘은 같은 용법임.

- 제품의 기능이나 특성들이 다른 부품이나 시스템들에 영향을 미치는가? → 'Interface Matrix'를 통해 규명.
- 제품 내 의도된 기능들을 실행하기 위해 다른 부품이나 시스템들로부터 제공된 입력들이 있는가? → 'P–Diagram'을 통해 규명.
- 부품 또는 시스템 내 존재하는 '고장 모드'를 예방하거나 검출할 수 있게 할 기능이 제품에 포함돼 있는가? → '(Functional) Block Diagram' 등을 통해 규명.

다음은 「MIL‒STD‒1629A」에 담겨 있는 '4. Procedure'의 초반부(선행 작업 내용)를 옮겨놓은 것이다.

(MIL)

'영향' 분석 시 '단일 장애점(Single Failure Point)'50)은 시스템 전체 고장을 야기하는 것으로 알려져 있다. 만일 '단일 장애점'을 검출하지 못하면 분석 방향은 최초 검출되지 않은 고장과 결부돼 파국적 또는 치명적 고장 상태를 야기할 이차 고장의 '영향'을 파악하는 쪽으로 확대돼야 한다. 파국적 또는 치명적 상태로 발전하는 '비활성 고장(또는 수동 고장, Passive Failure)'51)과 '다중 고장(Multiple Failure)' 역시 파악돼야 한다. 안전 품목, 중복 품목 또는 대치 품목들이 존재할 때, 고장의 추정은 이들 중 일부가 부족해서 나타난 것은 아닌지 검토돼야 한다. 모든 파국적(Category Ⅰ) 그리고 치명적(Category Ⅱ) '고장 모드'들에 대해 설계 변경 방법이나 특별 관리 방법들에 무엇이 있는지 명확히 알아야 하고, 또 정립돼 있어야 한다. 분석 과정 동안 확인된 모든 '단일 장애점'들은 Design FMEA 워크시트상에서 눈에 쉽게 띄도록 특별 관리한다.

---

50) 한 개 아이템이 고장 나면 시스템 전체가 고장 나는 경우, 한 개 아이템의 고장을 '단일 장애(또는 고장)점' 이라고 한다. 중복 설계나 운영 절차를 통해서는 보완이 어렵다.
51) 아이템 자체 고장이 아닌 전력이나 연료 등과 같은 외부 자재의 부족으로 발생되는 고장.

1.7. '선행 작업(Prerequisites)'을 위한 도구(Tools)들 재검토

앞서 「Ⅱ. FMEA 기본의 이해」의 「2.4. '고장 모드' 회피를 위한 정보 흐름과 FMEA 역할(Robustness Linkages)」 내 [그림 Ⅱ-3]에서 FMEA와 직접적 관계가 있는 도구들과 상호 보완 관계의 도구들에 대해 그 용법과 사례를 간략히 소개한 바 있다. 따라서 본 소단락 제목을 '~재검토'로 명명했다.

Ford사에서는 이 도구들을 필요한 순서에 맞게 체계적으로 적용하는 과정을 'DFQ(Design for Quality) Process'라고 부른다. 'DFQ Process'는 엔지니어로 하여금 설계 중의 시스템 강건성과 신뢰성에 영향을 미치는 요인들을 식별하거나 처리하는 데 도움을 준다. DFQ에 속한 설계 도구(Tools)들에는 이미 설명했던 Boundary Diagram, Interface Matrix, P-Diagram, Design FMEA, Reliability Checklist(RCL), Reliability Demonstration Matrix(RDM), Design Verification Plan(DVP)이 있다. 이들의 사용 순서를 흐름도로 재정리하면 다음 [그림 Ⅲ-2]와 같다(주 46).

[그림 Ⅲ-2] DFQ(Design for Quality) Process

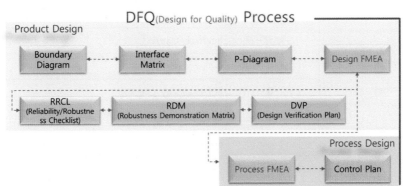

「제품 설계(Product Design)」는 Design FMEA를 중심으로 그 앞에 세 개, 뒤에 네 개('RRCL'은 'Reliability Checklist'와 'Robustness Checklist'를 합친 표기로 도구는 두 개임)의 도구들이 있고, 「프로세스 설계(Process Design)」는 Process FMEA와 Control Plan이 쓰이되, Process FMEA는 다시 Design FMEA의 결과와 연결된다.

도구들의 쓰임새를 설명하기 위해 번거롭지만 잠시 「Ⅱ. FMEA 기본의 이해」의 「2.4. '고장 모드' 회피를 위한 정보 흐름과 FMEA 역할(Robustness Linkages)」내 [그림 Ⅱ-5], [그림 Ⅱ-6] 및 [그림 Ⅱ-10]~[그림 Ⅱ-14]를 참조하자. 당시 분석 대상은 '운전석 시스템(Driver's Seat System)'이었으며, [그림 Ⅲ-2] 중 'Boundary Diagram → Interface Matrix → P-Diagram → RCL(Reliability Checklist) → RCL(Robustness Checklist) → RDM(Robustness Demonstration Matrix) → DVP(Design Verification Plan)'까지의 작성 예를 기술한 바 있다. 이해를 돕기 위해 다시 정리하면 다음 [표 Ⅲ-1]과 같다.

[표 Ⅲ-1] 'DFQ Process' 도구들 중 이미 본문 설명에 쓰인 도구

분석대상명	본문 위치	본문 설명에 쓰인 도구
운전석 시스템	[그림 Ⅱ-5]	Boundary Diagram
	[그림 Ⅱ-6]	Interface Matrix
	[그림 Ⅱ-10]	P-Diagram
	[그림 Ⅱ-11]	RCL(Reliability Checklist)
	[그림 Ⅱ-12]	RCL(Robustness Checklist)
	[그림 Ⅱ-13]	RDM(Robustness Demonstration Matrix)
	[그림 Ⅱ-14]	DVP(Design Verification Plan)

‘운전석 시스템’을 통해 도구 활용의 큰 흐름을 읽을 수 있으니 [표 Ⅲ-1]에 기술된 본문 위치로 돌아가 다시 한번 복습해보기 바란다. 여기서는 도구 설명보다 ‘Ford사 매뉴얼’에 들어 있는 ‘촉매 변환기 어셈블’ 사례를 옮겨놓았다.

[그림 Ⅲ-3] ‘촉매 변환기 어셈블’의 ‘Boundary Diagram’ 예

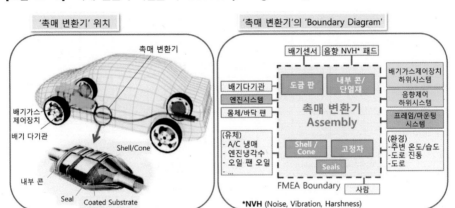

[그림 Ⅲ-3]의 왼쪽은 차량 내 ‘촉매 변환기’ 위치를, 오른쪽은 ‘**Boundary Diagram**’을 각각 나타낸다. 빨간 사각 점선 표시가 ‘**FMEA** 분석 대상 영역’을 표시한다. [그림 Ⅲ-4]는 [그림 Ⅲ-3]을 입력으로 한 ‘Interface Matrix’ 작성 예를 보여준다.

	촉매변환기 - Shell/Cone	촉매변환기 - Seals	촉매변환기 - 도금판	촉매변환기 - 고정자	촉매변환기 -내부 콘과 단열재	환경	배기 다기관	엔진 배기가스 제어장치	음향 NVH 패드
촉매변환기 - Shell/Cone		2		-1 -1	2	-1	2		-2 -2
촉매변환기 - Seals	2		2 -1	2 -1	2	-1		-1	-1 -1
촉매변환기 - 도금판		2 -1		2 -1		-1	2	2 2	
촉매변환기 - 고정자	-1 -1	2 -1	2 -1			-1			-2 -2
촉매변환기 -내부 콘과 단열재	2	2				-1			-1 -1
환경		-1	-1	-1	-1				
배기 다기관	2	-1		2					
엔진 배기가스 제어장치			2 2						
음향 NVH 패드	-2 -2	-1 -1		-2 -2	-1 -1				

P	E
I	M

P: 물리적 접촉(Physically Touching)
E: 에너지 이동(Energy Transfer)
I : 정보 교환(Information Exchange)
M: 물질 교환(Material Exchange)

+2: 기능을 위해 필요
+1: 이롭지만 기능을 위해 절대적으로 필요한 것은 아님
 0: 기능성에 영향을 주지 않음
-1: 부 효과를 내나 기능성에 영향을 주지 않음
-2: 기능 성취를 위해 차단돼야 함

'Big 3 매뉴얼'에서는 Design FMEA와 연계된 도구(Tools)들 소개 외에, 제품 전체의 설계 의도가 지향하는 '기능 요구 사항(Functional Requirements)'과 '인터페이스 요구 사항(Interface Requirements)'의 수집을 제안한다. 다음은 수집될 요구 사항에 대한 범주의 예들이다.

(Big 3)
- 안전(Safety)
- 정부 규약(Government Regulations)
- 신뢰성(Life of the Function)
- 사용률(Duty Cycles): 고객의 제품 사용 환경 정보

- 저음 작동(Quiet Operations): NVH(Noise, Vibration and Harshness)[52]
- 유체(流體)의 정체(Fluid Retention)
- 인체 공학(Ergonomics)
- 외관(Appearance)
- 포장과 선적(Packaging and Shipping)
- 서비스(Service)
- 조립을 위한 설계(DFA, Design for Assembly)
- 생산을 위한 설계(DFM, Design for Manufacturability)

독자에 따라서는 '기능 요구 사항'이 잘 와 닿지 않을 수도 있다. 다음은 차량 '앞문(Front Door)'에 대한 '기능 요구 사항'들의 예이다.

(Big 3)
- 출입을 허용한다.
- 운전자를 보호한다(날씨, 잡음, 측면 충격).
- 문 구성 요소들을 지지한다(거울, 경첩, 걸쇠, 윈도우 레귤레이터).
- 외관품에 적합한 표면을 제공한다(페인트, 부드러운 테두리).
- 내부 도어 패널의 온전함을 유지한다.

최종 Design FMEA 경우 나열된 요구 사항 모두가 분석에 포함돼야 한다.

---

52) (**Noise**) 인간의 감정을 불쾌하게 만드는 시끄러운 소리(소음)이며, 일반적으로 음압 레벨을 나타내는 dB단위로 표현. (**Vibration**) 엔진 시동 후 주행 과정에서 발생하는 차량의 전반적인 진동 현상이며 차체가 일정한 주기로 흔들리는 것을 의미. (**Harshness**) 자동차가 도로의 단차나 요철을 통과할 때 발생하는 충격적인 진동과 소음 현상.

1.8. Design FMEA 양식/'Header' 작성

[그림 Ⅲ-1]로 돌아가 '선행 작업'이 완료되면 이어 Design FMEA 양식 작성으로 들어간다. 그 첫 수행 대상이 바로 'Header'이다. 다음 [그림 Ⅲ-5]는 Design FMEA 양식 중 'Big 3'와 'Ford사'의 'Header'를 옮긴 것이다.

[그림 Ⅲ-5] 'Big 3'와 'Ford사'의 Design FMEA 양식 'Header'

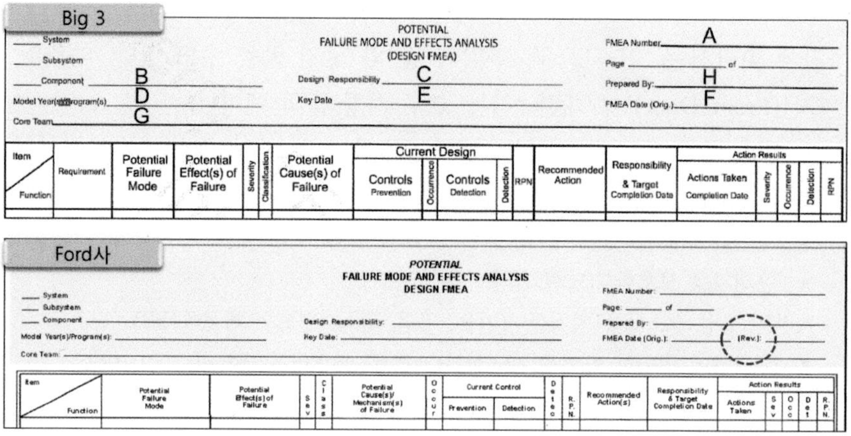

'Ford사'가 'Big 3'의 일부이므로 두 출처의 양식은 거의 동일하다. 굳이 둘의 차이를 찾자면 'Big 3'가 'Header'의 각 항목들에 'A~H'를 부여함으로써 입력하는 순서와 설명의 편익을 도모했다는 점과, 'Ford사'의 'Header'에 개정을 기록하는 'Rev.' 하나가 추가된 정도다([그림 Ⅲ-5] 내 빨간 원형 점선). 'Header'를 확대해 옮기면 [그림 Ⅲ-6]과 같다(알파벳이 표기돼 상대적으로 설명이 용이한 'Big 3'의 것을 옮김).

[그림 Ⅲ-6] 'Big 3'의 Design FMEA 양식 'Header'

POTENTIAL
FAILURE MODE AND EFFECTS ANALYSIS
(DESIGN FMEA)

______System		FMEA Number____A____
______Subsystem		Page________ of ________
______Component________B____	Design Responsibility____C____	Prepared By________H____
Model Year(s)/Program(s)____D____	Key Date______________E____	FMEA Date(Orig.)____F____
Core Team______________G______________		

참고로 FMEA의 원조 격인 「MIL-STD-1629A」 양식의 'Header'는 다음 [그림 Ⅲ-7]과 같다.

[그림 Ⅲ-7] 「MIL-STD-1629A」의 Design FMEA 양식 'Header'

MIL-STD-1629A

FAILURE MODE AND EFFECTS ANALYSIS

SYSTEM____________ DATE____________
INDENTURE LEVEL____________ SHEET______ ______
REFERENCE DRAWING____________ COMPILED BY____________
MISSION____________ APPROVED BY____________

IDENTIFICATION NUMBER	ITEM/FUNCTIONAL IDENTIFICATION (NOMENCLATURE)	FUNCTION	FAILURE MODES AND CAUSES	MISSION PHASE/ OPERATIONAL MODE	FAILURE EFFECTS			FAILURE DETECTION METHOD	COMPENSATING PROVISIONS	SEVERITY CLASS	REMARKS
					LOCAL EFFECTS	NEXT HIGHER LEVEL	END EFFECTS				

[그림 Ⅲ-6]과 비교해 'Header'의 항목 수가 좀 적다. 비교를 쉽게 하기 위해 확대하면 다음 [그림 Ⅲ-8]과 같다.

[그림 Ⅲ-8] 「MIL-STD-1629A」의 Design FMEA 양식 'Header'

FAILURE MODE AND EFFECTS ANALYSIS

SYSTEM____________________	DATE________________
INDENTURE LEVEL____________	SHEET________ ______
REFERENCE LEVEL____________	COMPILED By__________
MISSION____________________	APPROVED BY__________

[그림 Ⅲ-8]의 직접적 비교 대상은 [그림 Ⅲ-6]이다. 우선 제목의 차이가 눈에 띈다. [그림 Ⅲ-6] 경우 "<u>POTENTIAL</u> FAILURE MODE AND EFFECTS ANALYSIS(<u>DESIGN FMEA</u>)"처럼 "POTENTIAL"과 "(DESIGN FMEA)"가 추가돼 있다. 「MIL-STD-1629A」를 쓰던 당시만 해도 FMEA는 설계 분야에만 적용됐으므로 굳이 "Design FMEA"의 표기가 불필요했을 것으로 보인다. 1988년 Ford사에 이르러서야 'Process FMEA'가 등장하기 때문이다. 그 외에 'SYSTEM'의 하위 요소인 'Subsystem', 'Component'를 대신해 계층 구조를 뜻하는 'INDENTURE LEVEL'이 있다. 이제부터 [그림 Ⅲ-6]을 중심으로 'Header' 각 항목들의 역할과 작성법에 대해 알아보자.

A. FMEA Number

(Big 3)

FMEA 문서 관리를 위해 필요하며, 문서 구분을 위해 문자와 숫자로 이루어진 일련번호를 기입한다.

(SAE), (Ford)

FMEA 문서 추적이 가능한 번호를 입력한다. (Ford사 추가) 제품 계보(시리즈)와 모델 연식별로 별개의 번호 체계를 만들어 관리한다.

B. System, Subsystem, or Component(Name and Number)

(Big 3)

분석될 시스템, 하위 시스템, 또는 부품 명칭과 번호를 입력한다(설정된 '범위'에 근거해서 기입).

(Ford)

분석이 어떤 수준에서 이루어지는지, 즉 분석될 시스템, 하위 시스템, 또는 부품 명칭과 번호를 입력한다. 명확한 활동을 위해서는 FMEA 팀이 시스템, 하위 시스템, 또는 부품이 무엇으로 구성되었는지를 결정해야 한다. 시스템, 하위 시스템, 그리고 부품을 나누는 경계는 자의적이며 반드시 FMEA 팀에 의해 설정돼야 한다. 명칭 및 분석될 시스템, 하위 시스템 또는 부품에 대해 '기업의 제품 시스템 분류 코드(CPSC Code, Corporate Product System Classification Code)'를 입력한다.

(SAE), (Ford)

"하나의 시스템"은 여러 하위 시스템들로 이루어질 수 있다. 이 하위 시스템들은 종종 서로 다른 팀들에 의해 설계가 진행되며, 'System FMEA'가 다음의 시스템, 즉 섀시 시스템, 파워 트레인 시스템, 또는 내장 시스템 등을 관장한다. 그러므로 'System FMEA'는 반드시 시스템을 구성하고 있는 여러 하위 시스템들 사이의 인터페이스와 상호작용은 물론 다른 차량 시스템과의 인터페이스 및 고객까지도 포괄해야 한다.

"Subsystem FMEA"는 일반적으로 상위 시스템의 부분 영역에 맞춰진 FMEA이다. 예를 들어, '(자동차) 앞 현가장치' 하위 시스템은 '섀시 시스템'의 일부이며, 이때 'Subsystem FMEA'의 관심은 하위 시스템을 구성하는 여러 부품들 사이의 모든 인터페이스와 상호작용이 'Subsystem FMEA'에 반드시 포함되도록 해야 한다.

"Component FMEA"는 일반적으로 하위 시스템의 일부분에 초점을 맞춘 FMEA이다. 예를 들어, '스트러트 바(Strut Bar)'[53]는 '섀시 시스템'의 하위 시스템인 '(자동차) 앞 현가장치'의 한 부품이다.

참고로 'SAE'의 'System(섀시)-Subsystem(앞 현가장치)-Component(스트러트 바)' 예에 대해 이해를 돕는 차원에서 [그림 III - 9]를 포함시켰다.[54] '시스템, 하위 시스템, 어셈블, 부품'의 정의를 명확하게 이해하는 기회가 되었으면 한다.

---

53) 출처엔 'Strut Bar'가 아닌 'Strut'로 되어 있다.
54) 그림 출처: (왼쪽) http://picsmix.biz/1964-orbitron-show-car-by-ed-big-daddy-roth-chassis-1920x1440.html
(오른쪽) http://maybach300c.blogspot.kr/2012/08/front-wheel-drive-1.html

[그림 III-9] '시스템-하위 시스템-부품' 이해를 위한 설명도

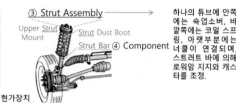

③ Strut Assembly

하나의 튜브에 안쪽에는 쇽업소버, 바깥쪽에는 코일 스프링, 아랫부분에는 너클이 연결되며, 스트러트 바에 의해 로워암 지지와 캐스터를 조정.

Upper Strut Mount
Strut Dust Boot
Strut Bar ④ Component

현가장치

[① 섀시 시스템 (Chassis System)]
앞 차축과 차체 사이를 연결하여 차의 중량을 지지하고 바퀴의 진동을 흡수함과 동시에 조향 기구의 일부를 설치한 일련의 장치.

[② 앞 현가장치 하위시스템 (Front Suspension Subsystem)]
노면의 충격이 차체나 탑승자에게 전달되지 않게 충격을 흡수하는 장치. 또 차량의 상하 진동을 완화함으로써 승차감을 좋게 함.

[그림 III-9]에서 '① 섀시 시스템'은 "섀시를 이루는 기본 골격인 프레임에 엔진, 변속기, 클러치, 핸들, 차축, 차바퀴를 조립한 것"으로 자체 운행도 가능하다. '섀시 시스템'을 이루는 요소들 중 '② 앞 현가장치 하위 시스템'은 "노면으로부터의 상하 진동을 흡수해 승차감 등을 좋게 하는 장치"이며, 다시 그를 이루는 요소들 중 '③ 스트러트 어셈블'은 "현가장치와 차체와의 지지"를, 최종적으로 '④ 스트러트 바(부품)'는 더 이상 쪼갤 수 없는 단체로 지지를 위한 핵심 부품에 해당한다. 물론 팀에 의해 새롭게 정의되는 부분에 대해선 별개 사항으로 한다.

C. Design Responsibility

(Big 3), (Ford)

설계 책임이 있는 그룹이나 부서, OEM 업체나 조직을 입력한다. 필요에 따라 '공급 업체 조직명'의 입력도 가능하다.

D. Model Year(s)/Program(s)

(Big 3), (SAE), (Ford)

분석될 설계가 대상으로 삼은 모델의 연도 및 프로그램을 입력한다. (필자) '프로그램(Program)'은 향후 양산될 자동차의 모델을 총칭하는 용어로 일반 기업 경우 '신제품명'으로 대치한다.

E. Key Date

(Big 3)

계획된 생산 설계 배포일을 넘지 않는 선에서 Design FMEA 첫 완료(예정)일을 적는다.

(Ford)

마일스톤 상의 FMEA 완료(예정)일을 적는다. 날짜는 계획된 설계 배포일을 초과해서는 안 된다.

(필자) 참고로 'SAE'에서의 '생산 설계 배포일'을 'Ford사' 경우 단어 '생산'이 빠진 '설계 배포일'로 적고 있으며, '마일스톤(Milestone)' 용어도 추가돼 있다. 우연인진 몰라도 '생산'까지 긴 여정이 남아 있어, 그 기간 중 '완료일'을 아무 때나 정하면 되는 것처럼 보이기보다 마일스톤 상의 합리적인 '완료(예정)'일 결정을 종용한 것으로 보인다.

F. FMEA Date(Orig.)

(Big 3), (SAE), (Ford)

Design FMEA가 최초 작성된 날짜와 가장 최근의 개정 날짜를 기입한다.

G. Core Team

(Big 3), (Ford)

Design FMEA 전개를 책임질 팀 구성원을 입력한다. 연락에 필요한 정보(예를 들어, 이름, 조직명, 전화 번호, 주소 그리고 이메일)가 추가 문서로 포함될 수 있다.

H. Prepared By

(Big 3)

Design FMEA 준비 책임 엔지니어의 조직(회사)을 포함, 이름과 연락에 필요한 정보를 입력한다. (필자) 통상 '작성자'를 입력한다.

(SAE), (Ford)

Design FMEA 준비 책임 엔지니어(팀 리더)의 이름, 전화번호, 부품 설계번호(CDS, Component Development Specification) ID, 그리고 회사명을 입력한다.

다음 [그림 Ⅲ-10]은 'Ford사 매뉴얼'의 Design FMEA 양식 'Header'를 번역해 옮겨놓은 예이다. 앞으론 본 내용을 기본 양식으로 사용할 것이다.

[그림 Ⅲ-10] 'Ford사'의 Design FMEA 양식을 번역한 'Header' 예(기본 양식)

```
                      잠재적
                 고장모드와 영향분석
                   (설계 FMEA)

____시스템
____하위시스템                          FMEA 번호_____A____
____구성품 _____B__  설계 책임__C__  쪽_____ 장 중_____
모델 연도/차종(또는 개발제품 명) D  완료예정일_E_  작성자_____H____
핵심 팀_____G_____  FMEA최초 작성일 F 최근 개정일____
```

1.9. Design FMEA 양식/'Body' 구조

멀고 먼 사전 준비를 거쳐 드디어 본론으로 들어온 느낌이다. 참으로 기나 긴 여정이었다. 내용 설명에 앞서 Design FMEA 양식에 포함된 작성해야 할 '열(Fields)' 명칭과 우리글로 표현된 기본 양식을 'Big 3', 'Ford사', 'MIL-STD-1629A' 양식 검토를 통해 결정해보자. [그림 Ⅲ-11]은 'Big 3'와 'Ford사', 'MIL-STD-1629A'의 매뉴얼에 포함된 'Body'부 양식 예이다.

[그림 Ⅲ-11] 'Big 3', 'Ford사', 'MIL-STD-1629A'의 Design FMEA 양식 'Body'

Item / Function	Requirement	Potential Failure Mode	Potential Effect(s) of Failure	Severity	Classification	Potential Cause(s) of Failure	Current Design				RPN	Recommended Action	Responsibility & Target Completion Date	Action Results				
							Controls Prevention	Occurrence	Controls Detection	Detection				Actions Taken Completion Date	Severity	Occurrence	Detection	RPN

Big 3
a1 a2 b c d e f h g h i j k l m ← n →

Item / Function	Potential Failure Mode	Potential Effect(s) of Failure	S e v	C l a s s	Potential Cause(s)/Mechanism(s) of Failure	O c c u r	Current Control		D e t e c	R. P. N.	Recommended Action(s)	Responsibility & Target Completion Date	Action Results				
							Prevention	Detection						Actions Taken	S e v	O c c	D e t	R. P. N.

Ford사

IDENTIFICATION NUMBER	ITEM/FUNCTIONAL IDENTIFICATION (NOMENCLATURE)	FUNCTION	FAILURE MODES AND CAUSES	MISSION PHASE/ OPERATIONAL MODE	FAILURE EFFECTS			FAILURE DETECTION METHOD	COMPENSATING PROVISIONS	SEVERITY CLASS	REMARKS
					LOCAL EFFECTS	NEXT HIGHER LEVEL	END EFFECTS				

MIL-STD-1629A

　Design FMEA의 'Body'는 잠재적 고장, 개선 조치 같은 '위험 분석 (Analysis of Risk)'을 포함한다. [그림 Ⅲ-11]에서 'Big 3'와 'Ford사'를 비교 할 때, 'Big 3' 경우 'Requirement(요구 사항)' 열이 추가돼 있고, 'Completion Date(완료일)'나 'Mechanism(메커니즘)', 'Current Control' 등 표현에 있어 약 간씩 차이가 있다(빨간색 글자). 그러나 가장 큰 차이는 'Occurrence(발생도)' 와 'Detection(검출도)'이 'Big 3' 경우 'Current Design' 안쪽에 들어 있는 데 반해, 'Ford사' 경우는 'Current Control' 바깥쪽에 위치한다. 'Big 3'는 각 열 별로 'a~n'의 약칭이 붙어 있어 열 검색이나 해석 순서에 편리하다. 향후 본 문 설명 때도 이 약칭을 이용할 것이다. 'MIL-STD-1629A'는 'Failure Modes'와 'Causes'가 한 칸에 합쳐져 있고(4번째 열), 'Failure Effects'를 보 면 'Local Effects → Next Higher Level → End Effects'처럼 'Failure Mode' 의 국부적 영향부터 최종 시스템에 이르기까지 단계별로 그 영향을 파악하도 록 구성돼 있다. 군수 장비 규모가 크고 복잡한 데 따른 것으로 해석된다(6~

8번째 열). 10번째 열은 'Recommended Actions'에 대응하고, 11번째 열 'Severity Class'는 「Ⅱ. FMEA 기본의 이해」 중 「FMEA 작성 절차」에서 소개했던 '심각도 범주'를 상황에 맞게 선택해서 기입하는 난이다. 'Big 3'나 'Ford사'와 많은 차이가 있음을 알 수 있다. 다음 [그림 Ⅲ-12]는 [그림 Ⅲ-10]의 'Header'와 합쳐진 Design FMEA 양식이며 앞으로 기본 양식으로 활용할 것이다.

[그림 Ⅲ-12] Design FMEA 기본 양식 예

1.10. Design FMEA 양식/Ford사의 'Working Model'

Design FMEA의 'Body' 설명으로 들어가기에 앞서 그를 분석할 방법론(?)인 Ford사의 'Working Model'을 학습해야 한다. Ford사의 'FMEA 방법론(FMEA Methodology)'은 '양식 주도(Form Driven)'가 아닌 '모델 주도(Model Driven)'의 특징을 갖는다. [그림 Ⅲ-13]은 일반적인 FMEA 분석법을 소개하는 'Body'부 개요도이다.

[그림 Ⅲ-13] Design FMEA의 해석 시점(RPN)

아이템/ 기능	잠재적 고장모드	잠재적 고장의 영향	심 각 도	분 류	잠재적 고장의 원인/메커니즘	발 생 도	현 관리		검 출 도	R P N	권고조치사항	책임자 및 목표 완료예정일	조치결과				
							예방	검출					조치 내용	심 각 도	발 생 도	검 출 도	R P N

[그림 Ⅲ-13]에서 '아이템/기능~현 관리'까지 내용이 채워지면 '심각도', '발생도', '검출도'를 통한 'RPN'이 얻어지고 통상적으론 그의 점수가 높은 '원인'이나 '고장 모드'를 대상으로 이후 '권고 조치 사항'이 기술된다. 또 다른 접근은 '심각도', '발생도', '검출도'별로 따로 각 점수를 구분해 '권고 조치 사항'을 기술하는 방식인데, 예를 들어 '발생도'가 높으면 '설계' 영역을, '검출도'가 높으면 '프로세스' 영역을 개선하기 위한 '권고 조치 사항'을 적는다. 그러나 Ford사가 생산하는 자동차 제품은 'Speed'가 매우 중요한 산업이기에

[그림 Ⅲ-14] Ford사의 'FMEA Working Model' 개요도

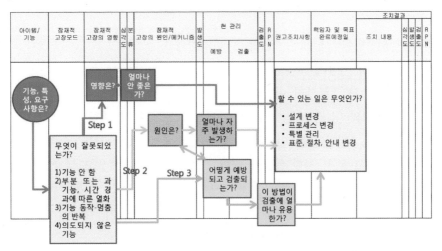

모든 분석을 마무리하고 '권고 조치 사항'을 적어 개선에 이르는 접근은 어딘지 모르게 무거워 보인다. 이를 타파하기 위해 훨씬 더 효율을 높이기 위한 접근법을 구상했는데 이것이 바로 'Ford사 FMEA Working Model'이다. 이 방식은 분석을 해나가며 '권고 조치 사항'을 기술하므로 필요한 개선을 적시에 파악할 수 있고 '심각도', '발생도', '검출도'별로 특화된 '권고 조치 사항'을 마련할 수 있다. 기본 개요는 [그림 Ⅲ-14]와 같다.

[그림 Ⅲ-14]의 'Step-1'은 '잠재적 고장의 영향'과 '심각도(Severity)'에 따른 '권고 조치 사항'을, 'Step-2'는 '잠재적 고장의 원인/메커니즘'과 '발생도(Occurrence)'를 통해, 끝으로 'Step-3'은 '현 관리'와 '검출도(Detection)'를 평가해 '권고 조치 사항'을 기술한다. 각 Step별 과정과 특징은 다음과 같다.

1.10.1. Working Model 'Step-1'

다음의 순서로 'Step-1'을 진행한다.

- 설정된 '범위' 내 모든 기능들을 파악한다.
- 각 기능이 어떻게 고장 나는지(고장 모드)를 파악한다.
- 각 '고장 모드'로부터 야기되는 '영향'들을 파악한다.
- 각 '영향'의 '심각도'를 파악해서 '고장 모드'들을 순위화한다.
- 가능하면, '원인'들을 언급하지 않은 상태에서 '고장 모드'를 제거할 수 있는 '권고 조치 사항'을 마련한다. 그러나 이것은 매우 드문 상황이다.

사실 '고장 모드'를 완전히 제거하는 일은 매우 드물기 때문에 대부분은 'Step-2'와 'Step-3'에 의존한다.

1.10.2. Working Model 'Step-2'

'고장 모드'가 'Step-1'의 과정 동안 제거되지 못하면 계속해서 'Step-2'를 다음과 같이 수행한다.

- 관련된 '원인'들을 파악한다('고장 모드'에 직접적 영향을 주는 'First Level Cause'와 '부품 특성'인 'Root Cause'). (필자) 부품은 더 이상 분리할 수 없는 단체(單體)이므로 그 부품의 관리 특성에 '원인'이 있다면 '근본 원인(Root Cause)'으로 간주한다.
- '원인'들의 '발생도(Occurrence Ratings)'를 추정해서 기입한다.
- 필요할 경우 '분류'란에 정해진 기호를 입력한다.
- '심각도'와 '치명도(S×O, Criticality)'가 높을 경우 '권고 조치 사항'을 기입한다.

1.10.3. Working Model 'Step-3'

'고장 모드'와 그의 '원인'이, 'Step-1'과 'Step-2'에서 제거될 수 없으면 다음의 'Step-3'으로 넘어간다.

- 현재의 '예방' 관리를 보고 '발생도(Occurrence)'를 설정한다.
- 현재의 '검출' 관리(즉 테스트 등)를 보고 '검출도' 점수를 설정한다.
- '검출' 관리의 효과는 점수 '1'부터 '10' 사이의 값으로 결정한다.
- 최초 'RPN(Risk Priority Number)'을 평가한다.
- '예방'과 '검출'에 대한 '권고 조치 사항'을 기입한다.

결정된 '권고 조치 사항'이 실행된 후 조치 결과에 따라 FMEA 양식을 개정한다. 이때 '심각도', '발생도', '검출도'와 'RPN'을 재계산해 해당란에 입력한다. 꼭 기억해야 할 점은 'Step-1'과 'Step-2'가 완료된 후 'Step-3'이 진행돼야 한다는 점이다.

1.11. 「Design FMEA 양식」 각 열의 용법

이제부터 [그림 Ⅲ-11]의 'Big 3'와 'Ford사'의 'Design FMEA 양식'을 중심으로 각 열의 특징과 입력 내용들에 대해 알아보자. 필요에 따라 'MIL'의 내용도 가감할 것이다. 이어지는 소제목 중 '영문'은 [그림 Ⅲ-11]의 'Big 3' 양식을, '한글'은 [그림 Ⅲ-12]의 번역된 양식을 따른 것이다. '영문' 뒤 '(a1)~(n)'은 [그림 Ⅲ-11]의 'Big 3' 양식 내 '열' 위치를 나타낸다. 지금부터 각 열의 역할이 무엇이고 또 어떻게 채워나가는지 하나씩 파헤쳐보자. 이미 FMEA를 업무에 활용하고 있는 독자라 하더라도 가급적 정독해서 평상시 빠트리는 용법은 없었는지 확인하는 기회로 삼기 바란다.

1.11.1. 아이템/기능/요구 사항 Item/Function($a1$)/Requirement($a2$)

아이템/ 기능	잠재적 고장모드	잠재적 고장의 영향	심각도	분류	잠재적 고장의 원인/메커니즘	발생도	현 관리		검출도	R P N	권고조치사항	책임자 및 목표 완료예정일	조치결과			
							예방	검출					조치 내용	심각도	발생도	검출도	R P N

대표성을 띠는 'Big 3 매뉴얼'과 'Ford사 매뉴얼' 간 설명의 깊이에 다소 차이를 보인다. 'Ford사'의 것이 훨씬 자세하고 사례를 통해 이해도를 높이고

있다. 각각에 대해 알아보자.

(Big 3)

'Item/Function'은 따로 떼어내어 각각의 열로 나눠 사용하거나 [그림 Ⅲ-11]과 같이 하나의 열로 합쳐 사용한다. '인터페이스(Interface)'도 하나의 'Item'으로 간주한다. 통상 해석할 '부품(Item)'들을 'Item/Function' 열에 나열하고, 만일 각 '부품'에 대해 '기능(Function)'이나 '요구 사항(Requirements)'의 입력이 필요하면 열을 별도로 추가한다.

'Item(아이템)/Function(기능)(a1)' 열에는 'Block Diagram'이나 'P-diagram', 도식 또는 팀에 의해 수행된 분석, 도면 등으로부터 드러난 아이템이나 인터페이스, 부품들을 입력한다. 이때 용어는 고객 요구 사항이나 설계 문서에 쓰인 것과 동일해야 하며, 특히 아이템 또는 인터페이스가 한 개 이상의 '기능'을 갖고 있고 기능별 서로 다른 잠재 '고장 모드'가 예견될 경우 '고장 모드'를 각각 따로 별도의 칸에 입력한다.

'Requirements(요구 사항)(a2)' 열은 추가된 공간(일반적으로 포함돼 있지 않은 열로 Ford사 양식에서도 빠져 있다)으로 만일 '고장 모드' 분석의 정도를 더 높일 목적일 경우 필요에 따라 도입되곤 한다. 작성 시 고객의 요구 사항과 팀의 논의 내용들을 기반으로 분석될 기능들 각각에 대한 모든 '요구 사항'들을 기입한다. 만일 특정 '기능'이 한 개 이상의 '요구 사항'을 갖게 되고, 다시 각 '요구 사항'이 별개의 잠재 '고장 모드'와 연계될 경우, 반드시 연계된 '요구 사항'과 '고장 모드'끼리 따로 묶어 별도로 목록화해야 한다.

만일 [그림 Ⅲ-11]의 'Big 3' 양식에서 'Item'과 'Function'이 각각 별개 열로 분리돼 이용될 경우, '요구 사항(Requirements)' 열의 순서는 'Item-a1', 'Function-a2'에 이어 'a3'로 지정된다.

'Ford사 매뉴얼'은 초보자들도 쉽게 이해하며 양식을 채워나갈 수 있도록 배려한다. 첫 'Item/Function' 열에 대한 정의는 'SAE-J1739'의 것과 동일하다.

(Ford)

(정의, SAE 포함) 분석될 아이템의 번호나 부품 분류에 쓰인 명칭 또는 관련 정보를 입력한다. 이때 공식화된 명명법을 따라야 하고 설계 도면상에 표시된 설계 레벨도 기입하며, 분석될 아이템의 '기능'을 설계 의도에 맞춰 가능한 간결하게 입력한다. 또, 시스템이 동작하는 환경, 예를 들면 온도, 압력, 습도 범위, 설계 수명들의 수치화된 정보를 기입한다. 만일 아이템이 서로 다른 잠재 '고장 모드'를 갖는 한 개 이상의 '기능'을 갖는다면 각 '기능'들은 따로 분리해서 목록화한다.

(기능의 결정) '기능'은 그 역할을 얼마만큼 하도록 설계된 것인지 수치적으로 묘사돼야 한다. 보통 "이 아이템은 어떤 역할을 하도록 돼 있는가?"란 질문에 답을 하는 식이다. '기능'이란 '설계 의도'나 '설계 요구 사항'을 의미하며, 다음과 같은 특징을 갖는다.

- '명사+수치화된 값(한계 값, 목표 값, 허용치 등)+서술어' 형식으로 기술
- 연관된 모든 SDS(System Design Specifications)'를 수치로 표현
  - 검증될 수 있어야 한다.
  - 제약 사항이나 설계 파라미터(신뢰성 규격, 내구성 규격, 특수 조건, 무게, 크기, 위치, 접근 용이성 등)를 포함한다.
  - 관련 규격과 요구 사항들을 포함한다.
- 설계 의도와 설계 요구 사항을 지칭한다.
- 고객 또는 시스템을 위해서 언급되었거나, 설사 언급되지 않았더라도 관련된 모든 원하는 것, 필요한 것, 요구되는 것들의 표현이다.

기억할 사항은 '기능'들은 반드시 측정이 가능하거나 규격이 있어야 한다는 점이다. 그렇지 않으면 무엇이 잘못된 것인지 모호해지거나 잘못될 가능성도 사라져 해석의 의미 역시 퇴색해버린다.

(아이템/기능을 기술하는 방법) Ford사의 'System FMEA'와 'Subsystem FMEA' 전개는 '기능적 접근'을 기반으로 한다. 측정 가능한 기능들을 목록화한 뒤, 각 기능의

손실이나 축소를 야기하는 잠재적 '고장 모드'를 나열한다. 이 같은 '기능적 접근'은 'Component FMEA' 전개에서도 그대로 적용된다. 작성은 FMEA 양식의 '기능' 열에 '명사+수치화된 값(한계 값, 목표 값, 허용치 등)+서술어'의 형식으로 모든 '기능'들을 기술한다. 차량의 '난방과 환기 시스템'에 대해 예를 들면 다음과 같다.

- 실내는 ○○℃까지 따뜻해져야
- 탑승자는 ○○℃까지 시원해야
- 앞 유리창의 김 서림이나 성에가 ○○초 안에 제거돼야

표현이 너무 일반적인 '제공한다(Provide)', '용이하게 한다(Facilitate)', '허용한다 (Allow)' 등의 서술어는 피한다.

'기능'을 도출하고 확인하는 유용한 도구(Tool) 중에 'Function Tree Analysis'[55]가 있다. 'Function Tree'는 왼쪽에서 오른쪽으로 '어떻게(How)'라는 물음을 통해 계층적으로 세분화해나가며 완성된다. 다음은 일반적인 작성 순서이다.

1) FMEA팀은 '기능'을 확인하기 위해 '명사+수치화된 값(한계 값, 목표 값, 허용치 등)+서술어'의 형식으로 제품 또는 프로세스의 모든 '기능'들을 브레인스토밍 한다.
   - 모든 '기능'들은 '1차 기능(Primary Function)'과 '2차 기능(Secondary or Supporting Function)'으로 나뉘며, 통상 한 개 이상의 '1차 기능'이 존재할 수 있다. '1차 기능'이란 분석 대상인 아이템이 존재하는 가장 확실한 이유이다.
   - '2차 기능(또는 지원 기능)'들은 통상 분석 중인 아이템을 개선하는 기능들이다.

2) 카드 또는 포스트-잇에 개개 기능들을 기록한다.
3) 1차 레벨의 기능들을 찾아 카드 또는 포스트-잇에 기록하고, 그들을 찾아진 기능들의 왼편에 위치시킨다.
4) 1차 레벨 기능들을 보고 "이 기능을 어떻게 달성할 것인가?" 하고 질문한다. 이 질문에 답이 되는 기능들을 찾아 1차 레벨 기능의 오른편에 위치시킨다.
5) 잴 수 있는 기능이 확인되거나 나타날 때까지 'Step 4)'까지를 반복한다.

---

55) 원 명칭은 'FAST(Function Analysis Systems Technique)'이며, VE(Value Engineering)에서 쓰이는 주요 도구(Tool)임. 자세한 사항은 「Be the Solver_정성적 자료 분석」편 내 'FAST' 참조.

6) 개별 조치가 가능한 최 끝단 레벨의 기능이 측정 가능한지를 점검한다. 측정이 어려우면 잴 수 있는 레벨이 확인될 때까지 더 낮은 계층의 기능을 도출한다.

7) 'Function Tree'의 구조를 검증하기 위해서는 오른편의 기능을 두고 "왜 이 기능이 필요한가?"를 묻는다. 이때 바로 왼편의 '기능'이 그 물음에 대한 답이 되는지 확인한다.

'Function Tree Analysis'의 기본 양식은 다음 [그림 Ⅲ-15]와 같다.

[그림 Ⅲ-15] Ford사의 'Function Tree Analysis' 기본 양식

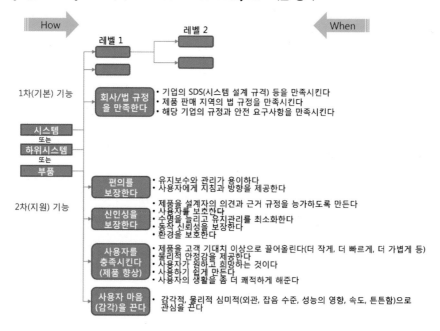

[그림 Ⅲ-15]의 가장 왼쪽은 FMEA 작성 시 그 대상이 '시스템', '하위 시스템' 또는 '부품' 중 하나가 될 것이고, 그로부터 오른쪽 방향으로 "이 기능을 어떻게 달성할 것인가?"에 대한 답을 전개해나간다. 검증을 위해서는 전개와 반대 방향으로 '왜(Why) 이 기능이 필요한가?'로 자문하면서 직전 기능을 확인한다. 또 [그림 Ⅲ-15]의 세로

배열은 상단에 '1차(기본) 기능'이, 하단에 '2차(지원) 기능'이 각각 배치돼 시각적으로 내용 파악이 쉽도록 구성돼 있다. 다음 [그림 Ⅲ－16]은 자동차의 '운전석 시스템'에 대한 'Function Tree Analysis' 작성 예이다.

[그림 Ⅲ－16] 자동차 '운전석 시스템'에 대한 'Function Tree Analysis' 예

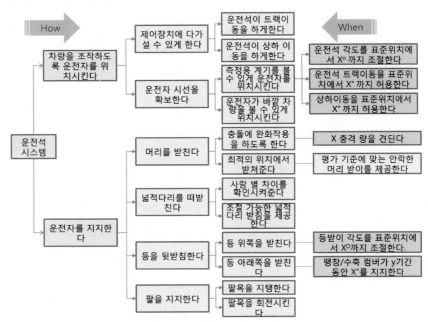

[그림 Ⅲ－16]의 맨 끝 레벨을 보면 "Xº까지 조절", "X″까지 허용"과 같은 측정 가능한 표현으로 마무리되고 있어 바로 활동과 연결 지을 수 있다.

팀원들이 모여 특정 아이템에 대한 '기능'들을 빠짐없이 도출하고, 측정 가능한 값이 무엇인지 찾아내기 위해서는 '아이템/기능' 열이 완성되기 전 [표 Ⅲ－2]와 같은 양식을 이용해 미리 '기능'과 '규격' 등을 나열해본다.

아이템의 기능	
기능(Function): 이 아이템이 하도록 되어 있는 것은 무엇인가?	
이 아이템이 해서는 안 되는 것은 무엇인가?	
모든 기능들을 목록화하고 관련된 규격을 따로 기입한다.	
기능(명사+서술어)	규격(얼마나?, 언제?)
…	…

1.11.2. 잠재적 고장 모드 Potential Failure Mode(*b*)

아이템/ 기능	잠재적 고장모드	잠재적 고장의 영향	심 각 도	분 류	잠재적 고장의 원인/메커니즘	발 생 도	현 관리		검 출 도	R P N	권고조치사항	책임자 및 목표 완료예정일	조치결과				
							예방	검출					조치 내용	심 각 도	발 생 도	검 출 도	R P N

Design FMEA 양식의 모든 열에 공통으로 붙어 있는 'Potential'은 '잠재적', 즉 "드러나지 않은"의 의미로서 FMEA가 일이 벌어지기 전에 수행된다는 점을 감안할 때 납득이 갈 만한 수식어다. 일어나지 않은 일을 미리 검토하니 모두가 '잠재적'이 될 수밖에 없다. '고장 모드(Failure Mode)'는 상당한 용어 해석이 뒤따른다. 일반적인 '고장'의 용어에 '모드(형태)'라는 단어가 또 추가되었기 때문이다. 이에 대해 출처별로 자세한 해석이 있어 그대로 옮겨보았다. 개념이 서지 않은 독자라면 정독해주기 바란다.

(Big 3), (SAE), (Ford)

잠재적 '고장 모드'의 정의는 "부품, 하위 시스템, 또는 시스템이 '아이템' 열에 써 놓은 의도된 '기능'을 발휘하지 못하게 하는 방식"이다. 좀 풀어쓰면―(필자) 시스템이 제 기능을 발휘하지 못하면 분명히 그 이유가 있을 것이다. 그 이유들을 나열하면 곧 '고장 모드'다.― 잠재적 '고장 모드'는 '기능'이나 '요구 사항'들과 연계돼야 하며, 이

때 표현은 사용자 시각에서의 '증상'이 아닌 '기술적 용어'가 필요하다. 하나의 '기능'에 '고장 모드' 여럿이 존재할 수 있으나 너무 많으면 '요구 사항'이 잘 정의돼 있지 않은 것일 수 있다. '잠재적(Potential)'이란 고장이 일어날 수 있다는 뜻이지 반드시 일어난다는 의미는 아니기 때문에 붙여진 수식어다. '고장 모드'를 떠올릴 때는 어떤 동작 환경(예로써 뜨거운, 찬, 건조한, 먼지가 많은 등)에서, 또는 어떤 사용 조건(예로, 평균 이상의 주행거리, 울퉁불퉁한 지역, 도심 안에서만의 운행 등)하에서 발생할 수 있는지를 고려해야 한다.

모든 '고장 모드'가 정해진 후에 그들의 쓰임새를 판단하는 일은 과거에 잘못 만들어진 불량품, 염려했던 사안들, 보고서, 또 그룹 브레인스토밍 등을 통해 이루어질 수 있다. 그 외에 잠재 '고장 모드'는 상위 계층인 '하위 시스템'이나 '시스템'에 존재하는 잠재 '고장 모드'의 '원인'이 될 수 있으며, 거꾸로 하위 계층인 '부품'에서는 부품 '고장 모드'의 '영향(Effects)'이 될 수 있다.

다음 [표 Ⅲ-3]은 서로 다른 '요구 사항'들에 대한 '고장 모드' 도출 사례이다.

[표 Ⅲ-3] '기능-요구 사항-고장 모드' 작성 예

아이템	기능	요구 사항	고장 모드
디스크 브레이크 시스템	운전자가 요구(조작) 시 차량을 멈추게 함(젖어 있거나 건조한 노면 등의 환경을 고려).	건조한 아스팔트 도로를 정해진 **G치(OO)와 제동 거리(△m)** 안에서 차량이 멈춰야 함.	차량이 멈추지 않음.
			정해진 제동 거리를 넘어서 멈춤.
			G치가 규정치를 넘어선 상태에서 멈춤.
		시스템 요구가 없으면 차량 움직임은 방해받지 말아야 함 (OON·m).	어떤 요구도 없었는데 작동함; 차량 움직임이 부분적으로 방해받음.
			차량이 움직이지 않음.
브레이크 로터 (Brake Rotor)	브레이크 패드로부터 차축까지 힘이 전달되게 해야 함.	차축에 **OO N·m 저항**을 전달해야 함.	불충분한 토크 저항이 전달됨.
…	…	…	…

[참고 1] '요구 사항'의 굵은 표현은 '기능'의 '수치화된 값'이다. '요구 사항' 열이 없다면 '기능' 열에 포함돼야 하며, 실무에서는 '수치'를 함께 기술한다('수치'는 생략).
[참고 2] '고장 모드' 표현은 가급적 "'요구 사항' 값의 벗어남"처럼 구체적으로 표현한다([표 Ⅲ-4] 참조).

'Ford사 매뉴얼'에 대해서는 기본적으로 '고장 모드'의 정의나 설명이 앞서 언급한 'Big 3' 또는 'SAE' 내용과 동일하다. 특징이 있다면 '고장 모드'를 네 개 유형으로 나눠 입력과 해석에 깊이를 더한 점인데, 이후 알게 되겠지만 'MIL'의 정보를 자사 현실에 맞게 구체화시켰음을 알 수 있다. 다음은 Ford사에서 사용 중인 '고장 모드' 유형의 설명을 옮긴 것이다.

(Ford)
4개 유형으로 분류되며, 이를 「4 Thought Starter Failure Modes」라고 부른다. 첫 번째와 두 번째 유형은 일반적으로 이용되는 부류이고, 세 번째와 네 번째는 그동안 FMEA 전개에서 빠졌던 부류이다. 다음은 각각의 설명이다.

1. **기능하지 않음(No Function)** → 시스템이나 설계가 기능 발휘를 전혀 못하거나 제대로 작동하지 않음.
2. **부분적 또는 과도한 기능, 시간에 따른 열화(Partial/Over Function/Degraded Over Time)** → 열화 성능. 몇몇 기능 요구 사항들을 충족시키지만 모든 속성이나 특성들을 완전히 만족시키진 못함. 이 부류는 시간에 따라 기능이 점점 떨어져가는 열화나, 시간에 따라 과도하게 발휘된 기능도 포함됨. 이 부류의 '고장 모드'는 시간 관련성 때문에 주행 거리가 매우 큰 고객을 만족시키는 데 매우 중요하나(Ford사의 주요 이니셔티브) 대부분의 FMEA 작성에서 고려 대상으로 삼지 않는 경우가 많음.
3. **간헐적 기능(Intermittent Function)** → 제어가 되기는 하나 온도, 습도, 환경 등과 같은 외부 요인에 의해 몇몇 기능성을 잃거나 종종 제대로 작동하지 않음. 이 '고장 모드'는 다음의 상태를 보임, 즉 갑작스러운 켜짐과 꺼짐의 반복, 또는 시작/멈춤/시작과 같은 일련의 작동.
4. **의도되지 않은 기능(Unintended Function)** → 개별적으론 정상인 몇몇 요소들이 그들 간 상호작용을 통해 제품이나 프로세스에 불리한 영향을 미침. 이것은 제품에 바람직하지 못한 결과를 초래하므로 "의도되지 않은 기능"에 해당함. 주로 시스템의 상호작용에 의한 고장들을 포함하므로 고객들이 거의 바라지 않는 시스템 동작을 초래함. 이 같은 유형의 시스템 작동은 제품 특성상 매우 심각한 위협과 안 좋은

영향을 유발시킴. 다음은 이 부류의 '고장 모드' 예를 보여줌.

- 지시되지 않은 작동: 작동 지시 없이 와이퍼가 움직임(와이어 합선 등).
- 의도되지 않은 방향으로 작동: 드라이버가 'D' 위치에서 차량이 뒤로 움직임. 창문 닫는 버튼을 눌렀으나 실제는 위로 움직임.
- 의도되지 않은 작동: 차량 전복 시 작동되는 'Fuel Cut-off 스위치'가 울퉁불퉁한 도로 주행 중 작동함.

적출된 '고장 모드'는 '기능'과 반드시 관계해야 한다. 아직 발견되지 않은 '기능'들을 찾아낼 좋은 수단은 모든 발생 가능한 '고장'들을 그와 맞는다고 생각되는 '기능'들과 연결시켜 보는 일이다. Ford사 FMEA는 기능 위주의 해석법이며, 이 방식은 각 '기능'의 목록과 그 '기능'이 제대로 작동하지 못하게 할 '고장 모드' 목록, 둘 다를 포함한다. 또 '기능'과 관련된 '고장 모드' 적출을 위해 「4 Thought Starter Failure Modes」를 이용한다. 이때 '고장 모드'를 위한 '기능'의 측정 가능과 작동 조건이 명확하게 마련돼 있어야 한다. 다음 [표 Ⅲ-4]는 '기능'과 '고장 모드'의 작성 예이다.

[표 Ⅲ-4] '기능'과 '고장 모드' 작성 예

아이템/기능	고장 모드
잭 어셈블리 (부품No. XXXX) - 타이어 교환 시 바닥에서 +Xcm만큼 들어 올림. - Y분 안에 들어 올려야 함. - 어떤 기후 상황에서도 (상기 기능 요구 사항들이) 가능해야 함.	**기능하지 않음** - 차량을 전혀 들어 올리지 못함. **부분적 또는 과도한 기능, 시간에 따른 열화** - 들어 올린 높이가 Xcm에 못 미침. - Y분을 넘어섬. - 필요한 힘 K 양보다 더 큰 힘이 들어감. - 시간이 경과 후 높이가 Xcm에 못 미침. **간헐적 기능** - 비 오는 날씨에 (기능 요구 사항들이) 제대로 작동하지 않음. - 영하 날씨에 (기능 요구 사항들이) 제대로 작동하지 않음. **의도되지 않은 기능** 알려진 '고장 모드'가 없음.

하찮은 내용의 '고장 모드'는 실상에서 거의 발생하지 않기 때문에 아예 대상으로 삼지 않는다. 그러나 확실치 않으면 목록에 추가한다. 다음은 '기능적 접근'의 간단한 예이다.

- 기능: 유량을 저장한다. → 최대 X리터, 리크가 없음, 10년 - 24만㎞
- 부품 계층에서의 Design FMEA에 대한 '고장 모드' → X리터 이하로 저장, 리크

'고장 모드'를 4가지 유형으로 구분한 Ford사의 접근은 활용성과 접근성을 크게 높였다는 평가를 받는다. 그러나 다음의 「MIL-STD-1629A」 내용을 보면 Ford사가 그를 충분히 참고했음도 알 수 있다. 'MIL'은 '고장 모드'와 '원인'을 함께 기술한다.

(MIL) - '원인(Causes)' 설명은 제외함.
  <u>'고장 모드'와 '원인'들</u>─분석 대상이 되는 각 계층 레벨에 대해 예측이 가능한 모든 '고장 모드'를 찾아 나열하고 아이템의 출력과, 블록 다이어그램에서 확인된 기능의 출력을 조사해 잠재적 '고장 모드'를 결정한다. 각 아이템별 기능들의 '고장 모드'는 명확한 '고장의 정의', 그리고 시스템 정의 시 고려된 '요구 사항(Requirements)'들을 바탕으로 얻어진다(중략)…. 완전한 분석이 이루어지려면 각 '고장 모드'와 '출력 기능'은 최소한 다음과 같은 전형적 고장 상태를 참고해 조사되는 것이 바람직하다.

a. 정해진 시점보다 이른 작동.
b. 규정된 시점에 작동하지 않음.
c. 간헐적인 작동.
d. 규정된 시점에 작동을 멈추지 않음.
e. 작동 중에 출력 손실이 있거나 고장 남.
f. 출력이나 작동 능력이 감퇴함.
g. 그 외에 시스템 특성들, 작동 시 요구 사항, 제약 조건에 근거한 두드러진 고장 상태들.

바로 앞서 나열된 고장 유형들은 Ford사가 그들을 참고해 4가지로 분류했을 충분한 유사성을 제공한다.

지금까지 설명된 '고장 모드' 정의와 작성법 및 사례를 통해 독자 스스로 Design FMEA를 전개해나갈 수 있으리라 확신한다.

1.11.3. 잠재적 고장의 영향 Potential Effect(s) of Failure(*c*)

아이템/ 기능	잠재적 고장모드	잠재적 고장의 영향	심 각 도	분 류	잠재적 고장의 원인/메커니즘	발 생 도	현 관리		검 출 도	R P N	권고조치사항	책임자 및 목표 완료예정일	조치결과			
							예방	검출					조치 내용	심 각 도	발 생 도	검 출 도 R P N

드러난 '고장 모드'를 하나의 '원인'으로 간주하면 그 결과는 '영향(Effect)'으로 나타난다. 또 하나의 '고장 모드'가 여럿의 '영향'으로 나타날 수 있어 일대일 대응은 성립할 수도 또는 그렇지 않을 수도 있다. 우주 왕복선처럼 복잡도가 높은 기기나 시스템들은 하나의 '고장 모드'가 '시스템'에 영향을 바로 미치기보다 '고장 모드'가 발생한 아이템의 상위 레벨인 '어셈블'이나 '하위 시스템'을 거쳐 최종 '시스템'에 영향을 줄 수 있다. 따라서 필요 시 FMEA 양식에 '하위 시스템'이나 '시스템'에서 발생되는 '영향'을 설명하기 위해 열(Column) 등을 추가해 단계별 '영향'을 기술해나갈 수 있다. 이제부터 'Big 3', 'Ford사' 및 'MIL'의 출처별 잠재적 '고장의 영향'에 대해 알아보자.

(Big 3), (SAE), (Ford)

잠재적 '고장의 영향'은 "기능을 저해하는 '고장 모드'가 고객 시각에서(즉, 시스템에) 미치는 영향"으로 정의된다. 고객이 알아챘거나 경험했던 방식으로 '(고장의) 영향'을 해석하려면 최종 소비자뿐만 아니라 내부 고객도 염두에 둬야 한다. 만일 '고장 모드'가 안전이나 규정을 벗어나는 일과 관계하면 이를 명확하게 드러내야 하며, '영향'은 특정 시스템이나 하위 시스템 또는 부품에서 관찰되므로 이들과 관계시켜 설명하는 것도 잊어서는 안 된다. 계층적 관계가 부품, 하위 시스템, 그리고 시스템 레벨 사이에 존재하는지를 기억하는 것도 중요한데, 예를 들어 특정 부품이 파열되면 어셈블에 진동을 야기하고, 이것은 다시 시스템 작동에 간간이 좋지 않은 영향을 미친다고 할 때, 간헐적으로 안 좋게 작동되는 시스템은 성능이 떨어지고 궁극적으로 고객의 불만족을 사게 된다. 이 같은 계층적 사고는 팀이 보유한 지식을 이용해 잠재적 '고장의 영향'을 예측하는 데 유용하다. 전형적인 '고장의 영향'은 제품 또는 시스템 성능에 미치는 형태로 설명돼야 하며, 다음 [표 Ⅲ-5]는 [표 Ⅲ-3]의 '고장 모드'에 이은 '고장의 영향'의 한 예이다.

[표 Ⅲ-5] '고장 모드-영향'의 작성 예

아이템	…	고장 모드	영향
디스크 브레이크 시스템	…	차량이 멈추지 않음.	차량 제어가 안 됨. 규정을 지키지 못함.
		정해진 제동 거리를 넘어서 멈춤.	차량 제어가 안 됨. 규정을 지키지 못함.
		G치가 규정치를 넘어선 상태에서 멈춤.	규정을 지키지 못함.
	…	어떤 요구도 없었는데 작동함; 차량 움직임이 부분적으로 방해받음.	패드 수명이 줄어듦. 차량 제어 여지가 축소됨.
		차량이 움직이질 않음.	차량을 운전할 수 없음.
…	…	…	…

[표 Ⅲ-5]의 '고장 모드'만 보면 마치 차량(시스템) 관점에서의 설명 같은데, 이것은 [표 Ⅲ-3]의 '기능'을 참고하면 내용 연결이 되니 그들로 돌아가 복습하기 바란다. 단 "패드 수명이 줄어듦"은 다른 '영향'들이 '시스템(고객 시각)' 관점의 해석인 것과 다소 차이를 보인다. 'Big 3 매뉴얼' 내용을 그대로 옮긴 것이니 각자의 해석에 맡기도록 하겠다. 다음은 'Ford사'의 내용이다.

(Ford)

(잠재적 '고장의 영향'을 확인하는 방법) 잠재적 '영향'을 확인하려면 "만일 이 '고장 모드'가 발생하면 ○○에 어떤 결과가 나타나는가?"라는 물음을 통해 이루어질 수 있다. 물음 중 '○○'은 다음과 같다.

- 아이템 하위 부품들의 작동, 기능 또는 상태
- 다음 상위 어셈블의 작동, 기능 또는 상태
- 시스템의 작동, 기능 또는 상태
- 차량의 작동, 운전 성능 또는 안전
- 고객이 보고, 느끼거나 경험하는 것
- 정부 규제의 준수

만일 잠재적 '고장 모드'가 안전한 제품 또는 차량 작동에 역효과를 내거나 정부 규제를 따르지 못하게 될 경우, "~규정을 준수하지 못할 수 있음"과 같은 상황에 맞는 문구를 입력한다. '영향'은 다음의 대상에 나타나는 '고장 모드'의 '결과'를 표현한 것이다.

- 부품 또는 하위 부품들
- 다음 계층의 상위 어셈블
- 시스템
- 차량(자동차 이외 분야에서는 제품이나 상품)
- 고객
- 정부 규제

하나의 '고장 모드'로부터 발굴된 모든 '영향'들은 한 셀에 위치시킨다.

(주의) P-Diagram에서 언급된 모든 '에러 상태'들은 FMEA의 '고장 모드' 열 또는 '영향' 열에 포함될 수 있다. 그러나 P-Diagram에서의 '에러 상태'가 '고장 모드의 영향'들 모두를 포괄하지는 않는다.

다음 [표 Ⅲ-6]은 잠재적 '고장의 영향'에 어떤 유형들이 있는지 예시한 것이다.

[표 Ⅲ-6] 잠재적 '고장의 영향' 유형 예(Ford, SAE)

잠재적 '고장의 영향' 유형	
- 잡음	- 부드럽지 못함
- 변덕스러운 작동	- 정상으로 움직이지 않음
- 안 좋은 외관	- 불쾌한 냄새
- 불안정	- 기능이 떨어진 작동
- 간헐적 작동	- 규제를 준수하지 못함
- (Ford사만) 전자기 환경 적합성(EMC)	- (Ford사만) RFI(Radio Frequency Interface) 잡음

'Big 3'와 'Ford사'에 이어 「MIL-STD-1629A」의 내용을 들여다보는 것도 중요한데, 이유는 군수 장비나 국방 시스템들은 규모가 크고 복잡도도 매우 높아 여러 계층들 간 연관성을 따져 문제를 규명하려는 노력이 절실하기 때문이다. 따라서 '영향'의 기술도 'Local Effects', 'Next Higher Level Effects', 'End Effects'와 같이 몇 단계로 나눠 요구한다([그림 Ⅲ-11] 내 「MIL-STD-1629A」 양식 참조). 규모가 큰 시스템의 개발 업무에 종사한다면 FMEA 전개 시 이 같은 접근도 유용하니 신중히 검토하기 바란다.

(MIL)

'고장 모드'는 아이템의 작동이나 기능 및 상태를 저하시키므로 그 결과가 어떤 모습으로 나타날지 모두 조사해서 기록해봐야 한다. 고장의 '영향'은 블록 다이어그램 내 고장이 일어날 아이템에 집중함으로써 파악이 가능하다. 조사 중인 고장이 분석하려는 계층 레벨뿐만 아니라 다른 몇몇 계층 레벨에도 영향을 미칠 때 이를 'Local', 'Next Higher Level', 그리고 'End'처럼 단계적으로 그 '영향'을 파악해나갈 수 있다. 또 '고장의 영향'은 임무의 목적, 유지 관리 요구 사항, 개인과 시스템 안전을 고려해서 기술돼야 한다.

(**Local Effects**) 현재 고찰 중인 계층 레벨 아이템에 대한 작동과 기능에 대해 '고장 모드'가 미치는 '영향'을 나타낸다. 'Local Effects'를 기술한 뒤 그다음으로 이어지는 '영향'도 함께 묘사돼야 한다. 'Local Effects'를 정의하는 목적은 보상책을 마련하고 시정 조치를 권고하려는 데 있으며, 'Local Effects'가 '고장 모드' 자체가 될 수도 있다.

(**Next Higher Level Effects**) 현재 고찰 중인 계층 레벨보다 한 단계 더 상위 계층의 아이템에 대한 작동과 기능에 '고장 모드'가 미치는 영향을 나타낸다.

(**End Effects**) 가장 상위 시스템의 작동, 기능 또는 상태에 고장이 미치는 전체 영향을 평가하고 정의한다. 'End Effect'는 이중 고장으로 나타나는 결과가 될 수 있다. 예를 들어, 주 기능의 안전장치가 설정된 한계 값을 넘어서고, 또 안전장치가 작동하지 않는 이중 고장의 경우 파국적인 'End Effect'로 나타날 수 있다. 이중 고장으로 나타나는 'End Effect'들은 FMEA 양식에 반드시 그를 명시해야 한다.

1.11.4. 심각도 Severity(*d*)

아이템/ 기능	잠재적 고장모드	잠재적 고장의 영향	심 각 도	분 류	잠재적 고장의 원인/메커니즘	발 생 도	현 관리		검 출 도	R P N	권고조치사항	책임자 및 목표 완료예정일	조치결과				
							예방	검출					조치 내용	심 각 도	발 생 도	검 출 도	R P N

'심각도'는 말 그대로 "심각한 정도"를 표현하는 점수다. 앞서 기술한 '영향(Effects)'이 고객이나 운영에 얼마나 중대하고 심각한 악영향 또는 위험을 초래할 것인지 '1'부터 '10'까지의 점수를 통해 가늠한다. 점수가 높을수록 심각한 정도는 증가한다. Design FMEA 양식에서의 '심각도' 열 위치의 확인은 [그림 Ⅲ-11]의 'FMEA 양식'을 참고하기 바란다. 출처별 '심각도'에 대한 설명은 다음과 같다.

'심각도'는 "주어진 '고장 모드'가 미치는 '영향'들 중 가장 심각한 '영향'에 부여된 점수이다." 주의할 점은 FMEA 작성 시 그 안에서의 상대적 비교를 통해 점수를 매기지 타 양식 간의 비교를 통해 점수를 매기지는 않는다(사례는 Ford사에 대한 [표 Ⅲ-9] 참조).

팀은 '평가 기준'과 점수 체계에 동의해야 하고, 설사 프로세스 분석에 차이가 있어 수정이 가해지더라도 기준의 일관성만큼은 유지돼야 한다. 단, 점수 '9'와 '10'의 '기준 (Criteria)'은 수정하지 않는다(안전 및 법 규제와 관계하므로). '심각도=1'의 '고장 모드'는 분석 대상에서 제외한다. 다음 [표 Ⅲ-7]은 '심각도' 기준(Criteria)의 일반적인 예이다.

[표 Ⅲ-7] '심각도'의 평가 기준(Big 3)

영향(Effect)	기준(Criteria): 제품에 대한 영향의 심각도(고객의 영향)	점수 (Rank)
안전과 규제 요구를 만족하지 못하는 고장	잠재적 '고장 모드'는 경고 없이 안전성에 영향을 주고(또는) 정부 규제를 벗어남.	10
	잠재적 '고장 모드'는 경고가 주어진 상태에서 안전성에 영향을 주고(또는) 정부 규제를 벗어남.	9
1차 기능의 손실 또는 열화	1차 기능의 상실(차량 작동 불가, 안전엔 영향 받지 않음).	8
	1차 기능의 열화(차량은 작동 가능하나 성능 수준의 저하).	7
2차 기능의 손실 또는 열화	2차 기능의 상실(차량은 작동하나 안락함과 편리한 기능의 작동 불가).	6
	2차 기능의 상실(차량은 작동하나 안락함과 편리한 기능들에 대한 성능 수준의 저하).	5
골칫거리 (Annoyance)	외관이나 들리는 잡음, 차량 작동, 아이템이 잘 맞지 않고 대부분의 고객 (>75%)이 알아차림.	4
	외관이나 들리는 잡음, 차량 작동, 아이템이 잘 맞지 않고 많은 고객(50%) 이 알아차림.	3
	외관이나 들리는 잡음, 차량 작동, 아이템이 잘 맞지 않고 안목 있는 고객 (<25%)이 알아차림.	2
영향 없음	인식할 수 있는 어떤 영향도 존재하지 않음.	1

(Ford)

(정의, SAE 포함) '심각도'는 "이전 열(고장 모드)이 미치는 '영향'들 중 가장 심각한 '영향'에 부여된 값이다." FMEA가 작성될 때 그 안에서의 상대적 비교를 통해 점수를 매기지 타 양식 간의 비교를 통해 점수를 매기지는 않는다. '심각도' 값을 축소시키는 방법은 유일하게 '설계 변경'을 통해서만 가능하다. '심각도'는 [표 III-8]에 따라 정해진다.

('심각도'를 확인하는 방법) FMEA팀은 먼저 「심각도 점수 표([표 III-8])」를 사용해 점수 부여 방식에 대한 의견 일치를 본다. FMEA 양식 내 '심각도' 열에 기입한 '영향'들 중 가장 심각한 '영향'에 대해서만 점수를 매긴다. 즉, 각 '고장 모드'별 '심각도'는 한 개만이 등재된다([표 III-9] 작성 사례 참조).

'영향' 열에 입력된 각 '영향'의 '심각도'를 평가한다. '심각도' 점수는 '영향'의 표현이 동일하면 동일한 '심각도 점수'가 부여된다. 우선 가능한 잠재적 '고장의 영향'을 정확하게 표현한다. FMEA 작성자는 특정 고장과 직접 관련 있는 모든 '영향'들을 주의 깊게 관찰한다. 그러나 만일 고장이 운전자에 직접적 상해를 주거나 차량의 안전성에 위해를 끼치지 않는다면, 고장에 의한 '영향'들 중 '부수적인 영향'들에 근거해 '심각도' 점수를 부여하는 일은 없어야 한다. '엔진 스톨(Engine Stall)'[56]은 브레이크와 스티어링에 안 좋은 영향을 준다. 그러나 이 같은 현상은 만일 필요한 입력 제어력이 꼭 받아야 하는 승인이나 법률적 요구 사항을 만족시킨다면 차량의 안전 작동엔 문제되지 않는다. '엔진 스톨'이나 엔진이 갑자기 멎는 증상이 **고객에 미치는 '영향'**은 제어 신호를 줬을 때 자동차가 반응하는 기대치(요구 값)에의 변화로써 설명돼야 한다(고객 시각). 또, '엔진 스톨'이나 엔진이 갑자기 멎는 증상이 **차량에 미치는 '영향'**은 차량의 1차 기능이 손상된 것이다(차량의 1차 기능). 그러므로 [표 III-8]의 「심각도 점수 표」에 따라 "차량/아이템 작동 불가(1차 기능의 상실)"에 해당되므로 '엔진 스톨'에 대한 종합적인 '심각도' 점수는 최소 '8'이 돼야 한다.

---

56) (네이버 사전) 엔진이 작동하다 갑자기 정지해버리는 것. 감속에서 아이들(Idle) 상태로 전환될 때 등 운전 상태가 변화할 때 발생하는 경우가 많음.

Ford사에서 쓰이는 「심각도 점수 표」는 'Big 3'의 그것과 전반적으로 동일하나 표현에 있어 약간의 차이가 있다. Ford사의 「설계 심각도 점수 표」[57]는 다음 [표 Ⅲ-8]과 같다.

[표 Ⅲ-8] '설계 심각도 점수 표'(Ford, SAE)

영향(Effect)	기준(Criteria): 영향의 심각도	점수 (Ranking)
경고 없는 위험 (Hazardous without Warning)	잠재적 '고장 모드'가 경고 없이 차량의 안전 작동과(또는) 정부 규제 준수에 악영향을 미치는 경우임.	10
경고 있는 위험	잠재적 '고장 모드'가 경고가 있는 상태에서 차량의 안전 작동과(또는) 정부 규제 준수에 악영향을 미치는 경우임.	9
매우 높음	차량/아이템 작동 불가함(1차 기능의 상실).	8
높음(High)	차량/아이템은 작동 가능하나 성능 수준 저하가 있음. 고객은 매우 불만족 상황에 해당함.	7
중간(Moderate)	차량/아이템은 작동 가능하나 안락함과 편리함을 주는 아이템이 작동 불가함.	6
낮음(Low)	차량/아이템은 작동 가능하나 안락함과 편리함을 주는 아이템이 성능 수준 저하된 상태에서 작동. 고객은 다소 불만족한 상황에 해당함.	5
매우 낮음	아이템의 맞춤과 마무리/잡음이 규격에 맞지 않음. 결점을 대부분 고객(75% 이상) 인지함.	4
미미함(Minor)	아이템의 맞춤과 마무리/잡음이 규격에 맞지 않음. 결점을 고객의 50% 이상이 인지함.	3
매우 미미함	아이템의 맞춤과 마무리/잡음이 규격에 맞지 않음. 결점을 안목 있는 고객(25% 이하) 인지함.	2
위험 없음	인식할 수 있는 어떤 영향도 존재하지 않음.	1

'Ford사 매뉴얼'에 속해 있는 '심각도' 작성 사례를 '고장 모드', '영향'과

---

57) 영문으로는 'Design Severity Rating Table'이다.

연결시켜 다음 [표 Ⅲ-9]에 옮겨놓았다.

[표 Ⅲ-9] '고장 모드–영향–심각도' 작성 예(Ford사)

아이템/기능	잠재적 고장 모드	잠재적 고장의 영향	심각도	분류
'촉매 변환기'는 고객이 감지할 수 있는 유황(H_2S) 냄새(부패된 달걀 냄새)를 억제해야 한다. – 차량 목표 수명인 10년/24만km, – oo ppm/test H_2S 이내	규정 값을 초과한 H_2S의 방출	- 고객 불만족(달걀 부패 냄새) (7) - 촉매기 교체 (6)	7	-
…	…	…	…	…

[표 Ⅲ-9]를 보면 하나의 '고장 모드'에 두 개의 '영향'이 도출돼 있으며 특징을 살펴볼 때, ① 동일 '고장 모드'에 대한 '영향'들을 동일 셀에 모아놓은 점, ② 각 '영향'들의 '심각도' 점수를 결정한 후 그들 중 가장 큰 값을 '심각도' 열에 기입한 점 등을 들 수 있다. 자사의 상황에 따라 어느 입력 방식을 따를지는 차이가 있을 수 있으나 이 같은 접근의 유용성을 검토해 활용하는 것도 중요하다.

1.11.5. 분류 Classification(e)

아이템/ 기능	잠재적 고장모드	잠재적 고장의 영향	심각도	분류	잠재적 고장의 원인/메커니즘	발생도	현 관리		검출도	R P N	권고조치사항	책임자 및 목표 완료예정일	조치결과				
							예방	검출					조치 내용	심각도	발생도	검출도	R P N

일반적으로 '분류(Classification)' 열은 FMEA 작성 시 그 쓰임새에 있어 심각하게 고려하지 않는 경향이 있다. FMEA가 여러 영역으로 활용도가 넓어지면서 모든 작성자가 제품 설계를 담당하지는 않기 때문이다. 또 안 좋은 예이긴 하나, 설사 설계 담당자라 하더라도 'ISO/TS-16949' 같은 외부 인증 심사기관에 심사를 받을 목적으로 FMEA를 형식적으로 작성할 때 이 '분류'란 역시 내용 없는 심벌을 남발하는 경우도 종종 목격된다. 그러나 내용이야 어찌 되었든 '분류'는 '고장 모드'와 '영향' 및 '심각도'를 통해 설계 문제의 심각성을 인지하고, 제3자와 그 심각성 수준을 공유할 목적으로 미리 정해놓은 심벌을 입력하는 난이다. 이 난에 심벌이 들어 있으면 FMEA 양식 내 '권고 조치 사항'에 '어떻게 하라'는 조치 사항을 반드시 입력해야 한다. 일반적으론 역삼각형인 '▽' 심벌을 많이 사용한다. Ford사 경우 설계(Design)와 프로세스(Process)별로 상세한 자체 활용 심벌을 규정하고 있다. 사실 Ford사의 분류 체계를 학습하는 것이 핵심이라 할 만큼 구체적이므로 독자들은 본 단락을 정독해주기 바란다.

(Big 3)
'분류' 열은 위험 순위가 아주 높은 '고장 모드', 그리고 그와 엮인 '원인'들의 강조에 쓰이며, 팀은 이 정보를 이용해 '특별 특성(Special Characteristics)'을 식별한다. 고객의 특별한 요구 역시 제품과 프로세스별로 '특별 특성'의 심벌을 이용해 구분할 수 있다.

(Ford)
(정의, SAE 포함) 이 열은 추가 설계나 프로세스 관리가 필요한 부품, 하위 시스템 또는 시스템에 대해 제품의 '특별 특성(Critical, Key, Major, Significant)'을 구분하는 데 이용된다. 또 만일 팀이 이 열의 유용성을 인식하고 현직 관리팀도 동일한 의견이면 설계 평가 시 매우 위험성이 높은 '고장 모드'를 강조할 목적으로도 이용될 수 있다. 해석에 쓰이는 여러 심벌들과 그들의 활용은 회사 정책에 따라 결정된다.

(**'YC'의 분류**) '고장 모드'가 "심각도=9 또는 10"일 경우, 잠재적 "Critical Characteristic"이 존재한다고 하고, '분류' 열에 "YC"를 입력(약어에 대해서는 바로 이어지는 설명 참조)한 뒤, 'Process FMEA'를 시작한다. 이들 제품 특성들은 차량 안전 또는 제품 기능이나 정부 규제의 준수에 영향을 미치며 특별한 생산, 조립, 공급자, 선적, 모니터링 또는 검사 활동, 관리에 필요하다.

FMEA 양식 내 '분류' 열을 활용하려면 앞서 언급한 대로 Ford사의 심벌 분류 체계를 잘 이해해야 한다. 우선 '분류' 열에 입력할 심벌이나 약자로 표시되는 모든 특성들을 총칭해서 '특별 특성(Special Characteristics)'이라고 한다.58) 다음은 Ford사의 '특별 특성'을 옮겨놓은 내용이다.

(Ford)
모든 제품과 프로세스는 나름대로의 '특징'들을 갖고 있으며, 다시 이들 '특징'은 중요하면서도 제어가 필요한 '특성'들에 의해 묘사된다. '특별 특성'이란 차량이나 프로세스의 안전성, 정부 규제의 준수나 고객 만족, 제품의 운행 안전 요구 사항뿐만 아니라 모든 설계 요구 사항들을 충족시키는 데 영향을 미치는 제품, 프로세스와 관련된 특성들을 지칭한다.

[그림 Ⅲ-17]은 '특별 특성'들의 계층 구조를 나타낸다(편의상 Process FMEA 내용도 포함됨).

매뉴얼에 설명된 분류 체계가 한눈에 안 들어와 욕심을 내서 [그림 Ⅲ-17]과 같이 한 공간에 대부분의 정보를 포함시켰더니 좀 복잡해졌다. 그러나 여러 부분으로 쪼개는 것보다 한 번에 이해할 수 있는 장점도 있으니 이어지는 설명을 잘 참고하자.

---

58) 각 용어별 한국어 번역은 전개의 편의를 위해 필자가 정한 것임.

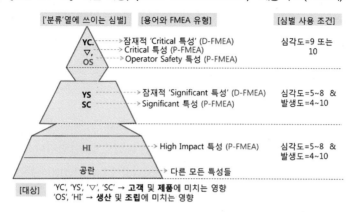

[그림 Ⅲ-17] '특별 특성(Special Characteristics)' 계층 구조(Ford사)

우선 그림의 맨 상단에 놓인 제목 "['분류' 열에 쓰이는 심벌]"의 피라미드 처럼 생긴 구조물은 '특별 특성(Special Characteristics)'의 분류와 계층을 각 각 나타낸다. 특히 피라미드 구조물 안에 쓰인 영문의 약어, 기호 등은 Design FMEA '분류'란에 직접 입력되는 '심벌(Symbol)'들이다. 또 여기서 계층이란 '심각도'가 큰 경우, 즉 사람에 미치는 위험도가 크거나 제품 또는 프로세스에 미치는 치명도기 큰 분류가 피라미드 싱단에 위치하도록 구성된다. 따라서 가 장 상단의 'YC', '▽', 'OS'는 모두 "심각도=9 또는 10"인 경우 입력되는 심 벌들이다. 이어 피라미드의 중간과 하단에 적힌 'YS', 'SC', 'HI' 들은 모두 "(심각도=5~8) & (발생도=4~10)"인 경우 '분류'란에 입력되는 심벌들이다.

[그림 Ⅲ-17]의 맨 위쪽 중간에 위치한 두 번째 제목 "[용어와 FMEA 유 형]"은 영어 약자의 원 명칭을, 그리고 FMEA 유형이 'Design FMEA'인지 아 니면 'Process FMEA'인지의 구분을 나타낸다. 예를 들어, 현재 'Design FMEA'를 전개하고 있으며 '심각도=9'가 나온 상황이면, 잠재적 'Critical 특 성'을 선택해야 하므로 양식 내 '분류'란에 "YC"를 입력하는 식이다. 'FMEA 유형'이 'Design FMEA'인 경우 항상 영문 초두에 "잠재적(Potential)"이 붙는

점도 기억해두자. 제품을 설계하고 있는 중이므로 아직 드러나지 않은 상황을 예상하고 있기 때문이다. 그림상에서 현재 'Design FMEA'를 대상으로 한 표기는 "YC"와 "YS" 두 개뿐이다.

[그림 Ⅲ-17]의 맨 위 오른쪽에 위치한 세 번째 제목 "[심벌 사용 조건]"은 '심각도' 또는 '심각도 & 발생도'의 정해진 점수에 따라 어떤 심벌을 적용할지를 알려준다. 예를 들어, 현재 'Design FMEA'를 전개하고 있고 '심각도=5', '발생도=6'을 얻었다면 잠재적 'Significant 특성'에 해당하고, 이때 FMEA 양식 내 '분류'란엔 "YS"를 입력한다.

끝으로 [그림 Ⅲ-17]의 맨 아래(피라미드 구조물 바로 아래) 제목 "[대상]"은 FMEA 전개 시 "어떤 대상에게 미치는 영향"인지에 따라 해당 심벌이 결정된다. 예를 들어 'YC, YS, ▽, SC'는 "고객 및 제품에 미치는 영향"을, 'OS, HI'는 "생산 및 조립에 미치는 영향"을 각각 나타낸다. [그림 Ⅲ-17] 상에는 후자의 경우를 굵은 파란색으로 표시해놓았다. 지금까지의 설명을 정리하면 다음 [표 Ⅲ-10]과 같다.

[표 Ⅲ-10] Design FMEA/Process FMEA '특별 특성' 표(Ford사)

대상	FMEA 유형	분류	내용	기준	필요 조치
고객/제품에 영향	Design	YC	잠재적 'Critical 특성' (P–FMEA시작)	심각도=9, 10	P-FMEA 팀 중심 강조
	Design	YS	잠재적 'Significant 특성' (P–FMEA시작)	(심각도=5~8) & (발생도=4~10)	P-FMEA 팀 중심 강조
	Design	공란	'YC'와 'YS'를 제외한 특성	심각도<5	필요 없음
	Process	▽	Critical 특성	심각도=9, 10	관리 계획에 포함
	Process	SC	Significant 특성	(심각도=5~8) & (발생도=4~10)	관리 계획에 포함
생산/조립에 영향	Process	HI	High Impact 특성	(심각도=5~8) & (발생도=4~10)	강조
	Process	OS	Operator Safety 특성	심각도=9, 10	안전 승인
	Process	공란	상기 특성을 제외한 특성	나머지	적용 없음

[표 Ⅲ-10]에서 Design FMEA 진행 중 'YC'와 'YS'가 나타날 경우 "Process FMEA가 시작되는 시점"이라는 점도 잘 알아두자. 그 외에 아직 설명 단계는 아니지만 Process FMEA의 진행 중, '▽'와 'SC'가 나타나면 그와 관련된 '고장 모드'는 "고객 또는 제품에 미치는 영향이 지대"하다는 판단에 따라 "특별 관리(Special Control)"가 요구되며, 따라서 이를 위해 '관리 계획(Control Plan)'에 반영해 지속적으로 모니터링해야 한다는 점도 기억하자. 이제 각 심벌별 특징들에 대해 자세히 알아보자.

(**Critical** 특성) 원 명칭은 'Critical Characteristics(CC)'이다. 'Design FMEA' 경우 초두에 "Potential"을 붙여 잠재적 'Critical Characteristics'로 명명한다. 'Critical 특성' 들은 정부 규제의 준수, 안전과 관련된 차량 및 제품 기능에 영향을 줄 수 있는 '제품 파라미터'나 '요구 사항'들을 지칭한다. 또 '관리 계획(Control Plan)'에 포함시켜 관리하거나 특별 조치가 필요한 '제품 파라미터'나 '요구 사항들'도 이 영역에 속한다. 다음의 특징이 있다.

- 제품 또는 프로세스의 '파라미터'와 '요구 사항'들이란 크기, 규격 시험, 프로세스, 조립 순서, 툴링, 조인트, 토크와 그 외의 특성들을 의미한다.
- '특별 조치'와 '특별 관리'는 제조, 조립, 공급자, 선적, 모니터링과(또는) 검사들을 포함할 수 있다.
- Design FMEA는 잠재적 'Critical 특성(YC)'으로 지칭한다. Process FMEA는 특성이 'Critical'인지 그리고 특별 관리 이행, 즉 '관리 계획'으로 관리해야 할지를 확인한다.
- 설계 책임 부서는 Process FMEA 팀의 일원으로서 모든 '관리 계획'에 대해 승인을 해야 한다.

(**Significant** 특성) 'Significant Characteristics(SC)'는 고객 만족을 위해 중요한 '제품 파라미터'와 '요구 사항'들을 지칭한다. '품질 계획(Quality Planning)' 조치는 '파라

미터'와 '요구 사항'들을 위해 '관리 계획(Control Plan)'상에서 다루어져야 한다.

- Design FMEA는 잠재적 'Significant Characteristics(YS)'으로 나타낸다. Process FMEA는 특성이 'Significant'인지 그리고 '특별 관리' 이행, 즉 '관리 계획'으로 관리해야 할지를 확인한다.
- '특별 조치'와 '특별 관리'는 생산, 조립, 공급자, 선적, 모니터링과(또는) 검사를 포함할 수 있다.
- 모든 'Significant 특성'은 '관리 계획'에 포함돼야 한다.

(OS 특성) 'Operator Safety(OS) 특성'은 제품엔 영향을 주지 않지만 안전, 또는 프로세스운영59) 등을 위한 정부 규제에 영향을 미치는 파라미터와 관계한다. 이 표시가 있으면 공장 내 작업자들에게 위험 요소가 있다는 뜻이며, 본 특성들은 안전성 승인에 반드시 포함돼야 한다. 또 프로세스가 작업자들에게 영향을 미칠 수 있으므로 '심각도=9 또는 10'의 '고장 모드'에 해당한다.

(HI 특성) 'High Impact(HI) 특성'은 만일 규격 공차를 벗어나는 경우 프로세스 활동, 또는 이후 작업에 심각한 영향을 미치는 파라미터와 관계한다. 제조나 조립 작업이 적절하게 이루어지지 못해 이후 프로세스 활동을 못 하게 되거나 잘못 이행될 때, 이들 특성은 'Critical'이나 'Significant'가 아닌 'High Impact'로 분류된다. 생산/조립 작업에서 실수나 오류가 없도록 '실수 방지' 활동을 추진한다.

(특별 관리) 'Special Controls' 대상은 생산/조립 방법, 행정 조치, 통상 수준을 넘어선 기술과 시험들, '특별 특성' 때문에 생긴 제품의 결점을 방지하고 검출해내는 습관적 관리 등이 포함된다. '특별 관리' 유형은 '관리 계획'에서 쓰이는 '품질 시스템(Quality System)'의 일부이며, 결점 있는 제품이 최종 고객에게 인도되는 것을 막는다. '특별 관리'란 다음의 것들이 해당한다.

---

59) 이에는 OSHA(Occupational Safety Specifications) 요구들, Ford사 Health and Safety Specifications 가 포함된다.

- 선적 이전 '특별 특성(▽와 SC)'과 관련된 결점을 방지하고 검출하는 것을 목적으로 한다.
- '관리 계획'에 문서로써 포함된다.

'▽, SC, OS, 또는 HI' 심벌들이 뭉뚱그려 적용되어서는 안 되며, 각 '특별 특성'은 독립적으로 고려돼야 한다. '▽, SC'는 '관리 계획'상에 기술된 '프로세스 관리' 중 그 어떤 것과 관계해야 한다.

(<u>'특별 특성' 확정 조건</u>) 제품 강건성을 높이기 위한 설계 조치와, 공정 능력 및 안전성을 높이기 위한 프로세스 개선을 통해 매 순간 '특별 특성'과 '특별 관리'를 제거하려는 노력이 필요하다. '특별 특성'들은 모든 설계/프로세스 대안들이 철저하게 이행되고, 그를 관리하기 위해 '특별 관리'가 행해지며, 안정성 승인이 필요한 경우에만 확정을 공식화한다.

(<u>프로세스 단계</u>) 'Critical 특성'과 'Significant 특성'의 지정은 Ford사 경우 사내 규정 절차에 따르며, 'Operator Safety 특성'과 'High Impact 특성'의 지정은 다음의 절차를 따른다.
1) 제조 팀은 'OS 특성'과 'HI 특성'의 지정에 책임이 있다.
2) Process FMEA 실행 결과, 작업자의 안전과 관련된 프로세스 특성이 최종 '심각도=9와 10'을 갖는 경우 'OS 특성'으로 지정한다.
3) Process FMEA 실행으로부터, '심각도=5~8'이고 '발생도=4~10'의 값을 가지며, 규격 공차를 벗어나 프로세스 작업 또는 이후 작업에 심하게 영향을 주는 제품 또는 프로세스 특성들은 'HI 특성'으로 지정한다.

(<u>관리 계획</u>) Process FMEA에서 'Critical 특성'과 'Significant 특성'이 확인되면 그와 관련된 '특별 관리'가 문서화되고 공유돼야 한다. '관리 계획'을 보다 더 상세히 알고 싶은 독자는 'APQP(Advanced Product Quality Planning) 매뉴얼'을 참고하기 바란다. 제품의 '특별 특성'이 확인될 때마다 Ford사에서는 '관리 계획' 운영 담당 엔지니어와 공급자의 승인이 필요하다. (필자) '관리 계획'은 별도의 문헌이나 사내 문서를

참조하기 바란다.

지금까지 Design FMEA 양식을 중심으로 '아이템/기능 → 잠재적 고장 모드 → 잠재적 고장의 영향 → 심각도 → 분류'까지의 전개를 설명하였다. 여기까지 Design FMEA가 작성되면, 이 시점에 [그림 Ⅲ−14]에서 설명했던 'Ford사 Working Model Step-1'을 시행한다. 현재까지의 정보를 이용해 해결할 것은 미리 해결하고 넘어가자는 의도가 깔려 있다. 모든 열을 작성한 후 분석에 들어갈 경우, 분량도 많아 해석에 부담이 될뿐더러 빠트리고 넘어가는 내용도 있을 수 있다. 'Working Model'은 무엇보다 문제의 성격을 유형별로 구분한다는 의미를 내포하고 있어 매우 바람직한 접근이라 할 수 있다. 자세한 내용은 [그림 Ⅲ−14]로 돌아가 본문 내용을 참조하기 바라고, 여기서는 기억을 되살리는 차원에서 Ford사의 'Working Model Step-1'만을 떼어내 다음 [그림 Ⅲ−18]에 간단히 옮겨놓았다.

[그림 Ⅲ−18] Ford사 'Working Model Step-1'

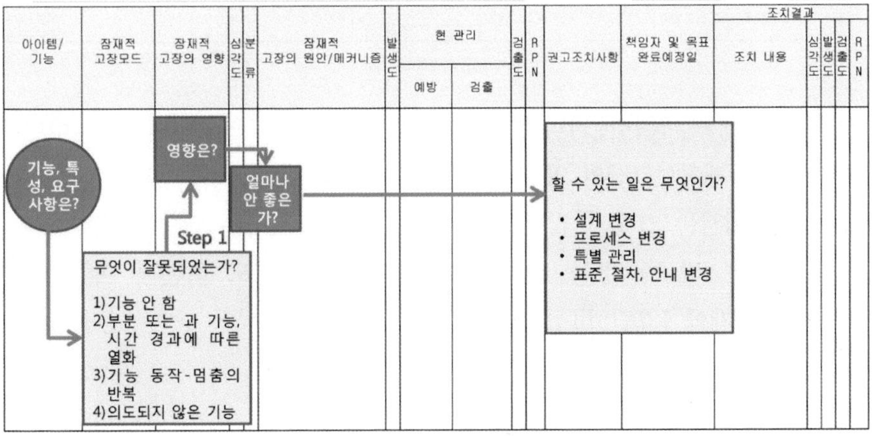

[그림 Ⅲ-18]에 보인 바와 같이 '아이템/기능' 열에 특정 아이템에 대한 "기능과 요구 사항"들이 기입되고, 다시 이들의 각 잠재적 '고장 모드'가 네 개 유형으로 구분돼 적출되며, 이들은 제품의 '잠재적 고장의 영향'을 유발한다. 또 "얼마나 안 좋은지"에 대한 평가를 거쳐 해결이 가능한 '권고 조치 사항'이 만들어진다. 물론 이전에도 언급했다시피 '원인'들을 도출하지 않은 상태에서 '고장 모드'를 제거할 수 있는 '권고 조치 사항'의 마련은 매우 드문일이며, 해결의 실마리는 'Working Model Step-2'와 'Working Model Step-3'에서 이루어지는 경우가 대부분이다. '고장 모드'를 완전히 제거하는 일은 해당 '기능'이나 '아이템'을 크게 변경하거나 없애야 하는 부담 때문에 현실적으로 그 해결책 마련에 제약이 따른다.

1.11.6. 잠재적 고장의 원인/메커니즘 Potential Cause(s)/Mechanism(s) of Failure(*f*)

잠재적 '고장의 원인/메커니즘'은 잠재적 '고장 모드'의 '원인'을 의미한다. 직관적으론 잠재적 '고장의 양향'에 대한 '원인'이 될 것으로 생각하곤 하는데 FMEA 전개에서는 그렇지 않다. FMEA에 처음 입문하는 담당자 경우 '고장 모드'와 '영향' 및 '원인'들 간 관계에 혼란을 느끼기도 하는데 미국 SBTI 사[60] 품질 교재에 [그림 Ⅲ-19]와 같은 재미있는 해석이 담겨 있어 옮겨보았다.

---

60) 'SBTI(Sigma Breakthrough Technologies, Inc)'사는 미국 컨설팅 회사 중 하나임.

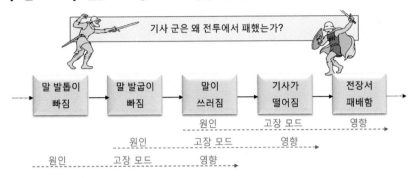

[그림 Ⅲ-19] '원인 → 고장 모드 → 영향' 간 관계

상황이 굉장히 과장되었지만 굳이 '기사 군'이 전장에서 패한 이유를 밝힌다면 "기사가 말에서 떨어졌기 때문"이고, 다시 그 이유는 "말이 쓰러졌기 때문"이며, 그 이유는 "말발굽이 빠져서", 또다시 그 이유는 "말 발톱이 빠졌기 때문"으로 결론지을 수 있다. 이 전개는 보통 바닥 사상인 '근본 원인(Root Cause)'에까지 이르러야 끝날 것이다. 이때 FMEA 전개를 하고 있는 우리로서 어떤 상황에 관심을 두고 있는가에 따라 '원인 → 고장 모드 → 영향'의 해석이 달라진다. 예를 들어 [그림 Ⅲ-19]에서 "전장서 패배함"이 중요 사안이라면 FMEA 양식에는 "말이 쓰러짐(원인) → 기사가 떨어짐(고장 모드) → 전장서 패배함(영향)"의 해석이 가능하다. 또 "말이 쓰러짐"이란 상황이 우리에게 중요하면 해석은 "말 발톱이 빠짐(원인) → 말발굽이 빠짐(고장 모드) → 말이 쓰러짐(영향)"이 되는 식이다. 이제부터 각 출처별 잠재적 '고장의 원인/메커니즘'에 대해 알아보자.

(Big 3)
'원인'과 '메커니즘'별로 열을 따로 구분하거나 하나로 통합할 수 있다. 잠재적 '고장 모드의 원인'은 FMEA 분석에 있어 핵심 요소이며, 비록 원인 발굴에 브레인스토밍 같은 여러 도구들이 이용될 수 있지만, 가장 바람직한 접근은 팀 스스로 각 '고장 모드'별 '고장 메커니즘'을 파악하는 게 최우선이다.

잠재적 '**고장의 메커니즘**'은 '고장 모드'를 유발시키는 물리적, 화학적, 전기적, 또는 열적 과정들을 지칭한다. '고장 모드'와 '고장 메커니즘'—예를 들어, '고장 모드' 이면에서의 실질적인 물리적 현상, 열화 과정, 또는 특정 '고장 모드' 발생과 그를 야기하는 연속된 사건들—을 서로 혼돈하지 않기 위해 '고장 모드'가 "관찰된" 효과인지 아니면 "외적 작용에 의한" 효과인지 구별하는 것은 매우 중요하다. 가능한 각 '고장 모드'별 모든 잠재 메커니즘을 간결하고 완전하게 목록화한다. 시스템에서의 '고장 메커니즘'은 시스템 고장을 초래하는 부품을 따라 오류(에러)가 전파하는 과정이다. 제품이나 프로세스는 그 내부에 '고장 메커니즘'이 서로 얽혀 있어 여러 '고장 모드'끼리 상관성을 띠기도 한다. 메커니즘을 구분 짓는 접근 역시 Design FMEA 전개 과정 중 매우 중요한 요소이다.

잠재적 '**고장의 원인**'은 설계 중 고장이 어떻게 발생하는지를 지적하는 것으로, 시정되거나 제어될 수 있는 해결 방식이 요구된다. 잠재적 '고장의 원인'의 존재는 설계가 취약하다는 암시이며, 그의 결과가 곧 '고장 모드'다. 즉, '원인'들은 '고장 모드'를 유발하거나 작동시키는 징후들이다. 잠재적 '고장의 원인'을 확정지을 때는 명확한 '고장 모드'를 간결하게 표현하는 것이 중요하다. 예를 들어, "표준 볼트의 도금 막은 수소취화[61]를 야기한다"가 돼야지 "형편없는 설계"나 "부적절한 설계" 같은 모호한 표현은 사용하지 않는다.

'원인'을 조사할 때 '영향'이 아닌 '고장 모드'에 초점을 맞춰야 하며, '원인'임을 확정지을 때 팀은 '고장 모드'가 여러 원인들의 작용으로 발생된 것이 아니라 심증을 두고 있는 "바로 이 '원인' 때문에 발생한 것"으로 가정한다.

통상 '원인'들은 다수가 존재하며, 각각은 그와 연결된 '고장 모드'가 있다. 이는 다른 말로 특정 '고장 모드'를 유발시키는 다수의 '원인 경로(Cause Branches)'가 있음을 의미한다. 이들을 드러내는 좋은 방법이 각 '고장 모드'와 '고장 메커니즘'에 대해 모든 잠재 원인들을 목록화하는 것이며, 이때, 원인들은 가능한 간결하고 완전하게 표현한다. 원인들이 모두 분류되면 원인 분석이 수월해지고 성격에 맞는 측정, 관리, 실행

---

61) 금속 안에 수소가 흡수되어 금속의 기계적 성질이 약해져 부스러지기 쉽게 되는 현상.

계획마련이 용이하다.

    Design FMEA를 준비할 때, 설계는 원안 그대로 제조되고 조립될 수 있다고 가정한다. 단, 제조 공정에서의 과거 데이터를 분석했을 때 결점이 발견된 예 등에 대해 팀의 재량으로 예외를 둘 수 있다.

    다음 [표 III-11]은 [표 III-3]의 '고장 모드'에 대해 그 '원인'들을 예로 든 것이다. 비록 FMEA 양식 중 일부만을 소개했지만 '고장 모드', '고장 메커니즘', '원인' 들간의 관계를 이해하기 쉽도록 구성하였다. 통상적인 FMEA 양식에 빠져 있는 '고장 메커니즘'을 포함시켰다.

[표 III-11] 잠재적 '고장의 원인'과 '메커니즘' 작성 예([표 III-3]과 연계)

고장 모드	메커니즘	원인
차량이 멈추지 않음.	페달에서 패드로 힘의 전달이 없음.	부식 방지가 안 돼 기계적 연결이 끊어짐.
		밀폐 설계로 인한 마스터 실린더 배큠 록(Vacuum Lock).[62]
		커넥터 토크 규격이 안 맞아 유압 라인이 느슨해져 유압 오일이 누유됨.
		튜브 재료가 규격 미달돼 유압 라인이 압축되고 이로 인해 유압 오일이 누유됨.
정해진 제동 거리를 넘어서 멈춤.	페달에서 패드로 힘의 전달이 줄어듦.	윤활유의 규격 미달로 기계 연결 부위가 뻣뻣해짐.
		부식 방지가 안 돼 기계 연결 부위가 부식됨.
		재료의 규격 미달로 유압 라인에 주름이 생겨 유압 오일이 일부 누유됨.
G치가 규정치를 넘어선 상태에서 멈춤.	페달에서 패드로 과한 또는 빠른 힘의 전달.	밀폐 설계로 마스터 실린더에 압력이 누적됨.
어떤 요구도 없었는데 작동함; 차량 움직임이 부분적으로 방해받음.	패드가 릴리스 되지 않음.	표면 마감이 자체 세정과 부식 방지를 촉진시키지 못해 레일이나 패드에 녹이나 침적물이 쌓임.
차량이 움직이질 않음.	유압 압력이 릴리스 되지 않음.	밀폐 설계로 인한 마스터 실린더 배큠 록.
...	...	...

---

62) 엔진이 작동 중일 때 2차 밸브가 작동되게 하고, 엔진이 정지되면 더 이상의 연료가 2차실로 들어오지 못하게 하는 기능.

(Ford)

(정의, SAE 포함) 잠재적 '고장의 원인'은 설계의 취약점이 될 수 있으며, 그의 결과가 곧 '고장 모드'다. 가능한 '고장 모드'별로 상상할 수 있는 고장의 원인과(또는) 고장 메커니즘을 모두 목록화한다. '원인/메커니즘'은 될 수 있는 대로 간결하고 완전하게 기술함으로써 개선 노력이 관련 원인들에 맞춰질 수 있도록 노력한다.

'심각도=9 또는 10'인 '고장 모드'에 대해 '원인'들을 찾기 위한 조사가 필요하며, 그를 통해 '고장 모드'를 발생시키는 설계 특징들을 알아낸다.

('원인'의 확인 방법) 생산과 조립 공정을 같이 고려할 때, Design FMEA는 설계 의도에 맞춰 작성됐고, 설계는 이러한 의도대로 생산, 조립된다고 가정한다. 생산이나 조립 작업 동안 발생되는 잠재적 '고장 모드'와 '원인/메커니즘' 모두가 Design FMEA에 포함될 수도, 또는 포함되지 않을 수도 있다. 다만 포함되지 않았을 때, 그들을 찾는 일과 그들의 영향 및 관리에 대해서는 Process FMEA가 그 역할을 대신한다.

본 핸드북은 '원인'과 그 결과인 '고장 모드'가 일대일 관계를 맺는다고 가정한다. 즉, '원인'이 발생하면 그때 해당 '고장 모드'가 발생한다. 각 '고장 모드'별 잠재적 '원인'을 다음의 질문을 통해 브레인스토밍 한다.

• 아이템을 이와 같이 고장 나게 만드는 원인은 무엇인가?
• 어떤 상황이 아이템의 기능을 상실하게 만드는가?
• 아이템은 어떻게 그의 설계 규격에서 벗어나는가?
• 아이템이 정해진 기능을 이행하지 못하는 이유는 무엇 때문인가?
• 상호작용하는 아이템들이 어떤 이유로 함께할 수 없는가? 규격을 어떻게 해야 그들이 공존하게 되는가?
• 'P–Diagram'과 'Interface Matrix'에서 발굴된 어떤 정보가 잠재 원인들을 찾는 데 도움을 주는가?
• 'Boundary Diagram'에서 발굴된 어떤 정보가 '고장 모드'에 대한 원인 규명에 도움을 주는가, 또는 주지 않는가?
• 기존 작성된 8D와 FMEA 수행 내역은 잠재적 '원인'들 규명에 어떤 도움을 주는가?
• 정해진 기능을 제대로 수행치 못하는 하위 시스템이나 부품을 고려했는가?

처음엔 1차 수준의 '원인'들을 파악한다. '1차 수준의 원인'이란 '고장 모드'에 직접적으로 영향을 주는 '원인'이다. 즉, 그 '원인'에 의해 해당 '고장 모드'가 발생한다. 이에 '특성 요인도'에서 '고장 모드'는 '결과(Effect)'에 위치할 것이다. 'FTA(Fault Tree Analysis)'에서 '1차 수준의 원인'은 '고장 모드' 아래에 위치한 '원인'들 중 '첫 번째 원인'에 해당한다.

[그림 Ⅲ-20] '고장 모드'의 '원인' 규명을 위한 '특성 요인도' 예

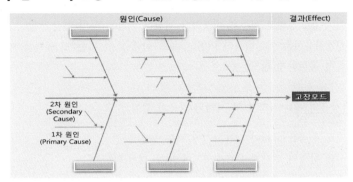

'원인'들은 따로 기록하고 점수도 분리해서 매긴다. 몇몇 '고장 모드'들 경우 두 개 이상의 '원인'들이 동시에 작용할 때에만 발생할 수 있으며, 이것이 중요하면 이들 '원인'을 같이 적는다. 만일 '원인'들이 고장을 일으키는 데 함께 작용하지 않으면 결코 합쳐 적지 않는다. 그와 같을 경우 'OR' 조건이 아닌 'AND' 조건으로 묶인다.

최소한 '1차 수준의 원인'들을 기입한다(그 이상도 가능). 각 '원인'은 설계 용어로 간결하게 묘사함으로써 설계의 개선 조치가 '원인'을 없애거나 그 '발생 빈도'를 줄이는 데 집중하도록 한다. '고장 모드'의 '원인'들을 분석하는 동안 부품 특성(즉, '근본 원인'에 해당)이 다음의 경우 파악돼야 한다.

- '심각도=9 또는 10', 즉 'YC'로 지정된 '고장 모드'의 '영향'
- '심각도×발생도', 즉 'Criticality=YS'로 분류된 경우. 만일 FMEA가 'YC'나 'YS' 항목들을 포함하지 않으면, 가장 큰 '심각도×발생도(Criticality)' 항목들을 골라 '근본 원인(Root Cause)'들을 밝힌다.

Design FMEA에서 '원인'을 전개할 때 다음과 같이 두 개의 '가정'이 전제된다.

(가정 1) 아이템은 설계 규격 내에서 생산/조립된다.

'가정 1'을 따를 경우 다음 물음을 통해 각 '고장 모드'의 잠재 '원인'들을 파악한다.
• 아이템을 이와 같이 고장 나게 만드는 원인은 무엇인가?
• 어떤 환경에서 이 아이템이 제 기능을 발휘하지 못하는가?
• 어떻게 또는 왜 아이템이 설계 의도를 충족시키지 못하는가?
• 아이템이 정해진 기능을 이행하지 못하는 이유는 무엇 때문인가?
• 상호작용하는 아이템들이 어떤 이유로 함께할 수 없는가? 규격을 어떻게 해야 그 들이 공존하게 만드는가?

(가정 1의 예) '가정 1'의 사례는 다음과 같다.

• 재료 공극률 규격이 적용하기에 너무 높음
• 선단 반경의 설계치가 수출하기에 너무 날카로움
• 지정된 재료 경도가 너무 낮음
• 지정된 윤활유 점도가 너무 높음
• 실제 응력 하중이 가정된 하중보다 높음
• 지정된 토크가 너무 낮음
• 인접한 부품과 너무 가까움
• 지정된 재료가 규격에 맞지 않음
• 설계 수명이 잘못 가정됨
• 알고리즘이 잘못됨
• 스니크 경로(원치 않는 회로)
• EMC/RFI 설계 오류
• 부품 파라미터의 열화나 값의 이동
• 과열

(가정 2) 생산이나 조립 공정에서 어쩔 수 없는 변동(예를 들어, 잘못 만들어냄, 실수)을 촉발할 설계 내 결점이 포함될 수 있다. '가정 2'를 따를 경우, 다음의 물음을 통해 잠재된 설계 결점들을 파악할 수 있다.

- 아이템이 작동하는 데 정치(Orientation)와 정렬(Alignment)이 중요한가?
- 부품은 거꾸로 또는 뒤집어 조립될 수 있는가?
- 설계 규격 또는 공차는 생산 공정과 공용될 수 있는가?
- P-Diagram에서의 '잡음 인자' 검토를 통해 파악 가능한 인자는 무엇인가?

만일 생산/조립 변동을 유발할 '설계 결점'이 파악되면, 그때 그들을 목록화하고 설계에 대한 개선 조치를 이행한다. 생산/조립의 변동성에 대한 정보는 생산/조립 내 책임 부서와 반드시 논의돼야 한다.

(가정 2의 예) '가정 2'의 사례는 다음과 같다.

- 규격을 맞추기에 설비 능력이 역부족인 재료 열처리 조건의 설정(주로 규격 상한 치에 몇몇 재료가 부합하지 않음)
- 반대 방향에서 장착되도록 허용된 부품의 대칭 설계
- 대칭 설계에서 거꾸로 장착된 아이템
- 엑세스 홀이 설계치에서 벗어나 토크가 맞지 않음
- 표준 스패너 사용을 적용한 설계 때문에 실제에서 스패너 사용이 잘못됨

(주의, SAE 포함) Design FMEA는 내재된 설계 취약점을 극복하기 위해 프로세스 관리에 의존하지 않는다. 다만 다음 설명과 같은 생산/조립 공정의 기술적, 물리적 한계를 고려해 작성한다.

- 불가피한 금형 드래프트
- 표면 마감의 한계
- 조립 공간, 툴링을 위한 접근
- (철)강의 경화능 한계

- 공차, 공정 능력, 성능
- ESD(Electro-static Discharge) 제어의 한계

Design FMEA는 또한 다음과 같은 제품 유지(서비스)와 재활용 등의 기술적, 물리적 한계를 고려해서 전개된다.

- 툴 접근
- 진단 능력
- 재료를 구분하는 (재활용을 위한)심벌

우리에게 중요한 것은 생산이나 조립 공정에서의 어쩔 수 없는 변동을 유발할 '설계 결점'을 찾는 일이다. FMEA를 위한 '복합 기능 팀'은 '설계 결점' 때문이 아닌, 생산/조립상 변동의 원인을 Design FMEA 전개 기간 동안 찾아내야 한다. 이들은 Process FMEA에서 다루어진다. 또 다른 중요한 활동은 설계의 강건성을 높여줄 특성들을 파악하는 일인데 강건 설계는 예상되는 프로세스 변동을 보상하는 역할을 한다.

1.11.7. 발생도 Occurrence(g)

아이템/ 기능	잠재적 고장모드	잠재적 고장의 영향	심각도	분류	잠재적 고장의 원인/메커니즘	발생도	현 관리		검출도	R P N	권고조치사항	책임자 및 목표 완료예정일	조치결과			
							예방	검출					조치 내용	심각도	발생도	검출도	R P N

'발생도(Occurrence)'는 '발생 빈도', 즉 "'잠재적 고장의 원인 → 잠재적 고장 모드 → 잠재적 고장의 영향'이란 사건이 얼마나 자주 발생할 것 같은가?"에 대한 평가다. 정확히는 '영향'의 근원이 '원인'에 있으므로 "원인의 발생

빈도를 평가"하는 데 쓰인다. 그러나 '원인'만으로 빈도 추정이 어려울 경우 '고장 모드의 빈도'를 가늠해 점수를 넣을 수 있다. 따라서 '발생도'를 평가할 때는 '원인'과 '고장 모드' 둘 다를 통해 상황을 파악하는 노력이 필요하다. 다음은 각 출처별 내용이다.

(Big 3)

'발생도'는 "특정 원인/메커니즘이 설계 수명 안에 '고장 모드'를 일으킬 가능성"의 표현이다. '발생도' 점수는 절대적이기보다 상대적 의미를 갖는다([표 Ⅲ-12] 참조). 지속성을 유지하기 위해 꼭 필요한 사항이 바로 점수 체계의 일관성이다. '발생도' 점수는 현재 작성하고 있는 FMEA 내에서의 상대 점수지 실제 발생 가능성을 의미하진 않는다.

FMEA 분석 중에 설사 수정이 있더라도 팀은 '평가 기준(Evaluation Criteria)' 마련, 점수 체계, 일관성 유지에 합의가 필요하다. '발생도'는 '1'부터 '10'의 값을 부여한다. 상황에 적합한 값을 이끌어내기 위해 다음의 질문을 활용한다.

- 같은 유형의 부품, 하위 시스템, 시스템의 서비스 이력과 시장에서의 상태 정보는 무엇인가?
- 이 아이템이 이전 레벨의 아이템을 그대로 답습한 것인가, 아니면 유사한 수준인가?
- 이전 레벨의 아이템과 얼마나 차이 나게 바뀌었는가?
- 이 아이템은 이전 레벨의 아이템과 크게 달라진 것인가?
- 이 아이템은 완전히 새로운 것인가?
- 쓰임새는 무엇이고, 어떤 환경 변화를 겪는가?
- 신뢰성 같은 '기술적 분석(Engineering Analysis)'이 쓰임새별 발생률을 예측, 비교하는 데 이용돼 왔는가?
- '예방 관리'가 이루어져 왔는가?

다음 [표 Ⅲ－12]는 Design FMEA의 '발생도'를 평가할 때 유용한 안내표이다.

[표 Ⅲ－12] '발생도'의 평가 기준(Big 3)

고장 발생 가능성	기준(Criteria): 원인의 발생도(설계 수명, 아이템, 차량의 신뢰성)	기준(Criteria): 원인의 발생도(아이템, 차량당 사건)	점수 (Rank)
매우 높음	기존 이력이 전혀 없는 새로운 기술/새로운 설계	1,000회당 100 이상, 10회에서 1 이상	10
높음	고장은 정해진 주기/작동 조건에서 신규 설계나 응용, 설계 변경 시 피할 수 없다.	1,000회당 50 20회에서 1	9
높음	고장은 정해진 주기/작동 조건에서 신규 설계나 응용, 설계 변경 시 발생이 예상된다.	1,000회당 20 50회에서 1	8
높음	고장은 정해진 주기/작동 조건에서 신규 설계나 응용, 설계 변경 시 확정돼 있진 않다.	1,000회당 10 100회에서 1	7
중간	유사 설계 또는 설계 시뮬레이션과 설계 시험에서 고장이 자주 발생한다.	1,000회당 2 500회에서 1	6
중간	유사 설계 또는 설계 시뮬레이션과 설계 시험에서 고장이 가끔 발생한다.	1,000회당 0.5 2,000회에서 1	5
중간	유사 설계 또는 설계 시뮬레이션과 설계 시험에서 고장이 한 번 발생한다.	1,000회당 0.1 10,000회에서 1	4
낮음	거의 동일한 설계 또는 설계 시뮬레이션과 설계 시험에서 딱 한 번 고장이 발생한다.	1,000회당 0.01 100,000회에서 1	3
낮음	거의 동일한 설계 또는 설계 시뮬레이션과 설계 시험에서 고장이 관측된 적이 없다.	1,000회당 0.001 이하 1,000,000회에서 1	2
매우 낮음	고장은 '예방 관리'로 더 이상 발생하지 않는다.	고장은 '예방 관리'로 제거됨.	1

(Ford)

(정의, SAE 포함) "'발생도'는 특정 원인/메커니즘(직전 열에 목록화돼 있을 것임)이 설계 수명 동안 일어날 가능성"이다. '발생도' 점수의 '가능성'이란 절대치라기보다 상대적 의미를 갖는다. 설계 변경이나 설계 프로세스 변경(예로, 설계 체크 리스트, 디자인 리뷰,

설계 가이드)에 걸쳐 '고장 모드'의 '원인/메커니즘'을 예방하거나 관리하는 일은 '발생도 점수'를 줄이는 유일한 방법이다.

다음은 'Big 3'의 경우와 대동소이하다. 다만 몇몇 추가되는 항목이 있어 중복되지만 비교 학습을 위해 다시 정리하였다(원문 표현들도 약간 차이가 남).

(발생도 확인 방법, Big 3, SAE 포함)
- 유사한 부품, 하위 시스템, 시스템의 서비스 이력과 시장에서의 상태 정보는 무엇인가?
- 이 부품은 이전 레벨의 부품이나 하위 시스템, 시스템을 그대로 답습한 것인가, 아니면 유사한 수준인가?
- 이전 레벨의 부품, 하위 시스템 또는 시스템과 얼마나 차이 나게 바뀌었는가?
- 이 부품은 이전 레벨의 부품과 크게 달라진 것인가?
- 이 부품은 완전히 새로운 것인가?
- 부품의 쓰임새가 바뀌었는가?
- 환경적으로 바뀐 것은 무엇인가?
- 신뢰성 같은 '기술적 분석(Engineering Analysis)'이 쓰임새별 발생률을 예측, 비교하는 데 이용돼 왔는가?
- '예방 관리'가 이루어져 왔는가?
- (Ford사만 해당) '발생도' 점수를 평가하는 데 분석 모델을 이용한 신뢰성 예측이 이루어졌는가?

일관된 '발생도' 점수 체계를 통해 '지속성'이 확보돼야 한다. '발생도' 점수는 FMEA 범위 내에서 상대적으로 평가되는 것이며, 실제 '발생 가능성'과는 관계없다.

(주의) '발생도' 테이블([표 III – 13] 참조)은 수정 없이 그대로 적용된다. 다만, 기준(Criteria)을 명확하게 하기 위한 조정은 허용되나 '기준'을 갱신한 시점에 해당 내용이 FMEA에 반드시 첨부돼야 한다.

(<u>Ford사에서 추가한 사항</u>) '만일 고장률 평가가 어려우면 그땐 '원인'과 원인의 결과 인 '고장 모드'가 '설계 수명(서비스 보증 약 24만 킬로미터, 또는 10년)'을 넘겨 발생 하는 것인지 판단한다. 만일 고장률이 범위 사이에 든다면(예로 점수 '8'과 '7'로 판단 되는 고장률들), 다음 상위 점수를 적용한다. 또 '발생도' 점수를 평가할 수 없거나 팀 이 합의점에 이르지 못하면 그땐 '10'을 부여한다.

(<u>시트 작성법</u>) '발생도' 점수는 '원인' 개개별로 입력돼야 한다. **'발생도' 점수가 결 정된 후 팀은 Design FMEA에서의 잠재적 'YC(Significant Characteristics)'를 입력하 기 위해 '분류(Classification)' 열로 돌아간다.**

(<u>조언</u>) 본 (Ford사의)핸드북은 '원인'과 그의 결과인 '고장 모드' - 즉, '원인'이 발생 하면 그때 '고장 모드'가 발생 - 사이에 직접적 상관관계가 있다고 가정한다.

- 점수 1, 2, 그리고 3으로 표기되는 고장률들 사이엔 매우 큰 변화가 있다.
- 100% 도심형 혼합 차량(도심과 시외도로 운행에 두루 적합한 차량) 60만 대에 대 해, '발생도=1'은 '신차 연도(Model Year)'당 단지 6회 고장을 나타내나 '발생도=2' 는 '신차 연도'당 60회, '발생도=3'은 '신차 연도'당 300회 고장을 나타낸다.
- 이 때문에 점수 '1과 2'의 평가 시 구별은 매우 면밀하게 조사돼야 한다.

(SAE 포함) 그 밖에 차량이나 아이템 관점에서 '발생도'를 해석하고 작성된 FMEA 전체가 일관성이 있는지 판단한다. 이때 어떤 관점에서 FMEA가 평가되었는지 기록에 남긴다.

[표 Ⅲ-13] '발생도'의 평가 기준(Ford사)

고장 확률	'설계 수명'에 걸쳐 발생 가능한 고장률	점수 (Rank)
매우 높음: 고질적 고장	1,000대 차량/아이템당 100회 이상	10
	1,000대 차량/아이템당 50회	9
높음: 잦은 고장	1,000대 차량/아이템당 20회	8
	1,000대 차량/아이템당 10회	7

	1,000대 차량/아이템당 5회	6
중간: 가끔씩 발생하는 고장	1,000대 차량/아이템당 2회	5
	1,000대 차량/아이템당 1회	4
낮음: 상대적으로 적은 고장	1,000대 차량/아이템당 0.5회	3
	1,000대 차량/아이템당 0.1회	2
희박: 고장이 발생할 것 같지 않음	1,000대 차량/아이템당 0.01회 이하	1

[표 Ⅲ-13]은 'Big 3'의 [표 Ⅲ-12]보다 간결해 보인다. 어차피 작성 중
인 FMEA 내에서의 상대 비교이므로 발생 가능성이 가장 높다고 판단되는
'원인'이나 '고장 모드'가 정해지면 나머진 그에 빗대 판단될 수 있다. 따라서
굳이 평가 기준의 복잡도를 높일 이유는 없다.

Ford사의 경우 이 시점에 한 가지 추가된 점이 있는데 바로 [그림 Ⅲ-14]
에서 설명했던 'FMEA Working Model'의 수행이다. 즉, Design FMEA를 모
두 작성한 다음 개선을 고려하는 것이 아니라 작성 중 각 단계의 속성에 맞게
해법 찾는 일을 병행한다. 잠재적 '고장의 영향'과 '심각도'가 마쳐진 상태에
선 'Working Model Step-1'이 실행된 바 있다. 여기서는 잠재적 '고장의 원
인/메커니즘'과 '발생도'가 완료되었으므로 'Working Model Step-2'의 활동이
필요하다. 이를 위해 해석된 '원인 또는 고장 모드'에 대해 [그림 Ⅲ-17]과
[표 Ⅲ-10]에서 분류된 '특별 특성(Special Characteristics)'을 찾아 '분류
(Classification)' 열에 기입함으로써 후속 작업이 이행된다. 즉, Design FMEA
의 '발생도'가 마쳐진 상태에서 다음을 수행한다.

(Ford)
(YS 분류) '심각도=5~8'이고 '발생도=4 이상'의 조합을 이루는 '고장 모드, 원인'
의 경우 잠재적 'Significant Characteristic'으로 분류된다. 이 특성으로 분류되면 '분류'
란에 'YS'를 입력하고 Process FMEA를 시작한다.

이들 제품 특성은 제품 기능에 영향을 주거나 고객 만족에 중요할뿐더러, 해당 제조, 조립 공정, 공급자, 선적이나 모니터링과 검사 활동 또는 관리에 필요할 수 있다.

'심각도'와 '발생도'를 동시에 고려한다는 의미는 해석에 있어 신선도를 제공한다. 왜냐하면 '심각도=5 또는 7'과 '발생도=4 또는 5'를 따로 떼어내 보면 중요도 측면에서 '4'는 '좀 낮은 수준', '5'는 '보통', '7'은 '꽤 높은 수준' 등으로 평가되지만 그들의 곱인 '심각도=7 곱하기 발생도=4'의 '28'과 '심각도=5 곱하기 발생도=5'의 '25'는 큰 차이를 보이지 않는다. 나중에 알게 되지만 'RPN(Risk Priority Number)'은 '심각도×발생도×검출도'로 얻어지므로 개별적으론 중요하게 여겨지지 않지만 곱을 통해 영향력이 증대되는 항목들을 찾아내 검토하는 일도 위험 평가 차원에서 매우 중요하다. 이와 같이 **심각도 ×발생도'로 얻어진 값을 'Criticality'**라고 한다.

다음 [그림 Ⅲ-21]은 '특별 특성(Special Characteristics)'에 대한 [그림 Ⅲ-17]과 [표 Ⅲ-10]의 내용 중 지금까지의 분석 결과를 토대로 '분류' 열에 표기하는 방법, 그리고 후속 활동을 각각 설명한다.

[그림 Ⅲ-21] 'YC'와 'YS'의 분류

분류	내용	기준
YC	잠재적 'Critical 특성' (P-FMEA시작)	심각도=9, 10
YS	잠재적 'Significant 특성' (P-FMEA시작)	(심각도=5~8) & (발생도=4~10)
공란	'YC'와 'YS'를 제외한 특성	심각도 < 5

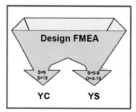

'Ford사 Working Model Step-2'는 현재까지의 정보를 이용해 해결할 것은 미리 해결하고 넘어가자는 의도가 깔려 있다. 자세한 내용은 [그림 Ⅲ-14]로 돌아가 본문 내용을 참조하기 바란다. 여기서는 기억을 되살리는 차원에서 Ford사의 'Working Model Step-2'만을 떼어내 다음 [그림 Ⅲ-22]에 간단히 옮겨놓았다.

[그림 Ⅲ-22] Ford사 'Working Model Step-2'

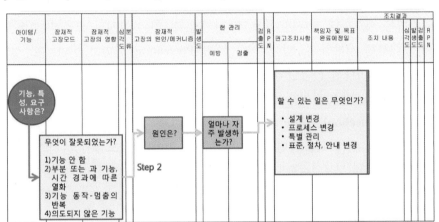

[그림 Ⅲ-22]에 보인 바와 같이 '아이템/기능' 열에 특정 아이템에 대한 "기능과 요구 사항"들이 기입되고, 다시 이들의 각 잠재적 '고장 모드'가 네 개 유형으로 구분돼 적출되며, 이들은 제품의 '잠재적 고장의 영향'을 유발한다. 또 '고장 모드'의 원인이 잠재적 '고장의 원인/메커니즘'에 기입되며 '발생도' 평가를 통해 최종 'Criticality(심각도×발생도)'를 얻는다. 여기서는 규명된 '원인'별로 개선의 여지가 다량 발생할 수 있으므로 '권고 조치 사항'에 다양한 방향을 기술한다. 팀의 깊이 있는 고민이 이루어지는 시점이란 뜻이다.

1.11.8. 현 (설계) 관리(예방/검출) Current Design Controls(*h*)

아이템/기능	잠재적 고장모드	잠재적 고장의 영향	심각도	분류	잠재적 고장의 원인/메커니즘	발생도	현 관리		검출도	R P N	권고조치사항	책임자 및 목표 완료예정일	조치결과				
							예방	검출					조치 내용	심각도	발생도	검출도	R P N

'현 (설계) 관리(Current Design Controls)'는 설계가 현재 어떤 체계로 이루어지고 있는지를 확인하는 공간이다. 개발 각 단계별로 설계 문제를 꼼꼼히 파악하도록 제도화돼 있다면 설계 후 야기될 수 있는 부정적 요소가 설계 과정에서 대부분 제거될 수 있다. 이를 '**예방(Prevention)**'이라고 한다. 또, 설계 문제가 설사 어디선가 유발되더라도 그를 확인해내는 능력이 충분히 마련돼 있다면 이후 단계로 넘어가 큰 악영향을 미치는 일은 대폭 줄어들 수 있다. 이를 '**검출(Detection)**'이라고 한다. '예방'은 설계 자체를 보정해야 가능하므로 '발생도'와 관계하는 반면, '검출'은 그를 잡아낼 하드웨어적 시스템이나 표준 등과 관련하므로 '검출도'와 엮여진다. 각 출처별 '현 관리'를 옮기면 다음과 같다.

    (Big 3)

    '설계 프로세스(Design Process)'는 지금까지 해오던 설계 방식이자 제품의 기능과 신뢰성 요구가 설계상 적합한지를 검증하는 데 쓰이는 절차이다. '현 (설계) 관리'는 바로 '설계 프로세스'의 일부로써 작성되며, 여기엔 두 가지 유형이 있다.

- 예방(Prevention) → 고장 메커니즘이나 '고장 모드'의 '원인'을 발생하지 않게 제거(예방)하거나 발생률을 줄인다. 설계 프로세스에서 우선적으로 선호되는 방식이며, '예방 관리'가 설계 의도에 제대로 반영되었는지에 따라 '발생도' 점수가 영향을 받는다.

- 검출(Detection) → 아이템이 양산되기 전에 분석적 방법이든 물리적 방법이든 고

장 메커니즘이나 '고장 모드'를 야기하는 '원인'의 존재를 파악(검출)한다. 즉, '검출 관리'는 '원인'이나 '고장 모드'의 검출 활동들을 파악하는 일과 관계한다.

각 유형별로 팀은 분석, 시험, 검토 그리고 다음과 같은 설계 적합성을 확인한다.

1) 예방 관리(Prevention Controls)
• 벤치마킹 연구
• 고장-안전 설계(Fail-safe Design)
• 설계와 자재 표준(내부, 외부)
• 문서화-유사 설계로부터의 모범 사례(Best Practices), 학습(Lessons Learned) 등
• 시뮬레이션 연구-설계 요구 사항들을 구체화하는 개념의 연구
• 실수 방지(Error-proofing)

2) 검출 관리(Detection Controls)
• 설계 검토(Design Review)
• 프로토타입 분석
• 유효 시험(Validation Testing)
• 시뮬레이션 연구-설계 유효성
• 신뢰성 시험을 포함한 '실험 계획(Design of Experiment)'
• 유사 부품을 이용한 모형(Mock-up)

본 매뉴얼에 소개된 Design FMEA 양식은 팀이 설계 관리에 필요한 두 유형을 확실히 구분할 수 있도록 '예방 관리'와 '검출 관리'를 두 개의 열로 각각 분리했다. 이렇게 되면 '설계 관리' 중 어느 쪽에 집중해야 할지를 시각적으로 빠르게 판단할 수 있다.

만약 '설계 관리'를 위해 한 개 열만 쓸 경우, '예방 관리'에 대해서는 쓰인 목록 앞에 'P'를, '검출 관리'에 대해선 'D'를 기입한다.

'발생도' 점수를 줄이는 유일한 방법은 '설계 변경'과 '설계 프로세스 변경'을 통틀어 '고장 모드'의 '원인'을 차단(예방)하는 데 있음을 명심하자.

[표 III-14]는 [표 III-11]에서 논했던 '원인'들의 '예방 관리'와 '검출 관리'에 대한 예이다.

[표 Ⅲ-14] '설계 관리(예방 및 검출 관리)'의 예(Big 3)

고장 모드	원인	예방 관리	검출 관리
차량이 멈추지 않음	부식 방지가 안 돼 기계적 연결이 끊어짐.	'재료 표준 MS-845'로 설계	환경 스트레스 시험 03-9963
	밀폐 설계로 인한 마스터 실린더 베큠 록(Vacuum Lock).63)	사용률 요구 수준이 같도록 재배치 설계	(시스템 레벨에서의) 압력 변동성 시험
	커넥터 토크 규격이 안 맞아 유압 라인이 느슨해져 유압 오일이 누유됨.	'토크 요구-3993'에 준한 설계	진동 스텝 스트레스 시험 18-1950
	튜브 재료가 규격 미달돼 유압 라인이 압축되고 이로 인해 유압 오일이 누유됨.	'재료 표준 MS-1178'에 준한 설계	튜브 신뢰성 파악을 위한 '실험 계획(DOE)'
...	...	...	...

(Ford)

(정의, SAE 포함) '현 (설계) 관리'를 위해 예방 활동, 설계 유효성 검증(Design Validation/Verification), 또는 그동안 해왔던 여러 활동들과 조사해오던 '고장 모드' 및 '원인/메커니즘'을 극복하기 위한 설계 보증 활동 모두를 목록으로 작성한다. '현 관리' ─즉, 압력 경감 밸브, 디자인 리뷰, 타당성 검토, CAE, 스니크 경로 분석, 신뢰성 및 강건성 분석, 기타 분석적 연구, 차량 시험, 단품/실험실 시험, DVP(Design Verification Plan)나 핵심 수명 시험과 같은 고장/안전설계─들 모두는 지금 수행 중인 설계와 동일하거나 유사한 방식으로 현재까지 해오던, 또는 하고 있는 방식들이다. 팀은 항상 실험실에서 할 수 있는 '시스템 시험법'이나 '시스템 모델링 알고리즘'을 새롭게 창안해냄으로써 설계 관리 수준을 끌어올리기 위해 노력한다.

'설계 관리/특징'에는 다음 두 가지 유형이 있다.

• 예방(Prevention) → 원인/메커니즘이나 '고장 모드/영향'이 발생하지 않도록 미리 방지하거나 발생률을 줄인다.

• 검출(Detection) → 아이템이 양산되기 전에 분석적 방법이든 물리적 방법이든 원인/메커니즘이나 '고장 모드'를 검출한다.

---

63) 엔진이 작동 중일 때 2차 밸브가 작동되게 하고, 엔진이 정지되면 더 이상의 연료가 2차실로 들어오지 못하게 하는 기능.

가능하면 '예방(Type 1) 관리'를 먼저 고려한다. 최초의 '발생도' 점수는 '예방 관리'가 설계 의도에 제대로 반영되었는지에 따라 영향을 받는다. 최초의 '검출도' 점수는 고장의 원인/메커니즘 및 '고장 모드'를 검출하기 위한 설계 '검출(Type 2) 관리'에 기초한다. 만약 '설계 관리'를 위해 한 개 열만 쓸 경우, '예방 관리'에 대해서는 쓰인 목록 앞에 'P'를, '검출 관리'에 대해선 'D'를 기입한다.

(주의): 최근의 FMEA 양식은 '설계 관리'에 대해 '예방'과 '검출' 두 개의 열로 구분돼 이용된다.

('<u>설계 관리</u>' 찾는 방법) 잠재적 '원인'을 발견하지 못하고 넘어가면 제품은 설계 결점을 안고 양산에 이른다. 빠트린 '원인'의 존재를 파악하는 방법은 그의 결과로 표출되는 '고장 모드'를 검출하는 데 있다. 만일 '고장 모드'가 검출되면 알려진 모든 '원인'들이 하나 이상의 설계 관리 방법에 의해 설명된다고 가정할 때, 엔지니어는 그 놓친 '원인'을 찾아내야 한다. 이때 못 보고 넘어간 '원인'이 파악되면 바로 설계의 시정 조치로 들어간다. '설계 관리'를 알아내기 위해 다음의 과정을 따른다.

1. FMEA 양식에 기입된 '고장 모드'들에 대해 그동안 검출에 사용된 모든 방법들을 파악해 목록으로 만든다.
   - 이전에 작성된 FMEA
   - 이전에 작성된 '설계 검증 계획(Design Verification Plan)'
   - 강건성 '점검 목록(Checklist)'
   - 글로벌 8D(Escape Cause, 탐지 못한 원인)

2. FMEA에 입력된 1차 레벨의 '원인'들을 찾을 수 있도록 현재까지의 모든 '설계 관리'들을 목록화한다. 시험장, 연구소 등지에서 수행된 과거 시험 보고서를 검토한다.

3. 다음의 물음을 통해 가능성 있는 방법들을 찾아낸다.
   - 이 '고장 모드'의 '원인'은 어떤 방법으로 그 존재를 알 수 있나?
   - 이 '원인'이 작용했다는 것을 어떻게 알 수 있나?
   - 이 '고장 모드'는 어떤 방법으로 그 존재를 알 수 있나?
   - 이 '고장 모드'가 발생했다는 것을 어떻게 알 수 있나?

(참고) '고장 모드의 원인' 예방 차원의 '설계 관리' 방법은 '원인'의 '발생도(Occurrence)'에 영향을 미치며, 따라서 '발생도' 점수를 매길 때 고려돼야 한다. 예를 들어, 어떤 임의 '방법'이 설계 조치를 통해 '발생도'를 줄이는 효과를 낼 수 있다. 이 예처럼 줄어든 '발생도' 점수는 '발생도' 점수 입력 열에 기입한다.

팀은 P-Diagram에 기록된 '잡음 인자'를 통해 현재의 시험과 분석이 잘 이루어지지 않는 이유가 1개 이상의 '잡음 인자' 때문이라는 점을 이해할 수 있으며, 이 경우 문제 해결을 위해 시험/분석 방법을 보완하도록 '권고 조치 사항(Recommended Action)'에 관련 내용을 입력한다.

('설계 관리'의 예) '설계 관리'는 '설계 검증 시험' 자체를 말하며 그로부터 유도된 시험들, 그 외에 디자인 리뷰, 분석 연구, 컴퓨터 모델 프로그램을 포함한다.

(주의) 생산이나 조립 공정의 일환으로 수행된 설계 규격 시험이나 점검 활동들은 '설계 관리'로 보지 않는다. 이들은 부품이 양산에 투입된 이후에 일어난 활동들이기 때문이다.

1.11.9. 검출도 Detection(i)

아이템/기능	잠재적 고장모드	잠재적 고장의 영향	심각도	분류	잠재적 고장의 원인/메커니즘	발생도	현 관리		검출도	RPN	권고조치사항	책임자 및 목표 완료예정일	조치결과				
							예방	검출					조치 내용	심각도	발생도	검출도	RPN

'검출도'는 '현 관리, 검출' 열의 항목들을 참조해서 '고장 모드'의 발생을 빨리 알아내면 알아낼수록 그 값은 '1' 쪽의 값으로, 반대로 고객에게 넘어갈 때까지 확인을 못하거나 알아내지 못할수록 '10' 쪽에 가까운 값을 입력한다. '현 (설계) 관리, 검출' 열의 항목을 보고 판단하는 이유는 만일 하나의 '원인 → 고

장 모드 → 영향'의 사건에 대해 '현 (설계) 관리, 검출'란에 관리 방법이 '없음'이면 현실적으로 이 사건을 확인할 방법이 프로세스에 없다는 뜻이므로 결국 고객에게 이 고장은 넘어갈 수밖에 없다. 따라서 정황상 '8~10'의 위험도 높은 점수가 요구된다. 다음은 출처별 '검출도'에 대한 설명이다.

(Big 3)

'검출도'는 '현 (설계) 관리, 검출' 열에 나열된 내용들 중 현재 하고 있는 최선의 '(검출) 관리' 방식에 점수를 매긴 값이다. 하나의 '원인 또는 고장 모드'에 '(검출) 관리' 방식이 여럿이면 각각의 내용을 적되, 순위 점수가 가장 낮은(즉, 가장 좋은 관리 방식) 수치를 '검출도'에 기입한다. '검출도'는 고장이 발생했단 가정하에 현 설계의 관리 능력으로 그 '고장 모드'를 검출해낼 수 있는지를 평가한다. 이때 '발생도'가 낮다고 '검출도' 역시 낮게 평가하진 않는다.

'고장 모드'의 발생 빈도가 낮다는 것을 알아채거나 설계 배포 과정에서 '고장 모드'의 위험을 크게 줄이는 것은 '설계 관리' 능력을 평가하는 데 있어 매우 중요하다. '검출도'는 현재 작성 중인 FMEA 내에서의 상대적 점수이며, 그 값을 낮추려면 일반적으로 분석이나 검증 활동 같은 '설계 관리' 능력의 향상이 요구된다.

'검출도' 평가 과정 중에 수정 사항이 생기더라도 일관성 측면에서 평가 기준과 점수 체계는 수정 전에 팀의 합의가 필요하다. '검출도' 평가는 다음 [표 Ⅲ-15]의 안내를 따른다. '검출도=1'은 입증된 설계 해결책으로 고장 '예방'이 완전하게 이루어진다는 뜻이다.

[표 Ⅲ-15] Design FMEA '검출도' 평가 기준(Big 3)

검출 기회	기준(Criteria): '설계 관리'로 검출할 가능성	점수 (Rank)	검출 가능성
검출 기회가 전혀 없음	현재 '설계 관리' 방식이 없음: 검출할 수 없거나 분석이 안 됨.	10	거의 불가능
임의 단계에서 검출할 수 없을 것 같음	'설계 분석/검출 관리' 능력이 취약함: 가상 분석(CAE, FEA 등)이 기대된 실제 동작 조건과 상관성이 없음.	9	매우 희박

	설계 확정 후와 출시 전 사이에서 하위 시스템이나 시스템을 대상으로 승차하기, 다루기, 선적 평가 등에 있어 기준을 따르는지 '성공/실패 시험'을 통해 제품을 검증/확인함.	8	희박
설계 확정 후와 출시 전	설계 확정 후와 출시 전 사이에서 하위 시스템이나 시스템이 고장 날 때까지의 시험이나, 시스템 상호작용을 시험함으로써 제품을 검증/확인함.	7	매우 낮음
	설계 확정 후와 출시 전 사이에서 기능 점검 같은 내구성 테스트 후 하위 시스템이나 시스템에 대한 열화 시험을 통해 제품을 검증/확인함.	6	낮음
	설계 확정 전 성능과 기능 점검에 쓰이는 기준을 따르는지 '성공/실패 시험'을 통해 제품 확인함(신뢰성 시험, 개발 또는 유효성 시험).	5	중간
설계 확정 이전	설계 확정 전 고장 날 때까지의 시험(누출, 부서짐, 깨짐까지 등)을 통해 제품을 확인함(신뢰성 시험, 개발 또는 유효성 시험).	4	중간 정도로 높음
	설계 확정 전 열화 시험(데이터 경향, 전/후 값 비교 등)을 통해 제품을 확인함(신뢰성 시험, 개발 또는 유효성 시험).	3	높음
실제와 상관성이 높은 가상 분석	'설계 분석/검출 관리'는 강한 검출 능력을 갖춤. 설계 확정 전 '가상 분석(CAE, FEA 등)'은 실제 또는 기대되는 동작 조건과 상관성이 큼.	2	매우 높음
검출이 필요 없음: 고장 예방	고장 원인 또는 '고장 모드'는 설계 해결책을 통해 완전히 예방됨(즉, 입증된 설계 표준, 최선책, 항상 사용되는 흔한 재료 등).	1	거의 확실

(Ford)

(정의, SAE 포함) '검출도'는 직전 열에 나열된 내용들 중, 설계에 대해 현재 하고 있는 최선의 '검출(Type 2) 관리' 방식에 점수를 매긴 값이다. '검출도'는 작성 중인 FMEA 내에서의 상대적인 점수이다. 점수를 낮추려면 일반적으로 계획된 설계 관리(즉, 유효성 확인이나 검증 활동)의 향상이 요구된다.

평가 기준 - 제품 분석 중 기준에 수정이 가해지더라도 일관성 측면에서 평가 기준과 점수 체계에 팀의 사전 합의가 있어야 한다.

설계 개발 과정에서 '검출(Type 2) 관리'는 가능한 일찍 시작하는 게 좋다. (주석) '검출도' 점수를 정한 후 팀은 '발생도'를 재점검하고, 이 점수가 여전히 적절한 것인지 확인한다.

(검출도 확인 방법) '검출도' 점수를 추정할 때 범위는 '고장 모드'와 그 '원인'을 감지하는 관리 방식에만 한정한다. '원인'의 '발생도'를 낮추거나 예방하는 데 필요한 관리 방식들은 당연히 '발생도' 점수 추정 때 고려된다. 이때 '예방 관리' 방식들이 '원인' 검출에 실패하면 '발생도'는 '10'을 지정한다.

'검출도' 점수를 추정할 때 범위는 엔지니어링 생산 개시 전 이용된 방법들에만 한정한다. '설계 검증 프로그램'에 대해서는 설계 관리에 미치는 전체 효과를 근거로 '검출도' 점수를 지정한다.

FMEA 팀은 '고장 모드'의 '원인'을 감지하기 위해 각 '설계 관리' 능력을 총괄적으로 평가할 수 있어야 한다. '검출 관리' 방식들이 수 개일 경우, 가장 작은(가장 좋은 검출 방법 또는 여러 개를 묶어 평가한 '검출도' 점수 중 가장 작은) 값을 입력한다. 추가로 만일 모든 관리 방식들이 동시에 적용된다면, 합쳐진 관리 방식들에 근거한 복합의 '검출도' 점수를 지정한다.

(효과성 평가 시 고려할 항목) 각 '설계 관리' 방식에 대한 전체 효과성을 평가할 때, 다음의 카테고리와 각 카테고리 내 요소들을 고려한다. 효과의 정도가 큰 것부터 낮은 것까지 각 카테고리 내에 나열돼 있다. 아래 목록은 설명을 위한 예이며 관련 사항 모두가 포함된 것은 아니다.

1. 설계 분석 방법
   - 입증된 모델링/시뮬레이션(즉, 유한 요소 분석)
   - 공차 스택-업 연구(즉, 기하 차원의 공차)
   - 재료 호환성 연구(즉, 열팽창, 부식)
   - 주관적 설계 검토

2. 개발 시험법
   - '실험 계획(DOE)', 가혹 시험(즉, 잡음 포함)
   - 양산 전 표본이나 프로토타입을 이용한 시험
   - 유사 부품을 이용한 모크업(Muck-up)
   - 차량 내구성 시험(설계 검증)

3. 유사 설계의 경험
4. 시험 예정의 표본 크기
   • 통계적으로 유의한 표본 크기
   • 통계적으로 유의하지 않은 소수의 표본 크기

5. '설계 관리' 적용의 적시성
   • 설계 개념 단계 초기 시점(즉, 주제 결정 시점)
   • 설계 프로토타입이 준비된 시점
   • 제품, 생산 설계 승인이 떨어진 시점

다음 [표 Ⅲ-16]은 'Big 3'의 [표 Ⅲ-15]와 마찬가지로 Ford사에서 정립한 '검출도' 평가 체계이다. 'Big 3'와 유사하나 내부 특징이 일부 반영돼 있는 만큼 내용을 다시 옮겨놓았다. 매우 단순화돼 있음을 알 수 있다.

[표 Ⅲ-16] Design FMEA의 '검출도' 평가 기준(Ford사)

검출	기준(Criteria): '설계 관리'로 검출할 가능성	점수 (Rank)
완전히 불확실함	'설계 관리' 방식에 의해 잠재적 원인이나 메커니즘, 이들 결과인 '고장 모드'가 감지되지 않음; 또는 '설계 관리' 방식이 없음.	10
매우 희박	'설계 관리' 방식에 의해 잠재적 원인이나 메커니즘, 이들 결과인 '고장 모드'를 감지할 기회가 매우 희박함.	9
희박	'설계 관리' 방식에 의해 잠재적 원인이나 메커니즘, 이들 결과인 '고장 모드'를 감지할 기회가 희박함.	8
매우 낮음	'설계 관리' 방식에 의해 잠재적 원인이나 메커니즘, 이들 결과인 '고장 모드'를 감지할 기회가 매우 낮음.	7
낮음	'설계 관리' 방식에 의해 잠재적 원인이나 메커니즘, 이들 결과인 '고장 모드'를 감지할 기회가 낮음.	6
중간	'설계 관리' 방식에 의해 잠재적 원인이나 메커니즘, 이들 결과인 '고장 모드'를 감지할 기회가 중간임.	5

꽤 높음	'설계 관리' 방식에 의해 잠재적 원인이나 메커니즘, 이들 결과인 '고장 모드'를 감지할 기회가 꽤 높음.	4
높음	'설계 관리' 방식에 의해 잠재적 원인이나 메커니즘, 이들 결과인 '고장 모드'를 감지할 기회가 높음.	3
매우 높음	'설계 관리' 방식에 의해 잠재적 원인이나 메커니즘, 이들 결과인 '고장 모드'를 감지할 기회가 매우 높음.	2
거의 확실	'설계 관리' 방식에 의해 잠재적 원인이나 메커니즘, 이들 결과인 '고장 모드'를 거의 확실하게 감지함.	1

(MIL)

(고장 검출 방법) 본 내용은 작업자가 어떤 방법으로 '고장 모드'를 감지해내는지에 대해 설명한다. 시각이나 청각적으로 경고음을 주는 장치, 자동 감지 장치, 센싱 장치, 그 외에 독특한 징후, 감지 방식이 전혀 없는 경우 등의 고장 감지 방법들이 존재한다.

1. 징후 - 시스템의 기능 상실이나 고장 난 상태를 경고 장치가 아닌 특정 징후로도 알 수 있으며, 이 같은 징후를 '검출 관리' 방식으로 기록한다. 시스템의 기능 상실이나 고장 확인은 이상 징후뿐 아니라 정상 상태도 같이 표현함으로써 그들 간의 관계 파악에 적절히 이용한다. 설사 징후가 전혀 없더라도 알아채지 못한 고장 때문에 임무의 목표나 군인 안전에 위협이 생기는지도 파악한다. 만일 감지되지 않은 고장이 있음에도 시스템이 안전 상태에 있다면, 작업자가 이차 고장의 징후를 포착할 수 있는지 조사한다. 작업자가 경험하는 징후는 다음의 것들이 있다.

- 정상(Normal) → 시스템이나 장비가 정상 동작할 때, 작업자에게 보이는 상태
- 비정상(Abnormal) → 시스템이 기능을 상실하거나 고장 났을 때 작업자에게 보이는 증상
- 부정확(Incorrect) → 표시 장치(예를 들어, 계기, 센싱 장치, 시각이나 청각적 경보 장치 등)의 기능 상실이나 고장 때문에 작업자에게 잘못 알려진 징후

2. 분리(Isolation)[64] - 작업자가 기능 상실 또는 고장을 직접 분리하는 방식이 있다

---

64) '고장 분리(Fault Isolation)' - 시스템 구성 요소들 사이에 경계를 둠으로써 고장의 영향이 그 경계를 넘지

면 이들을 설명한다. 작업자는 '자체 고장 진단(Built-in-test)'처럼 고장을 확실하게 진단할 수 있는 조치가 취해질 때까지 초기 증상을 그대로 알고만 지내는 경우가 있다. 또 현재 분석 중인 고장의 증상과 같지만 중요도나 발생 가능성이 더 높은 고장이 존재할 수 있다. '고장의 분리(Fault Isolation)'를 설계에 반영하는 절차는 기구, 관리 장치, 회로 차단기나 그들의 결합 상태들을 점검하거나 상호 확인 작업이 있은 후, 작업자에 의해 특별한 조치나 일련의 활동들이 수행돼야 한다.

'현 관리(예방, 검출)'가 마무리되면 다음 활동은 'Ford사 Working Model Step-3'으로 연결된다. 이것은 '심각도'와 '발생도' 평가가 끝난 뒤 'Working Model Step-1'과 'Working Model Step-2'를 수행했던 예와 동일하다. 자세한 내용은 [그림 Ⅲ-14]로 돌아가 본문 내용을 참조하기 바라고, 여기서는 기억을 되살리는 차원에서 Ford사의 'Working Model Step-3'만을 따로 떼어내 다음 [그림 Ⅲ-23]에 간단히 옮겨놓았다.

[그림 Ⅲ-23] Ford사 'Working Model Step-3'

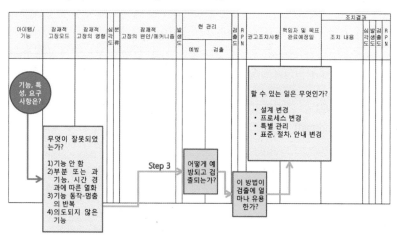

못하게 하거나 제한을 받도록 하는 시스템 설계의 한 방법.

[그림 Ⅲ-23]에 보인 바와 같이 '아이템/기능' 열에 특정 아이템에 대한 "기능과 요구 사항"들이 입력되고, 다시 이들의 각 잠재적 '고장 모드'가 네 개 유형으로 구분돼 적출된다. 이들에 대해 현재의 '예방' 및 '검출' 방법과 관련해 개선 필요성을 조사한다. 조사된 내용은 '권고 조치 사항'에 입력한다.

1.11.10. RPN(Risk Priority Number)(*j*)

아이템/기능	잠재적 고장모드	잠재적 고장의 영향	심각도	분류	잠재적 고장의 원인/메커니즘	발생도	현 관리		검출도	R P N	권고조치사항	책임자 및 목표 완료예정일	조치결과				
							예방	검출					조치 내용	심각도	발생도	검출도	R P N

'RPN(Risk Priority Number)'은 우리말로 '위험 우선 수' 정도로 해석한다. '위험'을 느끼는 정도가 큰 순서로 정렬해 개선 조치에 따른 선택과 집중을 하기 위한 수단으로 이용한다. 통상 '심각도×발생도×검출도'로 얻는다.

FMEA 팀이 '고장 모드'와 '영향', '원인'과 관리 방식, 그리고 '심각도', '발생도', '검출도' 점수를 모두 파악하면 이제 위험을 더 줄이려는 무엇인가의 결정을 내릴 시점에 이른다. 즉, 현재 주어진 자원, 시간, 기술, 그 이외 여러 요소의 제약을 고려할 때, 팀은 우선순위가 가장 높은 항목에 개선 노력을 집중할 필요가 있다.

우선 팀이 처음에 고민할 부분은 '심각도' 점수가 가장 높은 '고장 모드'이다. '심각도=9 또는 10'일 때, 팀은 이들 위험이 현재의 설계 관리 방식이나 권고 조치를 통해 다루어지고 있는지 꼭 확인한다. 이어 '심각도=8 이하'의 '고장 모드'들 중, '발생도' 또는 '검출도' 점수가 가장 높은 '원인'들을 조사한다. 어쨌든 팀은 그들의 관련 조직과 고객들에 가장 최선이 되는 위험 감소 노력을 위해 어떻게 위험의 우선순위와 개선 접근을 시도할 것인지 주어진 정보를 최대로 활용할 책임이 있다. 다음은 출처별 'RPN'의 내용을 옮긴 것이다.

(Big 3)
'RPN'은 일반적으로 다음의 식을 통해 얻는다.

$$RPN=심각도(S)×발생도(O)×검출도(D)$$

'RPN'의 평가 및 활용은 현재 작성 중인 Design FMEA에 한정하며, 이 값은 '1~1,000'의 값을 갖는다. 일반적으로 필요 조치를 결정하기 위해 'RPN'의 '한계 값(Threshold)'을 두는 것은 권고하지 않고 있다.

만일 '한계 값'이 정해지면 'RPN'은 위험을 상대적으로 측정해(즉, '한계 값'을 넘어선 RPN만 정해) 개선 조치를 취하면 되므로 지속적인 개선은 필요치 않다. 예를 들어, 다음 표와 같은 상황에서 고객이 '한계 값'을 '100'으로 정했다면, 공급자는 'RPN=112'인 '특성 B'에 대해 조치를 취하게 될 것이다.

아이템	심각도	발생도	검출도	RPN
A	9	2	5	90
B	7	4	4	112

그러나 이 예에서 'RPN'은 '특성 B'가 더 높지만, 우선순위를 결정할 때 비록 '한계 값'인 '100'보다 낮으면서 '심각도=9'인 'A'에 두는 것이 바람직하다.

'한계 값'의 사용에서 또 하나 고려할 사항은 특정한 'RPN'에 꼭 해야 할 조치가 따로 마련돼 있는 것은 아니란 점이다. '한계 값'의 설정은 자칫 곱으로 얻어진 'RPN'이 '발생도'나 '검출도' 점수가 낮음에도 불구하고(즉, 각 값은 작지만 곱은 큰 값이 될 수 있음) 팀이 그들을 개선하는 데 시간을 허비하게 만든다. 이 같은 접근은 '고장 모드'의 '원인' 해결 같은 진짜 문제를 다루지 못하고 그저 '한계 값'보다 작은 'RPN'을 지켜내는 데만 급급할 수 있다. 차량 출시 같은 중요한 프로그램 단계마다 예상되는 위험을 결정하는 데 있어, '한계 값'을 두는 일보다 '심각도', '발생도', '검출도'의 분석에 기반을 두고 일을 추진하는 것이 훨씬 중요하다.

　문제 해결을 위한 팀 협의 시, 'RPN'의 사용은 유용하나 'RPN' 사용의 한계를 인식하는 일 역시 중요하다. 실무적으론 조치 순위를 결정하는데 'RPN'의 '한계 값'을 사용하는 일은 바람직하지 않다.

　(Ford)
　(정의, SAE 포함) 'RPN(Risk Priority Number)'은 심각도(S), 발생도(O), 검출도(D) 점수를 곱해서 얻는다. 즉, "RPN=(S)×(O)×(D)",
　RPN의 쓰임은 각 FMEA 내에 한정하며, '1'부터 '1,000' 사이 값들 중 '파레토 원리'처럼 설계의 주요 관심사 순위를 정하는 데 이용된다.

　(Ford사 자체 규정) Ford사는 'RPN' 활용 시 '한계 값' 설정을 권고하지 않는다. 즉 특정 RPN 이상에서 권고 조치를 이행하도록 의무화하거나 특정 값 이하에서 조치를 하지 말도록 규정하지 않는다.

「MIL‒STD‒1629A」에서는 'RPN'에 대응하는 '심각도 범주(Severity Classification)'가 있다. 범주 구분은 「Ⅱ. FMEA 기본의 이해」 내 「2.5. FMEA 작성 절차」에 상세히 소개했으니 필요한 독자는 참고하기 바란다. 다음은 「MIL‒STD‒1629A」에 기술된 내용이다.

　(MIL)
　'심각도 범주'는 '고장의 영향'을 보고 각 '고장 모드'와 아이템에 할당돼야 한다. 분석 중인 아이템의 기능 상태에 미치는 '영향'은 출력 손실이나 열화에 기인하므로 이들의 확인을 통해 '고장 모드'의 '영향'들을 적절하게 분류한다. 상위 계층 레벨에 미치는 영향이 알려져 있지 않은 경우 분석 중인 하위 계층 레벨에 대한 고장의 영향은 심각도 분류 범주를 통해 설명되도록 한다.

'RPN'을 이용해 선택과 집중을 하기 위한 위험의 분류는 앞서 설명했던 'Big 3'와 'Ford사' 등의 내용뿐만 아니라 약간 다른 방식의 접근도 소개되고 있다. 예를 들어 D. H. Stamatis가 쓴 『Failure Mode and Effect Analysis』[65]에는 '한계 값(Threshold)' 설정 방법을 다음과 같이 소개한다.

'한계 값' 설정은 제품이나 설계 프로세스에 대한 신뢰도(Confidence), 즉 고장의 90%를 제거할 목적이면 1~10 점수 체계에서 최댓값이 '1,000'이므로 불신뢰도를 구해 한계 값을 산정한다. 다음과 같다.

$$1,000 \times (1-0.9)=100, \text{'한계 값(Threshold)'}=100$$

따라서 'RPN=100' 이상의 '원인' 또는 '고장 모드'에 대해 '권고 조치 사항'을 마련한다. 또 이 밖에 다음과 같은 접근도 유용하다.

심각도	발생도	검출도	해석	조치
1	1	1	최고의 설계	없다
1	1	10	고장의 영향이 없다.	없다
10	1	1	고장이 고객에게는 영향이 없다.	없다
10	1	10	공정 관리 결점(또는 문제) 처리	개선
1	10	1	잦은 고장, 검출 가능, 비용 유발	재설계
1	10	10	잦은 고장으로 고객에게 전달된다.	재설계/개선
10	10	1	영향이 큰 잦은 고장	재설계
10	10	10	심각한 문제	중단

표에서 얘기하는 공통점은 '발생도'가 높은 경우는 '재설계'를, '검출도'가 높은 경우는 '프로세스 개선'에 두고 있음을 알 수 있다. 문제의 발생이 자주 일어나면 '설계' 문제로, 검출이 잘 안 되는 문제는 '프로세스' 문제로 본다는

---

65) D. H. Stamatis, Failure Mode and Effect Analysis, FMEA from Theory to Execution, ASQC Quality Proess, Milwaukee, Wisconsin.

의미다. 또 실제 '심각도', '발생도', '검출도'가 모두 표에서처럼 '1'과 '10'만 나오지는 않으므로 각 값이 '1~3'은 '1' 정도로, '8~10'은 '10' 정도로 볼 때, 예로써 '심각도=2, 발생도=1, 검출도=8'의 상황이면 표에서 '심각도=1, 발생도=1, 검출도=10'으로 해석해 "조치: 없음"을 취한다. '검출'이 거의 안 되는 상황(검출도=10)이지만 고객에게 미치는 영향은 거의 없고(심각도=1), 발생 빈도도 무시할 수준(발생도=1)이므로 조치가 필요하지 않다는 뜻이다. 이 같은 접근은 Ford사의 'Working Model'과 상통하는 부분이다.

1.11.11. 권고 조치 사항 Recommended Action(s)(k)

아이템/기능	잠재적 고장모드	잠재적 고장의 영향	심각도	분류	잠재적 고장의 원인/메커니즘	발생도	현 관리		검출도	R P N	권고조치사항	책임자 및 목표 완료예정일	조치 내용	조치결과			
							예방	검출						심각도	발생도	검출도	R P N

'권고 조치 사항'은 일종의 '개선 방향'이다. Ford사의 'Working Model Step'별로 마련된 조치 사항을 이 공간에 입력한다. 관련 내용에 대한 출처별 설명은 다음과 같다.

(Big 3)
일반적으로 '검출 조치'보다 '예방 조치(즉, '발생도'를 줄이는 조치)'가 선호된다. 예로써 설계가 완료된 후 제품 검증이나 확인에 치중하기보다 입증된 설계 표준의 사용이나 최선의 실천들이 이에 속한다.

'권고 조치'의 목적은 설계를 개선하는 것이다. 조치를 통한 개선은 이후 점수를 줄여나감으로써 파악될 수 있다. 즉, **심각도, 발생도,** 그리고 **검출도 순**이다. 이들을 줄여나가는 접근 예는 다음과 같다.

- **'심각도(S)' 점수 줄이기:** '설계 수정(Design Revision)'만이 '심각도' 점수를 낮추는 유일한 방법이다. 고장의 결과로 형성된 높은 '심각도' 점수는 '설계 수정'을 통해 그 심각성을 보정하거나 완화시킬 수 있다. 예를 들어, 타이어의 요구 사항은 "사용 중 공기압을 유지"하는 것이다. 만일 타이어의 '고장 모드'들 중 하나가 "공기압의 빠른 감소"일 때, 그로부터 나타난 '영향'의 '심각도'는 'Run Flat'[66] 타이어 경우 점수가 낮게 형성된다(일종의 '설계 수정' 사례). '설계 변경(Design Change)'은 본디 '심각도' 점수를 줄인다는 뜻을 내포하고 있진 않다. '설계 변경'은 제품 기능성과 프로세스에 미치는 영향을 파악하기 위해 팀에 의해 검토돼야 한다. 팀 활동의 효율과 효과성을 극대화하기 위해 제품과 프로세스 설계의 변경은 개발 프로세스 초기에 이행돼야 한다. 예를 들어, '재료 교체'는 부식의 '심각도'를 없애기 위해 개발 주기 초두에 고려될 필요가 있다.

- **'발생도(O)' 점수 줄이기:** '발생도' 점수의 감소는 '고장 모드'의 원인이나 메커니즘들 중 한 개 이상이 '설계 수정'을 통해 제거되거나 제어될 때 나타난다. 제한을 두진 않으나 다음과 같은 조치들이 '발생도' 점수를 낮추는 데 기여한다.
  ▷ '고장 모드'를 없애기 위해 '실수 방지(Error Proof)' 설계를 함.
  ▷ 설계 기하학적 구조와 공차의 수정
  ▷ 스트레스를 더 낮춘 설계 수정이나 취약(높은 고장 발생 확률) 부품의 교체
  ▷ 중복 기능 부여(즉, 고장이 나면 대체 경로 형성)
  ▷ 재료의 규격을 수정

- **'검출도(D)' 점수 줄이기:** 선호되는 방법은 '에러/실수 방지'의 사용이다. '설계 확인/검증(Design Validation/Verification)' 조치는 '검출도' 점수만을 줄일 수 있다. 몇몇의 경우 검출 능력을 높이기 위해(즉, '검출도' 점수를 낮추기 위해) 특정 부품에 대해 '설계 변경'이 필요할 수도 있다. 추가로 다음의 경우가 고려돼야 한다.
  ▷ '실험 계획(DOE)', 특히 '고장 모드'의 원인이 여럿 또는 상호작용하는 경우
  ▷ 테스트 계획의 수정

---

66) 펑크가 나도 주행이 가능한 안전한 타이어.

만일 평가 결과로부터 '고장 모드', '원인', '관리 방식' 들 간에 어떤 권고 조치도 내려지지 않으면, 이 열에 '없음(None)'이라고 적는다. 특히 높은 '심각도'에서 '없음(None)'이 입력돼 있으면 왜 그 같은 결과가 나왔는지 해명하는 것도 중요하다.

설계 조치를 위해 다음의 활용을 고려한다.

- 설계 DOE 또는 신뢰성 시험의 결과
- 해결책이 효과적이고 생각지 못한 잠재적 '고장 모드'를 유입시키지 않는 설계 분석(신뢰성, 고장의 구조 또는 고장 물리)
- 도면, 개념도 또는 목표 특성의 물리적 변화를 확인시켜 줄 모델
- 디자인 리뷰로부터 온 결과들
- 주어진 설계 표준이나 설계 지침의 변경
- 신뢰성 분석 결과

다음 [표 Ⅲ-17]은 [표 Ⅲ-14]에 '권고 조치 사항'을 추가한 예이다.

[표 Ⅲ-17] '원인', '현 관리', '권고 조치 사항'의 연속된 예(Big 3)

| 아이템 | 고장 모드 | 원인 | 현 관리 | | 권고조치사항 |
			예방	검출	
디스크 브레이크 시스템	차량이 멈추지 않음	부식 방지가 안 돼 기계적 연결이 끊어짐	'재료 표준 MS-845'로 설계	환경 스트레스 시험 03-9963	재료를 스테인리스 강으로 변경
		밀폐 설계로 인한 마스터 실린더 베큠 록(Vacuum Lock)	사용률 요구 수준이 같도록 재배치 설계	(시스템 레벨에서의) 압력 변동성 시험	재배치 밀폐(Seal) 설계의 사용
		커넥터 토크 규격이 안 맞아 유압 라인이 느슨해져 유압 오일이 누유됨	'토크 요구 -3993'에 준한 설계	진동 스텝 스트레스 시험 18-1950	빠른 연결이 되게 볼트 형태로 연결부 수정
		튜브 재료가 규격 미달돼 유압 라인이 압축되고 이로 인해 유압 오일이 누유됨.	'재료 표준 MS-1178'에 준한 설계	튜브 신뢰성 파악을 위한 '실험 계획(DOE)'	강도 증대를 위해 호스 설계를 MS-1178에서 MS-2025로 수정
...	...	...	...	...	...

(Ford)

(정의, SAE 포함) 높은 '심각도', 높은 'RPN' 그리고 팀이 정한 그 외의 아이템들에 대해 '예방/시정 조치'를 위한 설계 평가를 제일 먼저 수행한다. '권고 조치 사항'의 목적은 점수를 낮추는 데 있으며, '심각도', '발생도', '검출도' 순으로 이행한다.

일반적으로 '심각도=9 또는 10'일 때, 'RPN'과 무관하게 현 설계 관리나 예방 또는 시정 조치들로 위험이 처리되는지 확인한다. 파악된 잠재적 '고장 모드'로부터 온 '영향'이 최종 사용자에 해를 끼치는 것으로 판단될 경우, '예방/시정 조치'를 통해 원인들이 제거, 완화 또는 관리됨으로써 '고장 모드' 발생이 억제되는지 확인한다.

'심각도=9 또는 10'에 특별한 주의를 기울이고 나면, 팀은 그 외의 '고장 모드'들도 다루게 되며 이때 '심각도'를 먼저 줄이려는 노력을, 그러고 나서 '발생도'와 '검출도'를 다룬다.

(Ford사 자체 규정) 목적은 위험을 줄이는 데 있다. 이것은 잠재적 '고장 모드'를 줄이거나 제거하기 위한 '예방 활동'을 규정함으로써 가능하며, '검출 활동', 즉 테스팅은 취약점을 규명하는 데 유리하다. FMEA 팀은 다음의 '고장 모드'에 기반한 활동들을 우선적으로 처리한다.

- 가장 높은 '심각도' 점수를 갖는 '영향'들에 대해
- 가장 높은 '심각도×발생도(Criticality)' 점수를 갖는 '원인'들에 대해
- 가장 높은 'RPN'들에 대해

(참고) 'P-Diagram'에 기록된 '제어 인자'들은 '권고 조치 사항'을 떠올리는 데 통찰력을 제공하곤 한다. 몇몇 '권고 조치 사항'들은 '설계 검증 계획(DVP)'의 수정을 불러올 수 있다. 이들은 '강건성 체크 리스트(Robustness Checklist)'와 마찬가지로 'DVP&R(Design Verification Plan and Report)'에도 포함되는지 꼭 확인한다.

('권고 조치 사항'을 얻는 방법) 조치들에 제한은 없고 다음을 고려한다.

- 설계 기하학적 구조와 공차의 수정
- 재료 규격을 수정

- 실험 계획(특히 여럿 또는 상호작용하는 원인들이 존재할 때), 또는 여러 문제 해결 기술들
- 테스트 계획의 수정
- 중복 설계 시스템-경고 장치들-고장 상태(켜는 데 실패, 또는 끄는 데 실패)

'권고 조치 사항'의 1차적인 목적은 위험을 줄이고 설계 향상을 통해 고객 만족을 높이는 데 있다.

오직 '설계 수정(Design Revision)'만이 '심각도' 점수를 낮출 수 있다. '발생도' 점수는 '설계 수정'을 통해 '고장 모드'와 관련된 한 개 이상의 '원인/메커니즘'을 제거하거나 제어할 수 있을 때에만 영향 받는다. 또 '검출도' 점수는 '설계 확인/검증 활동'을 증대시킬 때에만 줄일 수 있다. '설계 확인/검증 활동'을 증대시키는 접근은 '고장 모드'의 '심각도'와 '발생도'를 다루지 않기 때문에 사실상 바람직한 활동은 아니다.

만일 기술적 평가를 했음에도 특정 '고장 모드/원인/관리' 간 조합들에 '권고 조치 사항'이 하나도 나오지 않았다면 해당 셀에 "없음(None)" 또는 "이 경우엔 없음(None at this time)"을 입력한다.

('권고 조치 사항'의 예) 잠재적 조치 활동의 예는 다음과 같다.

- 컴퓨터 시뮬레이션을 수행해 필요한 온도 범위에서 기능성을 확인
- 구멍 깊이를 'X'까지로 수정
- 입력 신호가 안 들어오면 'On' 상태로 복귀하도록 함
- 진흙탕 테스트를 수행

「MIL-STD-1629A」의 'Body'부 경우 '권고 조치 사항'에 준하는 열이 두 개 있다. 하나는 'Compensating Provisions'이고, 다른 하나는 'Remarks'이다. 우리말로 상황에 맞게 굳이 번역하면 전자는 '(고장) 상쇄 규정',[67] 후자는

---

67) 2002, 심운섭 외, "액체 금속로 설계 기술개발", p.203. 한국원자력연구소, KAERI/RR-2211/2011의 용어정의 참조. 단, 본 출처에는 "고장 상쇄방법"으로 해석하고 있음.

'기타 의견'쯤 된다. (주 65)에 따르면 '(고장) 상쇄 규정'이란 "분석하고자 하는 FMEA 블록 다이어그램 레벨에서 각 '고장 모드' 발생 시 이를 상쇄시킬 수 있는 기기 또는 기기 집합체를 열거한 것이다. 보호 체계에서 채널 다중성이나 바이패스 로직 등이 이에 해당한다"이다. 기억을 되살리기 위해 [그림 Ⅲ-11]에 실었던 「MIL-STD-1629A」의 'Body'부를 다음에 다시 옮겨놓았다.

[그림 Ⅲ-24] 「MIL-STD-1629A」의 'Body'부

IDENTIFICATION NUMBER	ITEM/FUNCTIONAL IDENTIFICATION (NOMENCLATURE)	FUNCTION	FAILURE MODES AND CAUSES	MISSION PHASE/ OPERATIONAL MODE	FAILURE EFFECTS			FAILURE DETECTION METHOD	COMPENSATING PROVISIONS	SEVERITY CLASS	REMARKS
					LOCAL EFFECTS	NEXT HIGHER LEVEL	END EFFECTS				
MIL-STD-1629A											

(MIL)

(**Compensating Provisions**) '(고장) 상쇄 규정'에는 '설계 규정(Design Provisions)'[68] 과 '작업자 조치(Operator Actions)'[69]가 있다. 둘 다 고장의 '영향'을 피하거나 경감시키는 역할을 한다. 제품 내부에 존재하는 기능 상실, 또는 고장 상태에서 아이템에 나타나는 실제 반응(동작)을 이 열에 기록한다.

- **설계 규정(Design Provisions):** 특정 계층 레벨에서 기능의 상실, 고장, 관리의 영향을 무력화하거나, 고장 영향의 발생이나 전파를 못 하도록 시스템 내 아이템 작동을 중지시키는 일. 또는 아이템이나 시스템을 대기 상태로 유지시키거나 대체품을 동작시키는 설계 특성들이 '(고장) 상쇄 규정'에 해당하며, 이들을 해당란에 기술한다. '설계 상쇄 규정'은 다음을 포함한다.
  ▷ 연속적이고 안전한 작동을 하도록 중복 설계된 아이템
  ▷ 효과적인 작동이나 제한적 손상을 유도하는 모니터링/경고 대책 같은 안전장

---

68) 번역은 필자가 상황에 맞도록 임의로 하였다.
69) 번역은 필자가 상황에 맞도록 임의로 하였다.

치, 또는 경감장치

▷ 아이템 또는 시스템을 지원하거나 대기시키는 것처럼 대안(代案)이 되는 작동 모드

- **작업자 조치(Operator Actions):** 거론된 고장의 영향을 피하거나 경감시키기 위해 작업자 조치가 필요한 '상쇄 규정'을 기술한다. 고장이 발생할 때 작업자가 포착한 징후를 가장 잘 대변하는 '상쇄 규정'이 필요하고, 이때 가장 올바른 작업자 조치를 결정하기 위해 인터페이스 시스템을 조사할 수 있다. 비정상적 징후에 대해 작업자가 올바로 대처하지 못한 결과가 고려돼야 하고 그 영향이 기록돼야 한다.

(**Remarks**) FMEA 양식 내 임의 열의 내용을 명확히 하고자 할 때 그에 적합한 설명을 기입한다. 설계 개선에 필요한 '권고 조치 사항' 관련 메모를 기록하고 더 나아가 FMEA 보고서에서 자세히 기술한다. 또 이 항목은 비정상적 상태의 표기, 중복 아이템의 고장 영향, 특별하게 감지된 치명적 설계 특성, 또는 FMEA 각 항목의 상세 설명들을 포함할 수 있다. 'Category Ⅰ'과 'Category Ⅱ' 관련 모든 '고장 모드'가 설계에서 제외될 수 없기 때문에 다른 합리적인 조치와 고찰이 제공되거나, 또는 주어진 '고장 모드'의 '발생도'를 줄이는 내용이 수반돼야 한다. 그리고 설계에서 받아들일 수 있는 질적 근거와 이유를 제공한다. 'Category Ⅰ'과 'Category Ⅱ'의 '고장 모드'를 받아들이기 위한 근거(즉, 설계에서 제거 못 할 경우의 근거)가 기술돼야 한다.

- **설계(Design):** '고장 모드'의 '발생도'를 최소화시키는 설계 특성들, 예로 '안전율 계수(Safety Factors)', '부품 부하 경감 기준' 등
- **시험(Test):** 설계 특성을 검증하는 시험, 하드웨어 수용성 시험이나 '고장 모드'를 검출하도록 유지/보수하는 동안 이루어지는 검증 시험
- **검사(Inspection):** 하드웨어가 설계 요구대로 되었는지 보증하는 검사, 그리고 '고장 모드'를 일으킬 수 있는 조건의 검증, '고장 모드'를 검출하는 유지 보수 동안의 검사
- **이력(History):** 특별한 설계나 유사 설계와 관련된 이력

1.11.12. 책임자 및 목표 완료 예정일 Responsibility & Target Completion Date(*l*)

아이템/ 기능	잠재적 고장모드	잠재적 고장의 영향	심 각 도	분 류	잠재적 고장의 원인/메커니즘	발 생 도	현 관리		검 출 도	R P N	권고조치사항	책임자 및 목표 완료예정일	조치결과				
							예방	검출					조치 내용	심 각 도	발 생 도	검 출 도	R P N

'권고 조치 사항'을 이행하고 과정을 관리하며, 'RPN' 감소 여부를 재평가할 '책임자'와 '완료일'을 기입한다. 출처별 내용을 옮기면 다음과 같다.

(Big 3)

목표 완료일과 함께 '권고 조치 사항'을 마무리할 책임자나 조직의 이름/명칭을 기입한다. 설계 책임자인 엔지니어/팀 리더는 권고된 모든 조치들이 반드시 수행되거나 적절히 처리되도록 감독할 책임이 있다.

(Ford)

(정의, SAE 포함) '권고 조치 사항'과 목표 완료일을 책임질 담당자를 입력한다. 조치가 이행된 후 해당 조치에 대한 간단한 설명과 유효 일자 변경을 입력한다.

(Ford사만 해당) 모든 '권고 조치 사항'이 이행되고 적절히 다루어지고 있는지 확인돼야 하며, 이것은 프로그램을 추적하는 데 유용하다. 최소한 다음을 수행한다.

- 잠재적인 '특별 특성(Special Characteristics)'들 목록을 기록하고 이 목록이 책임자 엔지니어에게 제공되게 함으로써 Design FMEA에서의 적절한 고찰과 조치가 이루어지도록 한다.
- 모든 '권고 조치 사항'의 이행을 끝까지 추적하고 FMEA 조치들을 갱신한다.

1.11.13. 조치 내용 Actions Taken(*m*)

아이템/ 기능	잠재적 고장모드	잠재적 고장의 영향	심 각 도	분 류	잠재적 고장의 원인/메커니즘	발 생 도	현 관리		검 출 도	R P N	권고조치사항	책임자 및 목표 완료예정일	조치결과				
							예방	검출					조치 내용	심 각 도	발 생 도	검 출 도	R P N

'조치 결과(Action Result)'는 완료된 조치들의 결과, 그리고 '심각도(S)', '발생도(O)', '검출도(D)' 점수와 'RPN'에 미친 영향을 재평가하는 영역이다. '조치 결과(Action Result)'에는 상기 'Body'와 같이 '조치 내용(Actions Taken)'과 'RPN의 재평가'가 포함된다. '조치 내용'에 대한 출처별 내용은 다음과 같다.

(Big 3)
조치가 취해진 후 수행된 조치 내용과 실제 완료한 날짜를 간단히 기술한다.

(Ford)
(정의, SAE 포함) '권고 조치 사항'에 대한 책임자 - '권고 조치 사항'에 대해 책임 있는 조직과 개인의 이름, 목표 완료일을 입력한다.
조치가 취해진 후 수행된 조치 내용과 실제 완료한 날짜를 간단히 기술한다.
(Ford사만 해당) '권고 조치 사항'은 아무리 강조해도 지나치지 않다. 완벽한 Design FMEA도 '고장 모드'를 예방하거나 그들의 '영향'을 경감시키는 긍정적이고 효과적인 조치가 이루어지지 않으면 가치가 제한적일 수밖에 없다.

(조치 내용을 파악하는 방법) 모든 '권고 조치 사항'이 반드시 실행되고 또 적절히 처리되도록 후속 조치 프로그램을 이행하는 것은 Design FMEA 팀 리더의 책임이다.
(참고) 설계 엔지니어의 목표는 생산이나 조립에서 특별 관리가 요구되지 않도록 강건 설계를 이루는 데 있다. '검출 관리'는 'Criticality'를 감소시키지 않는다. 기억하자!

설계 엔지니어는 잠재적 설계 취약점을 극복하기 위해 '생산/조립 공정' 관리에 의존하지 않는다.

(Ford사만 해당) Design FMEA 팀 리더는 Design FMEA를 갱신할 책임이 있다. FMEA는 살아 있는 문서이고 가장 최근의 아이템 수준과 관련 조치들을 반영해야 한다. 그 책임 역시 공급자의 몫이다.

(주의) 아무리 제품/프로세스가 동일하더라도 한 팀이 작성한 FMEA의 점수를 다른 팀이 작성한 FMEA 점수와 비교하는 것은 적절하지 않다. 왜냐하면 각 팀의 환경은 유일무이하고 그래서 그들 각각의 개별 점수들 역시 유일무이하다(즉, 점수들은 주관적이다).

1.11.14. 심각도/발생도/검출도/RPN Resulting RPN(n)

아이템/기능	잠재적 고장모드	잠재적 고장의 영향	심각도	분류	잠재적 고장의 원인/메커니즘	발생도	현 관리		검출도	R P N	권고조치사항	책임자 및 목표 완료예정일	조치결과				
							예방	검출					조치 내용	심각도	발생도	검출도	R P N

'RPN의 재평가' 공간이다. '권고 조치 사항'이 계획대로 잘 이행되었다면 설계에서 예상된 '위험'은 감소될 것이다. '위험'의 감소는 '심각도'나 '발생도', '검출도'의 감소로 이어진다. 그러나 '심각도'는 개선 조치 이전과 이후 변동하지 않는 것이 일반적이다. 위험 발생의 빈도가 수백 년에 한 번 나올까 말까 하거나 매우 빨리 검출하는 능력으로 키워졌더라도 어쨌든 위험에 대한 심각성은 여전할 것이기 때문이다. 다음은 출처별 내용을 옮긴 것이다.

(Big 3)

‘예방/시정 조치’가 완료된 후 최종으로 ‘심각도’, ‘발생도’, ‘검출도’ 점수를 결정하고 기록한다. 이어 그들 세 개를 곱해 우선순위인 ‘RPN’을 계산한다. 새롭게 얻어진 점수를 재검토한다. 조치 자체만으로 문제가 해결되었는지(즉, 원인이 제거되었는지) 보증하긴 어렵다. 그래서 적합한 분석이나 시험적 검증을 통해 마무리돼야 한다. 만일 더 나은 조치가 필요하다고 판단되면 분석을 반복한다. 핵심은 항상 지속적 개선이 필요하다는 점이다.

(Ford)

(정의, SAE 포함) ‘예방/시정 조치’가 취해진 후 ‘심각도’, ‘발생도’, ‘검출도’ 점수의 결과를 기록한다. 최종 ‘RPN’ 결과를 계산하고 기록한다. 만일 어떤 조치도 취해지지 않으면 관련 점수 열은 공란으로 남겨둔다. 개정된 모든 점수들은 검토돼야 하고 만일 더 나은 조치가 필요하다고 판단되면 적합한 단계를 반복한다.

(Ford사만 해당) 어떤 조치도 목록에 없으면, 이 열들은 공란으로 남긴다. 만일 조치가 완료되면 비록 이들 조치가 점수의 변화로 연결되지 않더라도 개정된 ‘심각도’, ‘발생도’, ‘검출도’ 점수를 입력한다.

1.12. Design FMEA 작성 예

[그림 III-25]는 Ford사 매뉴얼에 포함된 예의 일부를 옮긴 것이다. 글씨가 지면상 너무 작아 형태 정도만 이해하는 용도로 쓰였으면 한다.

[그림 Ⅲ-25] Design FMEA 작성 예(Ford사 매뉴얼의 예 일부)

잠 재 적
고장모드와 영향분석
(설계 FMEA)

___ 시스템
XX 하위시스템
___ 부품
모델연도/차종(또는 개발제품 명) 촉매변환기 완료예정일 20xx.05.1
핵심팀 엔지니어 1, 팀원 1, 팀원 2

FMEA번호 Design FMEA 촉매변환기
쪽 ___ 창출 ___
작성자 엔지니어 1, 엔지니어 2
FMEA최초 작성일 20xx-01-02 최근개정일 20xx-04-02

부품/ 기능	잠재적 고장모드	잠재적 고장의 영향	심각도	분류	잠재적 고장의 원인/메커니즘	발생도	현 관리		검출도	R P N	권고조치사항	책임자 및 목표 완료예정일	조치결과			
							예방	검출					조치 내용	심각도	발생도	검출도·R P N
'촉매 변환기'는 고객이 감지할 수 있는 유황(H₂S)냄새(부패된 달걀 냄새)를 억제해야 한다. - 차량 목표수명인 10년/24만km, - oo ppm/test H₂S 이내	규정 값을 초과한 H₂S의 방출	- 고객 불만족 (달걀 부패 냄새) (7) - 촉매기 교체 (6) D16	7	YS	부적절한 교정: 농후한 공연비 편차 - 순간적으로-공전하는-공회전과 저속 자동 주행 동안 캐니스터 퍼지	7	1. H₂S방지를 위한 교정 가이드 검토 2. 관련된 G8D: # xxxx 유황 냄새 3. H₂S, 유황 냄새, 부패 달걀 냄새에 대한 기술 서비스 공고 (TSB) 데이터 조사	H₂S 방출 시험에 대한 ARL 배출특성 요구 02-0260(6) 관련 DVM: DVM-xxx-xx DVM xxx-xx 차량 시험...	6	294	(1) APTL 질량규격시험 변동을 줄임 (2) 고객이 생각하는 수용 기준으로 시험	기술자 1, 기술자 2, 20xx-05-01	승인(NS33)을 위한 갱신된 APTL 표준 H₂S 시험 방출	7 3 2 42

2. 사후 관리

이 단원에서는 Design FMEA 작성이 완료된 후 유지 관리와 그 활용에 대해 'Big 3 매뉴얼'의 내용을 설명한다. 여기엔 'Design FMEA의 유지'와 '기존 Design FMEA의 이용'이 있으며 비교적 간단하게 소개하고 있다.

2.1. Design FMEA의 유지

Design FMEA는 살아 있는 문서이고 제품 설계 변경이나 필요에 의해 갱신이 있으면 언제든지 재검토돼야 한다. '권고 조치 사항'의 갱신은 조치가 취해졌건 취해지지 않았건 상관없이 최종 결과 상태를 차후 Design FMEA에 포함시켜야 한다.

Design FMEA를 지속적으로 유지하기 위한 또 다른 요소는 Design FMEA에서 사용된 점수를 주기적으로 검토하는 일이다. 특히 '발생도'와 '검출도' 점수에 관심을 둔다. 이 같은 접근은 매우 중요한데 '개선'은 제품의 완성도를 높이기 위한 변경이 '발생도'와 관계하고, 설계 관리 능력 향상이 '검출도'와 관련하기 때문이다. 추가로 시장에서 이슈가 생기는 경우 평가 점수 역시 그에 따라 개정돼야 한다.

매뉴얼에서는 'Leveraging DFMEA'로 되어 있다. 'Leverage'는 '지렛대, 영향력'의 의미이므로 기존 작성된 Design FMEA의 영향력을 이용하여 현 개발 활동의 효율을 최대로 끌어올리자는 의미로 해석한다. 만일 새로운 프로젝트를 수행하거나 제품의 응용 영역 변화가 불가피하면 현존하는 제품과 기능적으로 유사할 경우, 기존에 작성했던 단일의 Design FMEA를 고객 동의하에 이용할 수 있다. 우선 기능이 유사하므로 Design FMEA에 대한 신뢰가 높고 앞으로 작성에 들어갈 Design FMEA의 기준 역할을 하게 돼 시작점으로써 과거의 경험과 지식을 지렛대로 활용할 수 있는 매우 훌륭한 기회를 제공받는다. 만일 기존과 현재 제품, 또는 응용 영역 간 일부 차이가 있다면 팀은 그 차이점들의 '영향'을 파악하는 데 집중할 수 있다.

지금까지 Design FMEA의 기본 사항과 작성법, 사후 관리에 대해 'Big 3 매뉴얼', 'Ford사 매뉴얼', 'MIL-STD-1629A'를 이용해 설명하였다. 다음 단원부터는 'Process FMEA'에 대해 유사한 과정으로 내용 소개가 이어질 것이다.

Ⓘⱽ

Process FMEA

본 단원에서는 Process FMEA의 기본 사항들을 다시 학습한다. 또
Design FMEA에서 했던 것과 동일하게 양식을 채워나가는 방법부터
해석에 이르기까지 실무에서 바로 쓸 수 있는 수준까지의 상세한 설명
이 뒤따른다. 따라서 독자는 본 단원 학습을 통해 Process FMEA의 실
체에 확실히 다가서는 효과를 거두게 될 것이다.

1. 기본 정보

Process FMEA는 「1. FMEA 개요」 내 「1.1. FMEA 탄생의 시간대별 고찰」에서 다음의 배경을 통해 탄생했음을 밝힌 바 있다.

"1988, Ford사는 제품의 설계뿐만 아니라 제조 과정에까지 적용 → 'Potential Failure Mode and Effects Analysis in Design (D-FMEA)'와 'For Manufacturing and Assembly Processes (P-FMEA) Instruction Manual'을 발행"

Ford사가 자동차 역사에서 연구 개발에 중점을 두고 차세대 자동차 개발에 상당한 영향력을 행사한 건 사실이지만 역시 자동차를 조립하는 'Set Maker'가 본업이므로 '설계 영역'에 국한된 기존의 FMEA를 '프로세스 영역'에 확대 적용한 시도 자체가 매우 자연스러워 보인다.

몇 년 전 S전자의 연구 개발자와 엔지니어 전체를 대상으로 상당 기간 FMEA 교육을 진행했던 적이 있다. 이같이 전사적으로 FMEA를 도입한 배경은 바로 전자 제품 특유의 빠른 '수명 주기(Life Cycle)' 때문이었다. 요즘 스마트폰만 보더라도 소프트웨어나 하드웨어는 좀 과장하면 한 달이 멀다 하고 바뀐다. 제품을 사면 곧 구식이 된다는 말도 나온다. 교육 중엔 "전자 제품은 막 숨이 넘어갈 때 사야 최신 제품을 유지할 수 있다"고 재미있으란 표현도 하곤 한다. 이 같은 환경 속에서 그나마 시장 상황에 발 빠르게 대응할 수 있는 기업 내 부문이 바로 '연구 개발'이다. 제품의 대폭적 변화가 없는 한 기존 제품군에 필요한 기능 추가나 변경만 주면 되기 때문에 상대적으로 대외적 변화에 유연한 편이다. 그러나 문제가 있다. 공정은 그에 맞춰 빠르게 대응하지 못하는 속성이 있다. 이것이 바로 S전자가 FMEA를 전사적으로 도입하게 된 핵심 배경이다.

제품 생산 프로세스는 변화를 추구하는 '연구 개발(R&D) 부문'과 달리 매우 보수적이다. 우리가 잘 알고 있는 '4M(Man, Machine, Material, Method)'이 바뀌면 '변경점 관리'라고 해서 별도의 철저한 체계로 승인 단계와 모니터링 과정을 거친다. 뭔가가 바뀌면 공정 내 설정 값들이 바뀌고 급기야 만들려고 하는 제품의 특성에 변화가 생긴다. 모두가 원치 않는 결과이다. 이런 속성의 생산 프로세스가 연구 개발에서 빨리빨리 변경시켜 달라는 요구에 부응하기란 분명 한계가 있다. 나쁘게 얘기하면 불량을 양산하거나 아니면 기존의 품질이 바뀌지 않도록 연구 개발 부문과 끝없는 논쟁을 벌여야 한다. 기업 입장에선 어느 쪽도 속 시원한 해결책은 아님에 틀림없다. 결국 시장의 변화에 발 빠른 대응이 불가피하다면 연구 개발 부문에 동조해서 제조 프로세스에서도 그만큼은 아니더라도 최소한의 대응력은 갖추고 있어야 한다. 이를 위한 최선책은 설계 변경이 생길 때마다 프로세스 엔지니어가 설계 작업에 함께 참여하고, 변경에 따른 공정의 잠재 문제를 이끌어낸 후 생산 전 미리 해결하는 활동이 필요하다. 어쩌면 Design FMEA의 맛을 한번 들인 제조업체라면 이같은 생각을 자연스럽게 할 수밖에 없지 않을까? 기업에서의 Process FMEA는 Design FMEA와 함께 선택이 아닌 필수임에 틀림없다. 본론으로 들어가기 전에 "Process FMEA는 Must 사안"임을 명심하자. 이제부터 각 출처별 Process FMEA의 내용 파악으로 들어가 보자.

1.1. 개요

개요는 'Big 3 매뉴얼'과 'Ford사 매뉴얼'을 중심으로 설명해나갈 것이다. 다음은 각 출처별 내용을 옮긴 것이다.

(Big 3)

(개요) Process FMEA는 'PFMEA'로 줄여 쓰곤 한다. 제조 프로세스 개발에서 다음과 같은 활동을 통해 고장 위험을 줄이는 데 유용하다.

- 프로세스 기능과 요구 사항의 파악과 평가를 통해
- 제품과 프로세스에 내재된 '고장 모드'와, 프로세스와 고객에 미치는 '고장 모드'의 '영향' 파악과 평가를 통해
- 생산과 조립 공정에 내재된 '원인'들의 식별을 통해
- 고장 상태의 검출 능력을 높이거나 발생 빈도를 낮추기 위해 공정에서 집중해야 할 변수들의 파악을 통해
- '예방/시정 조치'와 관리가 용이한 중점 제도의 수립을 통해

Process FMEA는 살아 있는 문서이고 다음과 같은 시점에 시작한다.

- 사전 연구 전 또는 사전 연구 단계에서
- 양산을 위한 툴링(Tooling) 전 단계에서
- 개개 부품부터 조립까지 모든 생산 작업을 고려할 때
- 생산과 조립 작업에 영향을 줄 수 있는 공장 내 모든 프로세스를 포함할 때. 여기서 프로세스란 선적, 수급, 자재 운반, 저장, 이동이나 상표 부착 등을 지칭

신제품의 생산 계획 단계에서 앞으로 변경되거나 신설될 프로세스의 잠재 문제들을 예측하고 해결하며, 그를 관찰하기 위한 검토와 분석은 초창기에 행해져야 한다. Process FMEA는 설계된 제품이 설계 목적에 부합하는 것으로 가정하고 시작한다. 설계의 취약 때문에 일어날 수 있는 잠재적 '고장 모드'가 Process FMEA에 포함될 수

있으나 그들의 '영향'과 회피책은 Design FMEA에 의해 처리되고 마련돼야 한다.

Process FMEA는 프로세스의 한계를 극복하기 위해 제품의 설계 변경에 의존하지 않는다. 그러나 최종 제품이 고객 요구와 기대에 어느 정도 부응하도록 계획된 '생산/조립 공정'과 관련해 제품의 설계 특성들을 참작할 수 있다. Process FMEA 전개는 일반적으로 기계와 설비가 그들의 설계 목적에 부합하고, 따라서 FMEA 고려 범위에서 배제된다고 가정한다. 입고 부품과 자재에 대한 관리 체계는 과거 데이터에 기반을 두는 것이 바람직하다.

(고객 정의) Process FMEA에 대한 고객 정의는 통상 '최종 고객(End User)'을 지칭한다. 그러나 고객은 차후 또는 후속되는 생산이나 조립 작업, 서비스 작업 또는 규제 기관도 포함될 수 있다.

(팀 접근) Process FMEA는 책임 엔지니어가 포함된 '복합 기능 팀(Cross-functional Team)'에 의해 전개, 유지된다. Process FMEA의 초기 전개 시, 책임 엔지니어/팀 리더는 관련된 모든 부서의 주요 담당자가 직접 참석하도록 유도해야 하며, 이때 관련 부서는 설계, 조립, 생산, 자재, 품질, 서비스, 공급자뿐만 아니라 이후 조립 단계까지 그 영역에 제한을 두지 않는다. Process FMEA는 관련 부서들 간 아이디어 상호 교환이 활성화되는 기폭제가 돼야 하고 이를 통해 팀 활동이 촉진돼야 한다.

(설계 고려 사항) 팀은 설계된 제품이 설계 목적에 부합하는 것으로 가정한다. Process FMEA 전개 중, 팀은 프로세스 내 특정 '고장 모드'의 발생을 줄이거나 제거할 수 있는 설계 보완 기회를 가질 수 있다. 예를 들어, 부품과 설비에 각각 어울리는 기능 하나를 추가함으로써 작업자가 잘못된 방향으로 부품을 위치시킬 오류를 원천 봉쇄할 수 있다. 이 같은 정보는 판단과 실천이 용이하도록 툴링, 장비, 설비의 설계 책임자와 제품 설계 엔지니어 모두에게 제공돼야 한다.

(Ford)

(팀 구성) FMEA 활동을 준비하는 업무가 주로 책임자 한 개인에게 집중돼 있더라도 FMEA 입력마련만큼은 팀이 함께하는 노력이 필요하다. 업무와 FMEA에 지식이

많은 개인들이 모여 팀을 이뤄야 한다(예를 들어, 설계 전문가, 분석/시험 전문가, 생산/조립/서비스/재활용/품질/신뢰성 전문가 등). FMEA 전개는 OEM(최종 제품 생산자), 공급자 또는 하도급 업자 같은 활동의 주체로부터 추천된 엔지니어가 모여 시작한다.

(Ford사 경우) 팀은 핵심 팀(Core Team)과 지원 팀(Support Team) 구성원으로 이원화한다. 핵심 팀 구성원은 FMEA 전 단계에서 활동하며, 주주와 의사 결정권자이고, 조치를 이행할 책임이 있다. 지원 팀 구성원은 일시적으로 활동에 필요한 주요 아이디어나 입력 정보를 제공하는 데 이용된다.

(참고) 다음의 내용처럼 행정적 지원 역시 매우 중요하다.

- 작성 초기의 행정적 지원은 팀이 FMEA를 시작하는 활동과 동기부여, 추진력을 유지하는 데 매우 중요하다.
- 지원은 가시적이고 실질적이어야 한다. 예를 들어, 프로그램 엔지니어 임원이 상위 수준 시스템이나 부품들에 대해 FMEA를 검토하는 일 등이다.

(FMEA 범위) 범위는 분석할 경계와 규모를 지칭한다. 즉, 무엇을 넣고 뺄 것인가를 결정한다. 경계가 잘못 지정되면 수정이나 새로운 구성이 필요 없는 영역까지 FMEA 분석이 확장되고, 이 때문에 분석 목표를 벗어나거나 늘어지는 결과를 초래한다. 신기술의 운용, 현재 해결이 가능한 과거 문제들, 새로운 환경, 제품 설계 변경을 확실하게 검토한다. 한 번의 실수가 잘못된 범위와 팀 구성원을 만들어낼 수 있다. FMEA 범위 설정은 거시적인 흐름도를 제일 먼저 만들고, 이어 분석에 필요한 경계 찾는 일을 시작한다. 다음 최종적으로 프로세스 목적을 위해 미세 흐름도를 만든 후 분석을 수행한다.

1.2. Process Flow Diagram('프로세스 흐름도')70)

프로세스 책임 엔지니어 또는 팀 리더는 **Process FMEA**를 준비하는 데 필요

---

70) 'Process Flow Diagram'은 'Process Flow Chart'와 동의어다. 본문에서는 우리말인 "프로세스 흐름도"로 번역해 쓸 것이다.

한 많은 양의 자료를 처리해야 한다. Process FMEA는 프로세스가 행할 일과 해서는 안 되는 일(즉, 프로세스의 목적)들의 목록을 작성하면서부터 시작된다.

Process FMEA 작업엔 프로세스의 흐름도가 필요하다. 흐름도를 통해 각 작업 단계에서의 제품, 프로세스 특성들이 파악된다. 또 작성된 Design FMEA 로부터 공정에 미치는 제품의 영향을 파악할 수 있다. Process FMEA 준비 중 사용된 흐름도들은 FMEA와 함께 관리한다.

Process FMEA는 분석이 필요한 생산 및 조립 작업을 이해하고, 작업의 요구를 살피기 위해 관련 정보를 마련하는 일부터 시작한다. '프로세스 흐름도' 는 Process FMEA의 '1차 입력'을 제공한다. 흐름도는 생산 시스템의 설계 동안 분석 범위를 결정하는 데 도움을 주는 도구로 활용한다. 다음은 각 출처별 '프로세스 흐름도'에 대한 내용을 옮긴 것이다.

(Big 3)
'프로세스 흐름도'는 제품이 프로세스에 들어올 때부터 나갈 때까지의 흐름을 보여준다. 흐름도는 생산과 조립 공정 각 단계를 포함하며, 더불어 단계별 출력(제품 특성, 요구 사항, 제품 등)과 입력(프로세스 특성, 변동의 근원 등)도 포함한다. 흐름도의 상세 정도는 프로세스 개발 협의에 달려 있다. 일반적으로 초기에 작성되는 흐름도는 상위 수준의 프로세스 맵이며, 잠재 '고장 모드'를 구별하기 위해서는 훨씬 더 상세한 분석적 접근이 요구된다. 다음 [그림 Ⅳ - 1]은 흐름도를 작성하기 위한 계층 구조 개요도이다.

[그림 Ⅳ-1] '상위 수준 프로세스 맵'과 '상세 프로세스 흐름도' 개요도

상위 수준 프로세스 맵(High Level Process Map)

상세 프로세스 흐름도(Detailed Process Flow Diagram)

[그림 Ⅳ-1]에서 프로세스 흐름을 '작업(Operations)' 또는 '활동(Activity)'으로 구분하되 큰 흐름을 읽을 수 있게 구성하면 '상위 수준 프로세스 맵'이라고 한다. 이 맵의 각 작업 또는 활동 중 한두 개를 선택해 그 하위 작업 또는 활동으로 세분화하면 '상세 프로세스 흐름도'를 형성한다. 얼마나 상세한가는 물론 상황에 따라 팀원들의 상의를 통해 결정한다. 그러나 너무 상세하면 오히려 작업량이 많아지고 너무 작은 해석에 시간과 자원이 투입될 수도 있어 주의한다.

Process FMEA 내용은 '프로세스 흐름도' 내 정보와 일치해야 한다. '프로세스 흐름도'의 범위는 각 부품의 처리부터 선적, 수입, 자재 이동, 저장, 운송, 상표 부착을 포함한 조립까지 모든 생산 작업을 포괄한다. '프로세스 흐름도'를 이용한 위험의 예비평가는 프로세스 작업 또는 개별 단계의 어떤 것이 제품 생산과 조립에 영향을 줄 수 있는지, 또 Process FMEA에 포함돼야 하는지 파악하는 일부터 시작된다.

Process FMEA 전개는 각 프로세스와 기능에 대한 요구 사항을 계속해서 파악해나가는 과정이다. 요구 사항들은 각 작업 또는 단계에서의 출력이며, 제품의 요구 사항과 연결된다. 요구 사항들은 어느 것이 각 작업 또는 단계에서 이뤄져야 하는지도 설명한다. 요구 사항들은 팀에게 잠재 '고장 모드'를 판별하는 근거를 제공한다.

연속성을 확보하기 위해 같은 '복합 기능 팀'이 하나의 '프로세스 흐름도'를 계속 작성해야 한다. [그림 Ⅳ-2]는 '프로세스 흐름도'의 작성 예이다.

[그림 Ⅳ-2]에서 가운데 열의 '프로세스 흐름도'를 중심으로 왼쪽 열은 각 작업에서 경험을 통해 확인된 변동을 야기할 수 있는 근원들을 나열하고, 오른쪽 열은 단계별 얻게 될 제품 또는 관리해야 할 출력 사안들을 설명한다. 특히 '프로세스 흐름도'에는 기호를 통해 작업자의 근무 형태(Full Time, Part Time), 작업, 검사, 저장, 지연 등을 눈으로 쉽게 파악하도록 구성한다. 변동을 야기하는 원인과 출력들의 기술이 상세할수록 Process FMEA의 전개는 힘을 받는다.

(툴과 정보 출처) 팀이 프로세스 요구 사항들에 관심과 논의를 집중시키는 방법은 다음의 출처를 통해서도 제공된다.

- Design FMEA
- 도면과 설계관련 기록들

[그림 Ⅳ-2] '프로세스 흐름도' 작성 예(Big 3)

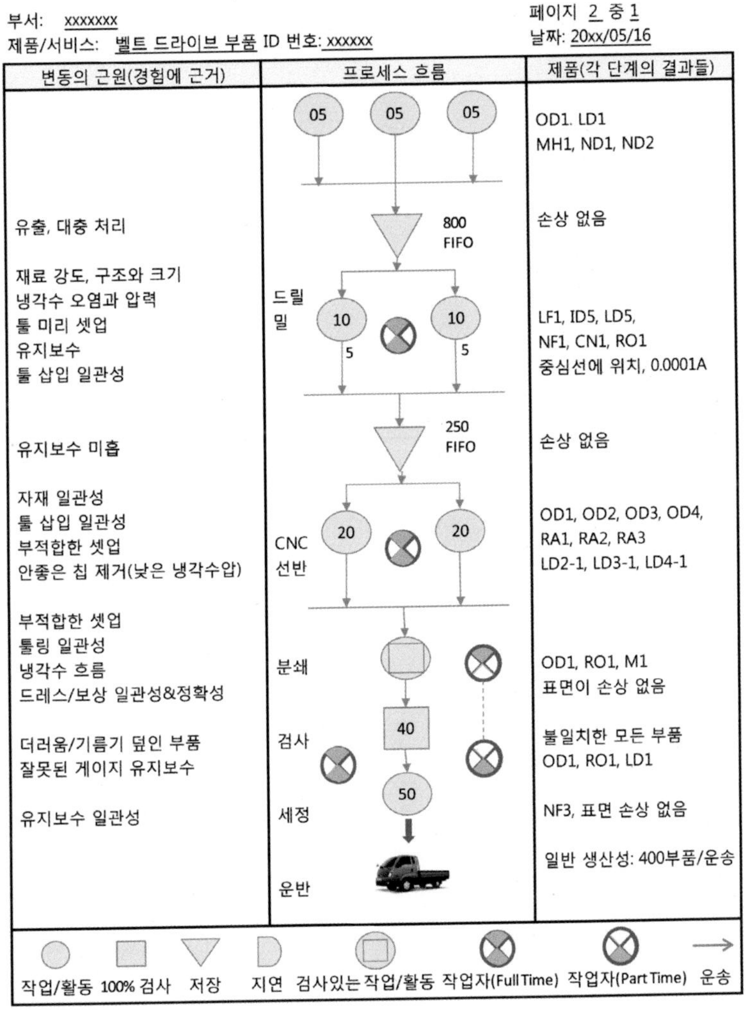

변동의 근원(경험에 근거)	프로세스 흐름	제품(각 단계의 결과들)
	05 05 05	OD1. LD1 MH1, ND1, ND2
유출, 대충 처리	800 FIFO	손상 없음
재료 강도, 구조와 크기 냉각수 오염과 압력 툴 미리 셋업 유지보수 툴 삽입 일관성	드릴 밀 10 10 5 5	LF1, ID5, LD5, NF1, CN1, RO1 중심선에 위치, 0.0001A
유지보수 미흡	250 FIFO	손상 없음
자재 일관성 툴 삽입 일관성 부적합한 셋업 안좋은 칩 제거(낮은 냉각수압)	CNC 선반 20 20	OD1, OD2, OD3, OD4, RA1, RA2, RA3 LD2-1, LD3-1, LD4-1
부적합한 셋업 툴링 일관성 냉각수 흐름 드레스/보상 일관성&정확성	분쇄	OD1, RO1, M1 표면이 손상 없음
더러움/기름기 덮인 부품 잘못된 게이지 유지보수	검사 40	불일치한 모든 부품 OD1, RO1, LD1
유지보수 일관성	세정 50	NF3, 표면 손상 없음
	운반	일반 생산성: 400부품/운송

○ 작업/활동 □ 100% 검사 ▽ 저장 ◻ 지연 ⬜ 검사있는 작업/활동 ⊗ 작업자(Full Time) ⊗ 작업자(Part Time) → 운송

- 프로세스 명세서(Bill of Process)
- 연관 (특성) 매트릭스

- 내/외부 고객의 불만(즉, 과거 데이터를 기반으로 한 알려진 '고장 모드')
- 품질과 신뢰성 이력

(Ford)

프로세스 흐름을 분석한다. 흐름도는 반드시 사용돼야 하고 **FMEA**에 첨부돼야 한다. 생산과 조립 공정에서 필요한 지식들을 팀이 수집해 흐름도 작성 시 이용한다. "프로세스는 무엇을 하도록 돼 있는가?", "목적은 무엇인가?", 또 "기능은 무엇인가?" 같은 질문을 통해 결과를 흐름도에 활용한다. 다음 [그림 Ⅳ-3]은 '프로세스 흐름도'의 전형적인 예이다.

[그림 Ⅳ-3] '프로세스 흐름도' 작성 예(Ford사)

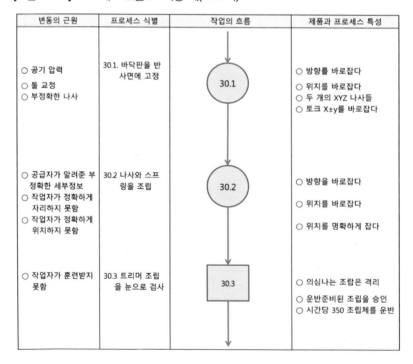

(제품 특성 매트릭스) '제품 특성 매트릭스(Product Characteristic Matrix)'는 '제품-대-프로세스', '제품-대-제품' 간 연관성을 진전시키는 데 도움을 주므로 매우 유용하다. 이 매트릭스를 엮어내면 Design FMEA에서 파악된 부품 특성들과 타협이 되는 모든 프로세스 단계들을 알 수 있다. 매트릭스가 완성되면 그를 FMEA에 첨부한다. 다음 [표 Ⅳ-1]은 '제품 특성 매트릭스'의 작성 예이다.

[표 Ⅳ-1] '제품 특성 매트릭스' 작성 예(Ford사)

제품 특성	30.1	30.2	30.3
방향을 바로잡다 - 바닥판	A		
위치를 바로잡다 - 바닥판	X		
두 개의 XYZ 나사들	A		
토크 X±Y를 바로잡다	X		
방향을 바로잡다 - 나사와 스프링을 조립		X	
위치를 바로잡다 - 나사와 스프링을 조립		X	
위치를 명확하게 잡다 - 나사와 스프링을 조립		X	
범례	X-특성이 생성되거나 변경됨. C-특성이 클램핑을 위해 사용됨. L-특성이 위치 잡는 데 사용됨. T-공통의 툴이 한 개 이상의 특성을 생성함. M-특성이 자동으로 모니터 됨. A-한 개의 마감된 제품 특성이 다른 특성에 강한 영향을 미침.		

(P-Diagram) P-Diagram은 Process FMEA에 대해서는 선택 사항이다.

1.3. Process FMEA 양식/'Header' 작성

Design FMEA 양식의 'Header'에 대해서는 [그림 Ⅲ-5]~[그림 Ⅲ-8], 그리고 기본 양식인 [그림 Ⅲ-10]에서 자세히 설명한 바 있다. 'Header'는 말 그대로 장표의 맨 위쪽에 붙는 공간이며 작성된 FMEA를 구분 짓는 중요

한 정보들이 기록된다. Design FMEA는 '제품'에 대해, Process FMEA는 '프로세스'에 대해 전개하므로 'Header'에서도 약간의 차이를 보인다. 다음 [그림 IV-4]는 Process FMEA 양식 중 'Big 3'와 'Ford사'의 'Header'를 옮긴 것이다. Design FMEA와의 비교를 위해 맨 아래 'Big 3'의 Design FMEA도 다시 옮겨놓았다.

[그림 IV-4] 'Big 3'와 'Ford사'의 Process FMEA 양식 'Header'

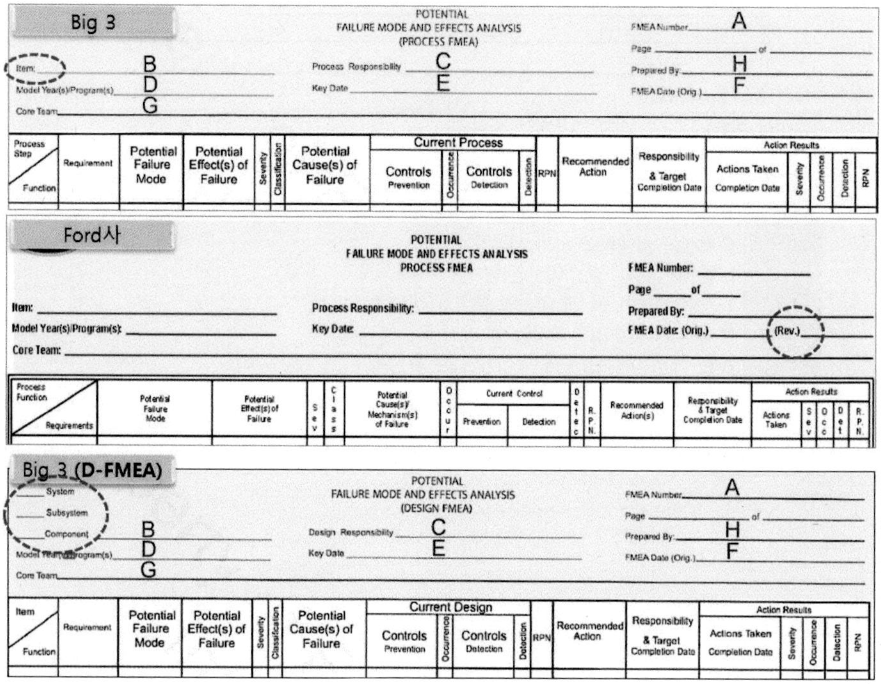

[그림 IV-4]의 위쪽 두 'Header'는 'Ford사'의 'Rev.', 즉 '최근 개정일'이 추가된 것 외에는 'Big 3'의 그것과 근본적으로 차이가 없다. 그러나 맨 아래

Design FMEA와는 빨간색 타원 점선처럼 '제품(Product)'을 뜻하는 'System', 'Subsystem', 'Component'가 있는 반면 맨 위 'Process FMEA(Big 3)' 경우는 'Item'으로 간단히 대체하고 있다. 'Item'은 '부품'이나 '시스템' 등을 총칭하는 단어이며 '프로세스'에 포함된 대상을 입력하는 난이다. 다음 [그림 Ⅳ-5]와 [그림 Ⅳ-6]은 'Big 3'의 'Header'를 확대한 것과, 앞으로 쓰일 기본 양식을 각각 보여준다.

[그림 Ⅳ-5] 'Big 3'의 Process FMEA 양식 'Header'

POTENTIAL
FAILURE MODE AND EFFECTS ANALYSIS
(PROCESS FMEA)

Item ____ B ____ Process Responsibility ____ C ____ Page Number ____ A ____
Model Year(s)/Program(s) ____ D ____ Key Date ____ E ____ Page ____ of ____
Core Team ____ G ____ Prepared By ____ H ____
FMEA Date(Orig) ____ F ____

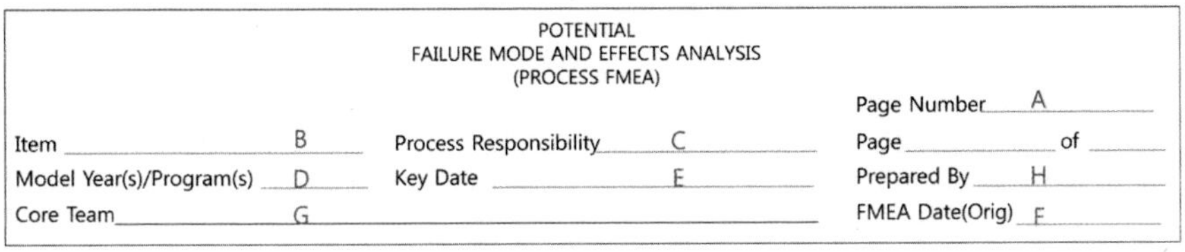

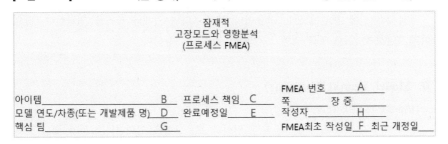

[그림 Ⅳ-6] 'Header' 기본 양식('Ford사'의 Process FMEA 양식을 기반으로 함)

잠재적
고장모드와 영향분석
(프로세스 FMEA)

FMEA 번호 ____ A ____
아이템 ____ B ____ 프로세스 책임 ____ C ____ 쪽 ____ 장 중 ____
모델 연도/차종(또는 개발제품 명) ____ D ____ 완료예정일 ____ E ____ 작성자 ____ H ____
핵심 팀 ____ G ____ FMEA최초 작성일 ____ F ____ 최근 개정일 ____

이제부터 [그림 Ⅳ-4]를 중심으로 'Header' 각 항목들의 역할과 작성법에 대해 알아보자. Design FMEA와 별반 차이가 없다는 점도 알아두자.

A. FMEA Number

(Big 3)

Process FMEA의 문서 관리를 구분하는 데 쓰이며, 문자와 숫자로 이루어진 일련번호를 기입한다. 이 번호로 문서 관리가 이루어진다.

(SAE), (Ford)

FMEA 문서 추적이 가능한 번호를 입력한다. 제품 계보(시리즈)와 모델 연식별로 별개의 번호 체계를 만들어 관리한다.

B. Item

(Big 3), (SAE), (Ford)

프로세스에 포함된 분석 대상, 즉 시스템, 하위 시스템, 또는 부품 명칭과 번호를 입력한다.

C. Process Responsibility

(Big 3), (SAE), (Ford)

프로세스 설계 책임이 있는 그룹이나 부서, OEM 업체나 조직을 입력한다. 필요에 따라 '(알려져 있는) 공급 업체 조직명'의 입력도 가능하다.

D. Model Year(s)/Program(s)

(Big 3), (SAE), (Ford)

분석 대상인 제품/프로세스의 모델 연식과 프로그램을 입력한다(자동차 생산 프로세스 경우이며, 타 제품은 그에 맞게 수정해서 활용한다).

E. Key Date

(Big 3)

계획된 양산 시작일을 넘지 않는 선에서 Process FMEA 첫 완료(예정)일을 적는다.

공급 담당 조직인 경우, 이 날짜는 고객이 요구한 '부품 승인 절차(PPAP)' 제출 기일
을 넘지 않도록 한다.

(SAE), (Ford)
계획된 양산 시작일을 넘지 않는 선에서 Process FMEA 첫 완료(예정)일을 적는다.

F. FMEA Date(Orig.)

(Big 3), (SAE), (Ford)
Process FMEA가 최초 작성된 날짜와 가장 최근의 개정 날짜를 기입한다.

G. Core Team

(Big 3), (SAE), (Ford)
Process FMEA 전개를 책임질 팀 구성원을 입력한다. 연락에 필요한 정보(예를 들
어, 이름, 조직명, 전화번호, 주소 그리고 이메일)가 추가 문서로 포함될 수 있다.

H. Prepared By

(Big 3), (SAE), (Ford)
Process FMEA 준비 책임 엔지니어의 조직(회사)을 포함, 이름과 연락에 필요한 정
보를 입력한다. (필자) 통상 '작성자'를 입력한다.

1.4. Process FMEA 양식/'Body' 구조

Process FMEA의 본론이다. 만일 Design FMEA부터 내용을 전부 밟고 온
독자라면 읽어나가기가 한결 수월할 것이다. 상당한 분량이 Design FMEA와
중복되기 때문이다. 내용 설명에 앞서 Process FMEA 양식에 포함된 작성해
야 할 '열(Fields)' 명칭과 한글로 표기된 기본 양식을 'Big 3', 'Ford사' 양식

검토를 통해 결정해보자. 다음 [그림 IV-7]은 'Big 3'와 'Ford사'의 매뉴얼에 포함된 'Body'부 양식 예이다. Design FMEA와 거의 동일하며 Process FMEA인 점을 감안해 약간의 수정이 가해졌음을 알 수 있다.

[그림 IV-7] 'Big 3', 'Ford사'의 Process FMEA 양식 'Body'

Process Step / Function	Requirement	Potential Failure Mode	Potential Effect(s) of Failure	Severity	Classification	Potential Cause(s) of Failure	Current Process			Detection	RPN	Recommended Action	Responsibility & Target Completion Date	Action Results				
							Controls Prevention	Occurrence	Controls Detection					Actions Taken Completion Date	Severity	Occurrence	Detection	RPN
Big 3 a1	a2	b	c	d	e	f	h	g	h	i	j	k		l	m	←	n	→

Process Function / Requirement	Potential Failure Mode	Potential Effect(s) of Failure	S e v	C l a s s	Potential Cause(s)/Mecha nism(s) of Failure	O c c u r	Current Control		D e t e c	R. P. N.	Recommended Action(s)	Responsibility & Target Completion Date	Action Results				
							Prevention	Detection					Actions Taken	S e v	O c c	D e t	R. P. N.
Ford사																	

[그림 IV-7]에서 'Big 3'와 'Ford사'를 비교할 때, 첫 열이 'Big 3' 경우 'Process Step/Function'이, 'Ford사' 경우 'Process Function/Requirement'로 약간의 차이가 있다. 'Requirement(요구 사항)'는 'Big 3' 경우 두 번째 열에 포함돼 있어 사실상 두 양식 간 차이는 거의 없다. 그 외에 빨간색으로 표시한 바와 같이 용어 선택에 약간의 차이를 보인다. 또 Design FMEA와 동일하게 'Occurrence(발생도)'와 'Detection(검출도)'이 'Big 3' 경우 'Current Process' 안쪽에 들어 있는 데 반해, 'Ford사' 경우는 'Current Control' 바깥쪽에 위치한다. 'Big 3'은 각 열별로 'a~n'의 약칭이 붙어 있어 열 검색이나 해석 순서에 편리함을 준다. 향후 설명해나갈 때도 이 약칭을 이용할 것이다.

[그림 IV-8]은 [그림 IV-6]의 'Header'와 합쳐진 Process FMEA 양식이며 앞으로 기본 양식으로 활용할 것이다. 첫 열에 '프로세스 단계'를 포함시켰다.

[그림 Ⅳ-8] Process FMEA 기본 양식 예

1.5. Process FMEA 양식/Ford사의 'Working Model'

Process FMEA의 'Body' 설명으로 들어가기에 앞서 그를 분석할 방법론(?)인 Ford사의 'Working Model'을 학습해야 한다. Ford사의 'FMEA 방법론(FMEA Methodology)'은 '양식 주도(Form Driven)'가 아닌 '모델 주도(Model Driven)'의 특징을 갖는다. 즉, 양식을 모두 채운 뒤 잠재 문제들을 해결하려는 접근보다 양식을 채워나가며 단계별 특성에 맞는 해결책을 마련하고 개선하는 접근법을 구사한다. 주어진 본 내용에 대해서는 이미 Design FMEA 단계에서 자세히 소개한 바 있다. 그러나 독자가 Process FMEA만 학습할 경우앞 내용을 보고 다시 와야 하는 번거로움과 흐름의 맥이 끊기는 등의 단점을감안해 다시 한번 Ford사의 'Working Model'을 싣는다. 또 Ford사 매뉴얼 경우 Design FMEA와 달리 Process FMEA와 관련된 용어를 일부 추가 삽입하고 있는 점도 고려하였다.

[그림 Ⅳ-9]는 일반적인 Process FMEA 분석법을 소개하는 'Body'부 개요도이다.

[그림 Ⅳ-9] 'Process FMEA'의 해석 시점(RPN)

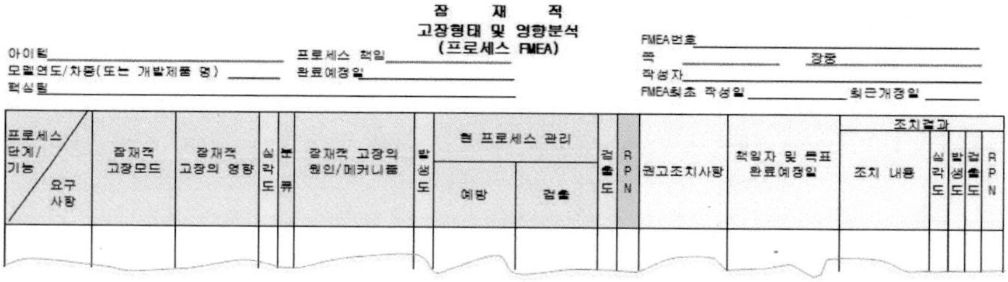

잠 재 적
고장형태 및 영향분석
(프로세스 FMEA)

아이템_____ 프로세스 책임_____ FMEA번호_____
모델연도/차종(또는 개발제품 명)____ 완료예정일_____ 쪽_____ 장종_____
핵심팀_____   작성자_____
                                                            FMEA최초 작성일_____ 최근개정일_____

프로세스 단계/ 기능 요구 사항	잠재적 고장모드	잠재적 고장의 영향	심 각 도	분 류	잠재적 고장의 원인/메커니즘	발 생 도	현 프로세스 관리		검 출 도	R P N	권고조치사항	책임자 및 목표 완료예정일	조치결과				
							예방	검출					조치 내용	심 각 도	발 생 도	검 출 도	R P N

　

[그림 Ⅳ-9]의 기본 양식을 토대로 한 이후 분석은 [그림 Ⅲ-13]에서의 Design FMEA와 별반 차이가 없다. Process FMEA만 단독으로 학습하는 독자를 위해 당시 본문 내용을 아래에 그대로 옮겼으니 참고하기 바란다.

[그림 Ⅳ-9]에서 '프로세스 단계/기능/요구 사항~현 프로세스 관리'까지 내용이 채워지면 '심각도', '발생도', '검출도'를 통한 'RPN'이 얻어지고 통상적으론 그의 점수가 높은 '원인'과 '고장 모드'를 대상으로 이후 '권고 조치 사항'이 기술된다. 또 다른 접근은 '심각도', '발생도', '검출도'별로 따로 각 점수를 구분해 '권고 조치 사항'을 기술하는 방식인데, 예를 들어 '발생도'가 높으면 '설계' 영역을, '검출도'가 높으면 '프로세스' 영역을 개선하기 위한 '권고 조치 사항'을 적는다. 그러나 Ford사가 생산하는 자동차 제품은 'Speed'가 매우 중요한 산업이기에 모든 분석을 마무리하고 '권고 조치 사항'을 적어 개선에 이르는 접근은 어딘지 모르게 무거워 보인다. 이를 타파하기 위해 효율을 높이기 위한 접근법을 구상했는데 이것이 바로 'Ford사 FMEA Working Model'이다. Ford사의 이 방식은 분석을 해나가면서 '권고 조치 사항'을 기술하므로 필요한 개선을 적시에 파악할 수 있고 '심각도', '발생도', '검출도'별로 특화된 '권고 조치 사항'을 마련할 수 있다. 기본 개요는 [그림 Ⅳ-10]과 같다.

[그림 Ⅳ-10] Ford사의 'FMEA Working Model' 개요도

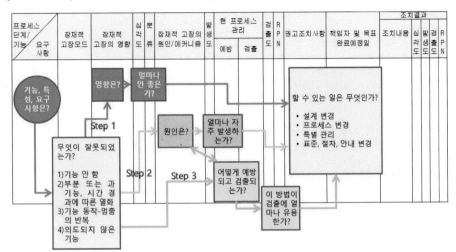

[그림 Ⅳ-10]의 'Step-1'은 '잠재적 고장의 영향'과 '심각도(Severity)'를 보고 '권고 조치 사항'을, 'Step-2'는 '잠재적 고장의 원인/메커니즘'과 '발생도(Occurrence)'를 통해, 끝으로 'Step-3'은 '현 프로세스 관리'와 '검출도(Detection)'를 평가해 '권고 조치 사항'을 기술한다. 각 Step별 특징과 과정은 다음과 같다.

1.5.1. Working Model 'Step-1'

다음의 순서로 'Step-1'을 진행한다.

■ 설정된 범위 내 모든 '프로세스 기능 요구 사항'들을 파악한다.

- ‘프로세스 기능 요구 사항’에 대응하는 ‘고장 모드’를 파악한다.
- 각 ‘고장 모드’로부터 야기되는 ‘영향’들을 파악한다.
- 각 ‘영향’의 ‘심각도’를 파악해서 ‘고장 모드’들을 순위화한다.
- 가능하면, ‘원인’들을 언급하지 않은 상태에서 ‘고장 모드’를 제거할 수 있는 ‘권고 조치 사항’을 마련한다. 그러나 이것은 매우 드문 상황이다.

사실 ‘고장 모드’를 완전히 제거하는 일은 매우 드물기 때문에 대부분 ‘Step-2’와 ‘Step-3’에 의존한다.

1.5.2. Working Model ‘Step-2’

‘고장 모드’가 ‘Step-1’의 과정 동안 제거되지 못하면 계속해서 ‘Step-2’를 다음과 같이 수행한다.

- 관련된 ‘원인’들을 파악한다(‘First Level Cause’와 ‘Root Cause’).
- ‘원인’들의 ‘발생도(Occurrence Ratings)’를 추정해서 기입한다.
- 필요할 경우 ‘분류’란에 정해진 기호를 입력한다.
- ‘심각도’, ‘치명도(‘S×O’=‘Criticality’)’가 높을 경우 ‘권고 조치 사항’을 기입한다. Process FMEA 경우 ‘Operator Safety(OS) 특성’과 ‘High Impact(HI) 특성’관련 프로세스 오류에 대해서도 ‘권고 조치 사항’을 기입한다.[71]

---

71) ‘Operator Safety(OS) 특성’과 ‘High Impact(HI) 특성’들에 대해서는 [그림 Ⅲ-17]과 [표 Ⅲ-10]을 참조하기 바란다.

1.5.3. Working Model 'Step-3'

'고장 모드'와 그의 '원인'이, 'Step-1'과 'Step-2'에서 제거될 수 없다면 다음의 'Step-3'으로 넘어간다.

- 현재의 '프로세스 예방' 관리(설계 조치나 프로세스 조치)를 보고 '발생도(Occurrence)' 점수를 설정한다.
- 현재의 '프로세스 검출' 관리(즉, 검사)를 보고 '검출도' 점수를 설정한다.
- '프로세스 검출' 관리의 효과는 점수 '1'부터 '10'까지로 파악한다.
- 최초 'RPN(Risk Priority Number)'을 평가한다.
- '예방'과 '검출'에 대한 '권고 조치 사항'을 기입한다.

결정된 '권고 조치 사항'이 실행된 후 조치 결과에 따라 FMEA 양식을 개정한다. 이때 '심각도', '발생도', '검출도'와 'RPN'을 재계산해 해당란에 입력한다. 꼭 기억해야 할 점은 'Step-1'과 'Step-2'가 완료된 후 'Step-3'이 진행돼야 한다는 점이다.

1.6. 「Process FMEA 양식」 각 열의 용법

이제부터 [그림 IV - 7]의 'Big 3'와 'Ford사'의 'Process FMEA 양식'을 중심으로 각 열의 특징과 입력 내용들에 대해 알아보자. 다음 소제목 중 '영문'은 [그림 IV - 7]의 'Big 3' 양식을, '한글'은 [그림 IV - 8]의 번역된 '기본 양식'을 따른 것이다. '영문' 뒤 '(a1)~(n)'은 [그림 IV - 7]의 'Big 3' 양식 내 '열' 위치를 나타낸다. 지금부터 각 열의 역할이 무엇이고 또 어떻게 채워나가는지 학습해보자. 앞서 **Design FMEA** 본문을 읽고 온 독자라면 유사하고 반복된 내용이 많아 이해하는 데 큰 도움을 받을 것이다.

1.6.1. 프로세스 단계/기능/요구 사항 Process Step/Function(*a1*)/Requirement(*a2*)

프로세스 단계/기능/요구 사항	잠재적 고장모드	잠재적 고장의 영향	심각도	분류	잠재적 고장의 원인/메커니즘	발생도	현 프로세스 관리		검출도	R P N	권고조치사항	책임자 및 목표 완료예정일	조치결과				
							예방	검출					조치내용	심각도	발생도	검출도	R P N

첫 열의 명칭에 대해서는 출처별 약간의 차이를 보인다. 'Big 3 매뉴얼' 경우 [그림 Ⅳ-7]과 같이 'Process Step/Function'이 첫 열에, 'Requirement'가 두 번째 열에 위치한다. 반면, 'Ford사 매뉴얼' 경우 첫 열에 'Process Function/Requirement'가 함께 위치한다. 따라서 '프로세스 단계~기능~요구 사항' 중 선택적으로 조정해 쓰는 방안이 요구된다('기본 양식'은 편의를 위해 그림과 같이 '프로세스 단계/기능/요구 사항'으로 정함).

(Big 3)
'Process Step/Function'은 따로 떼어내어 각각의 열로 나눠 사용하거나 [그림 Ⅳ-7]과 같이 하나의 열로 합쳐 사용한다. '프로세스 단계(Process Step)'들은 'Process Step/Function' 열에 목록화하거나, 또는 열 하나를 추가해 해당 '프로세스 단계'의 '기능'과 '요구 사항'을 따로 입력해도 좋다. '프로세스 단계', '기능', '요구 사항' 들에 대한 설명은 다음과 같다.

<u>'Process Step(프로세스 단계)/Function(기능)(a1)' 열</u> 'Process Step(프로세스 단계)' 은 분석될 '프로세스 단계'나 '작업'에 대해 프로세스 순서나 낯선 용어들이 식별될 수

있도록 입력한다(예를 들어, 순번과 명칭). 적용된 프로세스 번호 체계, 순차, 용어들은 관리 계획, 작업 지시서 등 여타 문건들과의 연계성과 추적을 위해 '프로세스 흐름도'에 쓰인 것과 일치해야 한다. 수리나 재작업도 내용에 포함시킨다.

'Function(기능)'은 분석될 '프로세스 단계', 또는 '작업(Operation)'에 대응하는 '프로세스 기능(Process Function)'들을 목록화한다. '프로세스 기능'은 작업 '목적'이나 '하기로 되어 있는 일'을 기술한다. '위험 분석'을 통해 가치 있는 프로세스, 또는 제품에 악영향을 미칠 것으로 예측되는 프로세스만 포함시킴으로써 프로세스 단계 수를 제한하는 접근도 필요하다. 만일 주어진 작업(또는 프로세스 단계)에 분석이 필요한 여러 프로세스 기능들이 존재할 경우, 연관된 '고장 모드'들의 도출이 쉽도록 각 '기능'과 '요구 사항'이 서로 맞춰질 수 있게 조정한다.

'Requirements(요구 사항)(a2)' 열에는 분석될 각 '프로세스 단계(또는 작업)'의 '기능'에 대한 '요구 사항'들을 목록화한다. '요구 사항'이란 설계 목적과 여타 고객 요구 사항들을 만족시키도록 설정된 '프로세스 입력(사항)'들이다. 만일 주어진 '기능'에 여러 '요구 사항'들이 존재할 경우, 분석이 쉽게 이루어지도록 각 '요구 사항'과 '고장 모드'들의 형태가 서로 맞춰질 수 있게 조정한다. 또 '프로세스 단계(a1)'와 '기능(a2)'이 별개 열로 나뉘면 '요구 사항'은 'a3'로 분류한다.

'Ford사 매뉴얼'은 '프로세스 기능 요구 사항(Process Function Requirement)'만을 설명한다. 명칭 하나에 '기능'과 '요구 사항' 모두가 포함돼 있어 설명하기도 한결 수월하다.

(Ford)

(정의, SAE 포함) 분석될 프로세스 또는 작업을 간단히 설명한다. 예를 들어 회전시키기, 천공하기, 두드리기, 용접하기, 조립하기 등. 팀은 적용 가능한 일, 자재, 프로세스, 환경, 안전 수칙을 검토한다. 분석될 프로세스 또는 작업의 목적을 가능한 간결하게 표현한다. 여기에는 시스템, 하위 시스템, 부품을 측정 가능토록 하는 설계 정보도 포함한다. 프로세스가 조립과 같이 서로 다른 잠재 '고장 모드'를 갖는 많은 작업으로

이루어졌을 때, 작업을 요소별로 따로 떼어내 목록화하는 것도 가능하다.

(Ford사만) '프로세스 기능'은 제품과 프로세스 특성들 모두를 포함한다.

(기능의 결정) '기능'은 측정될 수 있는 용어로 묘사돼야 한다. 보통 "이 프로세스 단계는 어떤 역할을 하도록 돼 있는가?"란 질문에 답을 하는 식이다. '프로세스 기능' 은 다음과 같은 특징을 갖는다.

- '동사/명사/측정 가능한 형식'으로 쓰인다.
- '측정 가능(Measurable)'의 대상은 다음을 포함한다.
  - 모든 최종 제품, 제조 과정의 요구 사항
  - 검증/확인될 수 있는 사항
  - 추가 제한 조건이나 설계 파라미터, 예를 들어 신뢰성 규격, 서비스 규격, 특별한 조건, 무게, 크기, 위치, 접근성
  - 새롭게 만들어지거나 수정된 부품 특성들. 예를 들어, 위치, 깊이, 직경, 경도 등

동사 "제공하다, 용이하다, 허용하다"와 같은 너무 일반적 표현의 동사는 가급적 사용을 피한다. 기억할 사항은 만일 기능이 측정 가능하지 않거나 규격이 없으면 "실패할 수도 없다"는 것이다. '프로세스 단계/요구 사항' 열에는 기능이 작동하는 데 필요한 파라미터, 규격, 특성들이 반영돼 있어야 한다.

(프로세스 기능 요구 사항을 파악하는 방법) FMEA에서의 '기능'들은 [그림 IV-3] 의 '프로세스 흐름도' 내 '프로세스 식별(Purpose/Process Identification)' 열과 '제품과 프로세스 특성(Product and Proess Characteristics)' 열을 결합해서 형성된다. '제품 특성'이란 치수, 크기, 형상, 위치, 방향, 감촉, 경도, 인장력, 외관, 코팅, 반사율과 같은 특성들을 지칭한다. 예를 들어, 하나의 특성은 설계도면상의 '치수'나 설계 규격에서의 '경도' 요구가 될 수 있다. [그림 IV-3]의 흐름도 예에서 '방향'과 '토크'는 '제품 특성'에 해당한다.

같은 흐름도 예에서 필요한 '생산량'이나 '의심나는 부품의 격리'는 '프로세스 특성'

에 속한다. '프로세스 특성'은 부품 품질 요구 사항뿐 아니라 처리에 필요한 목표들을 만족시키기 위해 프로세스 작업이 부드럽게 진행되도록 유도하는 방법과 절차까지 포함한다.

'부품 특성'이 프로세스 작업에 의해 영향 받는다는 것을 보이는 테이블이 [표 Ⅳ-1]의 '제품 특성 매트릭스'이다. 이 매트릭스의 목적은 모든 특성들이 고려되었는지 확인하고 직간접적으로 '부품 특성'에 영향을 주는 작업들을 파악하는 데 있다.

(프로세스 기능 요구 사항들의 성분) 프로세스 FMEA에서 '기능'들은 다음과 같이 두 가지 성분을 갖는다.

- '프로세스 특성' 또는 '프로세스 요구 사항', 이들은 작업률과 생산 유지 요구 사항 같은 작업 조건과 프로세스 파라미터를 포함한다.
- 작업을 위한 '제품 규격 요구 사항', 여기엔 아이템 치수와, 설계 규격, 성능 규격 같은 모든 연계된 엔지니어링 설계 요구 사항들을 포함한다.

(프로세스 기능 요구 사항들의 예) 만일 프로세스가 서로 다른 잠재 '고장 모드'를 갖는 여러 작업들로 구성돼 있다면, 이때 각 작업을 따로 분리해 목록화한다. 예를 들어, 장비 하나에서의 다중 스테이션 설비나 연속 처리를 위한 작업은 FMEA 양식에 다음과 같이 목록으로 만들 수 있다.

- 작업 #20: 구멍 크기를 깊이 방향으로 Xmm 뚫음.
- 작업 #20A: 부품 A와 부품 B를 하위 조립체 X를 만들기 위해 용접함.
- 작업 #20B: 하위 조립체 X를 Y와 조립하기 위해 붙임.

(주의) FMEA로, 또는 상위 프로세스 요구 사항 때문에 특정 작업 단계를 분석할 때, 해당 단계에서의 부품/아이템은 도출된 '고장 모드'에 의해 불합격될 수 있다.

1.6.2. 잠재적 고장 모드 Potential Failure Mode(*b*)

프로세스 단계/기능 요구사항	잠재적 고장모드	잠재적 고장의 영향	심각도	분류	잠재적 고장의 원인/메커니즘	발생도	현 프로세스 관리		검출도	R P N	권고조치사항	책임자 및 목표 완료예정일	조치결과				
							예방	검출					조치내용	심각도	발생도	검출도	R P N

Design FMEA에서 설명했듯이 'Potential'은 '잠재적', 즉 "드러나지 않은"의 의미로서 FMEA가 일이 벌어지기 전에 수행된다는 점을 강조한 수식어다 (또는 발생할 수도 그렇지 않을 수도 있음의 표현으로도 쓰임). 일어나지 않은 일을 미리 검토하니 모두가 '잠재적'이 될 수밖에 없다. Process FMEA에서의 '고장 모드' 역시 프로세스에서 발생한다는 점 외에 Design FMEA의 그것과 별반 차이가 없다. 출처별 '고장 모드' 설명은 다음과 같다.

(Big 3)
잠재적 '고장 모드'의 정의는 "프로세스가 설계 목적을 포함해, 프로세스에서 요구하는 사항을 만족시키지 못하게 되는 방식"이다. 좀 풀어쓰면 ─ (필자) 프로세스가 제 기능을 발휘하지 못하면 분명히 그 이유가 있을 것이다. 그 이유들을 나열하면 곧 '고장 모드'다.

FMEA를 준비할 때, 입고되는 부품/자재들은 문제가 없다고 가정한다. 단, 예외가 있다면 FMEA 팀이 기존 데이터를 통해 입고 부품의 품질 문제를 걸러낼 수 있다. 또 팀은 제품의 기본 설계는 올바르다고 가정한다. 그러나 만일 프로세스 관심사로 떠오른 설계 이슈들이 있다면 그 이슈들의 해결을 위해 설계 팀과 논의해야 한다. 특정 작업에서의 잠재적 '고장 모드'는 '프로세스 흐름도'에서 '프로세스 요구 사항'들을 정리했던 것처럼 목록화한다. 고장은 발생할 수 있지만 필연적인 것은 아니라고 가정한다. 잠재적 '고장 모드'는 고객이 표현하는 증상이 아닌 기술 용어로써 설명돼야 한다. [표 Ⅳ-2]는 '프로세스 단계/기능'과 '요구 사항' 및 잠재적 '고장 모드' 간 작성 예이다.

프로세스 단계/기능	요구 사항	잠재적 '고장 모드'
작업 20: 좌석 쿠션을 토크 건을 이용해 트랙에 붙임(토크 OOkgf·m)	나사 4개	나사가 4개가 안 됨
	지정된 (표준) 나사들	잘못 사용된 나사(큰 직경)
	조립 시퀀스: 오른쪽 프론트 구멍에 첫 나사 끼움	다른 구멍에 위치한 나사
	나사가 완전히 자리 잡힘	나사가 완전히 자리 잡지 못함
	나사들을 동적 토크 규격치(OOkgf·m)까지 회전시킴	너무 높게 회전시킴(토크 초과) 너무 낮게 회전시킴(토크 못 미침)
...	...	...

개별 '요구 사항'에 대해 '고장 모드'들이 다수 존재할 수 있다. 그러나 하나의 '요구 사항'에 상당량의 '고장 모드'가 존재하면 '요구 사항'이 잘 정의돼 있지 않은 경우다.

고장은 발생할 수 있지만 필연적인 것은 아니라는 의미는 결과적으로 단어 "잠재적 (Potential)"을 도입한 배경이다. 잠재적 '고장 모드'를 모두 도출했는지의 검증은 과거 불량품, 관심사, 불합격 사례, 스크랩 보고서, 그룹 브레인스토밍 등의 검토로 이루어진다.

(Ford)

(정의, SAE 포함) 잠재적 '고장 모드'는 '프로세스 기능/요구 사항' 열에서 설명된 바와 같이 "프로세스가 잠재적으로 프로세스 요구 사항 또는 설계 목적을 만족시키지 못하게 되는 방식"으로 정의된다. 그것은 지정된 작업에서의 '불 적합(또는 불일치)'에 대한 설명이다. 또, '고장 모드'는 하위 작업에서의 잠재적 '고장 모드'와 관계된 '원인'이 되거나, 이전(또는 상위) 작업에서의 잠재적 '고장 모드'와 관계된 '영향'이 될 수 있다. 그러나 FMEA를 준비할 때 입고 부품/자재는 문제가 없다고 가정하며, 예외가 있다면 FMEA 팀이 기존 데이터를 통해 입고 부품의 품질 문제를 걸러낼 수 있다.

('고장 모드' 유형을 식별하는 방법) '고장 모드' 발생은 Design FMEA와 동일하게 4개 유형으로 분류된다. 목록 중 첫 번째와 두 번째는 FMEA 분석에서 일상적으로 활용되는 유형들이고, 세 번째와 네 번째는 통상 간과되는 유형들이다. Design FMEA에

서는 이를 「4 Thought Starter Failure Modes」라고 부른다. 다음은 각각의 설명이다.

1. **기능하지 않음(No Function)** → 프로세스 작업(Operation)이 기능 발휘를 전혀 못하거나 제대로 작동하지 않음.
2. **부분적 또는 과도한 기능, 시간에 따른 열화(Partial/Over Function/Degraded Over Time)** → 열화 성능. 몇몇 규격 또는 혼성 규격들은 충족시키지만 모든 속성이나 특성들을 완전히 만족시키진 못함. 이 부류는 과도하게 발휘된 기능도 포함함. 단, Process FMEA 경우 시간에 따라 기능이 점점 떨어져가는 열화는 일반적으로 '고장 모드'로 받아들이지 않음. (필자) 이 설명에 대해서는 여러 해석이 가능함. 예를 들어 기계 부품의 열화는 사용에 따른 기능 저하가 당연할 수 있는 반면, 예상치 못한(또는 관리되지 않은) 부품의 열화는 잠재적 '고장 모드'가 될 수 있음.
3. **간헐적 기능(Intermittent Function)** → 제어가 되기는 하나 온도, 습도, 환경 등과 같은 외부 요인에 의해 몇몇 기능성을 잃거나 종종 제대로 작동하지 않음. 이 '고장 모드'는 다음의 상태를 보임, 즉 갑작스러운 켜짐과 꺼짐의 반복, 또는 시작/멈춤/시작과 같은 일련의 작동.
4. **의도되지 않은 기능(Unintended Function)** → 개별적으론 정상인 몇몇 요소들이 그들 간 상호작용을 통해 제품이나 프로세스에 불리한 영향을 미침. 이것은 제품에 바람직하지 못한 결과를 초래하므로 "의도되지 않은 기능"에 해당함. 이 같은 유형의 '고장 모드'는 Process FMEA에서는 일상적이지 않음. (필자) 프로세스는 전담 인력에 의해 늘 관리되고 있음. 따라서 의도되지 않은 움직임이 보이면 즉각 개선 조치가 이루어지는 게 일상임.

각 '고장 모드'는 그와 관련된 '기능'이 존재한다. 모든 발생 가능한 고장들을 관련 있는 기능들과 연결시켜 봄으로써 숨겨진 기능들을 찾아낼 수 있다.

성능을 결정짓는 특성들과 생산될 아이템의 기능 또는 목적을 파악하기 위해 Design FMEA를 복습한다. Design FMEA에서 'YC'와 'YS'에 주목하고, 유사 부품이나 대리 부품 때문에 생긴 과거 문제들을 검토한다. 또 보증 데이터, 주요 사안 보고서와 여러 응용 가능한 문서들을 검토한다. 기존에 알려진 모든 '고장 모드'들을 파악하는 데 집중한다. '기능하지 않음', '부분적 또는 과도한 기능, 시간에 따른 열화', '간헐적 기능', '의도되지 않은 기능'의 정의를 알고 있는 상태에서 다음의 물음을 통해 '프로세스 흐름도'를 조사한다.

- 왜 아이템은 이 프로세스 작업에서 불합격처리 되었는가?
- 이 프로세스 작업에서 아이템이 규격에 어떻게 일치하지 않는가?
- 다음 작업자 또는 연결 작업자들은 무엇을 받아들일 수 없다고 생각하는가?
- 고객이 궁극적으로 받아들일 수 없는 것은 무엇인가?
- 규제에 따르지 못할 가능성이 있는가?

일반적으로 프로세스에서의 '고장 모드'는 다음과 같이 분류된다.

- 제조 → 공차에서 벗어난 치수, 표면 마감
- 조립 → 상관관계, 부품 유실, 잘못된 방향
- 입고/검사 → 안 좋은 부품을 받음, 입고할 때 좋은 부품을 불량으로 처리
- 시험/검사 → 안 좋은 부품을 받음, 좋은 부품을 불량으로 처리

각 프로세스 단계의 입력과 출력에 어떤 것들이 있는지 고려한다. 기억하라, 현 작업 단계의 '고장 모드'는 이전(상위) 작업 단계에서 도출된 '고장 모드'의 '영향'으로 간주된다([그림 Ⅳ-11] 참조).

[그림 Ⅳ-11] 프로세스 작업에서 '고장 모드'와 '영향'의 관계

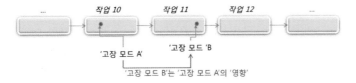

(SAE 포함) 특정 작업에 대한 잠재적 '고장 모드'를 부품, 하위 시스템, 시스템, 또는 프로세스 특성의 용어로 목록화한다. 고장은 발생할 수 있지만 필연적인 것은 아니라고

가정한다. 프로세스 엔지니어/팀은 다음 질문을 제기하고 답을 할 수 있어야 한다.

- 프로세스/부품은 어떻게 규격을 만족시키지 못하게 되는가?
- 설계 규격과 무관하게 고객(최종 사용자, 연속된 작업들 또는 서비스)은 어떤 것에 불만족스러워하는가?

'고장 모드'는 필요한 프로세스 파라미터 주변에서 발생하는 변동의 근원이 될 수 있다. 그 역시 부품이나 공정 특성의 용어로 설명돼야 한다. 하찮은 '고장 모드'는 아예 입력하지 않는다(예를 들어, 제품이나 공정 성능에 영향력이 없는 '고장 모드'들). 다음 [표 IV-3]은 '프로세스 단계/기능/요구 사항'과 '고장 모드'의 작성 예이다.

[표 IV-3] '기능'과 '고장 모드' 작성 예

프로세스 단계/기능/요구 사항	고장 모드
전동 툴을 이용해 2개 나사로 정확한 위치에 부품 A를 부품 B에 고정한다. - XYZ당 지정된 토크 사용 (토크 OOkgf·m)	**기능하지 않음** - 부품 A가 부품 B에 고정되지 않음. **부분적 또는 과도한 기능, 시간에 따른 열화** - 한 개 이상의 나사가 고정되지 않음. - 한 개 이상의 나사가 토크 이하로 고정. - 한 개 이상의 나사가 토크 이상으로 고정. **간헐적 기능** - 부품 A는 때때로 부품 B에 고정되지 않음. **의도되지 않은 기능**

(주의) 만일 Design FMEA(YS, YC)를 통해 지금껏 잠재적 '특별 특성(Special Characteristics)'을 파악해왔다면 그들 특성들의 영향이 미치는 모든 작업들을 조사한다. 그리고 잠재적 '특별 특성' 모두를 드러내거나 표시하고 목록을 만들었는지 확인한다. (필자) '특별 특성'에 대해서는 Design FMEA의 [그림 III-17]과 [표 III-10]을 참조하기 바란다.

(SAE 포함) Process FMEA는 설계된 제품이 설계 목적을 만족한다고 가정한다. 설계가 취약해서 발생할 수 있는 잠재적 '고장 모드'는 Process FMEA에 포함될 수 있

다. 그러나 그들의 '영향'과 '회피'는 Design FMEA에서 처리한다.

   (참고) '특성 매트릭스'를 이용해 잠재적 '특별 특성'들의 생성, 수정 및 검증되거나 이용되는 위치를 추적할 수 있다. 잠재적 '특별 특성'들을 강조하기 위해 색으로 구분할 수 있다.

1.6.3. 잠재적 고장의 영향 Potential Effect(s) of Failure(c)

프로세스 단계/기능 요구 사항	잠재적 고장모드	잠재적 고장의 영향	심각도	분류	잠재적 고장의 원인/메커니즘	발생도	현 프로세스 관리		검출도	R P N	권고조치사항	책임자 및 목표 완료예정일	조치결과				
							예방	검출					조치내용	심각도	발생도	검출도	R P N

'고장 모드'의 결과가 바로 '영향(Effect)'이다. 즉, '영향'의 '원인'이 '고장 모드'이다. 하나의 '고장 모드'가 여럿의 '영향'으로 나타날 수 있어 일대일 대응은 성립할 수도 또는 그렇지 않을 수도 있다. 이제부터 **'Big 3'**, **'Ford사'**별 잠재적 '고장의 영향'에 대해 알아보자.

   (Big 3)
   잠재적 '고장의 영향'은 "고객이 인지한 '고장 모드'의 영향"으로 정의한다. '고장의 영향'은 고객이 알아채거나 경험한 형태의 언어로 묘사돼야 한다. 이때 고객의 범위는 내부뿐만 아니라 외부 고객(최종 사용자)까지도 아우른다. 이 같은 맥락에서 고객은 프로세스 다음 작업, 연결 작업 또는 연결 위치, 딜러와 차량 소유자 모두가 될 수 있다. 잠재적 '고장의 영향'을 평가하는 데 이들 모두가 고려돼야 한다. Process FMEA에서 제품에 나타나는 '영향'들은 대응하는 Design FMEA에서의 제품에 나타나는 '영향'들과 일치해야 한다.
   만일 '고장 모드'가 안전에 영향을 주거나 규정을 위반하는 원인이 될 경우 Process

FMEA에서 이들을 명확하게 드러내야 한다. 잠재적 '영향'을 결정하기 위해 다음과 같은 질문을 이용한다.

1. 잠재적 '고장 모드'가 하위 공정 작업을 막아서거나, 장비 또는 작업자에게 잠재적 위해를 가하는가?

이것은 차후 고객의 작업 공간에서 부품을 조립 또는 연결할 수 없는 상황까지 포함한다. 그럴 경우, 생산에서 그 영향을 평가해야 한다. 이 주제에 대해 더 이상의 분석이 필요치 않으면 '질문 2'로 넘어간다. 본 주제의 예는 다음과 같다.

- 작업 단계 X에서 조립할 수 없음.
- 고객 시설에서 붙일 수 없음.
- 고객 시설에서 연결할 수 없음.
- 작업 단계 X에서 천공할 수 없음.
- 작업 단계 X에서 지나친 툴 마모가 원인이 됨.
- 작업 단계 X에서 설비가 손상됨.
- 고객 시설에서 작업자를 위험에 빠트림.

(주목) '영향'이 발생하는 작업 위치, 서비스 장소 또는 작업 단계가 파악돼야 한다. 만일 고객의 시설이라면 이것 역시 설명돼야 한다.

2. 최종 사용자에게 미치는 잠재적 영향은 무엇인가?

오류, 실수 방지 그리고 계획되고 실행돼야 할 관리 항목들과 무관하게 최종 사용자가 무엇을 알아채고 경험할 것인지를 생각한다. 이 정보는 Design FMEA에서 이용될수도 있다. 이 단계가 마무리되면 '질문 3'으로 간다. 본 주제의 예는 다음과 같다.

- 잡음
- 많은 노력
- 불쾌한 냄새
- 간헐적 작동

- 누수
- 고르지 않은 작동
- 조정이 안 됨
- 제어가 어려움
- 안 좋은 외관

3. 만일 영향이 최종 사용자에게 이르기 전 검출된다면 어떤 상황이 벌어질까?

현재 위치 또는 접수 장소에서의 잠재적 '영향' 역시 고려될 필요가 있다. 이 주제의 예는 다음과 같다.

- 공정 폐쇄
- 선적 중지
- 적재 유지(즉, 출하 금지)
- 제품 100% 고철 처리
- 공정 라인 속도 저감
- 필요한 가동률을 유지하기 위해 인력을 추가

(주목) 한 개 이상의 잠재적 '영향'이 '질문 2'와 '질문 3'에서 파악됐다면, 모두를 목록으로 만든다. 그러나 분석에 들어가 '심각도' 점수를 결정지을 때 최악의 경우 하나만을 고려한다(즉, 여러 영향들 중 최악의 경우에 대해서만 '심각도' 점수를 부여한다).

다음 [표 IV-4]는 [표 IV-2]의 '고장 모드'에 이은 '고장의 영향'에 대한 예이다.

[표 IV-4] '고장 모드-영향'의 작성 예

요구 사항	잠재적 '고장 모드'	영향
나사 4개	나사가 4개가 안 됨	-최종 사용자: 좌석 쿠션이 풀려 있고 소리가 남 -생산과 조립: 선적 중단과 영향 받은 부위 때문에 분류와 재작업 발생

지정된 나사들	잘못 사용된 나사(큰 직경)	-생산과 조립: 작업대에서 나사를 끼울 수 없음
조립 시퀀스: 오른쪽 프론트 구멍에 첫 나사 끼움	다른 구멍에 위치한 나사	-생산과 조립: 작업대에서 남은 나사를 끼우기가 어려움
나사가 완전히 자리 잡힘	나사가 완전히 자리 잡지 못함	-최종 사용자: 좌석 쿠션이 풀려 있고 소리가 남 -생산과 조립: 영향 받은 부위 때문에 분류와 재작업 발생
나사들을 동적 토크 규격치(토크 OOkgf·m)까지 회전시킴	너무 높게 회전시킴(토크 초과)	-최종 사용자: 나사의 균열로 이어져 좌석 쿠션이 풀려 있고 소리가 남 -생산과 조립: 영향 받은 부위 때문에 분류와 재작업 발생
	너무 낮게 회전시킴(토크 못 미침)	-최종 사용자: 나사가 점점 느슨해져 좌석 쿠션이 풀리고 소리가 남 -생산과 조립: 영향 받은 부위 때문에 분류와 재작업 발생
…	…	

(Ford)

(정의, SAE 포함) 잠재적 '고장의 영향'은 "고객에 미치는 해당 고장 모드의 영향"으로 정의된다. 이 시점에 고객은 다음 작업 단계, 연결 작업 또는 연결 위치, 딜러, 차량 소유자가 될 수 있다. 잠재적 '고장의 영향'을 평가할 때 이들 모두가 고려돼야 한다.

(잠재적 '고장의 영향'을 확인하는 방법)
• 작업자 안전
• 다음 사용자
• 하위 작업 단계의 사용자
• 기계/설비
• 차량 동작
• 최종 고객
• 정부 규제의 준수 여부

Process FMEA에 대해, '하위 작업 단계의 사용자'들은 조립 작업이나 조립 공장,

또는 서비스(딜러) 작업들이 될 수 있다. [(필자) '하위 작업 단계의 사용자' → 조립 작업, 조립 공정, 서비스 작업 등이며, 여기서 '사용자'란 '사람'뿐만 아니라 각 공정 단계까지도 대상으로 삼음]. 분석되고 있는 '고장 모드'의 '영향'들 모두를 표의 한 개 열에 정리한다.

(주의) 제품의 기능에 미치는 영향 또는 최종 고객에게 미치는 영향이 빠진 Process FMEA는 완전하거나 정확히 작성됐다고 볼 수 없다.

고객이 알아챘거나 경험했던 방식의 용어로 '고장의 영향'을 기술한다. 최종 사용자를 위해 '영향'은 항상 제품 성능이나 시스템 성능의 용어로 설명돼야 한다. 다음 [표 Ⅳ-5]는 잠재적 '고장의 영향'에 어떤 유형들이 있는지 예시한 것이다.

[표 Ⅳ-5] 잠재적 '고장의 영향' 유형 예(Ford사, SAE)

잠재적 '고장의 영향' 유형		
- 잡음	- 폐품	- 기능이 떨어진 작동
- 변덕스러운 작동	- 누유	- 간헐적 작동
- 작동하지 않음	- 부드럽지 못함	- 제 기능 못하는 차량 제어
- 불안정	- 과도한 노력	- 재작업/수리
- 안 좋은 외관	- 불쾌한 냄새	- 고객 불만족

만일 고객이 '다음 작업 단계'나 '연결 작업' 또는 '연결 위치'일 경우, '영향'은 다음 [표 Ⅳ-6]과 같이 '프로세스/작업 성능'의 용어로 설명돼야 한다.

[표 Ⅳ-6] 고객이 '다음 작업', '연결 작업/위치'인 경우의 '영향' 예(Ford, SAE)

잠재적 '고장의 영향' 유형	
- 조일 수 없음.	- 맞추어지지 않음.
- 천공이나 탭핑 할 수 없음.	- 연결이 안 됨.
- 고정할 수 없음.	- 일치시키지 못함.
- 표면에 붙일 수 없음.	- 설비가 손상됨.
- 작업자를 위험에 빠트림.	- 지나친 툴 마모 초래함.

(주의) 만일 '고장 모드'가 차량 안전 작업에 영향 주거나 정부 규제에 불응하게 될 경우, 그에 상응한 적절한 설명을 입력한다. 예를 들어, 만일 환경 규제에 역효과가 난 다면 "정부 규제 XYZ에 부합하지 않을 수 있음"을 입력한다.

1.6.4. 심각도 Severity(*d*)

프로세스 단계/ 기능/ 요구 사항	잠재적 고장모드	잠재적 고장의 영향	심각도	분류	잠재적 고장의 원인/메커니즘	발생도	현 프로세스 관리		검출도	R P N	권고조치사항	책임자 및 목표 완료예정일	조치결과				
							예방	검출					조치내용	심각도	발생도	검출도	R P N

Design FMEA와 모든 면에서 동일하다. '심각도'는 말 그대로 "심각한 정도"를 표현하는 점수로, 앞서 기술한 '영향(Effects)'이 고객이나 운영에 얼마나 중대하고 심각한 악영향 또는 위험을 초래할 것인지 '1'부터 '10'까지의 점수를 통해 가늠한다. 점수가 높을수록 심각한 정도는 증가한다. 출처별 '심각도'에 대한 설명은 다음과 같다.

(Big 3)
'심각도'는 "주어진 '고장 모드'가 미치는 '영향'들 중 가장 심각한 '영향'에 부여된 점수이다." 주의할 점은 FMEA 작성 시 그 안에서의 상대적 비교를 통해 점수를 매기지, 타 양식 간의 비교를 통해 점수를 매기지는 않는다.

팀은 '평가 기준'과 점수 체계에 동의해야 하고, 설사 프로세스 분석에 차이가 있어 수정이 가해지더라도 기준의 일관성만큼은 유지돼야 한다. 단, 점수 '9'와 '10'의 '기준 (Criteria)'은 수정하지 않는다(안전 및 법 규제와 관계하므로). '심각도=1'의 '고장 모드'는 분석 대상에서 제외한다. 다음 [표 Ⅳ-7]은 '심각도' 기준(Criteria)의 일반적 예이다('제품'과 동시에 고려해야 함. '제품'에 대해서는 [표 Ⅲ-7] 참조).

영향(Effect)	기준(Criteria): 프로세스(생산/조립)에 대한 영향의 심각도	점수(Rank)
안전과 규제 요구를 만족하지 못하는 고장	경고 없이 작업자(기계, 조립체)를 위험에 빠트릴 수 있음.	10
	경고가 있는 상태에서 작업자(기계, 조립체)를 위험에 빠트릴 수 있음.	9
중대한 중단	생산량의 100%가 폐품 처리돼야 함. 라인이나 선적의 중단.	8
중요한 중단	생산량의 일부가 폐품 처리돼야 함. 생산 속도 저하나 인력 추가를 포함해 최초 공정과의 편차가 발생함.	7
중도적 중단	생산량의 100%가 라인을 벗어나 재작업돼야 함.	6
	생산량의 일부가 라인을 벗어나 재작업돼야 함.	5
중도적 중단	생산 시행 중 100%가 그것이 제대로 처리되기 전, 작업대에서 재작업돼야 함.	4
	생산 시행 중 일부가 그것이 제대로 처리되기 전, 작업대에서 재작업돼야 함.	3
가벼운 중단	프로세스, 작업 또는 작업자에게 약간의 불편함을 초래함.	2
영향 없음	식별할 수 있는 어떤 영향도 없음.	1

(Ford)

(정의, SAE 포함) '심각도'는 "이전 열(고장 모드)이 미치는 '영향'들 중 가장 심각한 '영향'에 부여된 값이다." FMEA가 작성될 때 그 안에서의 상대적 비교를 통해 점수를 매기지, 타 양식 간의 비교를 통해 점수를 매기지는 않는다. '심각도' 값을 축소시키는 방법은 시스템, 하위 시스템, 부품의 설계 변경이나 프로세스의 재설계를 통해 가능하다.

'고장 모드'에 영향 받는 고객이 생산 공장이나 조립 공장 또는 제품 사용자일 경우, '심각도' 평가는 프로세스 직속의 엔지니어/팀의 경험, 지식 분야를 벗어나 수행될 수 있다. 이 경우 Design FMEA는 설계 엔지니어, 이후 생산이나 조립 공정 내 프로세스 엔지니어의 자문을 받아야 한다.

('심각도'를 확인하는 방법) FMEA 팀은 먼저 「심각도 점수 표([표 Ⅳ-8])」를 사용

해 점수 부여 방식에 대한 의견 일치를 본다. FMEA 양식 내 '심각도' 열에 기입한 '영향'들 중 가장 심각한 '영향'에 대해서만 점수를 매긴다. 즉, 각 '고장 모드'별 '심각도'는 한 개만이 등재된다([표 IV-9] 작성 사례 참조).

'영향' 열에 입력된 각 '영향'의 '심각도'를 평가한다. '심각도'를 대표하는 '영향' 뒤에 숫자를 입력한다. '심각도' 점수는 FMEA 내 '영향'의 글귀와 일치해야 한다(즉, 심각 정도가 큰 표현에 큰 심각도 점수 부여 등). '심각도'는 [표 IV-8]을 이용해 평가된다.

(주목) 점수 '9'와 '10'의 점수 기준은 수정되지 않는다(안전 및 정부 규제와 관련되므로). 또 '심각도=1'은 더 이상 분석할 필요가 없다.

Ford사에서 쓰이는 「심각도 점수 표」는 'Big 3'의 그것과 달리 '고객에 미치는 영향'과 '생산/조립에 미치는 영향'으로 구분돼 있다. Ford사의 「프로세스 심각도 점수 표」[72]는 다음 [표 IV-8]과 같다.

[표 IV-8] '프로세스 심각도 점수 표'(Ford사)

영향	기준(Criteria): 영향의 심각도		점수
	고객에의 영향	생산/조립에의 영향	
(기준) 영향의 심각도: 이 점수는 잠재적 '고장 모드'가 최종 고객과 생산/조립 공정의 결점을 형성할 때의 결과 값이다. 최종 고객이 항상 먼저 고려돼야 하며, 만일 둘 다가 발생하면 둘 중 심각도가 더 높은 점수를 사용한다.			
경고 없는 위험	잠재적 '고장 모드'가 경고 없이 차량의 안전 작동과(또는) 정부 규제 준수에 악영향을 미치는 경우.	또는 경고 없이 작업자(기계나 조립체)에 위험을 초래할 수 있음.	10
경고 있는 위험	잠재적 '고장 모드'가 경고가 있는 상태에서 차량의 안전 작동과(또는) 정부 규제 준수에 악영향을 미치는 경우.	또는 경고가 있는 상태에서 작업자(기계나 조립체)에 위험을 초래할 수 있음.	9
매우 높음	차량/아이템 작동 불가(1차 기능의 상실).	또는 제품의 100%가 폐품 처리되거나, 차량/아이템이 1시간 이상 수리부서에서 수리됨.	8

---

72) 영문으로는 'Process Severity Rating Table'이다.

높음 (High)	차량/아이템은 작동 가능하나 성능 수준의 저하가 있음. 고객은 매우 불만족 상황.	또는 제품이 분류되거나 100% 미만이 폐품 처리됨. 차량/아이템이 30분~1시간 동안 수리 부서에서 수리됨.	7
중간 (Moderate)	차량/아이템은 작동 가능하나 안락함과 편리함을 주는 아이템이 작동 불가함. 고객 불만족.	또는 제품의 100% 미만이 분류 없이 폐품 처리되거나 차량/아이템이 30분 이내에 수리 부서에서 수리됨.	6
낮음 (Low)	차량/아이템은 작동 가능하나 안락함과 편리함을 주는 아이템이 성능 수준이 저하된 상태에서 작동함. 고객은 다소 불만족한 상황.	또는 제품의 100%가 재작업되거나, 차량/아이템이 라인을 벗어나 수리됨. 수리 부서에는 가지 않음.	5
매우 낮음	아이템의 맞춤과 마무리/잡음이 규격에 맞지 않음. 결점을 대부분의 고객(75% 이상)이 인지함.	또는 제품이 폐품 없이 분류되고 100% 미만이 재작업됨.	4
미미함 (Minor)	아이템의 맞춤과 마무리/잡음이 규격에 맞지 않음. 결점을 고객의 50% 이상이 인지함.	또는 제품의 100% 미만이 폐품 없이 라인에서, 그러나 작업대를 벗어나 재작업됨.	3
매우 미미함	아이템의 맞춤과 마무리/잡음이 규격에 맞지 않음. 결점을 안목 있는 고객(25% 이하)이 인지함.	또는 제품의 100% 미만이 폐품 없이 라인의 작업대에서 재작업됨.	2
위험 없음	인식할 수 있는 어떤 영향도 존재하지 않음.	또는 작업, 작업자에게 약간의 불편을 주거나 아예 영향이 없음.	1

(<u>권고 조치 사항의 고려</u>) Ford사의 'Working Model Step−1'이 다음과 같은 적절한 '권고 조치'를 고려함으로써 이행될 수 있다.

- '고장 모드'의 제거.
- 영향을 완화시킴.

'심각도'를 줄이거나 '고장 모드'를 제거하기 위해 다음과 같은 조치를 고려한다.

- 만일 제품 특성과 관련 있다면 구조, 재료 등의 설계를 변경.
- 만일 작업자 안전이 수반되거나 프로세스 특성과 관련 있다면 프로세스를 변경한다.

만일 '고장 모드'가 제거될 수 없다면, 계속해서 'Working Model Step-2'로 넘어간다.

(주의) '심각도=1, 10'의 기준 점수는 수정하지 않는다. '심각도=1'의 '고장 모드'는 더 이상 분석하지 않는다. 높은 '심각도'는 때로 고장으로 나타나는 심각성을 보상하거나 완화시킬 수 있는 설계 개정을 통해 줄일 수 있다.

'Ford사 매뉴얼'에 속해 있는 Process FMEA의 '심각도' 작성 사례를 '고장 모드', '영향'과 연결시켜 다음 [표 IV-9]에 옮겨놓았다.

[표 IV-9] '고장 모드-영향-심각도' 작성 예(Ford사)

프로세스 단계/기능/요구 사항	잠재적 고장 모드	잠재적 고장의 영향	심각도	분류
자동화: 케이스를 릴레이 위쪽에 조립 - 요구된 높이에 맞도록 완전히 위치시킴(△△㎜).	케이스가 조립은 돼 있으나 높이가 맞지 않음.	- 높이 점검을 못해 재 작업 초래함(3). - 검출하지 못하면 간간이 중단되고 수명 전 부품의 고장 발생(8).	8	SC
…	…	…	…	…

Design FMEA와 동일한 해석이 따른다. [표 IV-9]를 보면 하나의 '고장 모드'에 두 개의 '영향'이 도출돼 있으며 특징을 살펴볼 때, ① 동일 '고장 모드'에 대한 '영향'들을 동일 셀에 모아놓은 점, ② 각 '영향'들의 '심각도' 점수를 결정한 후 그들 중 가장 큰 값을 '심각도' 열에 기입한 점 등을 들 수 있다. 자사의 상황에 따라 어느 입력 방식을 따를지는 차이가 있을 수 있으나 이 같은 접근의 유용성을 검토해 그대로 따를 것을 권장한다.

프로세스 단계/ 기능/요구 사항	잠재적 고장모드	잠재적 고장의 영향	심각도	분류	잠재적 고장의 원인/메커니즘	발생도	현 프로세스 관리		검출도	R P N	권고조치사항	책임자 및 목표 완료예정일	조치결과				
							예방	검출					조치내용	심각도	발생도	검출도	R P N

일반적으로 '분류(Classification)'란은 쓰임새 없이 그냥 지나치는 경우가 다반사다. 그러나 FMEA가 설계부터 양산까지 본래 용도대로 운영되면 '분류'란의 중요도는 크게 증가한다. '고장 모드'와 '영향' 및 '심각도'를 통해 설계 문제의 심각성이 확인되면, 이 난에 '▽' 심벌을 입력해 '권고 조치 사항'에 '어떻게 하라'는 조치 사항을 입력한다. 담당자를 지정해 언제까지 꼭 처리하라는 메시지가 전달되는 셈이다. 그러나 '분류'란을 철저하고 체계적으로 활용하는 시도는 Ford사의 것을 빼놓고는 얘기하기 힘들다. Ford사 경우 설계(Design)와 프로세스(Process)별로 상세한 자체 활용 방식을 보유하고 있다. Design FMEA에서도 언급했지만 Ford사의 분류 체계를 학습하는 것이 핵심이라 할 만큼 구체적이므로 독자들은 이 부분에 관심을 가져주기 바란다. 다음은 출처별 '분류' 열에 대한 설명이다.

　(Big 3)

　'분류' 열은 설계 평가가 추가로 필요한 위험 순위가 아주 높은 '고장 모드', 또는 원인들을 강조하는 데 이용된다. 또 특별한 '제품 특성'이나 '프로세스 특성(Critical, Key, Major, Significant)'을 구분하는 데도 쓰이는데, 여기엔 공정 관리가 추가로 필요한 부품, 하위 시스템, 또는 시스템들이 포함된다.

　고객의 특별한 요구 사항도 제품이나 프로세스별로 '특별 특성'을 마련해 심벌과 심벌의 용법을 정한 뒤 이 '분류'란을 통해 관리된다.

　Process FMEA에서 '특별 특성(Special Characteristic)'이 '심각도=9 또는 10'의 값

과 함께 하면, 설계 책임 엔지니어는 이 상황이 설계 문서들에 영향을 미칠 수 있으므로 주의를 기울여야 한다.

(Ford)

(정의, SAE 포함) 이 열은 추가로 프로세스 관리가 필요한 부품, 하위 시스템 또는 시스템에 대해 제품 또는 프로세스별 '특별 특성(Critical, Key, Major, Significant)'을 구분하는 데 이용된다. 또 설계 평가 시 우선순위가 매우 높은 '고장 모드'를 강조하는 데도 유용하게 쓰인다.

만일 Process FMEA에서 '분류'란이 채워지면, 설계 책임 엔지니어는 이 상황이 '관리 항목'이 포함된 설계 문서들에 영향을 미칠 수 있으므로 주의를 요한다.

제품 또는 프로세스별 '특별 특성'을 나타내는 심벌과 그들의 용법은 회사 정책에 따라 결정되므로 본 문서에서 따로 규정짓지는 않는다. 제품 특성과 프로세스 특성들은 다음의 내용에 영향을 미친다.

- 차량/제품 기능의 안전, 정부 규제의 준수, 작업자 안전 또는 고객 만족 그리고,
- 특별히 요구되는 생산, 조립, 공급자, 선적, 모니터링과 검사 조치, 관리 또는 안전 승인

Ford사의 '분류'에 대한 정의에서 Design FMEA와 다른 점은 "~**제품 또는 프로세스별** '특별 특성(Critical, Key, Major, Significant)'을 구분~"의 표현이다. Design FMEA에서는 "~**제품**의 특별 특성(Critical, Key, Major, Significant)을 구분~"으로 돼 있다. 즉, Design FMEA는 설계 대상이 '제품(Product)'이므로 그를 강조하는 반면, Process FMEA는 '프로세스'와 '제품'이 함께 얽혀 있으므로 둘 다를 대상에 둔다. 이 같은 설정은 Process FMEA의 기본 개념으로 자리하고 유지된다.

또 하나 확인해야 할 사항이 '특별 특성(Special Characteristics)'이다. 모든 제품과 프로세스는 나름대로의 '특징'들을 갖고 있으며, 다시 이들 '특징'은

중요하면서도 제어가 필요한 '특성'들에 의해 묘사된다. '특별 특성'이란 차량이나 프로세스의 안전성, 정부 규제의 준수나 고객 만족, 제품의 운행 안전 요구 사항뿐만 아니라 모든 설계 요구 사항들을 충족시키는 데 영향을 미치는 제품, 프로세스와 관련된 특성들을 지칭한다. 이에 대해서는 Design FMEA의 [그림 Ⅲ-17]과 [표 Ⅲ-10] 및 그에 대한 본문 설명을 복습하기 바란다. 그들 중 Process FMEA와 관련된 '특별 특성'만 요약하면 다음과 같다.

　　('특별 특성'의 파악) 다음 [표 Ⅳ-10]은 '특별 특성'인 '프로세스(또는 제품)' 특성을 파악하기 위해 Process FMEA를 어떻게 사용해야 하는지를 설명한다.

[표 Ⅳ-10] Process FMEA의 '특별 특성' 표(Ford사)

대상	FMEA 유형	분류	내용	기준	필요 조치
고객/제품에 영향	Process	▽	Critical 특성	심각도=9, 10	특별 관리 필요('관리 계획')에 포함
	Process	SC	Significant 특성	(심각도=5~8) & (발생도=4~10)	특별 관리 필요('관리 계획')에 포함
생산/조립에 영향	Process	HI	High Impact 특성	(심각도=5~8) & (발생도=4~10)	강조
	Process	OS	Operator Safety 특성	심각도=9, 10	안전 승인
	Process	공란	상기 특성을 제외한 특성('특별 특성'은 아님)	나머지	적용 없음

　　[표 Ⅳ-10]에서 Process FMEA의 진행 중, '▽'와 'SC'가 나타나면 그와 관련된 '고장 모드'는 "고객 또는 제품에 미치는 영향이 지대"하다는 판단에 따라 "특별 관리(Special Control)"가 요구되며, 따라서 이를 위해 '관리 계획(Control Plan)'에 반영해 지속적으로 모니터링해야 한다는 점도 기억하자. 심벌들의 특징에 대한 자세한 설명은 Design FMEA의 [표 Ⅲ-10] 직후에 쓰

인 본문을 복습하기 바란다.

　지금까지 Process FMEA 양식을 중심으로 '프로세스 기능/요구 사항 → 잠재적 고장 모드 → 잠재적 고장의 영향 → 심각도 → 분류'까지의 전개를 설명하였다. 여기까지 Process FMEA가 작성되면, 이 시점에 [그림 IV-10]에서 설명했던 'Ford사 Working Model Step-1'을 시행한다. Design FMEA에서도 설명했지만 FMEA 각 열의 성향별로 문제에 대한 정의가 다르고, 따라서 문제를 풀어내는 접근도 차별화할 필요가 있다. 즉, '고장 모드'가 문제인지, 발생 빈도가 높은 '원인'이 문제인지, 아니면 검출이 안 돼 고객에게 해를 끼치고 있는 것인지, 그 문제의 성격을 알면 해법도 달리 가는 것이 합리적이다. 자세한 내용은 [그림 IV-10]으로 돌아가 관련 본문 내용을 참조하기 바라고, 여기서는 기억을 되살리는 차원에서 Ford사의 'Working Model Step-1'만을 떼어내 다음 [그림 IV-12]에 간단히 옮겨놓았다.

[그림 IV-12] Ford사 'Working Model Step-1'

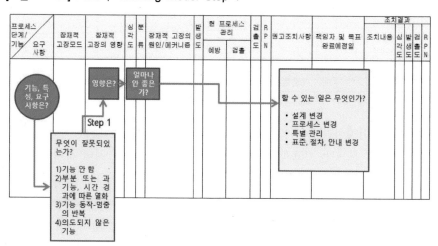

[그림 IV-12]에서 특정 프로세스 단계에 대해 '기능' 또는 '요구 사항'이 입력되면 그들이 잘못될 가능성인 '고장 모드'가 도출되고, 다시 그들로부터 '영향'들이 입력된다. 이때 그 심각성의 정도에 따라 '심각도' 값이 결정되면 위험의 순위가 높은 항목들에 대해 'Working Model Step-1'을 실행한다([그림 IV-10]의 본문 「1.5.1. Working Model Step-1」 설명 참조). 물론 이전에도 언급했다시피 '원인'들을 도출하지 않은 상태에서 '고장 모드'를 제거할 수 있는 '권고 조치 사항'의 마련은 매우 드문 일이며, 해결의 실마리는 'Working Model Step-2'와 'Working Model Step-3'에서 이루어지는 경우가 대부분이다.

1.6.6. 잠재적 고장의 원인/메커니즘 Potential Cause(s)/Mechanism(s) of Failure(*f*)

프로세스 단계/ 기능/ 요구 사항	잠재적 고장모드	잠재적 고장의 영향	심각도	분류	잠재적 고장의 원인/메커니즘	발생도	현 프로세스 관리		검출도	R P N	권고조치사항	책임자 및 목표 완료예정일	조치결과				
							예방	검출					조치내용	심각도	발생도	검출도	R P N

잠재적 '고장의 원인/메커니즘'은 두 번째 열의 잠재적 '고장 모드'의 '원인'을 적는 난이다. '메커니즘'은 '원인'이 만들어지는 과정이다. 즉, '과정'과 개별 '원인'을 동급으로 처리한다. '고장 모드'를 유발하는 '원인'의 기술에 '과정'이 섞이는 것을 허용한다고 볼 수 있다. 사안에 따라서는 그 둘의 구분이 모호한 상황도 고려한 듯하다. 이들에 대한 자세한 설명은 이미 Design FMEA에서 소개했으므로 굳이 중복 설명은 하지 않겠다. '원인 → 고장 모드 → 영향' 간 관계 설명 등에 대해서는 Design FMEA으로 돌아가 [그림 III-19]를 복습하기 바란다. 이제부터 각 출처별 잠재적 '고장의 원인/메커니즘'에 대해 알아보자.

(Big 3)

잠재적 '**고장의 원인**'은 고장이 어떻게 발생하는지를 지적하는 것으로, 시정되거나 제어될 수 있는 해결 방식이 요구된다. 잠재적 '고장의 원인'의 존재는 설계와 프로세스가 취약하다는 암시이며, '원인'의 결과가 곧 '고장 모드'다. 가능한 한 각 '고장 모드'별로 모든 잠재적 '원인'들을 파악하고 문서화한다. 또 '원인'은 할 수 있는 한 간결하고 완전하게 설명돼야 한다. '원인'들을 분리해내면 각 원인에 분석을 집중할 수 있고 서로 차별화된 측정, 관리, 조치 계획을 마련할 수 있다.

Process FMEA를 준비할 때, 팀은 입고 부품/자재가 올바르다고 가정한다. 그러나 과거 데이터를 분석했을 때 결점이 발견된 예 등에 대해 팀의 재량으로 예외를 둘 수 있다.

분명한 오류나 기능 불량, 예를 들어 "씰이 설치되지 않음" 또는는 "씰이 뒤집혀 설치됨" 같은 사항들이 목록에 포함된다. 모호한 문장, 예를 들어 "작업자 오류"나 "씰이 잘못 설치됨" 등의 표현은 피한다. (필자) 실무에서 FMEA를 작성하다 보면 '작업자 오류'의 표현/이 자주 등장한다. 이때 오류의 실체를 파악하다 보면 설비 문제나 작업 절차가 원인인 경우도 종종 관찰된다. 즉, 원인이 불분명한 상태에서 기술된 표현일 수 있으므로 상황에 따라 판단한다. 다음 [표 IV-11]은 '원인'의 작성 예이다.

[표 IV-11] Process FMEA의 '원인' 작성 예([표 IV-4]와 연계), (Big 3)

프로세스 단계/기능 /요구 사항	잠재적 고장 모드	…	잠재적 원인
나사가 완전히 자리 할 때까지 돌림.	나사가 완전히 자리 잡지 못함.	…	작업자의 표면 작업 시 너트 러너가 수직을 유지하지 못함.
나사들을 동적 토크 규격치(토크 OOkgf·m)까지 회전시킴.	너무 높게 회전시킴 (토크 초과).	…	설정 담당자가 아닌 사람에 의해 토크가 너무 높게 설정됨.
			설정 담당자에 의해 토크가 너무 높게 설정됨.
	너무 낮게 회전시킴 (토크 못 미침).	…	설정 담당자가 아닌 사람에 의해 토크가 너무 낮게 설정됨.
			설정 담당자에 의해 토크가 너무 낮게 설정됨.
…	…	…	…

(Ford)

(정의, SAE 포함) 잠재적 '고장의 원인'은 "고장이 어떻게 발생할 수 있는가"로 정의되며, 조치가 가능하고 제어도 될 수 있는 항목이 와야 한다.

'심각도=9 또는 10'에 대해 '고장 모드'를 발생시키는 '프로세스 특성'들을 찾아야 하고, FMEA 양식의 이 열에 그들을 입력한다.

(원인/메커니즘의 확인 방법) 가능한 하나의 '고장 모드'에 모든 예상되는 '고장의 원인'들을 찾아 기입한다. 만일 원인 하나가 특정 '고장 모드'와만 관계할 때, 즉 '원인'에 대한 조치가 해당 '고장 모드'에 직접적 영향을 준다면 이때 FMEA에서의 이 영역은 완료된 것으로 간주한다. 그러나 많은 '원인'들은 서로 배타적이지 않으며, '원인'을 조치하고 관리하기 위해 쉽게 관리될 수 있고 주로 문제를 야기하는 근본 원인들을 찾을 필요가 있다. 이때 '실험 계획(DOE)' 등이 활용된다. '원인'들이 모두 서술되면 관련 원인들에 맞춰 개선 노력이 이루어질 수 있다.

'고장의 원인'들에 따로 제한이 있는 것은 아니지만 주로 다음의 것들을 포함한다.

[표 IV-12] '고장의 원인' 예(Ford사, SAE)

잠재적 '고장의 원인' 유형	
- 부적절한 토크(과도, 부족) - 부적절한 용접(전류, 시간, 압력) - 부적절한 열처리 - 불충분하거나 전혀 없는 윤활유 - 낡은 탐지기 - 부적절한 설비 설정 - 탐지기 이물질	- 불충분한 게이팅/벤팅 - 부정확한 측정기 - 시간, 온도 - 부품 유실이나 위치 오류 - 낡은 툴 - 깨진 툴 - 틀린 프로그래밍

(주의) 확실한 오류나 기능 불량, 예를 들어, 작업자가 씰 설치에 실패하는 예들을 목록화한다. 모호한 구절, 예를 들어, '작업자 오류', '기계 기능 불량' 등은 사용돼서는 안 된다. '심각도=9 또는 10'일 때, 문제를 야기하는 '프로세스 특성'과 '제품 특성'들(주로 근본 원인으로 명명됨)이 반드시 결정돼야 한다.

'원인'들의 파악은 '심각도' 점수가 가장 높은 '고장 모드'들부터 시작해야 한다. 이 문제들을 발생시키는 '프로세스 특성'들은 다음의 상황에서 반드시 확인돼야 한다.

- '심각도=9 또는 10'인 '고장 모드'의 '영향'인 경우
- '고장 모드/1차 레벨 원인'의 조합을 '심각도×발생도' 조합 점수로 나타낼 때, 이 값이 상대적으로 높은 경우. 이 조건에서 영향을 주는 '프로세스 특성'들이 결정 되고, 이후 우선순위화를 거쳐 '권고 조치 사항'이 결정된다. 여기에 '특별 특성' 징후를 유발하는 임의의 '고장 모드/1차 레벨 원인' 조합이 포함된다.

Process FMEA 팀은 두 개의 가정을 이용해 '원인'에 대한 각 '고장 모드'를 2회 반 복해서 조사해야 한다.

(<u>'원인'들의 전개</u>) 잠재적 '고장의 원인'들은 취약한 징후들이며, 그들의 결과가 '고 장 모드'이다. 본 매뉴얼은 '원인'과 그의 결과인 '고장 모드' 사이에 직접적 관계가 있 는 것으로 가정한다. 즉, '원인'이 발생하면, 그때 '고장 모드'가 발생한다. 다음의 질문 을 통해 각 '고장 모드'별 잠재적 '원인'들을 브레인스토밍 한다.

- 아이템을 이와 같이 고장 나게 만드는 원인은 무엇인가?
- 어떤 환경에서 이 아이템이 제 기능을 발휘하지 못하는가?
- 어떻게 또는 왜 아이템이 설계 의도를 충족시키지 못하는가?
- 아이템이 정해진 기능을 이행하지 못하는 이유는 무엇 때문인가?
- 상호작용하는 아이템들이 어떤 이유로 함께할 수 없는가? 규격을 어떻게 해야 그 들이 공존하게 되는가?
- 'P-Diagram'과 '특성 매트릭스'에서 개발된 어떤 정보가 잠재 '원인'들을 파악하 는 데 도움 주는가?
- 'Boundary Diagram'에서의 어떤 정보가 간과되어졌고, 어떤 것이 '고장 모드'에 원인을 제공하는가?
- 기존 글로벌 8D와 FMEA는 잠재 '원인'들을 위해 무엇을 제공할 수 있는가?

우선 '1차 레벨의 원인'들을 파악한다. '1차 레벨 원인'은 '고장 모드'의 직접적인

'원인'이다. 즉, '고장 모드'를 직접적으로 발생시킨다. '고장 모드와 영향 다이어그램'에서 '고장 모드'는 '특성 요인도(Fishbone)'상의 한 항목이 될 수 있다. 'FTA(Fault Tree Analysis)'에서 '1차 수준의 원인'은 '고장 모드' 아래에 위치한 '원인'들 중 '첫 번째 원인'에 해당한다. 참고로 '특성 요인도'에 대한 설명은 Design FMEA의 [그림 III – 20]을 참조하기 바란다.

'원인'들은 분리해서 기록하고 점수도 따로 매긴다. 몇몇 '고장 모드'는 두 개 이상의 '원인'들이 동시에 발생할 때만 나타날 수 있다. 이것이 관심사가 될 경우, '원인'들은 함께 목록에 포함시킨다. 만일 '원인'들이 결합 상태에 있으면 고장 발생에 모두가 기여하게 된다. 즉, 하나만이 단독으로 고장 메커니즘을 발생시키지 않는다. 그들은 'AND' 조건, 아니면 'OR' 조건으로 결합된다.

Process FMEA에서 '원인'을 전개할 때 다음과 같이 두 개의 '가정'이 전제된다.

(가정 1) 작업에 유입되는 입고 부품/자재들은 모두 적합하다.

설계는 잡음에 둔감하다고 가정하고 시작한다. 즉, 설계는 대외적 현상에 민감하지 않고, 아이템은 내재하고 있는 설계 결점 때문에, 또는 몇몇 상위 프로세스의 부적합성 (공급자, 생산 및 조립 오류) 때문에 잘못되지 않는다고 가정한다. '고장 모드'로 나타나는 '1차 레벨의 원인(프로세스 결점)'들을 파악한다. '1차 레벨 원인'은 '고장 모드'에 직접적 영향을 주는 원인이다. 이것은 '고장 모드'를 직접 발생시킨다. 이시가와 'Fishbone Diagram'에서 주 갈래상에 있는 아이템에 속한다.

'가정 1'에 대한 잠재 '고장의 원인/메커니즘' 파악은 브레인스토밍이 이용된다. 어떻게 부품이 잘못될 수 있는가? 즉, 부품의 '고장 모드'로서 왜 부품이 작업에서 불량 처리되는가? 그리고 각 작업에서의 어떤 '프로세스 특성'들이 아이템의 '고장 모드'를 발생시키는가? 등을 고려한다. 또 장비, 자재, 방법, 작업자, 환경 같은 변동의 원천을 고려한다.

('가정 1'에 대한 주의 사항) 잠재적인 설계 문제들은 Process FMEA 동안 파악되는 것이 좋다. 그리고 가능하면 설계 개선 조치가 고려돼야 한다. 모든 규격을 만족해야 하는 제품 설계에 의해 대체 재료가 승인돼 왔던 상황을 생각한다. 그러나 만일 이 재

료가 제안된 신규 개선 프로세스에 적용된다면, 이것이 '고장 모드'를 발생시킬는지 모른다(즉, 새로 도입한 고온 처리 작업 동안의 변형). 본 예에서 설계 엔지니어는 다른 대체 재료의 대안을 모색한다. FMEA 팀이 여러 기능 부서들의 대표들로 구성될 때, 이 잠재 문제들은 파악돼야 하고 Design FMEA에서 처리돼야 한다. 그러나 Process FMEA가 실행될 때까지 문제들은 표면화되지 않을 수 있다. 다음은 '가정 1'의 예를 보여준다.

(<u>가정 1의 예</u>) '가정 1'에 기반을 둔 '프로세스 특성' 사례는 다음과 같다.

- 깊이가 잘못 설정된 툴
- 낡은 툴
- 너무 낮은 토크
- 오븐 온도가 너무 높음
- 처리 시간이 너무 짧음
- 공기압이 너무 낮음
- 컨베이어 속도가 일정하지 않음
- 재료 투입이 너무 빠름
- 한계 스위치가 중심을 벗어나 설치됨
- 분사기가 막힘

(<u>가정 2</u>) **유입되는 변동의 원천을 고려한다.**

예를 들어, 유입되는 변동의 원천은 외부 구매 부품/자재, 또는 이전 작업에서 온 부품/자재를 포함한다.

Process FMEA가 상위 작업으로부터 온 결과인지 검토한다. 만일 유입되는 변동의 원천이 고려될 필요가 있는지를 결정한다. 변동의 유입 원천은 상위 작업에서의 '고장 모드'가 검출될 것 같지 않으면 중요도가 높아질 수 있다. 상위 작업에서의 '고장 모드'가 하위 작업에서의 '고장 모드의 원인'으로 작용할 수 있음을 기억한다. '고장 모드'를 발생시키는 변동의 원천을 파악하면 그들에 대한 개선 초치가 이루어질 수 있다. 다음은 '가정 2'의 예를 보여준다.

(<u>가정 2의 예</u>) '가정 2'에 기반을 둔 유입되는 변동의 원천 사례는 다음과 같다.

- 재료가 너무 단단함/너무 부드러움/너무 잘 부러짐
- 크기가 규격을 벗어남
- 표면 마감이 '작업 10'에서의 규격과 일치하지 않음
- 탐사 장치 구멍이 위치를 벗어남

1.6.7. 발생도 Occurrence(g)

프로세스 단계/ 기능/ 요구 사항	잠재적 고장모드	잠재적 고장의 영향	심각도	분류	잠재적 고장의 원인/메커니즘	발생도	현 프로세스 관리		검출도	R P N	권고조치사항	책임자 및 목표 완료예정일	조치결과				
							예방	검출					조치내용	심각도	발생도	검출도	R P N

프로세스를 대상으로 하는 것 말고는 Design FMEA에서의 내용과 별반 차이가 없다. '발생도(Occurrence)'는 '발생 빈도', 즉 "'잠재적 고장의 원인 → 잠재적 고장 모드 → 잠재적 고장의 영향'이 얼마나 자주 발생할 것 같은가?"에 대한 평가다. '원인'만으로 빈도 추정이 어려울 경우 '고장 모드의 빈도'를 가늠해 점수를 넣을 수 있다. 따라서 '발생도' 평가는 '원인'과 '고장 모드' 둘 다를 통해 상황을 파악하는 노력이 필요하다. 다음은 각 출처별 내용이다.

(Big 3)

'발생도'는 "고장의 특정 원인이 발생할 가능성"의 표현이다. '발생도' 점수는 절대적이기보다 상대적 의미를 갖는다([표 Ⅳ-13] 참조). 잠재적 '고장의 원인'에 대한 '발생도' 점수는 '1'부터 '10'을 사용한다. 지속성을 유지하기 위해 꼭 필요한 사항이 바로 점수 체계의 일관성이다. '발생도' 점수는 현재 작성하고 있는 FMEA 내에서의 상대 점수지 실제 발생 가능성을 의미하진 않는다.

"아이템/차량당 사고"는 프로세스 실행 동안 예상되는 고장의 발생 수를 나타내는데 유용하다. 만일 유사 프로세스에서 형성된 통계 데이터가 있다면, 그 데이터를 '발생도' 점수의 결정에 이용한다. 또 다른 방식이긴 하지만 순위 평가를 위해 적절한 프로세스 정보 출처(예, IT 인프라 등)로부터 얻은 값이나 단어 설명을 테이블의 왼편 열에 달아 주관적 평가를 할 수도 있다.

FMEA 분석 중에 설사 수정이 있더라도 팀은 '평가 기준(Evaluation Criteria)' 마련, 점수 체계, 일관성 유지에 항상 합의 절차를 거친다. '발생도'는 '1'부터 '10'의 값을 부여한다.

다음 [표 Ⅳ-13]은 Process FMEA의 '발생도'를 평가할 때 유용한 안내표이다.

[표 Ⅳ-13] '발생도'의 평가 기준(Big 3)

고장 발생 가능성	기준(Criteria): 원인의 발생도(아이템/차량당 사고)	점수 (Rank)
매우 높음	1,000회당≥100, 10회당≥1	10
높음	1,000회당 50, 20회 중 1	9
	1,000회당 20, 50회 중 1	8
	1,000회당 10, 100회 중 1	7
중간	1,000회당 2, 500회 중 1	6
	1,000회당 0.5, 2,000회 중 1	5
	1,000회당 0.1, 10,000회 중 1	4
낮음	1,000회당 0.01, 100,000회 중 1	3
	1,000회당≤0.001, 1,000,000회 중 1	2
매우 낮음	고장은 예방 관리를 통해 제거됨	1

(Ford)

(정의, SAE 포함) '발생도'는 이전 열에 나열된 "특정 원인/메커니즘이 발생할 가능성"의 표현이다. '발생도' 점수는 절대적이기보다 상대적 의미를 갖는다([표 Ⅳ-14] 참조). **'설계 변경'이나 '프로세스 변경'을 통해 '고장 모드'의 '원인/메커니즘'을 예방하고 관리하는 접근이 '발생도' 점수를 낮추는 유일한 방법**이다.

잠재적 '고장의 원인/메커니즘'의 발생 가능성은 '1'부터 '10' 값을 적용한다. '발생도' 점수 체계의 일관성은 항상 유지돼야 한다. '발생도'는 현재 작성 중인 FMEA 범위 내에서의 상대적 점수이며 실제 발생 가능성을 반영하진 않는다.

(주의, SAE 포함) '고장률'은 프로세스가 실행되는 동안 예상되는 고장 발생 건수에 근거한다. 만일 유사 프로세스로부터 획득한 통계 데이터의 사용이 가능하면, 그를 '발생도' 순위 결정에 이용한다. 한편 유사 프로세스로부터의 기존 데이터뿐만 아니라 단어 설명을 테이블 왼편 열에 입력해 주관적 평가를 할 수도 있다.

(발생도 확인 방법) 나열된 각 '원인'에 대한 '발생률'을 평가한다.
만일 '원인'의 '발생도' 평가가 어려우면, 그땐 '고장률'을 평가한다. '고장률'은 유사 부품이나 대리 부품을 갖고 경험했던 기존 운영 중인 생산, 조립 공정의 고장률 자료에 근거할 수 있다. 만일 유사 프로세스로부터 온 통계 데이터 사용이 가능하다면 '발생도' 점수를 결정하는 데 이용한다. 앞서 설명한 바와 같이 주관적 평가도 이용될 수 있다.
'발생도' 점수는 각 '원인'별로 입력된다. '발생도' 점수가 설정된 후 팀은 '분류' 열로 돌아가 Process FMEA에서의 'SC(Significant Characteristics)'를 지정한다.

(주의) '고장 모드의 원인' 발생도를 예방하거나 줄일 수 있는 프로세스 관리나 방법이 있는지 고려한다. 또, '발생도'를 평가할 때 유입되는 변동의 원천이 얼마나 많고 큰지도 고려한다.

(프로세스의 발생도 점수 표) 다음 [표 IV - 14]의 '발생도 표'는 수정 없이 그대로 사용된다. 적용된 기준 값을 키우는 것은 가능하지만 이 경우 FMEA에 내용을 첨부해야 한다.
(주목) 점수 '1'은 '희박'의 경우로 "고장이 발생할 것 같지 않음"을 나타낸다.

[표 Ⅳ-14] '발생도'의 평가 기준(Ford사)

고장 확률	'설계 수명'에 걸쳐 발생 가능한 고장률	점수 (Rank)
매우 높음: 고질적 고장	1,000대당 100회 이상	10
	1,000대당 50회	9
높음: 잦은 고장	1,000대당 20회	8
	1,000대당 10회	7
중간: 가끔씩 발생하는 고장	1,000대당 5회	6
	1,000대당 2회	5
	1,000대당 1회	4
낮음: 상대적으로 적은 고장	1,000대당 0.5회	3
	1,000대당 0.1회	2
희박: 고장이 발생할 것 같지 않음	1,000대당 0.01회 이하	1

'발생도'까지 완료되면 Ford사의 경우 [그림 Ⅳ-10]에서 설명했던 'FMEA Working Model'을 수행한다. 즉, Process FMEA를 모두 작성한 후 개선을 고려하는 것이 아니라 작성 중 각 단계의 속성에 맞게 해법 찾는 일을 병행한다. 잠재적 '고장의 영향'과 '심각도'가 마쳐진 상태에서 'Working Model Step-1'이 실행된 바 있다. 여기서는 잠재적 '고장의 원인/메커니즘'과 '발생도'가 완료되었으므로 'Working Model Step-2'의 활동이 필요하다. 자세한 내용은 [그림 Ⅳ-10]으로 돌아가 본문 내용을 참조하기 바라고, 여기서는 기억을 되살리는 차원에서 Ford사의 'Working Model Step-2'만을 떼어내 다음 [그림 Ⅳ-13]에 간단히 옮겨놓았다.

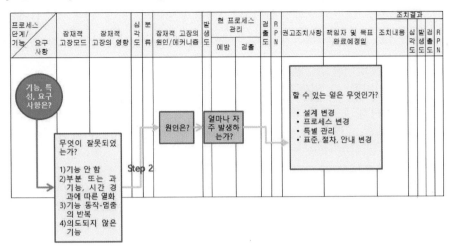

[그림 Ⅳ-13]에 보인 바와 같이 '프로세스 기능/요구 사항' 열에 "기능과 요구 사항"들이 기입되고, 다시 이들의 각 잠재적 '고장 모드'가 네 개 유형으로 구분돼 적출되며, 이들은 제품의 '잠재적 고장의 영향'을 유발한다. 또 '고장 모드'의 원인이 잠재적 '고장의 원인/메커니즘'에 기입되며 '발생도' 평가를 통해 최종 'Criticality(심각도×발생도)'를 얻는다. 규명된 '원인'별로 '권고 조치 사항'에 다양한 개선 방향을 기술한다.

1.6.8. 현 프로세스 관리(예방/검출) Current Process Controls(*h*)

프로세스 단계/ 기능/ 요구 사항	잠재적 고장모드	잠재적 고장의 영향	심각도	분류	잠재적 고장의 원인/메커니즘	발생도	현 프로세스 관리		검출도	R P N	권고조치사항	책임자 및 목표 완료예정일	조치결과				
							예방	검출					조치내용	심각도	발생도	검출도	R P N

'현 프로세스 관리(Current Process Controls)'는 '예방'과 '검출'로 나뉜다. 기본적으로 그 대상이 '제품'이 아닌 '프로세스'라는 점만 다를 뿐 Design FMEA의 내용과 별반 차이가 없다. '예방'은 FMEA를 전개하면서 잠재 문제를 찾아 미리 보완할 수 있는지에 대한 평가이고, '검출'은 발생된 문제를 얼마나 빨리 인지할 수 있는지의 평가이다. 빨리 검출해내면 고객에 미치는 불편을 최소화시킬 수 있다. 물론 의미상 '예방'적 접근이 유리하고 FMEA 전개 과정 중에 선호된다. 각 출처별 '현 프로세스 관리'를 옮기면 다음과 같다.

(Big 3)
'현 프로세스 관리(Current Process Controls)' 열은 '고장의 원인' 발생을 가능한 '예방'하거나, '고장 모드'나 '고장의 원인' 발생을 '검출'할 수 있는 관리 방식을 설명하는 란이다. '현 프로세스 관리'에는 두 가지 유형이 있다.

- 예방(Prevention) → '고장의 원인'이나 '고장 모드'가 발생하는 것을 제거(예방)하거나, 그 발생률을 줄인다.
- 검출(Detection) → 연관된 시정 조치나 대책의 개발로 이어질 수 있도록 '고장의 원인'이나 '고장 모드'를 파악(검출)한다.

가능하면 바람직한 접근으로 먼저 '예방 관리'를 사용한다. '예방 관리'가 프로세스의 일부로 운영되고 있다면 초기 '발생도' 점수는 '예방 관리'에 의해 영향 받는다. 초기 '검출도' 점수는 '고장의 원인'이나 '고장 모드'를 검출하는 프로세스 관리에 기반을 둔다.

'통계적 공정 관리(SPC, Statistical Process Control)'의 적용으로 프로세스의 안정성 평가와 '관리 이탈 상태'의 검출에 표집을 이용하는데, 이때 지정한 '검출 관리'가 효능을 발휘하는지 알 수 있다. 그러나 'SPC'는 '예방 관리'로도 이용될 수 있는데, 예를 들어 툴 마모처럼 생산 중 실제 부적합 부분을 특정 원인의 경향을 통해 미리 파악할 수 있다.

본 매뉴얼에서의 Process FMEA 양식은 팀이 두 유형의 관리 방식 차이를 명확하게 구분할 수 있도록 '예방 관리'와 '검출 관리' 두 개 열로 나뉘어 있다. 이를 통해, 프로세스 관리의 두 유형을 눈으로 빨리 파악할 수 있는 이점을 제공한다.

만일 프로세스 관리를 위해 한 개 열만 쓰게 되면 그땐 다음의 접두사를 붙인다. 즉, '예방 관리'에 대해서는 각 '예방 관리' 목록 앞이나 뒤에 'P'를, '검출 관리'에 대해서는 각 '검출 관리' 목록 앞 또는 뒤에 'D'를 붙인다. 다음 [표 IV-15]는 [표 IV-11]에 이은 '예방 관리'와 '검출 관리'의 간단한 연결 예를 보여준다.

[표 IV-15] Process FMEA의 '예방 관리'와 '검출 관리' 작성 예(Big 3)

프로세스 단계/ 기능/요구사항	잠재적 고장 모드	...	잠재적 원인	현 프로세스 관리	
				예방	검출
나사가 완전히 자리할 때까지 돌림.	나사가 완전히 자리 잡지 못함.	...	작업자의 표면 작업 시 너트 러너가 수직을 유지하지 못함.	작업자 교육	값이 만족스러울 때까지 고정자로부터 부품이 제거되지 않도록 크로스 스레딩 검출을 위해 각도 센서가 너트 러너에 포함됨.
나사들을 동적 토크 규격치(토크 OOkgf·m)까지 회전시킴.	너무 높게 회전시킴 (토크 초과).	...	설정 담당자가 아닌 사람에 의해 토크가 너무 높게 설정됨.	설정 담당자만 접근 하도록 패스워드 제어 삽입	실행 전 설정이 맞는지 토크 확인 박스를 셋업 절차에 포함시킴.
			설정 담당자에 의해 토크가 너무 높게 설정됨.	설정 담당자 교육	실행 전 설정이 맞는지 토크 확인 박스를 셋업 절차에 포함시킴.
				설정 설명서를 추가	-
	너무 낮게 회전시킴 (토크 못 미침).	...	설정 담당자가 아닌 사람에 의해 토크가 너무 낮게 설정됨.	설정 담당자만 접근 하도록 패스워드 제어 삽입	실행 전 설정이 맞는지 토크 확인 박스를 셋업 절차에 포함시킴.
			설정 담당자에 의해 토크가 너무 낮게 설정됨.	설정 담당자 교육	실행 전 설정이 맞는지 토크 확인 박스를 셋업 절차에 포함시킴.
				설정 설명서 추가	-
...	...	...	...	...	...

(Ford)

(정의, SAE 포함) '현 프로세스 관리'는 '고장 모드/원인'의 발생을 가능한 한 '예방'하거나, 또는 '검출'하는 관리 방안들을 기술한다. 이들에는 '에러/실수 방지'나 '통계적 공정 관리(SPC)', '사후 프로세스 평가' 같은 프로세스 관리들이 포함된다. 평가는 주 작업이나 연결 작업 모두에서 일어난다.

(프로세스 관리의 유형, SAE 포함) 고려할 '프로세스 관리/특성'에 두 유형이 있다.

- 예방(Prevention) → '고장의 원인'이나 '고장 모드/영향'의 발생을 '예방'하거나, 그들의 '발생률'을 줄인다.
- 검출(Detection) → '원인/메커니즘'을 검출하고 '시정 조치'를 유도한다.

(프로세스 관리의 파악, SAE 포함) 프로세스 관리를 위해 가능하면 '예방 관리(Type 1)'를 최우선적으로 고려한다. 만일 '예방 관리'가 프로세스 일부로 운영되고 있다면 초기 '발생도' 점수는 이 관리(Type 1)에 의해 영향 받게 된다. 초기 '검출도' 점수는 '고장의 원인/메커니즘', 또는 '고장 모드'를 검출할 프로세스 '검출도(Type 2) 관리'에 기반을 둔다.

(SAE 포함) '프로세스 관리' 방식이 파악되면 '발생도' 점수가 조정될 필요가 없는지 모든 '예방 관리'들을 재검토한다.

유사 프로세스와 다른 여러 문서들을 활용해 FMEA를 재검토한다. FMEA 팀은 제안된 관리 전략을 검토하고, '원인의 발생도'를 예방하거나 줄이기 위해 계획한 관리 방식, 또 '고장 모드'를 검출하는 데 쓰인 관리 방식들을 목록으로 만든다.

만일 잠재적 '원인'을 간과한 채 내버려두면, 결점을 안은 제품이 생산 공정 깊숙하게 들어올 것이다. 지나쳐버린 '원인'을 검출하는 방법은 그 결과로 나타난 '고장 모드'를 검출하는 것이다. 만일 '고장 모드'가 검출되면, 그때 프로세스 엔지니어는 간과돼 지나쳐버린 원인을 찾아내야 한다(모든 알려진 원인들은 한 개 이상의 프로세스적 관리 방법이 존재하는 것으로 가정). 만일 간과하고 지나쳐버린 '원인'이 파악될 수 있다면, 그때 '탈출한' 원인을 제거하기 위해 '시정 조치'가 취해질 수 있다.

'프로세스 관리' 방식을 파악하기 위해 다음을 진행한다.

1. (목록으로 만들어놓은) '고장 모드'들의 검출을 위해, 이용될 수 있는 과거의 모든 방법들을 파악하고 목록화한다.
   - 이전에 작성된 FMEA
   - 이전에 작성된 '관리 계획(Control Plan)'
   - 강건성 점검 목록(Checklist)
   - 글로벌 8D(근본 원인을 시정하기 위한 조치들)
2. '특성 요인도'에 나열된 1차 레벨의 원인들을 검출하기 위해, 이용될 수 있는 과거의 모든 '프로세스 관리' 방식들을 목록으로 만든다.
3. 다음을 질문함으로써 다른 가능성 있는 방법들을 파악한다.
   - '고장 모드'의 '원인'을 어떤 방법으로 알아챌 수 있는가?
   - 이 '원인'이 발생되었음을 어떻게 발견할 수 있는가?
   - 이 '고장 모드'는 어떻게 인지할 수 있는가?
   - 이 '고장 모드'가 발생했을 때 어떻게 알아챌 수 있는가?

(참고): '고장 모드의 원인'을 예방하는 데 쓰이는 '프로세스 관리' 방법은 '원인의 발생도'에 영향을 미친다. 그럴 경우 '발생도' 점수를 평가할 때 이 방법들이 고려돼야 한다. 예를 들어, 하나의 방법이 '발생도'를 줄이는 조치를 이끌어낼 수 있다. 이 경우 줄어든 '발생도' 점수는 '발생도' 점수 열에 입력된다.

(고려해야 할 사항) 다음 내용들이 고려돼야 한다.

- '검출도' 가능성을 높이기 위해 프로세스 또는 설계 개정이 필요하다.
- 일반적으로 '검출도 관리'를 향상시키는 것은 비용이 들뿐더러 품질 개선에도 효력이 없다.
- 품질 관리, 또는 검사 빈도를 키우는 것은 바람직한 '시정 조치'가 될 수 없다. 또 일시적인 조치로써 효력이 있을 뿐이다. 영구적인 '시정 조치'가 필요하다.
- 몇몇 경우에 있어 특정 부품의 설계 변경이 '검출도'를 지원하기 위해 필요할 수

도 있다.

- 현 관리 시스템의 변경은 '검출 가능성'을 증대시키는 효과를 가져올 수 있다.
- 그러나 결점을 검출하는 것보다 그들을 예방(즉, '발생도'가 줄어듦)하는 쪽에 힘을 실어야 한다. 이를 위해 필요할 때마다 품질을 점검하거나 관련된 검사를 하기보다 '통계적 공정 관리(SPC)'와 '프로세스 개선'을 하는 쪽이 좋은 접근에 속한다.

(<u>'프로세스 관리'의 예</u>) 다음 [표 IV-16]은 '프로세스 관리'의 예들을 나열한 것이다.

[표 IV-16] '프로세스 관리'의 예(Ford사)

유형	관리 방법
감사(Audit)	• 제품 심사(Duck)/작업 지시(Dispatch) • 프로세스 파라미터/특성
점검(Checking)	• 작업자(SPC가 적용되고 있는 상황) • 100% 자동화(계측관련) • 수작업/눈으로 보는 작업
검사(Inspection)	• 제조 과정 • 최종 공정(크기, 기능)
기타(Other)	• 설계 규격 시험 • 설정 값 검증(툴이나 금형 변경 후) • 실수 방지 또는 에러 방지 • 제조 과정 중 또는 후반 작업 연구소 테스트 • 귀로 듣거나 눈으로 보는 경보 장치

1.6.9. 검출도 Detection(i)

프로세스 단계/ 기능/요구 사항	잠재적 고장모드	잠재적 고장의 영향	심 각 도	분 류	잠재적 고장의 원인/메커니즘	발 생 도	현 프로세스 관리		검 출 도	R P N	권고조치사항	책임자 및 목표 완료예정일	조치결과			
							예방	검출					조치내용	심 각 도	발 생 도	검 출 도	R P N

대상이 '프로세스'인 점을 제외하곤 내용이 **Design FMEA**와 동일하다. '검출도'는 '현 프로세스 관리, 검출' 열의 항목들을 참조해서 '고장 모드'의 발생을 빨리 알아내면 알아낼수록 그 값은 '1' 쪽의 값으로, 반대로 고객에게 넘어갈 때까지 확인을 못 하거나 알아내지 못할수록 '10' 쪽에 가까운 값을 입력한다. '현 프로세스 관리, 검출' 열의 항목을 보고 판단하는 이유는 극단적인 예로 '현 프로세스 관리, 검출'란에 관리 방법이 '없음'으로 기재되면, 현실적으로 이 사건을 확인할 방법이 프로세스 내에 없다는 뜻이므로 결국 고객에게 이 고장은 넘어갈 수밖에 없다. 따라서 정황상 '8~10'의 위험도 높은 점수가 요구된다. 다음은 출처별 '검출도'에 대한 설명이다.

(Big 3)
'검출도'는 '현 프로세스 관리, 검출' 열에 나열된 내용들 중 현재 하고 있는 최선의 '(검출) 관리' 방식에 점수를 매긴 값이다. '검출도'는 작성 중인 **FMEA** 내에서의 상대적 점수이다. 일반적으로 점수를 낮추려면 계획된 '검출 관리' 방식이 개선돼야 한다.

한 개 이상의 관리 방식이 있을 때, 각 관리 방식의 '검출도' 점수는 해당 관리 방식에 함께 포함시켜 기술한다. '검출도' 열에 가장 작은 점수 값을 입력한다('검출 능력'이 가장 떨어지는 상황이므로).

고장이 발생되었고, 이때 '고장 모드'를 품고 있는 부품의 선적을 차단하기 위해 모든 "현 프로세스 관리" 능력을 평가한다고 가정한다. '발생도'가 낮기 때문에 '검출도' 점수가 낮다고 바로 추정하지 말고, 프로세스로 더 진행되지 않도록 하거나, 발생 빈도가 낮은 '고장 모드' 검출을 위해 프로세스 관리 능력을 평가한다.

필요에 따라 품질을 점검하는 일은 고립된 문제의 존재를 확인하기 어려울뿐더러 '검출도' 점수에도 영향을 주지 못한다.

팀은 개별 제품 분석 중 수정이 가해지더라도 '평가 기준(Evaluation Criteria)'과 점수 체계의 일관성 있는 적용을 위해 항상 합의한다. 다음 [표 Ⅳ-17]은 '검출도' 평가에 필요한 점수 기준을 나타낸다.

[표 Ⅳ-17] Process FMEA '검출도' 평가 기준(Big 3)

검출 기회	기준(Criteria): '프로세스 관리'로 검출할 가능성	점수 (Rank)	검출 가능성
검출 기회가 전혀 없음	현재 '프로세스 관리' 방식이 없음: 검출할 수 없거나 분석이 안 됨.	10	거의 불가능
임의 단계에서 검출할 수 없을 것 같음	'고장 모드'와(또는) 에러(원인)가 쉽게 검출되지 않음(즉, 임의 조사).	9	매우 희박
문제 검출 후 처리	시각/촉각/청각적 방법으로 작업자에 의해 '고장 모드'를 검출 후 처리함.	8	희박
출처에서 문제 검출	시각/촉각/청각적 방법으로 작업자에 의해 '고장 모드'가 검출 되거나, 이산형 계측기(합/부, 수동 토크 점검 렌치 등)의 사용으로 '고장 모드'를 검출 후 처리함.	7	매우 낮음
문제 검출 후 처리	연속형 계측기 사용으로 작업자에 의해 '고장 모드'를 검출 후 처리함, 또는 이산형 계측기(합/부, 수동 토크 점검 렌치 등)의 사용으로 작업자에 의해 제 위치에서 '고장 모드'를 검출함.	6	낮음
출처에서 문제 검출	연속형 계측기의 사용으로 작업자에 의해 제 위치에서 '고장 모드'나 에러(원인)를 검출함. 또는 문제 부품을 제 위치에서 검출한 후 작업자에게 자동 통보(빛, 부저 등)하는 방식에 의해 '고장 모드'를 처리함.	5	중간
문제 검출 후 처리	(문제 부품 검출과 통과를 차단하는) 자동화 관리에 의해 '고장 모드'를 검출한 이후 처리함.	4	중간 정도로 높음
문제 발생 위치에서 문제 검출	(문제 부품 검출과 통과를 차단하는) 자동화 관리에 의해 '고장 모드'를 현 위치에서 검출함.	3	높음
에러 검출과(또는) 문제 예방	(에러 확인/문제 부품 차단용) 자동화 관리로 현 위치에서 에러(원인)를 검출함.	2	매우 높음
검출 없음: 에러 예방	고정자 설계, 기계 설계, 또는 부품 설계의 결과로써 에러(원인)를 예방함. 문제 부품들은 프로세스/제품 설계에 의해 에러 방지가 돼 있기 때문에 부품 문제는 만들어질 수 없음.	1	거의 확실

(Ford)

(정의, SAE 포함) '검출도'는 직전 열에 나열된 내용들 중, 현재 하고 있는 최선의 '검출(Type 2) 관리' 방식에 점수를 매긴 값이다. '검출도'는 작성 중인 FMEA 내에서의 상대적인 점수이다. 점수를 낮추려면 일반적으로 계획된 프로세스 관리의 향상이 요구된다.

고장이 발생되었고, 그리고 나서 이 '고장 모드'를 갖고 있는 부품의 선적을 막거나 검출하기 위해 모든 "현재 프로세스 관리"의 능력을 평가하는 것으로 가정한다. '발생도' 점수가 낮아서(즉, 관리도가 사용될 때), '검출도' 점수가 낮다고 자동 추정하기보다 낮은 '고장 모드'의 발생 빈도를 검출하거나, 그들이 프로세스로 더 진입하는 것을 막기 위한 '프로세스 관리 능력'을 평가한다.

필요할 때 하는 품질 점검은 고립된 결점의 존재를 검출하기 어렵고 '검출도' 점수에 영향도 주지 못한다. '검출도 관리'는 통계적 기반에서 이루어진 표집이 필요하다.

(<u>검출도 점수 확인 법</u>) '검출도' 점수를 추정할 때, '고장 모드'나 그의 '원인'을 검출하는 데 이용될 관리 방식만을 고려한다. '고장 모드의 원인'의 '발생도'를 예방하거나 줄일 목적의 관리 방식은 '발생도' 점수를 추정할 때 고려된다. '예방 관리'가 검출하지 못할 때, 이들 관리에 '10'점을 부여한다.

FMEA 팀은 '고장 모드'의 원인을 검출하기 위해 각 프로세스 관리 능력을 총괄해서 평가한다. 몇몇 '검출 관리'들이 목록으로 작성되면 가장 작은 값(최선의 검출 방법이나 결합 검출도 점수에서 가장 작은 값)을 입력한다. 추가로 만일 모든 관리 방식들이 동시에 적용된다면 합쳐진 관리 방식들에 근거한 복합의 '검출도' 점수를 지정한다.

(<u>참고</u>) 우선, 목록으로 만든 '프로세스 관리' 방식들 중 일부가 '고장 모드의 원인'을 예방하는 데 이용되는지를 판단한다. 만일 하나의 관리 방식이 '예방 관리'라면, 그것을 '관리' 열의 '예방'란에 입력한다. '발생도' 점수에 영향이 있음을 기억하라.

다음, 목록에 있는 각 'Type 2 프로세스 관리'의 효과를 추정한다. 효과를 추정할 때 다음에 이어 설명할 '효과성 요인(Effectiveness Factors)'들을 고려한다. '원인의 고장 모드'를 검출하기 위해 각 프로세스 관리의 능력을 추정한다. '고장 모드'가 발생했다고 가정하고, 전체 효과에 기반을 두어서 '검출도 관리'를 평가한다.

(<u>효과성 요인(Effectiveness Factors)</u>) Process FMEA에 대한 '검출도 점수 표'를 사용해서 '검출도' 점수를 선택한다. 검출하기로 되어 있는 관리 방식들만 평가한다. 만일 검출할 관리 능력이 알려져 있지 않거나, 추정할 수 없으면 그때 '검출도' 점수는 '10'이다. 검출할 수 있는 관리 방식이 없어도 '10'을 적용한다.

만일 100% 자동 계측이 관리 방식으로 기술돼 있다면, FMEA 팀은 다음 항목에 기반을 두고 그의 효과성을 고려한다.

- 게이지 상태
- 게이지 보정
- 게이지 '측정 시스템'의 변동
- 게이지 고장 가능성
- 게이지 시스템이 지나쳤을 가능성

만일 100% 육안 검사 항목들이 나열돼 있다면 팀은 다음 항목들에 기반을 두고 효과성을 고려해야 한다.

- 100% 육안 검사가 80% → 일부 조건에 의존했을 경우 100% 효과
- 잠재적 '고장 모드'를 관측할 수 있는 개인들의 수
- '고장 모드'의 성질 → 그것은 명백한가? 모호한가?

단독 육안 검사는 전형적으로 '검출도' 점수가 8 이하의 값을 갖지 않는다.

다음 [표 Ⅳ-18]은 'Big 3'의 [표 Ⅳ-17]과 마찬가지로 Ford사에서 정립한 '검출도' 평가 체계이다. 'Big 3'의 그것과 유사하나 내부적 특징이 일부 반영돼 있는 만큼 내용을 다시 옮겨놓았다. (SAE 포함) '검출도=1'은 "검출이 확실히 되는 관리"로 간주한다.

검출	기준(Criteria)	검사 유형			검출 방법의 제안된 범위	점수
		A	B	C		
거의 불가	검출 안 되는 것이 확실함.				검출할 수 없거나 확인이 안 됨.	10
매우 희박	관리 방식은 아마 검출하지 못할 것임.				관리가 간접적 또는 임의 점검만으로 이루어짐.	9
희박	관식 방식은 검출 가능성이 매우 낮음.				관리가 육안 검사만으로 이루어짐.	8
매우 낮음	관리 방식은 검출 가능성이 형편없음.				관리가 두 개의 육안 검사만으로 이루어짐.	7
낮음	관리 방식은 검출 가능성이 매우 낮음.				관리가 SPC 같은 차트 방법으로 이루어짐.	6
중간	관리 방식으로 검출이 가능함.				관리는 부품이 작업대를 떠난 후 계량 계측이나 부품 100%에 행해진 합부 게이지에 근거함.	5
꽤 높음	관리 방식으로 검출 가능성이 좋은 편임.				연결 작업에서의 에러 검출, 또는 셋업과 첫 부품 점검에서 행해진 게이징.	4
높음	관리 방식으로 검출 가능성이 좋은 편임.				작업대에서의 에러 검출, 또는 여러 층(공급, 선정, 설치, 검증)의 승인이 필요한 연결 작업에서의 에러 검출. 문제 부품을 수용할 수 없음.	3
매우 높음	관리 방식으로 거의 확실히 검출됨.				작업대에서 에러 검출(자동으로 멈추는 기능을 가진 자동 계측기). 문제 부품을 통과시킬 수 없음.	2
매우 높음	관리 방식으로 확실히 검출됨.				아이템이 프로세스/제품 설계에 의해 에러 검증이 있었기 때문에 문제 부품은 만들어질 수 없음.	1

검사 유형: (A) 에러 방지, (B) 게이징, (C) 수작업 검사, 회색 영역은 주어진 점수 영역에서의 검사 유형임.

'현 프로세스 관리(예방, 검출)'가 마무리되면 다음은 'Ford Working Model Step-3'으로 연결된다. 이것은 '심각도'와 '발생도' 평가가 끝난 뒤 'Working Model Step-1'과 'Working Model Step-2'를 이행했던 이전 내용과 동일하다. 자세한 내용은 [그림 Ⅳ-10]으로 돌아가 관련 내용을 참조하기 바라고, 여기서는 기억을 되살리는 차원에서 Ford사의 'Working Model Step-3'만을 따로 떼어내 다음 [그림 Ⅳ−14]에 간단히 옮겨놓았다.

[그림 Ⅳ−14] Ford사 Process FMEA의 'Working Model Step-3'

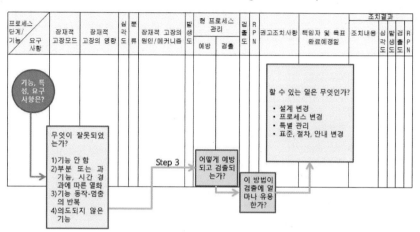

[그림 Ⅳ−14]에 보인 바와 같이 '프로세스 기능/요구 사항' 열에 특정 프로세스에 대한 "프로세스 기능과 요구 사항"들이 기입되고, 다시 이들의 각 잠재적 '고장 모드'가 네 개 유형으로 구분돼 적출되며, 이들은 현재의 '예방' 및 '검출' 방법과 관련해 개선의 여지가 없는지 조사가 이루어진다. 조사된 내용은 '권고 조치 사항'에 입력한다.

1.6.10. RPN(Risk Priority Number)(j)

프로세스 단계/ 기능	요구 사항	잠재적 고장모드	잠재적 고장의 영향	심각도	분류	잠재적 고장의 원인/메커니즘	발생도	현 프로세스 관리		검출도	R P N	권고조치사항	책임자 및 목표 완료예정일	조치결과				
								예방	검출					조치내용	심각도	발생도	검출도	R P N

이하 내용은 Design FMEA와 동일하다. 즉, 'Big 3'와 'Ford사' 매뉴얼 내용 역시 대상이 '제품'이 아닌 '프로세스'란 점만 빼면 차이가 없다. 따라서 Design FMEA로 돌아가도록 권하고 싶지만 Process FMEA만 학습할 독자를 위해 동일한 내용을 실어놓았다. 단「MIL-STD-1629A」는 Design FMEA만 한정하고 있으므로 여기서의 설명은 제외된다.

'RPN(Risk Priority Number)'은 우리말로 '위험 우선 수' 정도로 해석한다. '위험'을 느끼는 정도가 큰 순서로 정렬해 개선 조치에 따른 선택과 집중을 하기 위한 수단으로 이용한다. 통상 '심각도×발생도×검출도'로 얻는다.

FMEA 팀이 '고장 모드'와 '영향', '원인'과 관리 방식, 그리고 '심각도', '발생도', '검출도' 점수를 모두 파악하면 이제 위험을 더 줄이려는 무엇인가의 결정을 내릴 시점에 이른다. 현재 주어진 자원, 시간, 기술, 그 이외 여러 요소의 제약을 고려할 때, 팀은 우선순위가 가장 높은 항목에 개선 노력을 경주해야 하기 때문이다.

우선 팀이 처음에 고민할 부분은 '심각도' 점수가 가장 높은 '고장 모드'에 집중하는 일이다. '심각도=9 또는 10'일 때, 팀은 이들 위험이 현재의 설계 관리 방식이나 권고 조치를 통해 다루어지고 있는지 꼭 확인한다. 이어 '심각도=8 이하'의 '고장 모드'들 중, '발생도' 또는 '검출도' 점수가 가장 높은 '원인'들을 조사한다. 어쨌든 팀은 그들의 관련 조직과 고객들에 가장 최선이 되는 위험 감소 노력을 위해 어떻게 위험의 우선순위와 개선 접근을 시도할 것인지 주어진 정보를 최대로 활용할 책임이 있다. 다음은 출처별 'RPN'의 내용을 옮긴 것이다.

(Big 3)
'RPN'은 일반적으로 다음의 식을 통해 얻는다.

$$RPN=심각도(S)\times발생도(O)\times검출도(D)$$

'RPN'의 평가 및 활용은 현재 작성 중인 Process FMEA에 한정하며, 이 값은 '1~1,000'의 값을 갖는다. 일반적으로 필요 조치를 결정하기 위해 'RPN'의 '한계 값(Threshold)'을 두는 것은 권고하지 않는다.

만일 '한계 값'이 정해지면 'RPN'은 위험을 상대적으로 측정해(즉, '한계 값'을 넘어선 RPN만 정해) 개선 조치를 취하면 되므로 지속 개선은 필요치 않다. 예를 들어, 다음 표와 같은 상황에서 고객이 '한계 값'을 '100'으로 정했다면, 공급자는 'RPN=112'인 '특성 B'에 대해 조치를 취하게 될 것이다.

아이템	심각도	발생도	검출도	RPN
A	9	2	5	90
B	7	4	4	112

그러나 이 예에서 'RPN'은 '특성 B'가 더 높지만 우선순위를 결정할 때, 비록 '한계 값'인 '100'보다 낮으면서 '심각도=9'인 'A'에 두는 것이 바람직하다.

'한계 값'의 사용에서 또 하나 고려할 사항은 특정한 'RPN'에 꼭 해야 할 조치가 따로 마련돼 있는 것은 아니란 점이다. '한계 값'의 설정은 자칫 곱으로 얻어진 'RPN'이 '발생도'나 '검출도' 점수가 낮음에도 불구하고 팀이 그들을 개선하는 데 시간을 허비하게 만든다(곱은 큰 수가 될 수 있으므로). 이 같은 접근은 '고장 모드'의 원인 해결 같은 진짜 문제를 다루지 못하고 그저 '한계 값'보다 작은 'RPN'을 지켜내는 데만 급급할 수 있다. 차량 출시 같은 중요한 프로그램 단계마다 예상되는 위험을 결정하는 데 있어, 한계 값을 두는 일보다 '심각도', '발생도', '검출도'의 분석에 기반을 두고 일을 추진하는 것이 훨씬 중요하다.

문제 해결을 위한 팀 협의 시, 'RPN'의 사용은 유용은 하나 'RPN' 사용의 한계를 인식하는 일 역시 중요하다. 그렇다고 해도 조치 순위를 결정하는 데 'RPN'의 '한계 값'을 사용하는 일은 바람직하지 않다.

(Ford)

(정의, SAE 포함) 'RPN(Risk Priority Number)'은 심각도(S), 발생도(O), 검출도(D) 점수를 곱해서 얻는다. 즉 "RPN=(S)×(O)×(D)",

RPN의 쓰임은 각 FMEA에 한정하며, '1'부터 '1,000' 사이 값들 중 '파레토 원리' 처럼 프로세스의 주요 관심사 순위를 정하는 데 이용된다.

(Ford사 자체 규정) Ford사는 'RPN' 활용 때 '한계 값' 설정을 권고하지 않는다. 즉, 특정 RPN 이상에서 권고 조치를 이행하도록 의무화하거나 특정 값 이하에서 조치 를 하지 말도록 규정하지 않는다.

이어 'RPN'을 이용한 우선순위화의 다른 접근도 이미 Design FMEA에서 소개한 바 있다. 내용이 중복되고, 또 참고 사항이므로 Process FMEA로 바로 들어온 독자는 Design FMEA의 「1.11.10. RPN(Risk Priority Number)(j)」으 로 돌아가 본문을 참고하기 바라고 여기서의 설명은 생략한다.

1.6.11. 권고 조치 사항 Recommended Action(s)(*k*)

프로세스 단계/기능	요구 사항	잠재적 고장모드	잠재적 고장의 영향	심각도	분류	잠재적 고장의 원인/메커니즘	발생도	현 프로세스 관리		검출도	R P N	권고조치사항	책임자 및 목표 완료예정일	조치결과				
								예방	검출					조치내용	심각도	발생도	검출도	R P N

'권고 조치 사항'은 일종의 '개선 방향'이다. Ford사의 'Working Model Step'별로 마련된 조치 사항을 이 공간에 입력한다. 관련 내용에 대한 출처별 설명은 다음과 같다.

(Big 3)

일반적으로 '검출 조치'보다 '예방 조치(즉, '발생도'를 줄이는 조치)'가 선호된다. 예로써 임의의 품질 점검 또는 관련된 검사보다 프로세스 설계 오류 검증을 수행하는 활동이 이에 해당한다.

'권고 조치'의 목적은 다음 순서로 점수를 줄여나가는 데 있다. 즉, 심각도, 발생도, 그리고 검출도 순이다. 이들을 줄이기 위한 각각의 접근 방법이 아래에 설명돼 있다.

• **'심각도(S)' 점수 줄이기:** '제품/프로세스 설계 변경' 자체만으로 '심각도' 점수가 낮아지진 않는다. '설계/프로세스 설계 변경'이 제품 기능성 및 프로세스에 미치는 영향을 알아보기 위해 팀은 설계 변경을 검토해야 한다. 이와 같은 접근 시 효과와 효율을 극대화하기 위해 제품과 프로세스 설계에 대한 변경은 개발 과정 초기에 실행돼야 한다. 예를 들어, 만일 '심각도'가 줄어들도록 하려면 관련 프로세스 기술(Technology)은 개발 과정 초기에 고려될 필요가 있다.

• **'발생도(O)' 점수 줄이기:** '발생도' 점수의 감소는 프로세스와 설계의 수정을 통해 가능하다. '발생도' 점수의 감소는 제품이나 프로세스 설계 수정을 통해 한 개 이상의 '고장 모드의 원인'을 제거하거나 제어함으로써 가능하다. 또 통계적 방법을

이용해 프로세스 변동의 원천을 이해하려는 연구가 진행될 수 있다. 이들 연구는 '발생도'를 줄이는 조치들로 나타난다. 더구나 확보된 지식은 지속적 개선과 문제 예방을 위해 해당 작업에 정보를 계속 피드백 해주는 것은 물론 적절한 관리 방안을 찾는데도 도움을 준다.

- **'검출도(D)' 점수 줄이기:** 선호되는 방법은 '에러/실수 방지'의 사용이다. 검출 방법의 재설계는 '검출도' 점수를 낮추는 데 기여한다. 경우에 따라 프로세스 단계의 설계 변경은 검출 가능성을 높이는 데 필요한 조치가 될 수 있다(즉, '검출도' 점수를 줄어들게 함). 일반적으로 검출 관리 방식을 개선하려면 프로세스 변동의 핵심 원인들과 특수 원인들의 관련 지식과 이해가 바탕이 돼야 한다. 검사 빈도를 늘리는 것은 효과적인 조치는 아니다. 다만 영구적인 '예방/시정 조치'가 실행될 수 있도록 단지 추가 정보를 수집하기 위한 일시적 방편으로 이용돼야 한다. 만일 평가 결과 '고장 모드'/원인/관리 방식에 대해 그 어떤 권고 조치 사항도 나타나지 않으면, 이 열에 "없음(None)"을 입력한다. 만일 "없음"을 입력했는데 '심각도'가 높은 경우 그 '이유'를 포함시키도록 한다. 프로세스 조치에 대해 평가는 필요하나 검토하는 데는 제한이 없다.

- 프로세스 DOE 또는 적용 가능한 다른 시험의 결과
- 수정된 '프로세스 흐름도', 평면도, 작업 지시서, 또는 예방 유지 계획
- 설비, 고정자 또는 기계 규격의 검토
- 새로운 또는 수정된 센싱/검출 장치

[표 IV-19]는 [표 IV-4] 전개에 '권고 조치 사항'을 추가한 예이다.

프로세스 단계/기능	요구 사항	고장 모드	원인	현 프로세스 관리		권고 조치 사항
				예방	검출	
Op. 20(좌석 쿠션을 토크 건을 이용해 트랙에 붙임) 나사 4개를 선택	나사 4개	나사가 4개가 안 됨	나사 수가 적음에도 무심코 장착	올바른 수량을 설명하는 시각 보조 교재	작업대에서 육안 검사	작업대에서 토크 모니터링: 만일 4개 이하면 라인 중단.
				작업자 교육		
	지정된 나사들	잘못 사용된 나사(큰 직경)	작업대에서 작업할 비슷한 나사들	올바른 수량을 설명하는 시각 보조 교재	작업대에서 육안 검사	작업대에서 토크 각도 모니터링: 만일 각이 일치하지 않으면 라인 중단. 설계에 의한 오류 검증: 작업대/제품에 대해 한 개 유형의 나사 사용.
				작업자 교육		
Op. 2(좌석 쿠션을 토크 건을 이용해 트랙에 붙임) 오른쪽 프론트 구멍에서 시작해 각 나사를 요구 회전력으로 돌림	조립 시퀀스: 오른쪽 프론트 구멍에 첫 나사 끼움	다른 구멍에 위치한 나사	작업자가 작업할 한 개 이상의 다른 구멍	첫 나사의 위치를 파악하는 시각 보조 교재	작업대에서 육안 검사	만일 러너가 구멍에 정확히 정렬되지 않으면 툴이 작동하지 않게 위치 센서를 추가.
				작업자 교육		
…	…	…	…	…	…	…

(Ford)

(정의, SAE 포함) 높은 '심각도', 높은 RPN 그리고 팀이 정한 그 외의 아이템들에 대해 시정 조지를 위한 설계 평가를 제일 먼저 수행한다. '권고 조치 사항'의 목적은 점수를 낮추는 데 있으며, '심각도', '발생도', '검출도' 순으로 이행한다.

일반적으로 '심각도=9 또는 10'일 때, 'RPN'과 무관하게 현 설계 조치나 관리 또는 프로세스 예방, 시정 조치들로 위험이 처리되는지 확인한다. 파악된 잠재적 '고장 모드'로부터 온 '영향'이 생산/조립 담당자에 해가 될 수 있는 모든 경우에 있어, 원인들을 제거하거나 제어함으로써 '고장 모드'를 회피시키도록 예방, 시정 조치가 취해져야 한다. 또는 작업자 보호 조치가 명시돼야 한다.

'심각도=9 또는 10'에 특별한 주의를 기울이고 나면, 팀은 그 외의 '고장 모드'들도 다루게 되며, 이때 '심각도'를 먼저 줄일 목적으로, 그리고 나서 '발생도'와 '검출도'를 다룬다.

개선하기 위한 프로세스 조치나 관리 방안들은 '고장 모드의 원인'을 제거하거나 줄임으로써 그들이 직접적이고 예방적일 때 가장 효과적이다.

(<u>Ford사 자체 규정</u>) 목적은 위험을 줄이는 데 있다. 이것은 잠재적 '고장 모드'를 줄이거나 제거하기 위한 '예방 활동'을 규정함으로써 가능하며, '검출 활동', 즉 테스팅은 취약점을 규명하는 데 유리하다. FMEA 팀은 다음의 '고장 모드'에 기반한 활동들을 우선적으로 처리한다.

- 가장 높은 '심각도' 점수를 갖는 '영향'들에 대해
- 가장 높은 '심각도×발생도(Criticality)' 점수를 갖는 '원인'들에 대해
- 가장 높은 'RPN'들에 대해

(<u>참고</u>) 'P-Diagram'에 기록된 '제어 인자'들은 '권고 조치 사항'을 떠올리는 데 통찰력을 제공하곤 한다. 몇몇 '권고 조치 사항'들은 '관리 계획(Control Plan)'의 수정을 불러올 수 있다. 이들이 '관리 계획(Control Plan)'에 포함되는지 꼭 확인한다.

(<u>'권고 조치 사항'을 얻는 방법</u>) 조치들에 제한은 없고 다음을 고려한다.

- 발생 가능성을 줄이기 위해 프로세스와(또는) 설계 수정이 요구된다. 통계 방법을 이용한 프로세스의 조치 지향 연구가 지속적 개선과 결점 예방을 위해 해당 작업에 정보를 계속 피드백 해주는 형태로 전개될 수 있다.
- 설계와(또는) 프로세스 수정만이 '심각도' 점수를 줄일 수 있다.
- 검출 가능성을 높이기 위해, 프로세스와(또는) 설계 수정이 요구된다. 일반적으로 '검출 관리'를 개선하는 것은 질적 개선에 있어 비용이 들고 비효율적이다. 품질 관리 검사의 빈도를 늘리는 것은 '예방/시정 조치'에 긍정적이지 않으며 일시적

방편으로써만 유용할 뿐이므로, 영구적인 '예방/시정 조치'가 필요하다. 경우에 따라서는 특정 부품에 대한 설계 변경이 '검출'을 지원하는 데 필요할 수도 있다. 현재 관리 시스템의 변경 역시 이와 같은 가능성을 높이기 위해 수행될 수 있다.

그러나 결점을 검출하기보다 그들을 예방하는(즉, '발생도'를 줄이려는) 쪽에 노력이 집중돼야 한다. 한 예로 필요할 때의 품질 점검이나 관련 검사보다는 '통계적 공정 관리'와 프로세스 개선을 이용하는 것이다.

'고장 모드'가 '심각도=9 또는 10'의 점수를 가지면 언제나 프로세스(그리고/또는 설계) 조치가 'Criticality(심각도×발생도)'를 줄이기 위해 고려돼야 한다.

(SAE 포함) 만일 설계 평가가 특정 '고장 모드'/원인/관리의 조합에 대해 '권고 조치 사항'이 필요치 않으면 이 열에 "없음" 또는 "이 시점에 없음"을 입력해서 현상을 반영한다.

1.6.12. 책임자 및 목표 완료 예정일 Responsibility & Target Completion Date(*l*)

프로세스 단계/ 기능 요구 사항	잠재적 고장모드	잠재적 고장의 영향	심각도	분류	잠재적 고장의 원인/메커니즘	발생도	현 프로세스 관리		검출도	R P N	권고조치사항	책임자 및 목표 완료예정일	조치결과				
							예방	검출					조치내용	심각도	발생도	검출도	R P N

Design FMEA와 내용상 차이가 없다. **FMEA** 유형별로 특성 구분이 필요 없는 공통 사항이기 때문이다. '권고 조치 사항'을 이행하고 과정을 관리하며, '**RPN**' 감소 여부를 재평가할 '책임자'와 '완료일'을 기입한다. 출처별 내용을 옮기면 다음과 같다.

(Big 3)
목표 완료일과 함께 '권고 조치 사항'을 마무리할 책임자나 조직의 이름/명칭을 기입한다. 설계 책임자인 엔지니어/팀 리더는 권고된 모든 조치들이 반드시 수행되거나 적절히 처리되도록 감독할 책임이 있다.

(Ford)

(정의, SAE 포함) '권고 조치 사항'과 목표 완료일을 책임질 담당자를 입력한다. 조치가 이행된 후 해당 조치에 대한 간단한 설명과 유효 일자 변경을 입력한다.

모든 '권고 조치 사항'이 이행되고 적절히 다루어지고 있는지 확인돼야 하며, 이것은 프로그램을 추적하는 데 유용하다. 최소한 다음을 수행한다.

- 잠재적인 '특별 특성(Special Characteristics)'들 목록을 기록하고 이 목록이 책임자 엔지니어에게 제공되게 함으로써 Design FMEA에서의 적절한 고찰과 조치가 이루어지도록 한다.
- 모든 '권고 조치 사항'의 이행을 끝까지 추적하고 FMEA 조치들을 갱신한다.

1.6.13. 조치 내용 Actions Taken(*m*)

프로세스 단계/ 기능 요구 사항	잠재적 고장모드	잠재적 고장의 영향	심각도	분류	잠재적 고장의 원인/메커니즘	발생도	현 프로세스 관리		검출도	R P N	권고조치사항	책임자 및 목표 완료예정일	조치결과				
							예방	검출					조치내용	심각도	발생도	검출도	R P N

'조치 결과(Action Result)'는 완료된 조치들의 결과, 그리고 '심각도(S)', '발생도(O)', '검출도(D)' 점수와 'RPN'에 미친 영향을 재평가하는 영역이다. '조치 결과(Action Result)'에는 상기 'Body'와 같이 '조치 내용(Actions Taken)'과 'RPN의 재평가'가 포함된다. '조치 내용'에 대한 출처별 내용은 다음과 같다.

(Big 3)

조치가 취해진 후 수행된 조치 내용과 실제 완료한 날짜를 간단히 기술한다.

(Ford)

(정의, SAE 포함) '권고 조치 사항' 이행 책임자와 '목표 완료일'을 입력한다. 조치가 취해진 후 수행된 조치 내용과 실제 완료한 날짜를 간단히 기술한다.

'권고 조치 사항'은 아무리 강조해도 지나치지 않다. 완벽한 Process FMEA도 '고장 모드'를 예방하거나 그들의 '영향'을 경감시키는 긍정적이고 효과적인 조치가 이루어지지 않으면 가치가 제한적일 수밖에 없다.

(조치 내용을 이행하게 하는 방법) Process FMEA의 팀 리더는 모든 '권고 조치 사항'들이 반드시 이행되고 적절히 처리되도록 추적 프로그램을 가동할 책임이 있다.

(Ford만 해당) Process FMEA 팀 리더는 Process FMEA를 갱신할 책임이 있다. FMEA는 살아 있는 문서이고 가장 최근의 아이템 수준과 관련 조치들을 반영해야 한다. 그 책임 역시 공급자의 몫이다.

(주의) 아무리 제품/프로세스가 동일하더라도 한 팀이 작성한 FMEA의 점수를 다른 팀이 작성한 FMEA 점수와 비교하는 것은 적절치 않다. 왜냐하면 각 팀의 환경은 유일무이하고 그래서 그들 각각의 개별 점수들 역시 유일무이하다(즉, 점수들은 주관적이다).

1.6.14. 심각도/발생도/검출도/RPN Resulting RPN(n)

프로세스 단계/ 기능	요구 사항	잠재적 고장모드	잠재적 고장의 영향	심각도	분류	잠재적 고장의 원인/메커니즘	발생도	현 프로세스 관리		검출도	R P N	권고조치사항	책임자 및 목표 완료예정일	조치결과				
								예방	검출					조치내용	심각도	발생도	검출도	R.P.N.

'RPN의 재평가' 공간이다. '권고 조치 사항'이 계획대로 잘 이행된다면 프로세스에서 예상된 '위험'은 감소될 것이다. '위험'의 감소는 '심각도'나 '발생도', '검출도'의 감소로 이어진다. 다음은 출처별 내용이며 Design FMEA와 동일하다. Process FMEA만 학습할 독자를 위해 중복되지만 다시 옮겨놓았다.

(Big 3)
'예방/시정 조치'가 완료된 후 최종으로 '심각도', '발생도', '검출도' 점수를 결정하고 기록한다. 이어 그들 세 개를 곱해 우선순위인 'RPN'을 계산한다. 새롭게 얻어진 점수를 재검토한다. 조치 자체만으로 문제가 해결되었는지(즉, 원인이 처리되었는지) 보증하긴 어렵다. 그래서 적합한 분석이나 시험적 검증을 통해 마무리돼야 한다. 만일 더 나은 조치가 필요하다고 판단되면 분석을 반복한다. 핵심은 항상 지속적 개선이 이루어져야 한다는 점이다.

(Ford)
(정의, SAE 포함) '예방/시정 조치'가 취해진 후 '심각도', '발생도', '검출도' 점수의 결과를 기록한다. 최종 'RPN' 결과를 계산하고 기록한다. 만일 어떤 조치도 취해지지 않으면 관련 점수 열은 공란으로 남겨둔다.

(Ford만 해당) 어떤 조치도 목록에 없으면, 이 열들은 공란으로 남긴다. 만일 조치가 완료되면 비록 이들 조치가 점수의 변화로 연결되지 않더라도 개정된 '심각도', '발생도', '검출도' 점수를 입력한다.

1.7. Process FMEA 작성 예

[그림 Ⅳ-15]는 Ford사 매뉴얼에 포함된 예의 일부를 옮긴 것이다. 형태 정도만 이해하는 용도로 쓰였으면 한다.

잠 재 적
고장형태 및 영향분석
(프로세스 FMEA)

아이템 : 커넥터 어셈블   공정책임: FMEA번호: 42-14
모델연도/차종(또는 개발제품 명) 20xx/00   완료예정일 : 20xx/01   쪽 : 1   장종   1
핵심팀: 홍길동, 박하오, 김여나   작성자 엔지니어 강갑차
FMEA최초작성일:20xx.xx.x 최근개정일 : 20xx.00.00

프로세스 단계/기능 요구 사항	잠재적 고장모드	잠재적 고장의 영향	심각도	분류	잠재적 고장의 원인/메커니즘	발생도	현 프로세스 관리 예방	검출	검출도	RPN	권고조치사항	책임자 및 목표 완료예정일	조치 내용	심각도	발생도	검출도	RPN
자동화 케이스를 릴레이상에 조함 - 높이 요구에 맞게 완전히 자리잡도록 함	케이스가 조립되었지만 높이가 정확히 맞혀지지 않음	높이 점검이 안돼 재작업함(3) 검출되지 않으면 커넥터 부식 으로 간헐적 작동 초래하고 예상보다 이른 부품의 고장발생 (8)	8	SC	불충분한 기계 프레스 힘 - 부정확한 셋업	4	압력이 PLC로 모니터됨	작업대에서 한부 게이지 점검(3)	3	96	규격 상단쪽 으로 압력범위를 줄임	최열실 날짜: 20xx/0 끝단쪽으로 새로운 압력 범위를 결정	압력 수용범위를 규격 상단쪽으로 감소시킴	8	2	3	48
					불충분한 기계 프레스 힘 - 기계 헤플레이터 고장	2	압력이 PLC로 모니터됨	작업대에서 한부 게이지 점검(3)	3	48	없음						
					케이스에 이물질 유입	2	표준 작업 123 (청정도)	작업대에서 한부 게이지 점검(3)	3	48	없음						

[그림 Ⅳ-15]에서 '잠재적 고장의 영향'에 "높이 점검이 안 돼 재작업함 (3)"과 "검출되지 않으면 커넥터 부식으로 간헐적 작동 초래하고 예상보다 이른 부품의 고장 발생(8)" 두 개가 들어 있다. '심각도=8'은 바로 '잠재적 고장 의 영향'들 중 가장 안 좋은 항목의 것(8점)이 지정돼 있음을 알 수 있다. '권 고 조치 사항'의 "압력 범위를 줄임"으로써 최종 'RPN'을 '96'에서 '48'로 줄 어들게 했음도 알 수 있다.

2. 사후 관리

이 단원에서는 Process FMEA 작성이 완료된 후 유지 관리와 그 활용에 대해 'Big 3 매뉴얼'의 내용을 설명한다. 여기엔 'Process FMEA의 유지'와 '기존 Process FMEA의 이용'이 있으며 비교적 간단하게 소개하고 있다.

2.1. Process FMEA의 유지

Process FMEA는 살아 있는 문서이고, 제품 또는 프로세스의 설계 변경이나 갱신이 필요하면 언제든지 재검토돼야 한다.

Process FMEA를 지속적으로 유지하기 위한 또 다른 요소는 주기적으로 검토하는 일인데, 특히 '발생도'와 '검출도' 점수에 관심을 쏟아야 한다. 이 같은 접근은 프로세스 관리 중에 제품이나 프로세스 변경, 또는 개선들이 이루어지는 곳에선 특히 중요하다. 추가로 시장이나 양산 중 중단과 같은 이슈가 생기는 경우 점수 역시 그에 따라 개정돼야 한다.

2.2. 기존 Process FMEA의 이용

매뉴얼에서는 'Leveraging PFMEA'로 되어 있다. 'Leverage'는 '지렛대, 영향력'의 의미이므로 기존 작성된 Process FMEA의 영향력을 이용하여 현 개발 활동의 효율을 최대로 끌어올리자는 의미로 해석한다. 기본적으로 믿을 만한 Process FMEA의 활용은 과거 경험과 지식의 이용을 극대화할 매우 큰 기회를 제공하는 시작점으로 작용한다. 만일 새로운 프로젝트나 응용 영역이 현존하는 제품과 유사하고, 이용될 프로세스에 차이가 없다면 고객의 동의하에 단독 Process FMEA가 사용될 수 있다. 만일 차이가 있다면 팀은 이들 차이점이 미치는 영향에 집중하고 내용을 파악하도록 노력한다.

지금까지 Process FMEA의 기본 사항과 작성법, 사후 관리에 대해 'Big 3 매뉴얼', 'Ford사 매뉴얼'을 이용해 설명하였다. 본문 내용을 중심으로 각 기업에 맞는 FMEA 양식을 마련하고, 운영 체계를 만드는 데 밑거름이 되길 바란다.

AIAG-VDA FMEA(새 FMEA)

미국의 AIAG와 독일의 VDA를 축으로 약 70여 년간 이어져온 FMEA
의 용법에 큰 변화가 생겼다. 양식의 구조가 바뀌었고 해석을 위한 접
근법도 수정되었으며, 위험도 높은 항목들의 우선순위 과정과 방법에도
메스가 가해졌다. 본 장에서는 변화된 모습의 FMEA 협의 여정과 내용,
그리고 기존과의 차이점에 대해서 자세히 알아본다. 이를 통해 독자들
은 앞서 본문에서 학습된 내용을 새롭게 발표된 FMEA와 어떻게 연계
하고 활용할지에 대한 아이디어를 얻게 될 것이다. 본문은 서론, 본론,
결론으로 전개된다.

1. 서론

이 단원은 『Be the Solver』 시리즈에 새로운 FMEA의 내용이 포함된 배경, 그리고 여러 관련 자료를 조사해서 새로운 FMEA의 개정이 필요할 수밖에 없었던 주변 정황들을 담고 있다. 조사한 출처를 주석에 함께 기록해놓았으므로 좀 더 관심 있는 독자는 해당 자료를 참고하기 바란다. 새로운 FMEA의 정확한 명칭은 "AIAG-VDA Failure Mode and Effects Analysis(FMEA) Handbook, First Edition"이다. 그러나 이후부터 편의상 "새 FMEA"로 통칭하겠다.

1.1. 『Be the Solver』 시리즈에 포함되기까지

10년 동안 지속돼온 『Six Sigma Bible』 시리즈와 『Quality Bible』 시리즈의 종지부를 찍던 2017년 2월, 드디어 시리즈를 완성했다는 행복감과 더 이상 책 쓰는 일에 메여 살지 않아도 된다는 해방감에 젖어 있던 필자는 출판사로부터 개정판의 필요성을 전해 듣고 큰 고민에 빠졌다. 애초 시리즈가 전체 17권으로 못 박은 것이 아니라 중간중간 판단에 따라 늘어났기 때문에 표지 디자인과 본문의 분류가 통일돼 있지 않았고 어차피 기업의 문제 해결에 필요한 내용임에도 총론인 『The Solver』까지 총 세 개의 분류 체계를 이루는 것도 눈엣가시였다.

사실 요청이 없었어도 개정의 필요성은 강하게 느끼고 있었다. 필요에 의해 중간중간 새로운 주제들을 포함시켰기 때문에 전체를 아우르는 콘셉트의 부재와 그런 이유로 용어나 주제들 간 상하, 또는 수평 개념들 간 연계성이 모호하거나 엇박자가 나는 부분들이 존재했다. 물론 아주 중요한 이유도 있었는데 바로 '6시그마'로부터의 탈피였다. 시리즈를 추진하면서 필자가 느꼈던 기업에서의 '품질 향상' 과정은 곧 "문제 해결이다"란 인식에 이르렀고, 이것은 '6시그마' 활동이나 '품질 향상' 모두 '문제 해결의 관점'에서 이해돼야 한다는 결론에 이른 것이다. 이런 망상(?)에 다다랐을 때 출판사의 개정 요청을 더욱 받아들일 수 없었다. 『Six Sigma Bible』 시리즈에서 'Six Sigma'를 빼내는 일은 사람에 있어 몸 전체의 혈관을 빼내는 일 만큼이나 어렵고 힘든 작업임을 누구보다 잘 알고 있었기 때문이다. 한마디로 엄청난 일이었고 당시 시리즈 완성의 행복감에 도취해 있던 필자에겐 절대 해서는 안 될 일로 여겨졌다. 이에 "개정 작업 No!"로 답변한 필자는 이후 자그마치 10개월 동안을 악몽에 시달렸다. 왜 해야 할 일을 하지 않느냐는 내면의 소리, 양심(?)의 소리가 울림으로 계속 다가왔기 때문이다. 결국 "아, 정말 이 일을 완성하라는 운명인가 보다"로 두 손 두 발 다 들고 말았다. 요청도 있었고 또 기다려준 출판사에 감사할 따름이다.

2018년 1월부터 총 17권을 문제 해결에 초점을 둔 『Be the Solver』 시리즈로 부단히 통합해가던 중 6월에 이르렀을 때 『Quality Bible』 시리즈의 대장(시장에서 반응이 좋았다) 격인 [FMEA 편] 출판을 한시적으로 연기할 것을 출판사에 요청하였다. 그리고 나머지 주제들을 9월에 마무리하면서 10월 중순에 이르러서야 [FMEA 편]을 다루기 시작했다. 가장 큰 이유는 바로 2014년부터 미국의 AIAG와 독일의 VDA 합작으로 시작된 새로운 형식의 FMEA가 그 윤곽을 드러냈기 때문이었다.[73] 너무 많은 변화가 생긴다면 애써 개정해놓은 FMEA가 쓸모없게 될 것이란 우려가 크게 작용했으므로 새로운 FMEA 내용을 함께 다룰지 여부의 판단은 시리즈 개정에 있어 매우 중요한 사안이었다.

그러나 사실 새로운 FMEA의 초판 내용 모두를 본문에 담는 일은 하지 않기로 결정했다. 우선 새 FMEA의 초판이 업계의 의견을 개진하고 있는 기간이기도 했지만 본문 전체를 확보하는 일도 그렇고, 설사 가능하더라도 내용을

---

73) AIAG(Automotive Industry Action Group), VDA(Verband der Automobiiindustrie).

공개하는 일이 확실치 않은 상황이기 때문이다. 따라서 주로 웹에 공개된 내용들을 위주로 새로운 FMEA의 현황과 내용, 용법, 차이점 등을 조사해서 옮기는 작업에 초점을 맞추기로 하였다. 사실 차이점만 알아도 기존의 FMEA 용법에 수정이나 보완만 가함으로써 충분히 이해될 수 있을 거란 확신도 있었다. '잠재 문제의 적출'과 '정성적 접근'이란 불변의 속성이 자리하고 있기 때문이다. 본문 개정은 총 두 차례 있었으며 1차는 초판이 공개된 이후인 2018년 10월과 최종판이 공개된 2019년 6월 이후인 2020년 1월이다.

1.2. 새 FMEA의 탄생 배경

새로운 FMEA를 구상하게 된 배경은 미국의 AIAG와 독일의 VDA 두 단체가 주역이므로 이들의 실체를 조금 알아둘 필요가 있다.

> · AIAG(Automotive Industry Action Group) (네이버 지식백과) 1981년. 북미 자동차 메이커와 대형 부품 메이커에 의해 발족, '84년에는 온라인 통신 제어 절차 및 물류 바코드 라벨을 제정했다. 이 라벨은 자동차 부품 메이커가 자동차 메이커에 부품을 납품할 때 곤포 상자에 의무적으로 표시하도록 되어 있다. '88년에는 물류 라벨이 유럽에서도 실현되었고, 미국 3대 자동차 메이커를 중심으로 3만 개社 이상이 참가하고 있다. (WIKIPEDIA) AIAG는 자동차 산업 표준을 발표하고 APQP 및 PPAP 품질 표준을 포함한 교육, 회의 및 학습을 회원에게 제공한다. 제정된 표준은 모든 Tier I 공급 업체가 준수해야 하는 사실상의 북미 표준이다.
> ○ 개정 전 FMEA 명칭 → 「AIAG's FMEA 4th Edition」

・VDA(Verband der Automobilindustrie) (네이버 지식백과) 독일에 주재하며 '자동차 공업 규격회'로도 불린다. 자동차에 관한 시방서, 권고서, 시험 지침 등을 발행한다. (WIKIPEDIA) 자동차 산업의 독일 이익 집단으로 자동차 제조사와 부품 공급사가 회원이다. 대표사로 BMW, 폭스바겐, 메르세데스 벤츠의 다임러 등과 외국 업체인 오펠(Opel) 등도 속해 있다.
○ 개정 전 FMEA → 「VDA Volume 4:2012/3」, 5-Step 접근(5-Step Approach).

  두 단체의 정보를 보면 미국의 GM, FORD 그리고 독일의 BMW, 폭스바겐, 벤츠가 회원으로 돼 있는데 사실 이들이 세계 자동차 시장의 주역이므로 두 단체가 FMEA 표준을 바꾸겠다고 결정하면 따르는 일 외엔 별다른 대안이 없다. 새로운 FMEA에 우리가 주목할 수밖에 없는 이유이기도 하다. 이 같은 FMEA의 탄생은 AIAG 공식 홈페이지에 다음과 같이 언급돼 있다.[74] (2019년 6월 확정 판이 배포되면서 아래 내용은 확정 판 설명으로 변경되었으나 이력을 이해시키는 차원에서 현 본문을 유지함).

  "[AIAG/VDA FMEA 일원화] 현재 독일 및 N.A. OEM 업체(북미 자동차 제조사)에 제품을 공급하는 공급 업체들은 AIAG와 VDA FMEA 매뉴얼의 심각도, 발생도 및 검출도 평가 기준들이 서로 달라 제품의 고장 모드와 그 영향을 다르게 평가해왔다. 이로 인해 평가 결과에 혼란을 부추기고, 공급 업체의 제품 개발과 개선 활동을 어렵게 하는 요인이 되었다.
  이를 개선하기 위해 구성된 작업 그룹의 핵심 활동은 부품 공급사가 자동차 제조사의 요구를 충족시킬 강력하고 정확하며 완전한 FMEA를 만들어내게 하는 일에 맞춰졌다. 자동차 제조사의 요구 사항과 기대치를 일원화시키면 부품 공급사들의 FMEA 작성 절차와 방법 및 도구의 사용이 일원화될 수 있다. 개정 작업 그룹을 구성하는 업체, 단체는 다음과 같다. − Audi AG, Continental Automotive, Continental Teves AG &

---

74) https://www.aiag.org/quality/active-projects/aiag-vda-fmea-alignment

OHG, Daimler AG, Daimler Trucks NA LLC, FCA US LLC, Fiat Chrysler Automobiles N.V., Ford Motor Company, Ford Werke GmbH – Köln, General Motors Company, Honda North America, Inc., International Automotive Oversight Bureau (IAOB), Knorr-Bremse Systeme Für Nutzfahrzeuge GmbH, Nexteer Automotive, ON Semiconductor, Opel Automobile GmbH, Robert Bosch GmbH, Schaeffler AG, Verband Der Automobilindustrie E. V.(VDA), ZF Friedrichshafen AG, ZF TRW"

앞서 배경 설명의 제목인 "[AIAG/VDA FMEA 일원화]"의 "일원화"는 "alignment"를 필자가 번역한 용어이다. 원래의 사전적 표현은 "조정" 또는 "맞춤"이지만 두 집단의 매뉴얼 차이를 일원화시킨다는 점을 부각시키기 위해 도입하였다. 또 참여 업체들 중 국내 관련 메이커는 단 한 개사도 없어 아쉬움을 남긴다.

1.3. 새 FMEA의 탄생 과정과 내용

새 FMEA는 언제부터 누구에 의해 어떤 방식으로 추진돼온 걸까? 70여 년에 걸쳐 기업 대부분의 분야에서 다양하게 활용되고 응용된 FMEA를 몇몇의 의견만으로 또는 단시일 내 변경시키기는 분명 쉽지 않은 일이다. 이 의문에 대해서는 VDA에서 품질 분야를 담당하는 'VDA QMC(Quality Management Center)'의 공식 자료를 통해 쉽게 들여다볼 수 있다.[75] 'VDA QMC'는 1997년부터 독일 내 자동차 제조사와 부품 공급 업체들의 이익 대변과 표준 수립 등

---

75) https://vda-qmc.de/fileadmin/redakteur/Publikationen/FMEA_Harmonisierung/FMEA_Alignment_AIAG_and_VDA_-_ENG.pdf
https://www.apis.de/pub/Version_7/whatsnew_en.htm#105219633905140071.html
http://ampbiz.co.kr/download/AIAG_VDA_FMEA.pdf

의 활동을 수행해온 단체이다. 참고로 자동차와 엔진 제조사들을 "Automotive OEM's"로, 부품 공급 업체들을 "Suppliers"로 표현한다. 공식 자료의 초두 설명에 개정의 이유를 다음과 같이 언급하고 있다.

"개정 프로젝트 활동의 핵심은 심각도, 발생도, 검출도의 순위 기준을 표준화하는 것이었다. 그러나 VDA와 AIAG 팀 멤버들이 자동차 산업 내 이슈를 논의하던 중 매뉴얼에 포함된 다른 부분들까지도 조화시키고 표준화하기에 좋은 기회가 될 것이라는 데 의견 일치를 보았다."

내용만 보면 애초 평가 기준을 같게 하려던 소규모 활동에서 이왕이면 논란거리가 되는 내용들까지 모두 정리하는, 즉 활동 범위가 넓어진 것으로 보인다. 회의 과정은 다음 [표 V-1]과 같다.

[표 V-1] 새 FMEA 도입을 위한 회의 과정과 내용

차수	회의 상황
	▷ 2014년 11월 처음 접촉(AIAG와 VDA 담당자) ▷ 2015년 5월부터 정기적인 전화 회의(주/격주) ▷ 3차에 걸친 대면 회의
1차	2016년 7주 차(AIAG에서). **Design FMEA**의 주요 사안 결정 회의로써 다음이 진행됨. • VDA 방식과 AIAG 방식의 검토 • 6-Step 접근법(6-Step Approach)의 정의 • 각 'Step'의 입력 사항과 산출물 명확화 • 심각도/발생도/검출도 차트의 검토 • 'RPN'을 'AP(Action Priority)'로 대체 • '분류' 열의 제거 (참고) '분류' 열은 D-FMEA에서 '특별 특성'을 입력하던 공간임. • [IATF 16949:2016-SI 6; 8.3.3.3. '특별 특성(Special Characteristics)'] 수정 → 고객이 정한 위험 요소, 조직이 수행한 위험 분석을 포함하는 '특별 특성'의 식별을 위해 절차의 수립과 문서화, 실행에 대한 다방면의 접근이 필요하며 다음을 포함해야 한다. 　a) 제품·제조 관련 문서, 위험 분석(Process FMEA), 관리 계획과 표준 작업/작업자 지침 등에서의 '특별 특성'의 문서화: '특별 특성'은 특정한 표시로 식별되고 그를 제어하거나 생성 여부를 알리는 제조 문서에 기록된다. 　→ (수정 사유) 제품 또는 제조 도면에 '특별 특성'의 문서화를 명확히 하기 위함. 　b) '특별 특성'은 제품 도면, P-FMEA('특별 특성' 열) 및 관리 계획과 같은 문서에서 약어 또는 기호로 표시된다.

	• D-FMEA에서는 '특별 특성'을 입력하는 열을 제거하되, 공정 관리를 위한 '특별 특성'의 모니터링, 보관, 활용은 유지돼야 한다.
2차	2016년 17주 차(VDA에서). **Process FMEA**의 주요 사안 결정 회의로써 다음이 진행됨. • VDA 방식과 AIAG 방식의 검토 • Chapter 소개 • '6-Step 접근법(6-Step Approach)'의 정의 • '분류' 열 '특별 특성'들은 유지 • 'RPN'을 'AP(Action Priority)'로 대체
3차	2017년 4주 차(AIAG에서). **FMEA-MSR**(Monitoring & System Response)의 주요 사안 결정 회의로써 다음이 진행됨. • "Supplemental FMEA for Monitoring and System Response (FMEA-MSR)"의 추가 • 초안에 대해 팀 멤버 및 회사 담당자들의 논평을 포함시킴. • 순위 차트의 세부 정보 정립 • 기존 챕터의 검토와 문구의 미세 조정
4차	2018년 12주 차(VDA에서). Yellow Book 발행 이후 진행 예정 사항은 다음과 같음(당시는 계획에 해당). • 피드백 처리 • 전체 Chapter 검토 • 편집과 기술적인 개정의 마무리
5차	• 2019년 6월, 최종판 발행까지 업계 의견 수렴. • 'AIAG 4th Edition FMEA Manual' + 'VDA Volume 4 Manual' + 'SAE J1739 Standard'를 일원화함. • '6-Step 접근법'이 '7-Step 접근법'으로 바뀜.

[표 Ⅴ-1]을 통해 새 FMEA의 변화된 모습을 짐작할 수 있다.

1.3.1. FMEA의 '7-Step 접근법(7-Step Approach)'

기존 FMEA의 전개가 'Step'의 구분은 없었으나 작성 순서는 정해진 양식에 따라 진행되었던 만큼 큰 변화로 보긴 어렵다. 또 완전 새롭게 도입됐다기보다 기본 골격은 「VDA Volume 4:2012/3」의 '5-Step Approach'를 따랐다. 그러나 'Design FMEA'와 'Process FMEA', 또 새롭게 추가된 'FMEA-MSR' 모두의 전개를 '7-Step 접근(7-Step Approach)'으로 통일한 점은 기업인들의 활용 접근성을 크게 높였음엔 틀림없다.

[표 Ⅴ-2]는 '7-Step 접근'의 개요를 나타낸 것이다. 각 'Step'의 용어와 흐름이 같으므로 Design FMEA, Process FMEA 및 FMEA-MSR을 하나의 표에 나타내었다. 설계 대상이 '제품(Product)'과 '프로세스(Process)'라는 차이만 알면 이해하는 덴 무리가 없다.

[표 Ⅴ-2] 새 FMEA의 '7-Step 접근'(D-FMEA, P-FMEA, FMEA-MSR 공통)

Step		주요 활동		역할
Step 1 (계획, 준비)	과제 식별	과제 계획 수립(5T)- InTent, Timing, Team, Tasks, Tools.	분석 영역 조사(포함/ 제외). 기존 작성/활용된 FMEA 파악.	'Step 2'의 기반
Step 2 (구조 분석)	분석 범위의 시각화	(DFMEA, FMEA- MSR) Structure Tree, Block/ Boundary Diagram, (PFMEA) Structure Tree, Process Flow Diagram	(DFMEA) 설계 인터페이스, 상호작용, 정밀 공차의 식별. (PFMEA) 공정 단계 및 하위 단계의 식별.	'Step 3'의 기반
			고객/공급사 기술팀간 협업	
Step 3 (기능 분석)	기능들의 시각화	(DFMEA, FMEA- MSR) Function Tree(공통), P- Diagram, (PFMEA) PFD	기능의 특성/ 요구사항 파악. 내/외부 고객요구사항과 연관된 기능들의 열거.	'Step 4'의 기반
			기술팀 간 협업	
Step 4 (고장 분석)	고장 사슬의 정립	(D or PFMEA) 제품 or 프로세스 기능별 잠재적 고장 영향/모드/원인, (FMEA- MSR) 잠재적 고장원인, 모니터링 시스템 응답, 경감된 고장영향	(DFMEA & FMEA-MSR) P-Diagram으로 제품의 '고장원인'들 식별. (PFMEA) '특성요인도(4M)'로부터 '공정 고장원인'들 식별	'Step 5' 기반 및 양식에 고장들을 기록하는 데 활용.
			고객과 공급사 간 협업	
Step 5 (위험 분석)	고장들의 등급과 (현 or 계획된) 관리들의 입력	(D or PFMEA) 고장원인에 대한 '예방관리' 입력, 고장원인/모드에 대한 '검출관리' 입력. (FMEA-MSR) 빈도 등급에 대한 근거 입력, 모니터링 관리의 입력, 기능 안전과 규정준수를 위한 조항의 분석.	(D or PFMEA) AP 통한 각 고장 사슬의 심각도, 발생도, 검출도, 등급 평가. (FMEA-MSR) AP통한 각 고장 사슬의 심각도, 빈도, 모니터링 등급 평가	'Step 6'의 기반
Step 6 (최적화)	위험 경감을 위한 조치의 식별	실행 담당자 및 완료일 설정	개선 조치 실행과 효과 확인. 조치 후 위험평가. 잠재 고장에 대해 FMEA팀, 관리자, 고객, 공급자 간 협업.	제품/프로세스 요구사항, 예방/검출관리 개선에 기반
Step 7	분석	문서 내용의 설정	개선 조치와 효과 확인 및 조치	위험분석과

(결과 문서화)	결과/결론 공유		후 위험평가의 문서화. 위험 경감 조치들의 공유(고객, 공급자, 내부조직)	경감방안의 기록

　　[표 Ⅴ-2]의 내용을 찬찬히 뜯어보면 본문의 'Design FMEA'와 'Process FMEA' 용법 모두를 마스터한 독자라면 대부분 쉽게 다가설 수 있는 내용들이다. 가장 큰 특징은 각 'Step'을 '○○ 분석'처럼 '분석(Analysis) 과정'을 강조한 점인데 이 부분은 필자가 강의 중 'FMEA'의 'A'를 통해 '분석을 중시하는 기법'임을 강조한 것과 일맥상통한다. 양식 작성에만 몰입할 경우 FMEA 본래의 용법을 망각하는 경우가 종종 있다. 또 'Step 1 ~ 3'은 "시스템 분석(System Analysis)"을, 'Step 4 ~ 6'은 "고장분석과 위험 경감(Failure Analysis & Risk Mitigation)", 'Step-7'은 '위험 공유(Risk Communication)'로 구분하고 있다. 이런 점에서 'FMEA'가 '분석'에 초점을 둔 '문제 해결 방법론'임을 확실히 드러냈다고 볼 수 있다.

　　[표 Ⅴ-2]는 각 'Step'을 '○○ 분석'으로 구분하고 있지만 [그림 Ⅱ-3]의 '고장 모드 회피를 위한 정보 흐름과 FMEA 역할', 그리고 [그림 Ⅲ-2]의 'DFQ Process' 및 'FMEA 양식'과 대조하면 기존의 활동을 단지 '○○ 분석'의 형태로 잘 나눠놨다는 것을 확인할 수 있다. 이것은 기존 방식을 잘 파악하고 있는 독자라면 새 FMEA의 흐름에도 쉽게 적응할 수 있음을 의미한다. 그외에 '고장 사슬(Failure Chain)'처럼 '원인 → 고장 모드 → 영향'의 사슬 형태를 강조함으로써 '고장 해석'의 접근을 '인과관계'로 구체화했다거나 우선순위 체계를 'AP(Action Priority)'로 변경한 점 등에서 문제 도출과 개선에 이르는 과정이 기존보다 훨씬 더 실용적이란 느낌을 준다('AP'는 '부록 참조').

1.3.2. 'RPN'을 'AP(Action Priority)'로 대체

기존의 'RPN(Risk Priority Number)'을 평가하던 '심각도(S)×발생도(O)×검출도(D)'의 문제점은 'Design FMEA' 본문에서 지적한 바 있다. 곱의 특성상 중간 정도의 값들을 곱한 결과가 위험도가 큰 사건보다 오히려 더 크게 나올 수 있다. 이에 Ford사 매뉴얼 경우 '양식 주도(Form Driven)'가 아닌 '모델 주도(Model Driven)'로서 단계별 평가 체계를 갖추고 있다. 또 [그림 Ⅲ-21]의 "'YC'와 'YS'의 분류"처럼 '심각도(S)×발생도(O)'로 얻어진 '치명도(Criticality)' 등을 적용함으로써 합리적인 우선순위를 구현한다. 그러나 새 FMEA에서는 '심각도', '발생도', '검출도'의 종합 표를 제시함으로써 위험군들에 대한 좀 더 합리적 판단을 할 수 있게 배려하고 있다. 다음 [표 Ⅴ-3]은 새롭게 정의된 Design FMEA의 '심각도', '발생도', '검출도'의 일부를 요약한 예이다.

[표 Ⅴ-3] Design FMEA의 '심각도(S)', '발생도(O)', '검출도(D)'의 예

S	영향	심각도 기준	
10	매우 높음	차량/ 다른 차량의 안전 작동, 운전자 또는 행인, 보행자의 건강에 영향을 미침.	
9		규정을 준수하지 않음.	
...	...	...	
5	중간	이차 차량 기능의 열화	
...	...	...	
O	발생 예측	발생도 기준	
10	극도로 높음	작동 경험, 검증 경험 없이 처음 적용하는 신기술 외	
...	...	...	
5	중간	검증된 기술을 사용한 이전 설계의 작은 변경 외	
...	...	...	
1	극히 낮음	기존 관리를 통해 제거된 고장 등	
D	검출 능력	검출법 성숙도	검출법
10	매우 낮음	시험 절차가 아직 미개발 상태	시험법 없음
9		고장모드/원인이 검출되도록 설계돼있지 않은 시험법	Pass-Fail, 고장까지 시험, 열화 시험
...	...	...	
5	중간	기능 검증에 입증된 시험법 등	열화 시험
...	...	...	

이어서 다음 [표 Ⅴ-4]는 새롭게 정의된 D-FMEA 및 P-FMEA의 우선순위에 대한 지침(AP, Action Priority) 일부를 요약한 것이다.

[표 Ⅴ-4] D-FMEA와 P-FMEA의 Action Priority(AP)

S	O	D	AP	해석
9~10	6~10	1~10	H	매우 **높은** 심각도 등급과 **높음 이상**의 발생도 등급을 가진 안전 및/또는 규제 영향으로 인해 높은 우선순위.
9~10	4~5	2~10	H	매우 **높은** 심각도 등급과 **중간**의 발생도 등급, **낮음 이상**의 검출도 등급을 가진 안전 및/또는 규제 영향으로 인해 높은 우선순위.
...	...	...	...	
4~6	8~10	5~10	H	**중간**의 심각도 등급, **매우 높은** 발생도 및 **중간 이상**의 검출도 등급을 가진 차량 필수, 편의 기능의 상실, 저하로 인해 높은 우선순위.
4~6	6~7	2~10	M	**중간**의 심각도 등급, **높은** 발생도 및 **낮음 이상**의 검출도 등급을 가진 차량 필수, 편의 기능의 상실, 저하로 인해 중간의 우선순위.
...	...	...	...	
2~3	8~10	5~10	M	**낮은** 심각도 등급, **매우 높은** 발생도 및 **중간 이상**의 검출도 등급을 가진 인지 품질로 인해 중간의 우선순위
2~3	1~7	1~10	L	**낮은** 심각도 등급, **매우 낮음 이상**의 발생도 및 **매우 낮음 이상**의 검출도 등급을 가진 인지 품질로 인해 낮은 우선순위
...	...	...	...	
1	1~10	1~10	L	식별할만한 어떤 영향도 없어 낮은 우선순위

기존의 FMEA와 달리 또 하나 고려할 사항이 바로 'FMEA-MSR(Monitoring & System Response)'이 새롭게 추가된 점이며, 이에 대한 'AP'는 [표 Ⅴ-5]와 같다(주 75). 'FMEA-MSR'에 대해서는 소주제인 '1.3.4. FMEA-MSR의 추가'를 참고하기 바란다. 또 전체 'AP'는 '부록'을 참고하기 바란다.

[표 Ⅴ-5] FMEA-MSR의 'Action Priority(AP)'

영향	S	고장 원인 발생 예측	F	모니터링 효과	M	AP
높음	10	중간~극히 높음	5~10	신뢰~효과 없음	1~10	H
높음	10	낮음	4	적당히 높음~효과 없음	4~10	H
높음	10	매우 낮음	3	매우 높음~높음	2~3	M
...	...	...	...	...	...	...

높음	9	낮음~극히 낮음	4~10	신뢰~효과 없음	1~10	H
높음	9	극히 낮음~매우 낮음	2~3	신뢰~높음	1	L
...	...	...	...	...	...	...
낮음	2~3	중간	5~6	적당히 낮음~효과 없음	7~10	M
낮음	2~3	극히 낮음~낮음	2~4	신뢰~효과 없음	1~10	L
매우 낮음	1	발생 안함~극히 높음	1~10	신뢰~효과 없음	1~10	L

S: Severity, F: Frequency, M: Monitoring

지금까지 설명된 FMEA의 각 'AP'별 조치 사항을 요약하면 다음 [표 Ⅴ-6]과 같다.

[표 Ⅴ-6] FMEA의 각 'AP'별 조치 사항(D-FMEA, P-FMEA 예)

Action Priority(AP)	예상 조치
High(H)	검토와 조치에 대한 우선순위가 가장 높음. 팀은 예방 관리 또는 검출 관리를 개선할 적절한 조치를 찾거나 현재의 관리가 적절한 이유를 해명하고 문서로 남길 **필요가 있다.**
Medium(M)	검토와 조치에 대한 우선순위가 중간임. 팀은 예방 관리 또는 검출 관리를 개선할 적절한 조치를 찾거나 회사의 재량에 따라 관리가 적절한 이유를 해명하고 문서로 **남겨야 한다.**
Low(L)	검토와 조치에 대한 우선순위가 낮음. 팀은 예방 관리 또는 검출 관리를 개선할 조치를 **찾을 수 있다.**

※ AP의 'High'와 'Medium'에서의 잠재적 심각도 '9~10' 경우, 취해진 조치를 포함하여 최소한 경영진에 의해 검토될 것을 권장한다.
※ 'High', 'Medium', 'Low'는 '위험(Risk)'의 구분이 아니라 위험을 경감시키는 조치의 우선순위이다.

주의할 사항은 [표 Ⅴ-6]의 아래 지적된 것처럼 'H', 'M', 'L'의 구분이 "위험하다, 하지 않다"가 아닌 "조치 필요성의 정도"라는 점을 명심하자.

이어 [표 Ⅴ-1]에서 언급된 "Design FMEA에서의 분류 열 제거"에 대해 알아보자.

1.3.3. Design FMEA에서의 '분류' 열 제거

FMEA의 바이블로 여기는 Ford社의 FMEA 매뉴얼에서 '분류(Classfication)' 열의 기능은 매우 중요하다. '분류' 열의 자세한 용도에 대해서는 Design FMEA 또는 Process FMEA의 해당 본문([그림 Ⅲ－17] 등)을 참조하기 바란다. 여기서는 기존 양식에서의 위치와 이 '분류' 열에 입력했던 '특별 특성(Special Characteristics)'들을 제거한 이유에 대해 알아본다. 다음 [그림 Ⅴ－1]은 기존의 Design FMEA 양식 중 제목 부위만 옮겨놓은 예이다.

[그림 Ⅴ－1] 기존 **Design FMEA**의 '분류' 위치 예

아이템/ 기능	잠재적 고장모드	잠재적 고장의 영향	심 각 도	분 류	잠재적 고장의 원인/메커니즘	발 생 도	현 관리		검 출 도	R P N	권고조치사항	책임자 및 목표 완료예정일	조치결과			
							예방	검출					조치 내용	심 각 도	발 생 도	검 출 도	R P N

'분류' 열에 입력했던 '특별 특성'들의 기억을 되살리기 위해 [그림 Ⅲ－21]을 [그림 Ⅴ－2]에 다시 옮겨놓았다.

[그림 Ⅴ－2] 기존 **Design FMEA**에서 '분류' 열에 입력한 '특별 특성' 예

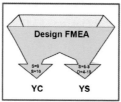

분류	내용	기준
YC	잠재적 'Critical 특성' (P-FMEA시작)	심각도=9, 10
YS	잠재적 'Significant 특성' (P-FMEA시작)	(심각도=5~8) & (발생도=4~10)
공란	'YC'와 'YS'를 제외한 특성	심각도 < 5

[그림 Ⅴ-2]에서 직감적으로 알 수 있듯이 '분류' 열에 'YC', 'YS'의 표기가 포함되면 첫째, Process FMEA를 시작하는 신호탄이며, 둘째, 이후 평가와 관계없이 '권고 조치 사항(개선 방향)'을 반드시 입력도록 하는 용도로 활용하였다. 그러나 [표 Ⅴ-4]의 "D-FMEA와 P-FMEA의 Action Priority(AP)"를 보면 [그림 Ⅴ-2]의 '특별 특성' 모두를 포함함은 물론 훨씬 더 세분화돼 있음을 알 수 있다. 또 각각의 필요 조치 역시 현실성 있고 구체적으로 배치돼 있어 기존의 'YC', 'YS'만의 이원화된 검토를 훨씬 능가한다. 따라서 '분류' 열과 그에 입력했던 '특별 특성' 및 전체 조치들을 'AP'가 자연스레 대체했음을 알 수 있다.

1.3.4. FMEA-MSR의 추가

기존 FMEA에는 없던 새롭게 추가된 항목이다. 영문을 "Supplemental FMEA for Monitoring and System Response"로 표현하고 있어 기존 FMEA에 "추가된", 또는 "보충된" 내용임을 쉽게 알 수 있다. 용도는 "Monitoring and System Response"에서 유추할 수 있다. 예를 들어 기존 Design FMEA에서의 '발생도'와 '검출도'는 현 개발 프로세스에서 '고장 모드'에 대한 **예방 활동의 수준을 평가·점검**하거나 실제 '고장 모드'가 나타났을 때 현 상태에서 **얼마나 잘 검출해내는지를 확인**하는 용도로 쓰인다. 따라서 용법상 '모니터링'의 필요성을 언급할 기회는 없다.

그에 반해 만일 설계 중인 아이템의 고장 발생 여부를 고객 사용 환경에서 모니터링할 수 있다면 그 시점에 위험 상태를 평가한 뒤 그것이 허용 가능한 위험인지를 따져 추가 모니터링 여부를 결정할 수 있다. 이 같은 시스템의 구현은 제품의 신뢰도를 크게 향상시킬 수 있다. 다음 [표 Ⅴ-7]은 FMEA-MSR

을 요약한 것이다. 쓰임새를 이해하는 데 도움 될 것이다.[76]

[표 Ⅴ-7] FMEA-MSR 전체 개요

항목	내용
What?	○ 고객 사용 중 안전 상태, (환경)규제 준수 상태가 유지되도록 돕는 것. ○ 정상 작동 상태에서 발생할 수 있는 잠재적 고장 및 시스템에 미치는 그들의 영향을 분석하는 것. ○ 분석의 핵심은 시스템 또는 최종 사용자가 발생한 고장을 감지해 내는지 밝히는 것.
Why needed?	○ 'ISO 26262'가 요구하는 안전성 목표가 완전히 반영되고 충족되도록 해야하기 때문. ○ FMEA-MSR이 '기능 안전성 개념'과 'ASIL'을 설계 분석의 일부로 포함하고 있기 때문(※ASIL : Automotive Safety Integrity Levels, 자동차 안전 무결성 지표). ○ 'ISO 26262'는 자동차 산업 표준이지만 FMEA 연구에 그의 '기능 안전성 개념'을 도입하는 것은 어느 업종이건 필요하기 때문.
When used?	○ Design FMEA를 보완할 때 (가장 많이 사용). ○ 고객과 함께 조사할 범위를 정의할 때 (가끔 사용).
How conducted?	○ '7-Step 접근법'으로 수행됨.

[표 Ⅴ-7]에서 "Why needed?"에 'ISO 26262'가 자주 등장한다. 어떤 이유로 FMEA와 함께 이 표준이 자주 언급되는 걸까? 위키피디아로부터 'ISO 26262'의 개요를 다음에 옮겨놓았다.

---

76) https://fmea-training.com/fmea-msr-facts/

- ISO 26262 (위키백과) 자동차에 탑재되는 전기·전자(Electric & Electronic) 시스템의 오류로 인한 사고 방지를 위해 ISO에서 제정한 자동차 기능 안전 국제 규격. ISO 26262는 프로세스 모델과 함께 요구되는 활동, 유무형의 증거물, 그리고 개발과 생산에 사용되는 방식을 정의한다.
  - ○ 자동차 전체 시스템이 적용 대상이며 개발 초기부터 생산, 폐기에 이르는 전체 생명 주기에서의 **안전 관련 요구 사항을 정의함.**
  - ○ 안전 관련 요구 사항을 지정하는 지표로써 <u>ASIL 등급</u>을 사용.

  2009년 7월 DIS(Draft International Standard) 배포.
  2011년 4월 FDIS(Final Draft International Standard) 배포.
  2011년 11월 15일 Part 1~9, 국제 표준으로 확정.
  2012년 8월 1일 Part 10, 국제 표준으로 확정.
  2018년 5월 2nd Edition 공식 배포 예정(필자: 공표됨).

  ※ 참고(필자): 'IATF 16949'는 '품질 관리(Quality Management)'를, 'Automotive SPICE'는 '개발 프로세스(Development Process)', 'ISO 26262'는 '안전성 문화(Safety Culture)'를 관장한다.

일반적으로 전기·전자 장치의 포괄적인 기능 안전 규격에 'IEC 61508'이 있으나 주로 화학 공정 등에 적용되기 때문에 자동차 분야까지 흡수하기엔 한계가 있었다. 'ISO 26262'는 총 10개 Part, 43개의 요구 사항 및 권고 사항으로 구성돼 있다. 자세한 구성과 세부 항목들에 대해서는 '한국 정보통신 기술 협회(TTA)'를 참고하기 바란다.[77] 2018년 개정판(ISO 26262-3:2018 6.4절)인 HARA(Hazard Analysis & Assessment)에 안전 관련 기능들의 '안전성 목표(Safety Goals)'가 제시돼 있다. 이 목표에는 자동차의 위험 노출 가능성, 위험의 잠재적 심각도 및 통제 가능성에 따라 등급(A~D 단계)을 매기고 있다. 이것을 'ASIL(Automotive Safety Integrity Levels)'이라고 한다. ASIL이 높을

---

77) https://www.tta.or.kr/data/weekly_view.jsp?news_id=5137

수록 시스템 오류로 사고가 날 경우 상대적으로 피해가 클 수 있다. 위험을 줄이려면 높은 수준의 안전 메커니즘이 필요하기 때문에 안전에 대한 '요구 사항'은 더욱 높아진다. 등급 분류 체계와 영향에 대한 자세한 설명은 주석의 인터넷 사이트를 참고하기 바란다. 또 'ISO 26262(3-8)'인 '기능 안전 개념 (FSC, Functional Safety Concept)'은 설계가 안전 목표를 달성할 수 있도록 '요구 사항'을 정의하며, 여기엔 경고와 열화 개념, 설계가 안전 목표 및 안전 요구 사항을 충족하는지 입증하는 데 필요한 시험 사례들을 정의한다. 그러나 'ISO 26262'는 오작동의 잠재적 원인 식별을 전적으로 FMEA에 의존한다. 이 것이 FMEA가 안전 규격인 'ISO 26262'와 관계하는 이유이며, FMEA 개정 판에서 FMEA-MSR이 안전 목표 달성을 위해 추가된 이유이기도 하다. 안전 성 확보를 설계로 대응하기 때문에 FMEA-MSR은 Design FMEA의 연장선에 있다.[78]

'FMEA-MSR'에서는 '고객 사용(운행)' 조건하에서 발생할 수 있는 '잠재적 고장'들이 시스템이나 차량에 어떤 '영향(Effect)'을 미칠지 분석한다. 분석 방 법은 시스템 또는 사용자(운전자)에 의해 고장이 감지되는지 여부를 고려한다. 여기서 '고객 사용(운행)'이란 최종 고객의 사용, 서비스 중 작업, 유지 관리 작업 등이 해당한다.

'고객 사용' 중 고장이 감지되면 사용자(운전자)에게 알림으로써 낮은 조작 단계로 전환하거나, 서비스를 받을 목적으로 제어 장치에 '고장 진단 코드 (DTC, Diagnostic Trouble Code)'를 기록함으로써 고장으로 인한 영향을 방지 할 수 있다. 해석 범위는 고객과 공급 업체 간 협의를 통해 결정할 수 있다.

FMEA-MSR의 전개는 Design FMEA와 Process FMEA 때와 동일하게 '7-Step 접근(7-Step Approach)'을 따른다. 내용도 일치하므로 자세한 사

---

78) http://www.spidconsulting.com/index.php/user/common/menu_link/2,
https://kknews.cc/car/ym93oja.html

항은 [표 V − 2]의 '새 FMEA의 7− Step 접근'을 참고하기 바란다.

 지금까지 새 FMEA의 회의록인 [표 V − 1]의 내용을 중심으로 기존과 달라진 사항들에 대해 알아보았다. 다음에 이어지는 주제는 '양식(Form)의 변화'에 대한 것이다. 기존 양식과의 비교를 통해 달라진 모습에 대해 자세히 알아보자.

2. 본론

　　　　　　　　　　FMEA는 초창기 FMECA처럼 'Criticality Analysis(치명도 분석)'를 강조했으나 일반적으로 정성적 분석 도구이다. '치명도 분석'은 정량적 해석을 표방하므로 현재의 FMEA와는 결이 좀 다르다. 다행히 현재의 FMEA 대부분이 정성적 접근을 통해 설계 문제를 미리 해결하는 데 쓰이므로 용법의 기반은 표현 공간인 'FMEA 양식(Spreadsheet)'을 통해 이루어진다. 즉, 'FMEA 양식'의 항목 구성이나 구조로 작성 순서와 입력할 내용을 유추할 수 있다. 따라서 현재 논하고 있는 새 FMEA의 양식을 보면 기존과 어떤 차이를 보이는지, 무엇을 어떻게 입력하고 해석할지가 한눈에 들어온다. Design FMEA, Process FMEA 및 FMEA-MSR 순서로 알아보자. 참고로 'FMEA 양식'의 영문이 기존엔 'FMEA Form'에서 새 FMEA 경우 'FMEA Spreadsheet'로 바뀐 것도 한 특징이다(혼용도 함). 'Spreadsheet'는 엑셀처럼 숫자나 문자 데이터를 가로와 세로로 입력해 처리하는 표이다. 곧 알게 되겠지만 새 FMEA 경우 기존 양식에 비해 칸들이 많아졌고 해석 때 엑셀만큼은 아니지만 그들을 유기적으로 연결해 보고서 등으로 활용하는 특징이 있다.

　'본론'의 내용은 [표 V-1]의 회의록(주 75)과 구글링을 통해 정리됐으며 출처는 모두 주석에 포함시켰다.

2.1. 새 'Design FMEA 양식(Spreadsheet)'

　새 'Design FMEA 양식'은 '7-Step 접근' 중 핵심인 6개 스텝으로 나누어볼 수 있다. [그림 Ⅴ－3]은 ‘Design FMEA 양식’ 전체 모습이다. ‘Step 1～Step 6’으로 쓰인 영역에 주목하기 바란다(주 75).

[그림 Ⅴ－3] ‘Design FMEA 양식(Spreadsheet)’ 예

PLANNING & PREPARATION (STEP 1)

Company Name:		Subject:		DFMEA ID Number:	
Engineering Location:		DFMEA Start Date:		Design Responsibility:	
Customer Name:		DFMEA Revision Date:		Confidentiality Level:	
Model Year / Platform:		Cross-Functional Team:			

	CONTINUOUS IMPROVEMENT	STRUCTURE ANALYSIS (STEP 2)			FUNCTION ANALYSIS (STEP 3)			FAILURE ANALYSIS (STEP 4)			
Issue #	History / Change Authorization (As Applicable)	1. Next Higher Level	2. Focus Element	3. Next Lower Level or Characteristic Type	1. Next Higher Level Function and Requirement	2. Focus Element Function and Requirement	3. Next Lower Level Function and Requirement or Characteristic	1. Failure Effects (FE) to the Next Higher Level Element and/or Vehicle End User	Severity (S) of FE	2. Failure Mode (FM) of the Focus Element	3. Failure Cause (FC) of the Next Lower Element or Characteristic

RISK ANALYSIS (STEP 5)						OPTIMIZATION (STEP 6)												
Current Prevention Control (PC) of FC	Occurrence (O) of FC	Current Detection Controls (DC) of FC or FM	Detection (D) of FC/FM	DFMEA AP	Filter Code (Optional)	DFMEA Preventive Action	DFMEA Detection Action	Responsible Person's Name	Target Completion Date	Status	Action Taken with Pointer to Evidence	Completion Date	Severity (S)	Occurrence (O)	Detection (D)	DFMEA AP	Filter Code (Optional)	Remarks

○ **‘Planning & Preparation (Step 1)’ 영역 → ‘계획과 준비’ 영역이다.** 이 영역은 기존 FMEA의 [그림 Ⅲ－8]에서 논한 ‘Header’와 동일하다. 입력 항목들에 약간의 차이가 있지만 기존과 비교해 큰 변화가 있다고 보긴 어렵다. 다만 ‘Header’의 입력과 함께 이 시점에 부여된 또 하나의 주요 활동이 바로 **‘범위의 결정’이다(Scope Definition).**

‘범위(Scope) 설정’에 대한 기존 FMEA의 본문 설명은 [그림 Ⅱ－3]의 “‘고장 모드’ 회피를 위한 정보 흐름과 FMEA 역할(Robustness Linkages)”과 [그

림 Ⅲ-1]의 "Design FMEA Process(또는 Procedure)"에 포함된 '선행 작업 (Prerequisites)'에 잘 나타나 있다. 한마디로 기존의 '선행 작업' 중 한 활동이 'Step 1'에 'Header'와 함께 분류되었음을 알 수 있다. 기억을 되살리기 위해 다음 [그림 Ⅴ-4]에 [그림 Ⅲ-1]을 옮겨놓았다.

[그림 Ⅴ-4] 'Design FMEA Process(또는 Procedure)' 개요도

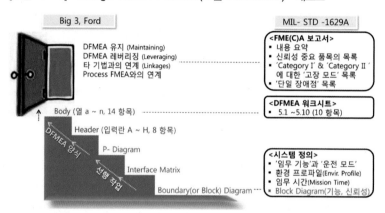

[그림 Ⅴ-4]에서 '범위 설정'을 주로 행하는 활동은 '선행 작업' 중 'Boundary(or Block) Diagram'이었다. 자세한 설명은 관련 본문을 참고하기 바란다.

○ **'Structure Analysis (Step 2)' 영역** → '구조 분석' 영역이다. 이후부터는 기존 FMEA 양식과 비교해 많은 변화가 생겼음을 직관적으로 알 수 있다. 외형뿐만 아니라 표현에 있어서도 각 'Step'에 '~ 분석(Analysis)'이 붙여졌는데 이것은 FMEA가 시스템 구조나 위험을 '분석(Analysis)'하는 도구임을 감안할 때 본래의 기능에 충실한 조처로 보인다. 또 새 FMEA에 갑자기 도입됐

다기보다 기존 FMEA 양식 중 첫 열인 "아이템/기능"을 좀 더 세분화했다고 볼 수 있다. [그림 Ⅴ-5]는 기존 FMEA와 새 FMEA의 '구조 분석(Structure Analysis)'에 대한 관계를 보여준다.

[그림 Ⅴ-5] 'Step 2. 구조 분석'과 기존 Design FMEA와의 관계

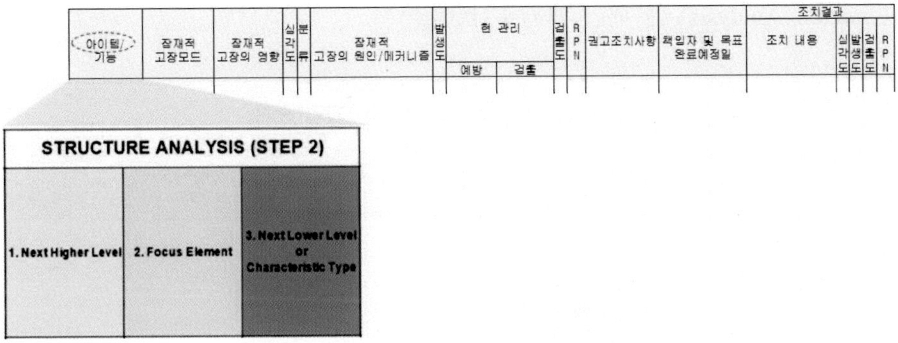

[그림 Ⅴ-5]를 보면 기존 Design FMEA의 양식 중 첫 열인 "아이템/기능"에서 '아이템'만을 떼어내 좀 더 세분화했음을 알 수 있다.

우선 'Structure Analysis'는 말 그대로 앞서 설정된 '범위'에서 대상 아이템의 "구조를 분석한다"이다. Design FMEA가 주로 제품을 대상으로 하기 때문에 하드웨어적인 분류를 행한 뒤 "(Next Higher Level)−(Focus Element)−(Next Lower Level)"의 각 셀에 입력한다. 중간의 "Focus Element"가 중점 분석 대상이므로 하드웨어 구조로는 "시스템(System)−하위시스템(Subsystem)−부품(Component)"에 대응한다. 이같이 구조를 분류해 해석하는 이유는 분석 대상인 'Focus Element'와의 인과관계를 파악하기 위함이다. 구조 분석을 위한 분류는 상황에 따라 다양한 시도가 가능할 것이므로 추가적인 설명은 생략한다. 주로 'Boundary Diagram'을 통해 'Step 1'과 함께 수행될 수 있다.

○ **'Function Analysis (Step 3)' 영역** → '기능 분석' 영역이다. '기능 분석'은 Ford사 매뉴얼에서 가장 강조하는 분석이므로 표현 방법과 절차는 해당 본문을 참고하기 바란다. 다만 **'Step 2. 구조 분석'**을 통해 분석 대상의 전·후방 아이템이 확인된 상태이므로 이들의 기능까지 모두 기술하는 것이 차이라면 차이다. 다음 [그림 Ⅴ-6]은 기존 FMEA와 새 FMEA의 '기능 분석 (Function Analysis)'에 대한 관계를 보여준다.

[그림 Ⅴ-6] 'Step 3. 기능 분석'과 기존 Design FMEA와의 관계

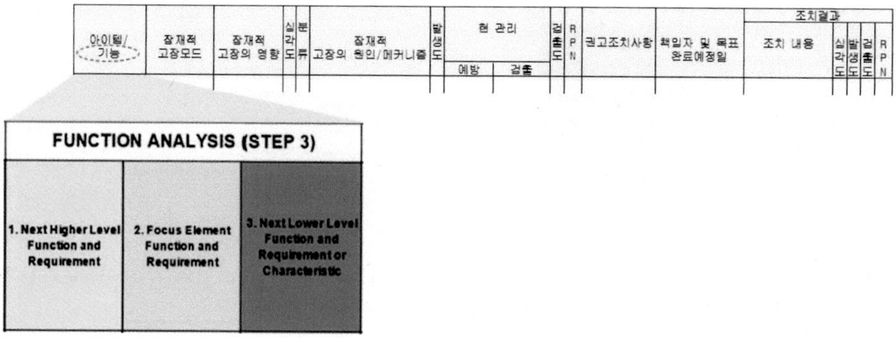

[그림 Ⅴ-6]을 보면 기존 양식의 첫 열인 "아이템/기능"에서 "기능"이 'Step 2' 때 이루어진 '구조 분석'에 맞춰 기술돼야 함을 알 수 있다. 물론 '기능'만을 표현하기보다 규격, 목표 값, 한계 값, 허용 값 등 '기능'의 정량적 수치도 함께 포함시키는데 이것을 'CFR(Critical Function Requirement)'이라고 한다. '기능'의 표현 방법이나 'CFR'에 대해서는 해당 열의 본문 설명을 참고하기 바란다. 사용되는 도구는 'Function Tree Analysis', 'P-Diagram' 등이 유용하다.

○ 'Failure Analysis (Step 4)' 영역 → '고장 분석' 영역이다. 두 가지 변화 측면이 있는데, 하나는 'Step 2. 구조 분석(또는 Step 3. 기능 분석)'의 각 항목별로 대응시켜 입력된다는 점과, 다른 하나는 그 항목별 대응 결과가 기존의 '영향 ← 고장 모드 ← 원인'의 관계와 같다는 점이다. 이 관계를 특히 '고장 사슬(Failure Chains/Failure Structure/Failure Trees/Failure Network)'이라고 한다. 양식의 모습만 바뀌었을 뿐 사실상 분석적 접근엔 차이가 없음을 알 수 있다. 그러나 '하드웨어 구조'와 '기능'을 '영향 ← 고장 모드 ← 원인'에 대응시킴으로써 문제 현상의 인과관계를 파악하는 데 상당한 편리성을 제공한다. 시각적으로 관계 파악이 가능하기 때문이다.

실제 모든 분석이 단 세 개의 구분만으로 인과관계가 형성되는 것은 아니므로 실제 양식대로 채워나가면 현실과 동떨어진 상황도 발생할 수 있다. 그러나 기존 양식에서도 비일비재하게 생기는 현상이므로 모두 극복할 수 있는 문제로 여겨진다. 다음 [그림 Ⅴ-7]은 기존 FMEA와 새 FMEA의 '고장 분석(Failure Analysis)'에 대한 관계를 보여준다.

[그림 Ⅴ-7] 'Step 4. 고장 분석'과 기존 Design FMEA와의 관계

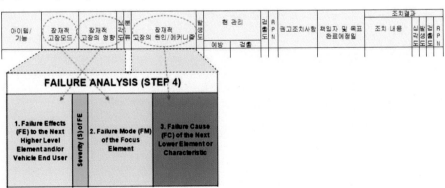

[그림 Ⅴ-7] 'Step 4. 고장 분석'과 기존 Design FMEA와의 관계

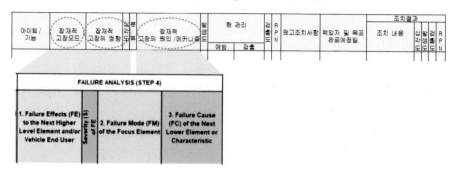

[그림 Ⅴ-7]에서 기존 FMEA의 '고장 모드', '영향(심각도 포함)', '원인'이 새 FMEA에 각각 대응하고 있음을 알 수 있다. '특별 특성'을 입력하던 '분류' 열 경우 새 FMEA에선 제외됐음을 이미 설명한 바 있다. 결국 앞서 진행된 'Step 2'와 'Step 3'의 세 가지 항들은 현재의 '영향 ← 고장 모드 ← 원인'과 일대일 대응시키기 위한 사전 작업임을 쉽게 짐작할 수 있다. 아이템 구조와 현상의 원인 규명을 시각화함으로써 분석에 집중할 수 있는 환경을 제공한다. '영향', '고장 모드', '원인' 등 용어 정의와 관계에 대해서는 해당 본문을 참고하기 바라고 여기서의 설명은 중복되므로 생략한다.

○ **'Risk Analysis (Step 5)' 영역** → '위험 분석' 영역이다. 양식을 보면 알 수 있듯이 기존 FMEA의 '현 예방 관리'와 '현 검출 관리'를 입력하고 각각의 수준을 '발생도'와 '검출도'에 '10점 척도'로 기입한다. 다음 [그림 Ⅴ-8]을 먼저 보고 달라진 부분에 대해 알아보자.

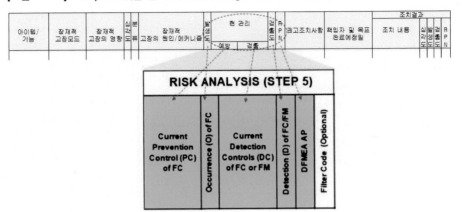

[그림 Ⅴ-8]에서 기존 FMEA의 항목들이 그대로 대응하고 있음을 알 수 있다. 다만 차이점 두 개 정도를 발견할 수 있는데, '발생도'의 평가에 있어 기존 FMEA는 "잠재적 고장의 원인/메커니즘"과 "현 예방 관리"를 통해 결정된 반면 새 FMEA는 순수 '현 예방 관리(Current Prevention Control(PC) of FC)'에만 근거한다. 또 하나 차이점은 기존 FMEA에서의 'RPN(Risk Priority Number)'이 새 FMEA 경우 'DFMEA AP(Action Priority)'로 바뀐 부분이다. 'AP'에 대해서는 '[표 Ⅴ-4]~[표 Ⅴ-6]'을 참고하기 바란다.

'현 예방 관리'와 '현 검출 관리'의 용어 설명과 용법은 기존 FMEA의 본문을 참고하고 별도의 설명은 생략한다.

○ **'Optimization (Step 6)' 영역** → '최적화' 영역이다. 양식을 보면 변화된 모습을 직관적으로 알 수 있다. 다음 [그림 Ⅴ-9]를 먼저 보고 달라진 부분에 대해 알아보자.

[그림 V-9] 'Step 6. 최적화'와 기존 Design FMEA와의 관계

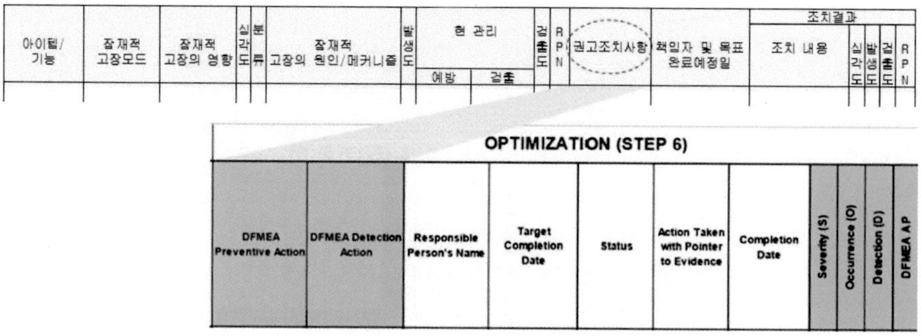

[그림 V-9]에서 기존 FMEA의 '권고 조치 사항'이 '예방 조치(Prevention Action)'와 '검출 조치(Detection Action)'로 나눠 기입하도록 변경되었다. 나머지 항목들은 그대로 유지된다. 이것은 Ford사 매뉴얼에서처럼 실질적인 개선(위험 방지)은 "설계 변경이나 수정을 통해 위험 발생도를 낮추거나", 또는 "위험이 발생했을 때 빨리 검출할 수 있는 체계 마련"이 중요하다는 점을 강조한 것과 연결된다. 나머지 항목들의 용법에 대해서는 기존 FMEA 본문 설명을 참조하기 바란다.

2.2. 새 Process FMEA 양식(Spreadsheet)

새 'Process FMEA 양식'도 대상이 'Process'에 한정하는 것만 차이 있을 뿐 앞서 설명했던 Design FMEA와 동일하다. 따라서 'Step'별로 나눠 변화된 모습을 설명하기보다 비교를 위해 기존 양식과 새 양식을 함께 옮겨놓고 직관적 또는 시각적으로 그 차이가 무엇인지 알아보자. 다음 [그림 V-10]은 기존 'Process FMEA 양식(Form)'인 [그림 IV-8]을 옮겨놓은 것이다.

[그림 Ⅴ-10] 기존 'Process FMEA 양식(Form)' 예

다음 [그림 Ⅴ-11]은 새 'Process FMEA 양식(Spreadsheet)' 예이다(주 75).

[그림 Ⅴ-11] 새 'Process FMEA 양식(Spreadsheet)' 예

[그림 Ⅴ-11]은 구조나 전개가 새 Design FMEA와 동일하다. Design FMEA와 용어의 차이를 보이는 'Step 2. 구조 분석'과 'Step 3. 기능 분석'만 다음 [그림 Ⅴ-12]에 잘라 옮겨놓았다. 이들은 [그림 Ⅴ-10]의 기존 양식

첫 열에 입력되는 '프로세스 단계(Process Step)/기능/요구 사항'에 대응하며, '프로세스 단계'와 '기능'을 세 개의 항목으로 확장해놓았음을 알 수 있다. 즉, '프로세스 단계 → 구조 분석(Step 2)'으로 확장, '프로세스 기능(과 요구 사항) → 기능 분석(Step 2)'으로 확장되었다(입력 칸이 각각 세 개로 확장됐음).

Design FMEA와 동일하게 'Step 1~Step 3'은 '시스템 분석(System Analysis)'으로, 'Step 4~Step 6'은 '고장 분석과 위험 경감(Failure Analysis & Risk Mitigation)', 그리고 'Step-7'은 '위험 공유(Risk Communication)'로 분류한다.

[그림 V-12] 새 Process FMEA의 'Step 2. 구조 분석'과 'Step 3. 기능 분석' 예

STRUCTURE ANALYSIS (STEP 2)			FUNCTION ANALYSIS (STEP 3)		
1. Process Item System, Subsystem, Part Element or Name of Process	2. Process Step Station No. and Name of Focus Element	3. Process Work Element 4M Type	1. Function of the Process Item Function of System, Subsystem, Part Element or Process	2. Function of the Process Step and Product Characteristic (Quantitative value is optional)	3. Function of the Process Work Element and Process Characteristic

새 Process FMEA의 이후 전개인 'Step 4~Step 6'은 새 Design FMEA와 동일하며, 관련 용어와 용법들은 기존 Process FMEA와 차이가 없어 별도의 설명은 생략한다.

○ **'Structure Analysis (Step 2)' 영역** → '구조 분석' 영역이다. '구조 분석'은 생산 시스템을 '프로세스 아이템(Process Items)', '프로세스 단계(Process Steps)', 그리고 '프로세스 단계'에 포함된 '프로세스 작업 요소(Process Work Elements)'들로 세분화하는 활동이다. 예를 들어, '볼펜'을 생산한다면 '프로세스 아이템'은 '튜브체 + 스프링 결합체'인 '튜브 어셈블'이, '프로세스 단계'는 '튜브 어셈블'을 생산하는 각 '생산 단계'들이, 끝으로 '프로세스 작업 요소'는

각 단계(Step)에 속한 '4M(Man, Machine, Material, Method)'들이 해당하는 식이다. 물론 '프로세스 아이템'은 분석 목적에 따라 다양한 시스템, 하위 시스템, 부품 요소, 또는 프로세스 명칭이 올 수 있다. 예를 들어, '튜브 어셈블'에서의 하위 시스템은 '잉크 + 잉크 용기'인 '튜브체'가 될 수 있다. 이들의 관계를 한눈에 파악할 수 있도록 돕는 도구가 '구조 나무(Structure Tree)'이다.

'구조 나무' 속에는 '프로세스 아이템', '프로세스 단계', '프로세스 작업 요소'가 모두 포함될 수 있으며, 이때 '프로세스 단계'는 작업 흐름이 있어야 하므로 '프로세스 흐름도(Process Flow Diagram)'를 작성 도구로 이용한다.

[그림 V-12]의 각 열에 대해 알아보자. 먼저 첫 열에 '프로세스 아이템(Process Item)'이 있다. 이것은 해석을 염두에 둔 프로세스 범위가 정해지면, 그 범위에서 생성된 최종 아이템을 연상하면 된다. 예로써 '튜브 어셈블 조립 라인'이 해석 대상이면 '프로세스 아이템'은 '튜브 어셈블'이 될 것이다. 프로세스 범위가 더 하위 아이템 생산에 맞춰지면 그에 걸맞은 프로세스 범위에서의 최종 산출물이 '프로세스 아이템'이 될 것이다(예: 튜브체). 일반적으로 입력은 '프로세스 아이템 + 프로세스 명칭'이 함께 연상되는 "튜브 어셈블 조립 라인" 정도가 적절한 표현이다.

두 번째 열은 '프로세스 단계(Process Step)'이다. 첫 열의 '프로세스 아이템'이 '튜브 어셈블 조립 라인'이면 입력을 위해 그것을 생산하는 '프로세스 흐름도'가 이용된다. 흐름도 속에는 개별 단계(Step)들이 존재하며, 이들 중 분석해야 할 '핵심(Focus) 단계'가 입력 대상이다. 예를 들어 '잉크 주입 공정'과 '튜브체/스프링 조립 공정'이 차례로 있을 때 '핵심 단계'로 후자가 올 수 있다. 미리 작성된 '구조 나무'를 통해 첫 번째 열 내용과의 관계를 쉽게 알 수 있다.

세 번째 열은 '프로세스 작업 요소(Process Work Element)'이다. 이들은 '프로세스 단계'에 영향을 주는 '잠재 원인들의 범주'를 지칭한다. 예로써 잘 알려진 '4M'이나 'Measurement'를 추가한 '5M' 등이 해당한다. '환경(Environment)'과 '정보(Information)'를 포함하면 '5M-1I-1E'가 입력 대상이다. 예를 들어, '튜브체/스프링 조립 공정'의 경우 '작업자', '삽입 장치' 등이 해당한다.

○ **'Function Analysis (Step 3)' 영역** → '기능 분석' 영역이다. 분석을 위해 기능을 세분화하면 크게 세 개의 형태로 구분된다. 즉 '프로세스 아이템의 기능', '프로세스 단계의 기능', 그리고 '프로세스 작업 요소의 기능'이 그것이다. 우선 첫 열은 'Step 2'에서 결정된 '프로세스 아이템'의 기능을 적는다. 예를 들어, '튜브 어셈블 조립 라인'의 기능은 "스프링을 튜브체에 결합한다."이다. 또 '튜브 어셈블'은 알려진 시점마다 기능이 달리 정해질 수 있는데, 예를 들어 '몸체'에 넣는 시점에서는 "튜브 어셈블을 몸체에 삽입한다."거나 제품 사용자가 이용하는 시점에서는 "위치를 바꾼다." 등이다. 이들은 "Your Plant", "Ship to Plant", "End User"로 각각 구분해 모두 입력될 수 있다.

두 번째 열은 '프로세스 단계'의 기능이다. 'Step 2'에서 '핵심 단계'가 '튜브체/스프링 조립 공정'이었으므로 이것의 기능을 적는다. 예를 들어, 튜브체를 스프링에 끼우기 위해 "중심을 맞춘다."가 될 수 있으며, 이때 하나 이상의 기능이 올 수 있다. 세 번째 열은 '프로세스 작업 요소'의 기능이다. 'Step 2'에서 4M 중 '삽입 장치(Machine)'가 입력됐다면 "미세 높이를 조정한다."가 기능으로 올 수 있다.

일반적으로 기능은 '동사 + 목적어'로 기술하는 것이 해석과 소통에 유리하며, 활용 예에 대해서는 '부록'을 참고하기 바란다. 실무에서 기능 작성 때 큰 도움이 될 것이다. 그 외에 기능이 정해진 후 '요구 사항(Requirement)'이 뒤따라야 하며, 이들은 '규격', '목푯값', '한계치' 등 정량적 수치들이 해당한다. 이 값들을 벗어난 결과가 '고장'이므로 이후 '고장 분석' 과정에서 중요한 입력으로 작용한다. 관련 사항들은 대부분 기존 FMEA와 동등하므로 본문을 참고하기 바라고 여기에서의 별도 설명은 생략한다.

2.3. FMEA-MSR 양식(Spreadsheet)

FMEA-MSR은 Design FMEA를 보완하는 용도이므로 양식도 그와 동일하다. 다만 '모니터링'과 '고장의 반응'에 초점을 맞추므로 양식도 그 특징만 반영한다. 예를 들어 'Step 2. 구조 분석', 'Step 3. 기능 분석' 및 'Step 4. 고장 분석'은 해석 아이템만 결정되면 정의에 맞게 전개되므로 'Step 1~Step 4'까지는 Design FMEA와 차이가 없다. 이후 'Step 5. 위험 분석'은 '고장 원인의 빈도(F)', '모니터링(M)' 및 '심각도(S)'를 평가하고 '최적화'로 연결되는 차이점이 있다. 해석 아이템이 다르므로 평가 항목도 자연히 Design FMEA와 차이가 있음을 알 수 있다. 'Step 1~Step 4'까지의 양식은 Design FMEA의 [그림 V-3]과 [그림 V-5], [그림 V-6], [그림 V-7]을 참고하기 바란다.

○ **'Structure Analysis (Step 2)'** 영역 → '구조 분석' 영역이다. FMEA-MSR의 분석 대상인 '아이템(시스템)'은 "최소한 센서, 제어 장치, 구동 장치(Actuator) 또는 이들의 일부로 구성돼야 한다." 학문적 용어론 '메카트로닉스(Mechatronics)'로 불린다. '메카트로닉스'는 '기계학'의 '메카닉스(Mechanics)'와 '전자 공학'의 '일렉트로닉스(Electronics)'로 이루어진 합성어로 기계적 요소와 전자적 요소 모두를 포함하는 기술이다. 예를 들어, 기계적 요소 경우 구

성 요소들 간 운동 관계성을 갖는 반면 전자적 요소는 운동 관계성을 제어하기 위해 프로그램 기술과 전자 제어 기술을 이용한다. 최근의 자동차는 이동에 필요한 기계 부품들의 운동 관계성은 물론 이를 제어하기 위한 각종 전자 부품과 프로그램 및 전자 제어 장치들로 구성된다. FMEA-MSR이 상태를 모니터링하고 그 결과를 인지해야 하기 때문에 메카트로닉스가 자연스럽게 '구조 분석'의 대상 아이템으로 등장한다. [그림 Ⅴ - 13]은 FMEA-MSR의 분석 대상인 한 시스템의 '구조 분석(Structure Analysis)' 예이다.79)

[그림 Ⅴ - 13] FMEA-MSR의 분석 대상인 시스템 '구조 분석' 예

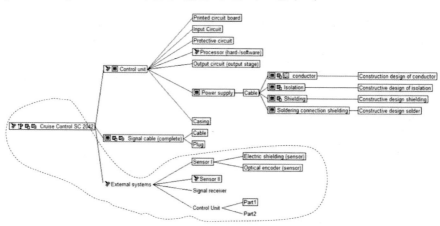

[그림 Ⅴ - 13]에서 빨간 점선으로 강조된 영역을 보면 '센서'와 '제어 장치' 등이 포함돼 있으며, FMEA-MSR의 분석 대상이 될 수 있음을 알 수 있다. 한 출처에서 제공된 FMEA-MSR의 'Step 2. 구조 분석' 사례를 옮기면 다음 [그림 Ⅴ - 14]와 같다(이하 동일 출처).80)

---

79) http://www.espid.com/index.php/user/common/menu_link/4
80) https://www.slideshare.net/VKTERWA/fmeamsr-6

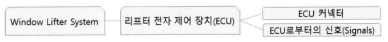

[그림 Ⅴ-14]는 차량의 좌·우측에 위치한 유리창을 올리고 내리는 '윈도우 리프터 시스템'이다. 레귤레이터가 있어 유리창을 올리고 내리는 기계적 요소와 이를 제어하는 전자 장치 및 전기 신호의 주고받음 등을 모니터링하는 체계로 구성된다. 앞서 언급한 메카트로닉스에 해당하는 구조이며, "ECU로부터의 신호"처럼 '신호(Signal)'도 구조 요소가 될 수 있음에 유의한다.

○ **'Function Analysis (Step 3)' 영역** → '기능 분석' 영역이다. 'Step 2'에서 해석 대상인 아이템(시스템)이 정해지면 각 구성 요소별 '기능'을 정의에 맞게 기술한다. 다만 FMEA-MSR이 정상 작동 중인 상태에서 이루어지는 만큼 정상 여부를 모니터링하는 방법, 고장 났을 때 드러내는 방법 등이 '기능'에 포함된다. 다음 [그림 Ⅴ-15]는 [그림 Ⅴ-14]의 '구조 분석'에 이은 '기능 분석' 예이다.

[그림 Ⅴ-15] '윈도우 리프터 시스템'의 '기능 분석' 예

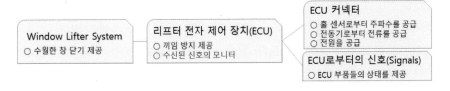

[그림 Ⅴ-15]의 가운데 '리프터 전자 제어 장치(ECU)'의 기능 중 "수신된 신호의 모니터"는 '모니터링' 자체가 하나의 기능임을 나타낸 사례이다. 또 끝

의 'ECU 커넥터'는 '연결자' 역할을 하므로 여러 출처로부터 들어온 전자기를 공급하는 기능을, 'ECU로부터의 신호(Signals)'는 '신호의 성격(ECU 부품들의 상태 정보를 담고 있음)'을 '기능'으로 나타내고 있다. 그러나 가장 특이한 표현은 '제공 또는 공급(Provide)'의 쓰임이다. Ford사 매뉴얼 경우 'Provide, Facilitate, Allow' 등은 너무 일반적인 표현이라 '기능'을 적을 때 제외하도록 강조하기 때문이다. 새 개정판에서 변화된 내역은 아니고 Ford사 매뉴얼이 오랜 노하우를 바탕으로 훨씬 더 구체성을 띤다고 볼 수 있다.

○ **'Failure Analysis (Step 4)' 영역** → '고장 분석' 영역이다. 다음 [그림 Ⅴ-16]은 [그림 Ⅴ-15]의 '기능 분석'에 이은 '고장 분석' 예이다(빨간 글자 참조).

[그림 Ⅴ-16] '윈도우 리프터 시스템'의 '고장 분석' 예

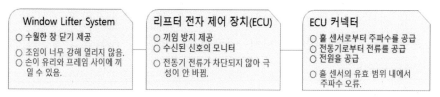

'주석 80)'에 따르면 '고장 사슬'의 시작점은 '근본 원인'이며, Design FMEA의 [그림 Ⅴ-7] 경우와 동일하다. 해당 본문을 참조하기 바란다. [그림 Ⅴ-16]의 해석은 가운데 '리프터 전자 제어 장치(ECU)'를 중심으로 상위 시스템이 'Window Lifter System'이고, 하위 시스템이 'ECU 커넥터'이므로 '고장 사슬'은 "영향 ← 고장 모드 ← 원인"의 관계가 성립한다.

○ **'Risk Analysis (Step 5)' 영역** → '위험 분석' 영역이다. 'Step 1~Step

4'의 과정을 거쳐 '고장 사슬'이 얻어지면 이 단계가 시작되며, 이때부터 Design FMEA 양식과 차이를 보인다. [그림 V-17]은 양식의 '위험 분석' 영역을 나타낸다.[81]

[그림 V-17] FMEA-MSR의 'Step 5. 위험 분석' 영역 예

'위험 분석'은 기존 FMEA의 'RPN(Risk Priority Number)'에 대응하나 FMEA-MSR이 새롭게 추가된 만큼 평가 항목들에 약간의 차이를 보이며, 요약하면 다음과 같다.[82]

● Frequency(F) of FC → 아이템 작동 상황에서 고려된 '고장 원인(FC)'의 발생 빈도 가능성을 평가. 기존 FMEA의 '발생도(Occurrence)'와 유사

● Monitoring(M) → 고객 사용 중 고장 원인(또는 고장 모드, 고장 영향)의 진단 및 모니터링하는 기능이 고장을 감지하는 능력, 그리고 고장에 대한 시스템 응답의 적시성을 평가

---

81) https://www.ub-dietz.com/fileadmin/user_upload/Dokumente/fuer_Download/form_sheet_AIAG__VDA_Design_u_Process-FMEA_en.xlsx

82) http://arrizabalagauriarte.com/en/2018-aiag-vda-fmea-step-5-process-analisis-del-riesgo/

● Severity(S) of FE after MSR → '고장 영향'의 심각도 평가. 기존 FMEA와 동일

Design FMEA 때와 동일하게 세 개 평가 내용을 조합한 'MSR AP(Action Priority)'를 통해 위험도가 높은 항목들을 순위화한다.

추가로 [그림 V − 17]에서 'Rationale for Frequency'는 평가한 'F 값'의 근거나 이유를 적는 공간이다. '근거'이므로 정량적이거나 명확하고 공유 가능한 출처가 제시돼야 한다. 'Current Diagnostic Monitoring'에는 현재 시스템 상태에서 고장/오류/장애를 진단 모니터링하는 제어 방법(또는 기능)을, 'Current System Response'에는 고장/오류/장애에 대한 시스템 응답 방법(또는 기능)을 각각 기술한다.

○ **'Optimization (Step 6)' 영역** → '최적화' 영역이다. 양식의 구조는 Design FMEA와 일치하나 고장의 진단과 모니터링 특성상 약간의 차이가 있다. 다음 [그림 V − 18]은 그 예이다.

[그림 V − 18] FMEA-MSR의 'Step 6. 최적화' 영역 예

SUPPLEMENTAL FMEA-MSR OPTIMIZATION (STEP 6)													
MSR Preventive Action	Diagnostic Monitoring Action	System Response	Most Severe Failure Effect after System Response	Severity (S) of FE after MSR	Responsible Person's Name	Target Completion Date	Status	Action Taken with Pointer to Evidence	Completion Date	Frequency (F)	Monitoring (M)	Severity (S) of Original FE from Failure Analysis (Step 4)	MSR AP

[그림 V − 18]의 첫 세 개 열을 보면 최적화(개선)가 필요한 항목은 'MSR

Preventive Action(MSR 예방 조치)', 'Diagnostic Monitoring Action(진단 모니터링 조치)', 'System Response(시스템 응답)'으로 나뉘어 접근한다. 안전을 고려한 조치인 만큼 두리뭉실하거나 모호한 시도보다 명확한 영역과 내용을 표현하고 조치토록 하기 위한 방편으로 해석된다. [그림 V - 18]의 다른 항목들은 기존 또는 개선 Design FMEA 양식과 동일하므로 별도의 설명은 생략한다.

2.4. Report 양식

새 FMEA의 특징들 중 또 하나 주목할 사항은 'Report(보고서)' 양식을 제공한다는 점이다. Design, Process, FMEA-MSR별로 제시돼 있지만 모두 동일한 구조를 갖는다. FMEA 입력이 '구조', '기능', '고장', '위험', '최적화' 등으로 구분돼 있고 항목도 꽤 많은 편이므로 전체를 쉽고 빠르게 파악할 수단이 필요하다. 이에 'Report' 양식은 요구를 충분히 만족시켜줄 만하다. 다음 [그림 V - 19]는 Design FMEA와 Process FMEA의 'Report'를 보여준다.

[그림 V-19] Design FMEA와 Process FMEA의 'Report' 양식

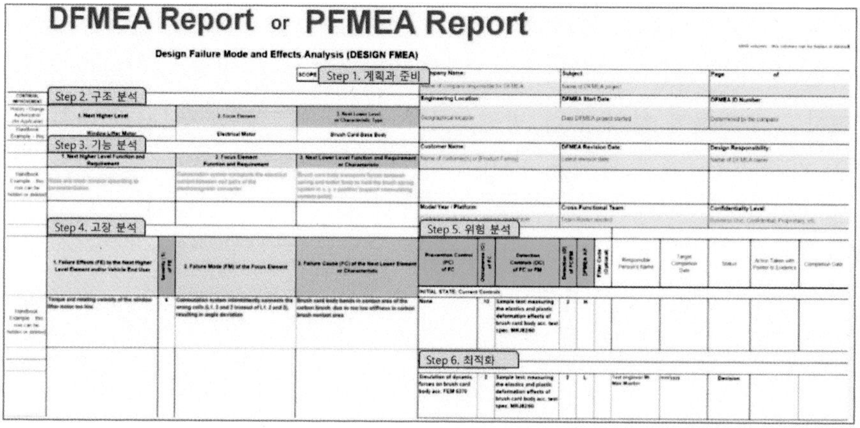

[그림 V-19]를 보면 분석 중 작성되었던 'Step 1. 계획과 준비'부터 'Step 6. 최적화'까지가 한 뭉치로 표현돼 있다. Design FMEA와 Process FMEA를 함께 나타낸 것은 'Report' 양식의 구조가 같기 때문이다. 'Step 2～Step 4'는 동일 항목별 '구조 - 기능 - 고장'을 일렬종대로 모아놓았기 때문에 아이템별 구분이 용이하고 'Step 4. 고장 분석' 경우 횡 방향인 오른쪽에서 왼쪽으로의 흐름은 '영향 ← 고장 모드 ← 원인' 관계를 형성한다.

FMEA-MSR의 'Report'도 기 작성된 양식을 기반으로 하므로 별도의 설명은 생략한다.

3. 결론

공식적으로 FMEA 탄생 시점이 1949년이므로 FMEA가 약 70년의 세월을 다양한 영역에서 제 역할을 해온 게 사실이다. 그러나 하나의 모습으로 이어져왔다기보다 중간중간 계속 변모했는데 그들 중 두드러진 사건이 1977년 포드에 의해 자동차 산업에 도입된 예이다. 이전 항공이나 우주 분야에서 '설계'에 한정됐던 용도를 민간 기업 그것도 프로세스까지 영역을 확장한 사건이기 때문이다. '프로세스' 영역으로의 확장은 양식 (Form)뿐 아니라 용법에 있어서도 하나의 큰 변곡점임에 틀림없다.

용법과 양식 면에서 또 하나의 기틀을 마련한 배경이 1993년의 「AIAG FMEA Reference Manual」이다. 'Big 3'라 불리던 Ford, GM, Chrysler가 ASQC 자동차분과 후원하에서 합심해 만들어낸 결과물이다. 국제 표준으로서의 틀이 잡힌 계기로써 의의가 있다. 그리고 또 한번의 큰 변화가 바로 이번 개정판의 탄생이다. 그동안 자동차 산업의 규모가 크게 확대되었고 그만큼 많은 다국적 OEM 및 공급자들이 FMEA의 서로 다른 용법과 양식 사용의 문제를 인식하게 되었다. 이에 2015년 FMEA 매뉴얼을 조화시키기 위한 필요성이 공론화되었다. 이를 통해 내용을 조정하고 평가 척도를 표준화하며 위험 평가 방법론을 개선함으로써 기능 안전성에 대한 위험 평가를 통합할 수 있게 되었다. 바로 「AIAG-VDA Failure Mode and Effects Analysis (FMEA) Handbook, First Edition」이 탄생한 것이다.

이번에 나온 개정판은 접근 방법론 측면에서도 또는 양식(Form) 측면에서도 큰 변화가 가해졌다. 앞서 본론에서도 설명했지만 'FMEA'의 끝 단어인 'Analysis' 취지에 맞게 '분석'의 의미를 방법론상에서 강하게 드러냈다는 점, 그리고 그에 걸맞게 양식을 크게 변화시킨 점 등이다. 그리고 또 하나 주목할 사항이 그동안 '안전(Safety)'을 확보하기 위한 용도로써 FMEA가 강조된 반면 그것이 무엇인지 매뉴얼에서 분명하게 드러내지 못했다면 이번에 'FMEA-MSR'이 추가됨으로써 안전 문제를 완전하게 해소시킨 점이다.

그러나 이 시점에 분명하게 인식해야 할 내용이 있다. 바로 **FMEA 본래의 용도를 명확하게 인지하는 일**이다. 매뉴얼에 변화가 생길 때마다 주변에서 들려오는 공통된 반응은 "무엇이 어떻게 바뀌었는가?"이다. 그러나 FMEA 본래의 용도는 결정된 일을 수행하기에 앞서 잘못될 가능성들을 미리 유추하고 미리 해소시키는 활동이 핵심이다. 따라서 그 외형이 어떻게 바뀌든 본질적 용도로써의 FMEA 쓰임새는 한 번도 바뀐 적이 없다. 물론 이번 경우도 마찬가지다. 결국 '표준'의 큰 틀에서 바뀐 내용에 순응하고 따라야 하는 측면도 있지만 문제를 미리 해결하는 용도로써 우리가 그동안 FMEA를 충실히 잘 활용해왔는지, 그리고 그 연장선 속에서 바뀐 새 FMEA를 업무에 어떻게 적용할 것인지 숙고하는 자세가 필요하다. 이런 측면에서 본 책이 큰 도움이 될 것이라 확신하는 바이다.

끝으로 다음은 '주 75)'의 마무리에 포함된 내용으로 기존 FMEA에서 새 FMEA으로 넘어가는 환경에서 담당자들이 고려해야 할 주요 사항들을 설명한다. FMEA를 유지하고 발전시킬 기업 담당자들에게 매우 중요한 정보가 될 것이다.

- 이전 버전으로 시행된 기존 FMEA는 이후 개정을 위해 원래 양식 모습으로 유지될 수 있다.
- 선택 사항이지만 새 FMEA의 개선점을 활용하기 위해 기존 FMEA 내용을 새로운 양식으로 갱신할 수 있다.
- 신규 프로젝트 시작 시 적용될 FMEA는 새로운 형식을 준수해야 한다.
- 그러나 신규 프로젝트가 기존 제품의 사소한 변경으로 간주되는 경우 FMEA 작성은 기존 형식을 따를 수 있다.
- 회사에서 다른 접근법을 정의하지 않고 별도의 정의도 없는 한 새 프로젝트는 본 FMEA 절차를 따라야 한다.

부록

A. FMEA 기존 표준 문서 목록(시간대별)

표준 문서(연도별)
• MIL-P-1629:1949, Procedures for Performing a Failure Mode, Effects and Criticality Analysis • GSFC P-302-720, Performing a Failure Mode and Effects Analysis, GSFC Flight Assurance • GSFC FAP-322-209, Standard for Performing a Failure Mode and Effects Analysis (FMEA) and Establishing a Critical Items List (CIL) (Draft) • SAE ARP926:1967, Design Analysis Procedure for Failure Mode, Effects and Criticality Analysis (FMECA) • MIL-STD-1629:1974, Procedures for Performing a Failure Mode, Effects and Criticality Analysis • MIL-STD-1629A:1980, Procedure for Performing a Failure Modes Effects and Criticality Analysis • MIL-STD-1629A Notice 1 (1983), Procedures for Performing A Failure Mode Effects and Criticality Analysis • IEC 60812:1985 (ed1.0), Analysis techniques for system reliability - Procedure for failure mode and effects analysis (FMEA) • BS 5760-5:1991, Reliability of systems, equipment and components - Part 5: Guide to failure modes, effects and criticality analysis (FMEA and FMECA), 1991 • SEMATECH 0963B-ENG (1992), Failure Mode and Effects Analysis (FMEA): A Guide for Continuous Improvement for the Semiconductor Equipment Industry, 1992 • AD-A278508 (1993), Failure Mode, Effects and Criticality Analysis (FMECA), Reliability Analysis Center (RAC), 1993 • SAE J1739:1994, Potential Failure Mode and Effects Analysis in Design (Design FMEA), Potential Failure Mode and Effects Analysis in Manufacturing and Assembly Processes (Process FMEA), and Potential Failure Mode and Effects Analysis for Machinery (Machinery FMEA) • AIAG (1995), Potential Failure Mode and Effects Analysis (FMEA) Reference Manual, Second Edition, 1995 • AIAG-VDA(2018), Failure Mode and Effects Analysis(FMEA) Handbook, 1st Edition.

표준 문서(연도별)

- Ford (1996), Failure Mode & Effects Analysis - Handbook Supplement for Machinery, Ford Production System, 1996
- SAE ARP926B:1997, Fault /Failure Analysis Procedure
- JEDEC JEP131:1998, Process Failure Mode and Effects Analysis (FMEA)
- SAE J1739:2000, Potential Failure Mode and Effects Analysis in Design (Design FMEA) and Potential Failure Mode and Effects Analysis in Manufacutring and Assembly Processes (Process FMEA) Reference Manual
- AIAG (2001), Potential Failure Mode and Effects Analysis (FMEA) Reference Manual, Third Edition, 2001
- ECSS-Q-30-02A:2001, Space product assurance -Failure modes, effects and criticality analysis (FMECA), ESA, 2001
- SAE J1739:2002, Potential Failure Mode and Effects Analysis in Design (Design FMEA) and Potential Failure Mode and Effects Analysis in Manufacturing and Assembly Processes (Process FMEA) and Effects Analysis for Machinery (Machinery FMEA)
- Ford (2004), Failure Mode and Effects Analysis (FMEA) Handbook - with Robustness Linkages, Ford Design Institute, 2004
- JEDEC JEP131A:2005, Potential Failure Mode and Effects Analysis (FMEA)
- IEC 60812A:2006 (ed2.0), Analysis techniques for system reliability - Procedure for failure mode and effects analysis (FMEA)
- AIAG (2008), FMEA-4: Potential Failure Mode and Effects Analysis (FMEA) Reference Manual, Fourth Edition, 2008
- SAE J1739:2009, Potential Failure Mode and Effects Analysis in Design (Design FMEA), Potential Failure Mode and Effects Analysis in Manufacturing and Assembly Processes (Process FMEA)
- TOR-2009(8591)-13, Space Vehicle Failure Modes, Effects, and Criticality Analysis (FMECA) Guide, The Aerospace Corporation, 2009
- ECSS-Q-ST-30-02C:2009, Space product assurance - Failure modes, effects (and criticality) analysis (FMEA/FMECA), European Cooperation for Space Standardization (ECSS), European Space Agency (ESA)
- SAE J926A:2011, Fault/Failure Analysis Procedure
- JEDEC JEP131B:2012, Potential Failure Mode and Effects Analysis (FMEA)
- IEC 60812A (2006) (ed2.0), Analysis techniques for system reliability - Procedure for failure mode and effects analysis (FMEA)

- AIAG (2008), FMEA-4: Potential Failure Mode and Effects Analysis (FMEA) Reference Manual, Fourth Edition, 2008
- SAE J1739:2009, Potential Failure Mode and Effects Analysis in Design (Design FMEA), Potential Failure Mode and Effects Analysis in Manufacturing and Assembly Processes (Process FMEA)
- TOR-2009(8591)-13, Space Vehicle Failure Modes, Effects, and Criticality Analysis (FMECA) Guide, The Aerospace Corporation, 2009
- ECSS-Q-ST-30-02C:2009, Space product assurance - Failure modes, effects (and criticality) analysis (FMEA/FMECA), European Cooperation for Space Standardization (ECSS), European Space Agency (ESA)
- SAE J926A:2011, Fault/Failure Analysis Procedure
- JEDEC JEP131B:2012, Potential Failure Mode and Effects Analysis (FMEA)
- IEC 60812A (2006) (ed2.0), Analysis techniques for system reliability - Procedure for failure mode and effects analysis (FMEA)
- AIAG (2008), FMEA-4: Potential Failure Mode and Effects Analysis (FMEA) Reference Manual, Fourth Edition, 2008
- SAE J1739 (2009), Potential Failure Mode and Effects Analysis in Design (Design FMEA), Potential Failure Mode and Effects Analysis in Manufacturing and Assembly Processes (Process FMEA) (32 pages, $??)
- TOR-2009(8591)-13, Space Vehicle Failure Modes, Effects, and Criticality Analysis (FMECA) Guide, The Aerospace Corporation, 2009
- ECSS-Q-ST-30-02C (2009), Space product assurance - Failure modes, effects (and criticality) analysis (FMEA/FMECA), European Cooperation for Space Standardization (ECSS), European Space Agency (ESA)
- SAE ARP-926A (2011), Fault/Failure Analysis Procedure
- Ford (2011), FMEA Handbook Version 4.2 (286 pages, $??)
- JEDEC JEP131B (2012), Potential Failure Mode and Effects Analysis (FMEA) (26 pages, $??) 註冊後可下載
- GB/T 7826 (2012), 系統可靠性分析技術 - 失效模式和影響分析 (IEC 60812:2006 IDT) (35 pages, $??)
- AIAG (2012), Machinery FMEA: Potential Failure Mode and Effects Analysis for Tooling & Equpment (53 pages, $90)
- AIAG+VDA (2017), Failure Mode and Effect Analysis (FMEA): Design FMEA and Process FMEA - Handbook First Edition (159 pages, $??)
- SAE ARP926C (2018), Fault/Failure Analysis Procdures
- AIAG-VDA(2019.6) Failure Mode and Effects Analysis(FMEA) Handbook, First Edition

B. '기능(Function)'을 표시할 때 쓰이는 '서술어 + 목적어' 예

No.	동사	동사	주된 명사(목적어)
1	발생하다	생기다, 바꾸다	토크(Torque)를, 힘을, 신호를
2	내다	늘리다, 크게 하다	규정출력을, 소리를
3	얻다	줄이다, 적게 하다	출력을, 전자파를
4	변환하다	보내다, 전달하다, 보내다	빛을, 전기를(로), 전류를,
5	바꾸다	동작시키다, 돌리다	기계동작으로, 방향을,
6	이동시키다	오르내리게 하다	속도를, 음량을
7	증가시키다	전진 후진시키다	위치를, 면적을, 마찰(력)을(에)
8	감소시키다	통과시키다, 안내하다	저항을, 온도를, 압력을(에),
9	높이다	가이드 하다, 구성하다	精密度를, 주파수를, 전력을, 물을
10	낮추다	잇다, 연결하다, 모으다	토크(Torque)를, 스위치를, 작동 판을, 접
11	증폭하다	접속하다, 공급하다	점을, 기어를, 샤프트를, 피스톤을,
12	이끌다	전하다, 작동시키다	받침대를, 물을, 기름을
13	흘리다	회전시키다, 통하다	증기를, 가스를
14	주다	직선운동시키다, 주다	장력을, 지렛대를, 암(arm)을,
15	제한하다	누르다, 형성하다	회로를, 프레임을, 통풍로를
16	보호하다	받다, 저장하다, 나누다	파이프를, 리드선을
17	유지하다	고정하다, 연결하다	전원을, 빛을, 연속을, 氣水를
18	보강하다	保持 하다, 버티다	그리스를, 부품을, 하중을,
19	조정하다	누르다, 죄어 붙이다	페킹을, 스페이서를, 호스를
20	정하다,	견디다, 막다, 제거하다	커버를, 열을(에), 누출을,
21	차단하다,	절연하다, 수신하다	먼지를, 진동을
22	압착하다	모으다, 분리하다,	소음을, 과전류를,
23	죄다, 지키다	고착하다, 붙이다	회로간을
24	없애다	결합하다, 지지하다	流量을, 스크로크를,
25	결정하다	방지하다, 저지하다	회전을, 기압을, 평행을,
26	제약하다	차폐하다, 쉴드하다	박스를, 본체를
27	한정하다	조절하다, 가감하다	

색인

송인식

(현) PS-Lab 컨설팅 대표

한양대학교 물리학과 졸업
삼성 SDI 디스플레이연구소 선임연구원
한국 능률협회 컨설팅 6시그마 전문위원
네모 시그마 그룹 수석 컨설턴트
삼정 KPMG 전략컨설팅 그룹 상무

인터넷 강의: http://www.youtube.com/c/송인식PSLab
이메일: labper1@ps-lab.co.kr

※ 도서 내 데이터 및 템플릿은 PS-Lab(www.ps-lab.co.kr)에서 무료로 받아보실 수 있습니다.

Be the Solver

FMEA

초판인쇄 2018년 12월 31일
초판발행 2018년 12월 31일

지은이 송인식
펴낸이 채종준
펴낸곳 한국학술정보㈜
주소 경기도 파주시 회동길 230(문발동)
전화 031) 908-3181(대표)
팩스 031) 908-3189
홈페이지 http://ebook.kstudy.com
전자우편 출판사업부 publish@kstudy.com
등록 제일산-115호(2000. 6. 19)

ISBN 978-89-268-8471-3 94320